부모교육 2판

조성연, 이미란, 최혜영, 박진재, 송혜린, 권연희, 박진아 공저

신정

■ 2판 머리말 ■

부모는 영유아가 세상에 태어난 이후 건강하게 성장, 발달할 수 있도록 적절한 환경을 제공해줄 뿐만 아니라 양육행동을 통해 영유아의 전인발달을 도와준다. 그러므로 부모의 영향은 임신하는 순간부터 영유아에게 평생 영향을 미친다. 여성의 경제활동 증가에 따른 맞벌이가족의 등장은 과거에 비해 부모가 자녀를 직접 양육하거나 함께하는 시간을 감소시키는 경향이 있지만 부모가 자녀를 돌보고 양육하는 것은 예나 지금이나 큰 차이가 없다. 다만, 과거에 비해 부모 대신 유아교육기관이나 어린이집에서 영유아를 돌보는 교사의 역할과 그 중요성이 더 크게 부각되고 있다. 그에 따라 부모는 유치원과 어린이집의 원장이나 교사와 적극적으로 협력하고 상호작용해야 하기 때문에 유아교육 · 보육기관의 역할과 기능에 대한 보다 많은 정보가 필요해졌다. 동시에 영유아를 돌보는 교사도 영유아의 부모-자녀관계에 대한 이해와 부모양육방식 및 양육태도 등에 대한 이해가 필요하다. 그러므로 영유아의 전인적인 발달을 위해 부모와 기관은 영유아의 양육을 위해 공감대를 형성해야만 한다.

유감스럽게도 많은 부모는 부모가 되기 이전에 부모교육을 받지 못한 채 부모가 됨으로써 부모역할과 자녀양육으로 혼란을 겪기도 한다. 그리하여 부모들은 인터넷이나 서적 등의 각종 매체를 통해 다양한 육아정보를 얻는다. 그러나 때로 인터넷에 있는 정보가 잘못된 지식을 전달하는 경우가 있어 부모들을 더 혼란에 빠뜨리기도 한다. 이런 상황에서 부모는 자신이 어떤 부모가 되어야 하는지, 자녀의 미래를 위해 어떤 역할을 해야 하는지, 자녀양육을 어떻게 해야 하는지 등에 대해 고민하곤 한다. 따라서 영유아를 대상으로 하는 기관에서는 부모를 대상으로 교육적 지원뿐만 아니라 자녀양육에 필요한 각종 정보를 제공해주고자 다양한 방법으로 부모교육을 실시하고 있다.

기관에서의 부모교육은 부모교육의 의무화에 대한 주장을 사회적 이슈로 만들 정도로 중요하게 인식되고 있다. 2012년 9월에는 부모교육을 의무화하여 부모의 책임과 역할을 강조하고, 아동학대 범죄의 사법처리 절차를 강화하는 내용을 골자로 하는 보건복지부의 「아동복지법」 개정(안)과 법무부의 「아동학대범죄의 처벌 등에 관한 특례법」 제정(안)이

국회의 아동학대예방 및 권리보장특위의 논의를 거쳐 국회에 제출되기도 하였다. 비록 국회를 통과하지는 못했지만 국가적 차원에서 부모의 책임을 강화하기 위한 방안으로 부모교육에 대한 관심을 표명했다는 점에서 매우 고무적인 사례라고 할 수 있다. 뿐만 아니라 아동학대 문제가 빈번하게 발생함에 따라 부모교육에 대한 사회적 관심도 점차 증가하고 있다.

이미 오래 전부터 교육기관에서는 부모교육의 중요성을 강조해왔다. 특히 유아교사를 양성하는 대학교 교육과정에서는 부모교육을 전공 교과목으로 개설하여 운영하고 있다. 이를 위해 다수의 부모교육 저서들이 출판되어 활용되고 있다. 이에 대해 2014년 다년간의 현장 경험과 교육경력을 지닌 동료 선후배가 부모교육에 관한 책을 집필하여 출판한 바 있다. 당시 부모교육 저서는 오랜 기간 동안 현장에서 부모와 상호작용했던 경험을 기초로 미래 교사가 될 학생이나 현재 유아교육과 보육기관의 교사에게 도움이 될 수 있는 내용을 담아 집필하였다. 당시 부모교육 저서는 총 10개의 장으로 구성하여 집필하였다. 그러나 다양한 가족 유형의 등장과 기관에서의 부모교육에 대한 요구나 실시하는 프로그램 등이 다양해짐에 따라 내용을 보강하고 수정하여 총 12개의 장으로 개정하여 새롭게 출판하게 되었다. 개정된 저서는 제1장 부모교육의 기초, 제2장 부모교육의 역사는 조성연 교수, 제3장 현대사회의 특징과 부모역할, 제4장 부모됨과 부모역할, 제5장 부모양육태도, 제6장 가족 유형별 부모역할은 이미란 교수, 제7장 부모교육이론은 박진아 교수, 제8장 부모교육 프로그램은 최혜영 교수, 제9장 부모교육과 부모참여의 실제는 박진재 이사, 제10장 가족지원 프로그램은 송혜린 수석연구원, 제11장 부모교육에 임하는 교사의 자세와 역할은 권연희 교수, 제12장 부모교육의 과제는 조성연 교수가 각각 맡아서 집필하였다. 2014년에 출판되었던 부모교육에 비해 내용을 상당 부분 수정하고 체계를 달리하는 등 보다 충실하게 집필하고자 노력하였으나 여전히 아쉬운 마음이 남는다. 이러한 아쉬움은 동학과 후학이 채워줄 것으로 기대하면서 개정된 저서를 세상에 내놓고자 한다. 마지막으로 이 책을 출판할 수 있도록 오랜 시간 기다려 준 신정출판사의 최용구 사장님과 처음부터 끝까지 교정과 편집을 도와주신 편집부에도 진심으로 감사한 마음을 전한다.

2018년 여름
저자 일동

초판 머리말

세상에 태어난 영유아는 부모가 제공하는 환경 속에서 발달하게 되므로 부모의 양육 행동은 자녀의 성장과 발달에 중요한 영향을 미친다. 그 영향은 임신하는 순간부터 시작하여 평생 영향을 미친다고 해도 과언이 아니다. 맞벌이가족이 증가하면서 과거에 비해 부모가 자녀를 직접 양육하거나 함께하는 시간이 줄어드는 경향이지만 부모가 자녀를 돌보고 양육하는 것은 예나 지금이나 큰 차이가 없다. 다만, 과거에 비해 부모 대신 유아교육기관과 보육기관에서 영유아를 돌보는 교사의 역할이 매우 중요해졌으며, 누리과정을 운영하면서 그 비중은 더욱 커지고 있다고 할 것이다. 그리하여 유치원과 어린이집의 유아교육·보육기관의 원장이나 교사는 부모와 함께 협력하고 상호작용해야 하는 경우가 많아짐에 따라 부모는 유아교육·보육기관의 역할과 기능에 대한 보다 많은 정보가 필요해졌고, 교사는 담당하는 영유아의 부모–자녀관계에 대한 이해와 부모양육방식 및 양육태도 등에 대한 이해가 필요하게 되었다. 결국 영유아의 전인적인 발달을 위해서는 부모와 기관이 함께 자녀를 양육해야 한다는 공감대의 형성이 필요하다는 것을 의미한다.

그러나 유감스럽게도 대다수의 부모는 부모가 되기 이전에 부모가 되는 것에 대한 교육을 받지 못한 채 부모가 됨으로써 부모가 된 이후에 부모역할과 자녀양육에 대한 정보와 기술 부족으로 종종 혼란을 겪기도 한다. 이를 극복하기 위하여 다수의 부모들은 인터넷이나 서적 등의 각종 매체를 통해 다양한 육아정보를 얻고자 하지만 때로 인터넷에 있는 정보가 잘못된 지식을 전달하는 오류를 범하여 부모들을 더 혼란스럽게 하기도 한다. 이런 상황에서 부모가 된 사람은 자신이 어떤 부모가 되어야 하는지, 자녀의 미래를 위해 어떤 역할을 해야 하는지, 자녀양육을 어떻게 해야 하는지 등에 대해 고민하곤 한다. 따라서 영유아를 대상으로 하는 기관에서는 5세 이하의 부모를 대상으로 다양한 교육적 지원뿐만 아니라 자녀양육에 필요한 각종 정보를 제공해주기 위해 주기적 혹은 간헐적으로 부모교육을 실시할 필요가 있다.

기관에서의 부모교육은 부모교육의 의무화에 대한 주장을 사회적 이슈로 만들 정도로 중요하게 인식되고 있다. 2012년 9월에는 부모교육을 의무화하여 부모의 책임과 역할을 강조하고, 아동학대 범죄의 사법처리 절차를 강화하는 내용을 골자로 하는 보건복지부의 「아동복지법」 개정(안)과 법무부의 「아동학대범죄의 처벌 등에 관한 특례법」 제정(안)이 국회의 아동학대예방 및 권리보장특위의 논의를 거쳐 국회에 제출되기도 하였다. 비록 최종적으로 국회를 통과하지는 못했지만 국가적 차원에서 부모의 책임을 강화하기 위한 방안으로 부모교육에 대한 관심을 표명했다는 점에서 매우 고무적이라 할 수 있다.

오래 전부터 대학교 등에서는 교사 양성을 위한 교과목 중 하나로 부모교육을 개설하여 강의하고 있어 이미 부모교육과 관련한 저서는 다수 출판되어 있다. 그러나 그동안 부모교육에 대한 사회적, 교육적 변화가 있었고, 3-5세 누리과정이 발표, 시행됨에 따라 부모교육에 대한 유아교육과 보육기관의 인식과 태도에도 더 큰 변화가 생길 것이라 사료된다.

이에 오래 전부터 다년간의 현장경험과 교육경력을 지닌 동료 선후배가 부모교육에 관한 책을 집필하고자 뜻을 모으고 준비하여 드디어 그 결과를 세상에 내놓게 되었다. 이 책은 현장경험이 많은 집필진이 교사로서 혹은 기관장으로서 실제 현장에서 경험했던 부모와의 관계를 기초로 미래 교사가 될 사람이나 현재 기관에서 교사 역할을 수행하는 사람이 알아두면 도움이 될 내용을 담고자 노력하였다. 이 책은 총 10개의 장으로 구성하였다. 제1장 부모교육의 기초와 제2장 부모교육의 역사, 그리고 제10장 부모교육의 과제는 조성연 교수, 제3장 부모됨과 부모역할, 제4장 사회변화와 부모역할은 이미란 교수, 제5장 부모교육이론은 박진아 교수, 제6장 부모교육 프로그램은 최혜영 교수, 제7장 가족지원 프로그램은 송혜린 수석연구원, 제8장 부모교육에 임하는 교사의 자세와 역할은 권연희 교수, 제9장 부모교육의 실제는 박진재 이사가 각각 맡아서 집필하였다. 여러 사람이 집필하다보니 어려운 점도 많았지만 원고를 처음부터 끝까지 모두 읽고 정리해준 조성연 교수의 열성과 책임감으로 이 책이 세상에 나올 수 있었기에 저자 모두 조성연 교수에게 진심으로 감사한 마음을 전한다.

각자의 분야에서 강의와 연구 및 업무로 바쁜 생활 속에서 시간을 쪼개어 집필하는 과정이 결코 쉽지는 않았으나 오래 미뤄왔던 숙제를 마친 홀가분한 마음과 함께 좀 더 충실하게 자료를 수집하고 집필하지 못했다는 자책감과 아쉬움도 남는다. 미진하고 아쉬운 부분은 동학과 후학이 채워줌으로써 보다 훌륭한 책으로 거듭날 수 있기를 기대한다. 마지막으로 이 책을 출판할 수 있도록 오랜 시간 기다려 준 신정출판사의 최용구 사장님과 처음부터 끝까지 교정과 편집을 도와주신 편집부에도 진심으로 감사한 마음을 전한다.

2014년 겨울

저자 일동

■ 차 례 ■

chapter 03 현대사회의 특징과 부모역할

chapter 04 부모됨과 부모역할

chapter 05 부모양육태도

chapter 06 가족 유형별 부모역할

chapter 07 부모교육이론

chapter 08 부모교육 프로그램

chapter 10 가족지원 프로그램

chapter 11 부모교육에 임하는 교사의 자세와 역할

P a r e n t   E d u c a t i o n

chapter 01

부모교육의 기초

CHAPTER 01

부모교육의 기초

학습목표

- 부모교육의 정의에 대해 살펴본다.
- 부모교육의 필요성에 대해 살펴본다.
- 부모교육의 중요성에 대해 살펴본다.
- 부모교육의 목적에 대해 살펴본다.

부모가 되는 경험은 매우 특별하고 유일한 경험이다. 부모는 자녀를 얻으면서 획득하는 지위이자 평생을 함께하는 역할이다. 부모가 된다는 것은 의미 있는 일이나 부모로서의 역할은 저절로 부여되는 것이 아니므로 이를 원만하게 수행하기 위해서는 준비가 필요하다. 많은 부모들은 부모됨의 중요성은 인식하면서도 정작 부모역할을 위한 준비가 미흡하여 자녀를 양육하는 과정에서 종종 곤란을 겪기도 한다. 그러므로 지혜로운 부모역할을 수행하기 위해서는 부모가 지녀야 할 태도, 가치 그리고 지식과 기술이 필요하다. 나아가 부모가 처해 있는 각각의 환경과 여건을 고려한 부모교육도 필요하다. 따라서 이 장에서는 부모교육의 정의와 그 필요성 및 중요성과 목적에 대해 살펴보고자 한다.

1. 부모교육의 정의

부모교육에 대한 정의는 사회적 · 철학적 배경에 따라 다양하다. 역사적으로 부모가 자녀를 양육하는 역할은 아버지보다 어머니에게 부과되어 왔으며, 어머니가 취업한 경우에도 자녀양육과 교육의 책임은 주로 여성의 몫으로 돌려지곤 했다. 그러나 사회가 다양화되면서 맞벌이가족이 증가하고 있을 뿐만 아니라 여성의 사회적 성취도 강조되면서 자녀양육에 대한 책임과 역할은 더 이상 여성의 몫이 아니라 부부 공동의 책임으로 변화하고 있다. 그에 따라 아버지도 자녀를 양육하는데 필요한 기술과 방법에 대해 알아두어야만 한다. 이런 의미에서 과거 부모교육이 어머니만을 주 대상으로 했다면 오늘날에는 아버지도 함께 참여하는 교육으로 변화되고 있다.

사회 변화에 따라 부모교육 대상이 변화하고 있고, 부모교육의 정의, 내용 등도 변화하고 있다. 과거에는 형식적이고 체계적인 부모교육 없이도 세대 간 문화 전수와 친족 및 지역공동체를 통해 자연스럽게 부모됨을 준비하였다. 그러나 현대에는 다양한 가족 구조 안에서 발생하는 여러 가지 유형의 요구로 인해 부모역할을 수행하는 것이 어렵다(김춘경, 문혁준, 신유림, 심미경, 옥경희, 위영희 외, 2002, p. 321). 특히 여성의 활발한 사회참여로 인해 유치원과 어린이집의 이용률이 현저하게 증가하면서 기관에서의 부모교육도 중요하게 인식되고 있다. 또한 정부나 기관, 대중매체 등은 바람직한 부모역할을 수행하고, 부모와 자녀관계를 형성, 개선하도록 도와주며, 아동의 전인적 발달을 도모하고자 부모에게 아동에 관한 정보나 지식을 전달해 주고 기술을 습득하도록 도와준다. 이를 통해 부모는 자신의 사고, 정서, 행동의 습관화된 유형을 살펴봄으로써 바람직한 양육 방법을 습득한다.

한편, 현대의 부모교육은 다양한 계층의 부모를 대상으로 이루어지고 있다. 1965년 미국에서 저소득층 아동을 위해 Head Start 프로그램을 시작한 이후, 유아교육 현장에서는 부모의 직접적·간접적 참여를 강조하면서 기관을 중심으로 한 부모교육을 활발하게 실시하고 있다. 뿐만 아니라 Head Start 프로그램 이후, 부모교육은 단순히 가정 내에서의 부모참여와 역할에만 머물지 않고 지역사회 네트워크 구축을 통한 지역공동체를 형성하는 데 더 주안점을 두고 있다. 이러한 관점에서 미국의 교육학 백과사전에는 부모교육을 '자녀양육 능력을 신장시키기 위해 개발된 조직적 활동'이라는 협의의 정의와 '가정이나 사회에서 보편화된 자녀양육의 가치, 기능, 기법을 전수하는 활동'이라는 광의의 정의를 모두 제시하고 있다(이숙희, 고인숙, 2006, p. 14 재인용). 이 외에 부모교육은 실시하는 대상에 따라, 내용에 따라 학자마다 다양하게 정의한다(표 1-1 참조).

표 1-1의 정의에서 알 수 있듯이 부모교육은 이미 부모가 된 사람과 미래 부모가 될 사람을 대상으로 한다. 부모와 예비부모에게 부모역할과 태도 및 가치관을 형성하기 위해 도움을 주고자 혹은 유아교육과 보육의 효과를 높이고자 실시하는 교육이라고 할 수 있다. 우리나라의 경우에 부모교육은 주로 기관을 통해 이루어진다. 특히 유치원과 어린이집에서는 연간 교육·보육계획을 통해 다양한 유형의 부모교육을 실시하고 있을 뿐만 아니라 부모참여도 강조한다. 이런 점에서 강문희(2002)는 "부모교육은 영유아교육과 연관지어 부모교육 및 참여는 자녀의 바람직한 양육과 교육에 필요한 지식, 태도 및 기술을 습득하도록 부모를 도와주고, 유아교육의 효과를 높이기 위해 부모로 하여금 유아교육활동과 운영에 참여하도록 하는 일체의 교육적 활동이다. 이를 통해 부모교육은 부모가 유아교육기관의 동반자로서 동등한 입장에서 상호 유대관계와 연결을 유지하며 보다 효율적인 유아교육 및 발달을 위해 노력하는 모든 과정이다."라고 설명하였다(이원영, 이태영, 강정원, 2011, p. 19 재인용).

표 1-1 부모교육의 정의*

학자	정의
조성연, 이정희, 김온기, 제경숙, 김영심, 황혜정 외 (2013, p. 395)	부모와 장차 부모가 될 사람으로 하여금 자녀를 더 잘 이해하고 더 나은 양육환경을 마련할 수 있도록 지원하고자 하는 사회의 총체적 노력
김경중, 고선옥, 박미희, 신리행, 유형숙, 이미정 외 (2012, p. 27)	자녀가 올바르게 성장하고 발달하는 것에 대해 부모의 이해와 지식을 증진시킴으로써 부모로서의 역량을 키우고 이를 토대로 부모 스스로 효과적인 자녀양육 방법과 기술을 개발하여 자녀에게 실천하고 적용하도록 지원해주는 다양한 교육활동
이원영, 이태영, 강정원 (2011, p. 19)	성인교육으로서 부모역할에 대한 정보를 제공하여 자신의 자녀를 보다 바람직한 방법으로 양육하며 부모 자신도 인격적으로 성숙할 수 있도록 돕고 영유아교육의 효과도 증진시키는 것
조성연 (2008, pp. 32-33)	현재 부모이거나 미래 부모가 될 사람이 부모로서의 건전한 가치관과 인격형성을 도모하고 자녀양육에 대한 올바른 지식과 기술을 습득하여 자녀의 바람직한 성장과 발달을 도와주기 위해 받는 교육
이연섭, 강문희 (2001, p. 75)	부모의 자녀에 대한 이해와 지식을 증진시켜 자녀를 양육하는 새로운 방법을 습득하도록 도와주는 다양한 교육적 경험
이재연, 김경희 (2000, p. 36)	부모의 자녀에 대한 이해와 지식을 증진시켜 사고와 감정, 그리고 행동에 있어서 습관적인 방법을 돌이켜 검토해 보도록 함과 동시에 자녀를 양육하는 새로운 방법을 습득하도록 도와주는 다양한 교육적 경험
유아교육사전 (한국사전연구사, 1997)	이미 부모가 된 사람이나 예비부모를 위한 일종의 성인교육으로서 자녀의 양육이나 교육, 가정생활의 개선 등에 관한 지식을 얻거나 소양을 높이기 위한 것을 목적으로 하는 교육
교육학 용어사전 (서울대학교 교육연구소, 1995)	유치원 교육의 효과를 높이기 위해 부모에게 아동발달·교육과정 등을 알려주고, 가정에서의 협력을 도모하고자 하는 목적으로 시작된 교육
한국어린이육영회 (이원영, 이태영, 강정원, 2011, p. 19 재인용)	부모로 하여금 자기가 가진 능력과 가능성, 그리고 재능을 발견하도록 돕고 그러한 것을 부모 자신과 가족, 특히 자녀를 위해 유용하게 사용하도록 돕는 과정의 교육

* 주: 내용 중 문장이 어색한 부분은 수정함.

한편, 부모교육(parent education)은 부모참여(parent participation), 부모개입(parent involvement), 부모훈련(parent training), 부모지지(parent support) 등의 다양한 용어로 혼용하여 사용된다. 이를 위한 구체적인 프로그램도 부모교육 프로그램, 부모참여 프로그램, 부모개입 프로그램, 부모훈련 프로그램 등으로 다양하게 표현된다(김경중 외, 2012, pp. 27-29; 양옥승, 1986, p. 56; 이연섭, 강문희, 2001, p. 77). 우리나라에서는 종종 부모교육이라는 용어로 통칭하여 사용하는 경향이 있다.

- **부모교육**

  부모로서의 역할기능을 원활히 수행할 수 있도록 부모에게 정보나 지식을 전달하거나 기술을 가르치는 것이다. 부모교육 프로그램의 목적은 부모가 기관의 도움 없이 혼자 힘으로 정보 및 서비스를 활용하는 능력을 배양하는 데 있다.

- **부모개입**

  부모가 가족생활에 영향을 주는 특정 프로그램의 구성 및 운영에 직접 참여하는 것이다. 부모개입 프로그램의 목적은 특정 기관의 프로그램 결정권자로서 부모가 전문가와 지식이나 정보를 교환하며 책무성을 받아들이도록 하는 데 있다. Morrison(1978)은 부모개입을 부모의 역할가능성을 실현하는 과정으로서 부모의 정신력, 가능성, 부모로서의 능력을 발견하도록 이끌어주는 것이라고 설명하였다(유안진, 김연진, 2003, p. 57 재인용).

- **부모지지**

  친지로부터의 도움을 위시하여 교회, 지역사회 내의 각종 학부모회, 지방단체, 아동복지시설, 병원, 교육기관, 기업체, 기타 사회사업기관이 부모를 지원하고 지지하는 것이다.

- **부모참여**

부모가 가족생활에 영향을 주는 유아교육·보육기관과의 긴밀한 유대를 통해 유아교육·보육과정이나 특정 프로그램의 구성과 운영 및 학습현장에 직접 참여하는 것이다. 이에는 부모가 유아교육·보육기관의 정책에 참여하는 정책참여, 부모가 아동을 위한 교수전략이나 기술 등에 도움을 제공하는 교수참여, 보다 효과적인 교육을 위해 부모가 자원으로써 참여하는 것 등이 있다. 부모참여는 부모가 아동의 교육활동에 참여하는 것, 부모가 아동을 위한 교육 프로그램이나 지역사회서비스에 영향력을 행사하는 정책결정에 참여하는 것, 아동과 가족을 위한 모든 프로그램에 부모가 참여하는 것 등과 같이 다양하게 표현된다. Stevens와 King(1976)은 부모가 참여하는 정도에 따라 다섯 단계의 역할로 구분하여 제시하였다(이은화, 김영옥, 1999, p. 40 재인용). 부모가 최소한으로 참여하는 청중으로서의 역할, 공식적 교육환경 이외나 가정에서 자녀의 교사로서 참여하는 역할, 특별한 능력 없이 참여하여 활동하는 자원봉사자로서의 역할, 정규적으로 훈련받은 준교사로서의 훈련된 봉사자로서의 역할, 프로그램 방향 설정에 참여하는 정책결정자로서의 역할로 구분하였다.

- **부모훈련**

부모가 전문적인 부모교육 프로그램을 통해 바람직한 부모역할 수행을 위한 정보와 기술 등을 익히는 것이다.

- **부모역할하기**

전인적인 아동발달을 도모하기 위해 자녀를 양육, 보호, 교육하며, 영양을 공급해주는 것이다. 이는 어머니 역할과 아버지 역할로 대별하기도 한다.

2. 부모교육의 필요성

부모교육이란 용어를 일상생활에서 중요하게 인식하기 시작한 것은 그리 오래 되지 않았다. 사회가 다양해지고 지식과 정보가 폭발적으로 늘어나면서부터 부모 세대는 자녀 세대를 이해하고 눈높이를 맞추기가 어려워졌다. 부모역할이 점차 어려워지면서 부모 스스로 부모역할을 수행하는 데 많은 노력이 필요하다는 것을 인식하게 되었고, 이를 보다 효율적으로 수행할 수 있도록 도와주는 체계적인 부모교육이 필요하게 되었다. 전반적으로 부모교육은 자녀의 발달뿐만 아니라 부모 자신의 발달과 이를 통한 가족의 삶의 질을 향상시키기 위해서도 필요하다. 이러한 부모교육의 필요성은 몇 가지로 요약해 볼 수 있다.

첫째, 부모가 가정에서 이상적인 교육실행자 역할을 수행하기 위한 부모교육이 필요하다. 부모는 아동이 세상에 태어나 경험하는 가장 친밀하고 중요한 사람으로서 영유아의 성장과 발달에 중요한 영향을 미친다. 특별한 경우를 제외하고 부모는 자녀와 평생 지속적인 관계를 유지하고, 자녀와 다양한 경험을 공유하면서 자녀에 대해 주된 책임을 진다. 또한 부모역할은 유아교육과 보육의 질에 영향을 미치는 중요한 요인이므로 유아교육과 보육의 효과를 극대화시키기 위한 부모교육도 필요하다.

둘째, 부모로서의 자아존중감을 향상시키기 위한 부모교육이 필요하다. 부모가 심리적으로 안정되어 있고, 적절한 부모역할에의 적응은 부모양육행동에 질적인 차이를 나타낸다. 그러므로 부모가 심리적으로 성숙하고 역할 분화가 잘 이루어진다면 더욱 유능한 양육행동을 나타낼 것이다(Luster, & Okagaki, 1996, p. 27). 또한 부모가 자녀양육이나 교육에 대해 갖는 가치관이나 신념 체계도 부모와 자녀 간의 인간관계 형성 및 상호작용에 영향을 끼칠 수 있다. 그러므로 자녀의 성장, 발달을 촉진시키고 부모로서의 자질 향상과 개인의 가능성, 정신력을 개발하고 실천적 기술도 연마하기 위한(이원영, 이태영, 강정원, 2011, p. 27) 부모교육도 필요하다.

셋째, 부모가 되기 위한 적절한 가치관 형성을 위한 부모교육이 필요하다. 사회가 변화함에 따라 가치관도 급속하게 변화하고 있다. 경우에 따라서는 아노미(anomie)현상까지 나타나면서 부모가 자녀를 어떻게 양육해야 하는지에 대해 혼란을 겪고, 종국에는 비일관적인 양육태도를 보이기도 한다. 부모의 부적절한 양육으로 자녀는 부정적 행동이나 문제행동을 나타내기도 한다. 결국 부모는 양육에 대한 가치관의 혼란으로 자녀양육에 어려움을 겪게 되며 자녀의 성장과정에 부정적 영향을 미칠 수 있다. 그러므로 부모가 되기 이전부터 유능한 부모가 되기 위해 요구되는 특성, 행동양식에 대한 정보와 지침에 대한 부모교육이 필요하다.

넷째, 부모교육은 미래 인적자원의 효율적 개발을 위해 필요하다. Fine(1989)은 자녀돌보기와 효율적인 부모 되기 프로그램이 건강한 가족기능을 확대시키므로 후세대 교육의 질적 수준을 높이고 빈곤계층을 해소하는 데 도움이 될 수 있다고 설명하였다(이원영, 이태영, 강정원, 2008, p. 23 재인용). 미래 사회의 인적자원의 성장과 발달에 도움이 되는 부모역할과 양육 방법에 대한 정보를 제공해주는 부모교육이 필요하다.

다섯째, 유아기 자녀를 둔 부모를 대상으로 한 부모교육이 필요하다. 1960년 이후 다양한 부모교육 프로그램을 실시하여 그 효과를 검증한 결과, 유아기의 교육과 보육에 있어 부모의 효과적인 개입과 참여는 자녀의 미래 성장·발달에 매우 중요하고 유아교육과 보육의 효과를 좌우할 수 있는 것으로 나타났다. 즉, 부모가 기관에 참여하여 자녀의 발달과 교육을 긍정적으로 인식하게 되어 보다 적극적으로 자녀와 상호작용함으로써 자녀 주변의 가족, 친구, 이웃, 지역사회, 학교 및 교사에 이르기까지 수직적, 수평적 파급효과가 있었다(홍기형, 박혜정, 권경안, 권기욱, 1984, p. 27). 이러한 결과를 통해 볼 때 유아기 자녀를 둔 부모에 대한 교육은 그 어떤 시기의 부모교육보다 효율적이라고 볼 수 있다.

여섯째, 유아교육·보육의 효과적인 운영을 위해 보다 적극적인 맞춤형 부모교육이 필요하다. 2012년 전국 보육실태조사 결과(서문희, 양미선, 김은설, 초윤경, 유해미, 손창균 외, 2013), 부모참여, 부모교육 및 상담에 대한 부모의 만족도가 다른 부분에 비해 낮았다. 이러한 결과는 기관에서의 부모교육이 부모의 요구수준에 미치지 못했거나 교육이 원활하게 이루어지지 못한 결과라고 볼 수 있다. 향후 기관에서는 부모의 요구도를 파악하여 이를 반영한 보다 적극적인 부모교육 프로그램이 개발되고 운영되어야겠다.

일곱째, 현대 사회의 다양한 가족 유형에 적합하고 부모-자녀관계를 개선하고 유지하는 데 필요한 지식과 정보 등을 제공해 줄 수 있는 부모교육이 필요하다. 여성 취업률의 증가로 맞벌이부부가 증가하고, 이혼의 증가로 한부모가족과 조손가족의 증가, 취업과 결혼 등을 통한 다문화가족의 증가 및 장기 분거가족의 증가 등으로 부모역할이 다양해지면서 부모-자녀관계를 유지하는 데도 어려움이 커지고 있다. 맞벌이가족이 증가함에 따라 어머니 역할을 수행하는 여성뿐만 아니라 아버지 역할을 수행하는 남성에게도 자녀 출산으로 인한 부모됨의 기쁨과 자녀 양육으로 인한 어려움을 극복하는 데 도움을 줄 수 있는 부모교육이 필요하다. 또한 가족해체현상으로 인한 한부모가족과 조손가족의 증가 및 다문화가족의 증가, 자녀의 교육과 부모의 취업 등으로 인한 장기 분거가족의 증가 등은 부모-자녀관계 개선 및 향상과 부모양육 기술과 지식, 부모-자녀 간의 문제에 효율적으로 대처할 수 있는 부모교육을 필요로 한다. 뿐만 아니라 사회의 제반 문제와 더불어 부모의 아동학대 발생률도 증가하면서 친부모가 학대 행위자인 경우도 해마다 증가하고 있어 이를 예방하기 위한 부모교육도 필요하다(표 1-2, 그림 1-1 참조).

표 1-2 아동학대 가족 유형 (단위: 건, %)

친부모가족	친부모가족 외 형태								대리양육형태				기타	파악안됨	계
	부자가정	모자가정	미혼부모가정	재혼가정	친인척가정	동거(사실혼 포함)	소년소녀가정	소계	가정위탁	입양가정	시설보호	소계			
9,931 (53.1)	2,623 (14.0)	2,203 (11.8)	347 (1.9)	1,366 (7.3)	444 (2.4)	688 (3.7)	10 (0.1)	7,681 (41.1)	28 (0.1)	79 (0.4)	227 (1.2)	334 (1.8)	86 (0.5)	668 (3.6)	18,700 (100.0)

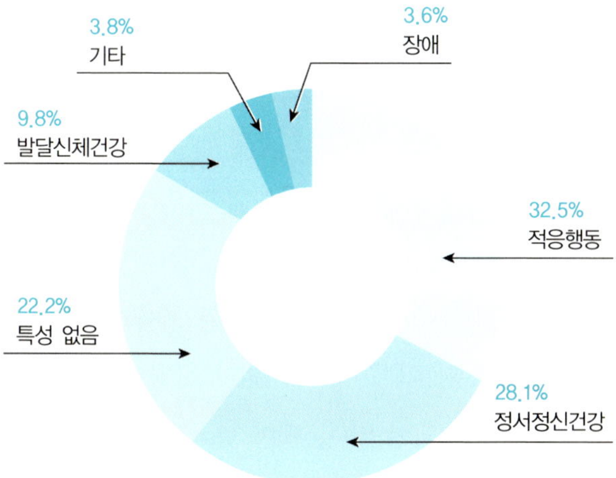

그림 1-1 피해아동 특성

출처: 보건복지부(2016). 2016년 전국아동학대현황보고서, p. 111.

여덟째, 유아교육과 보육현장에서도 다각적인 차원에서의 부모교육이 필요하다. 3-5세 누리과정을 통해 유아교육과 보육의 공적 기반을 조성함에 따라 유아교육과 보육의 사회적, 법적 체제가 구축되었다. 이에 영유아를 교육하고 보육하는 교사는 교육자 역할뿐 아니라 대리양육자로서의 역할도 중요하게 다루어지게 되었다. 이에 교사를 위한 직전교육과 교사재교육에서 부모교육은 중요한 부분이 되었다. 뿐만 아니라 교사는 부모를 통해 자녀에 대한 정보를 획득하여 개별 영유아에 대한 이해를 높이고, 부모와의 긍정적 상호작용을 통해 부모의 적극적 참여를 유도하여 교육조력자를 획득함으로써 교육에 전념할 수 있는 여건을 마련할 수 있어야 한다(유윤영, 2010, pp. 26-28).

아홉째, 지역사회기관과의 관계 형성을 통한 유아교육과 보육의 질적 향상을 위해 부모교육이 필요하다. 유아교육과 보육기관은 부모의 다양한 욕구를 충족시켜 주고자 노력한다. 이를 위해 어린이집의 평가인증과정에서는 부모설문조사를 포함시키고 있으며 현장관찰에 부모가 참고자로 참여할 수 있는 기회를 제공하고 있다. 현재 정부에서는 부모의 평가 참여를 통해 부모와 보육전문가가 직접 어린이집을 방문하여 급식과 위생, 안전 및 건강관리 등 보육환경을 모니터링하고 컨설팅한다(조성연 외, 2013, p. 402). 이러한 일련의 활동을 통해 유치원과 어린이집에서는 부모와 지역사회와의 협력을 모색함으로써 영유아의 발달을 위한 최선의 교육·보육환경을 제공해주고자 노력한다. 부모와 지역사회와의 협력에 대한 근거는 보육시설평가인증지표, 미국유아교육협회 교사 윤리강령 등에서 찾아볼 수 있다(조성연 외, 2013, pp. 403-404). 즉, 운영관리에 대한 보육시설평가인증지표에는 어린이집과 가정 간의 의사소통, 어린이집에서의 부모참여 등을 통한 가족과의 협력, 지역사회와의 협조가 포함되어 있다. 또한 한국보육시설연합회와 미국유아교육협회(National Association for the Education of Young Children: NAEYC)에서 제정한 교사 윤리강령에서도 영유아의 권리를 보호해주어야 하며, 가정과 기관이 영유아의 발달을 강화하는 방향으로 서로 협조해야 할 책임과 지역사회와 공동체에 대한 책임이 있다는 것을 제시하고 있다.

위에서 열거한 부모교육의 필요성과 더불어 Hamner와 Turner(1985)는 부모교육의 필요성을 다음과 같이 언급하였다(조성연, 2008, pp. 33-34 재인용).

첫째, 대부분의 사람이 현재 부모이거나 미래 부모가 된다.

둘째, 부모기에 대한 교육을 가정에서는 거의 제공하지 않을 뿐만 아니라 대부분의 교육 체계에서도 등한시하고 있다.

셋째, 부모기를 성공적으로 수행하기 위한 지침이 충분하지 않아 부모는 혼란스럽다.

넷째, 효과적인 부모역할은 특히 생의 초기에 중요한데 이는 일생 지속적으로 영향을 미친다.

다섯째, 부모역할은 어렵고 부모는 자녀가 원하는 대로 해줄 수 없음으로 인해 스트레스를 받을 수 있으므로 이에 대처할 수 있는 지식이 필요하다.

여섯째, 부모는 부모역할을 수행하는 데 필요한 지식이나 정보 등에 대해 도움을 받고자 한다.

일곱째, 급속한 사회 변화는 가족에게 스트레스를 주고 가정생활을 침해하고 있어 부모는 이에 대처하기 위한 도움이 필요하다.

여덟째, 어머니의 취업이 증가하면서 부모가 자녀를 돌보는 시간이 줄어들어 양질의 부모-자녀 상호작용에 대한 도움이 필요하다.

아홉째, 아버지가 자녀양육에 좀 더 적극적으로 참여할 필요가 있다.

열째, 부모기에 대한 여러 허설(myths)을 근절할 필요가 있다.

3. 부모교육의 중요성

생의 초기 경험은 영유아의 전인적인 성장과 발달에 지대한 영향을 미쳐 영유아 개인의 안녕과 행복뿐만 아니라 영유아가 속한 사회와 국가의 안정된 미래와도 관련된다. 인간발달의 기초성, 적기성 등의 발달원리와 동물행동학에서의 결정적 시기 등을 통해 볼 때 영유아기는 인간의 생애 중 가장 중요하다. 이러한 영유아기 발달에 있어 부모는 핵심적 역할을 하는 중요한 존재이고 자녀의 발달에도 결정적인 영향을 미친다.

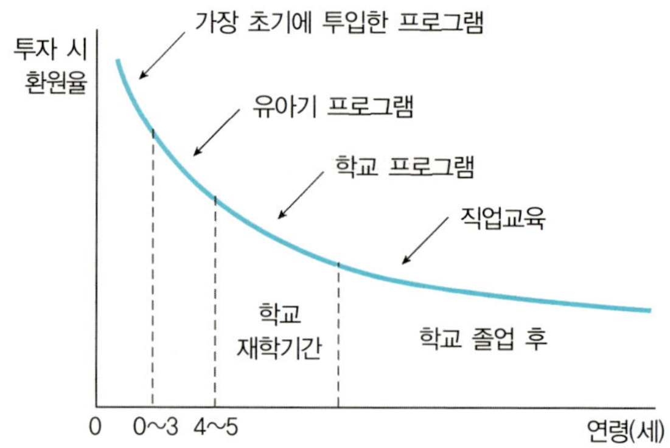

그림 1-2 조기투자의 효율성

출처: Heckman, J. J. (2008). Schools, skills, and synapses. *Economic Inquiry*, p. 311.

따라서 영유아가 건강하게 발달할 수 있도록 부모를 교육하는 것은 그 어떤 것보다 중요하므로 효율적인 부모역할로 훌륭한 인적자원을 길러 내기 위한 정부나 국가 차원의 부모교육은 매우 중요하다. 특히 영유아기는 생존과 안전, 기본적인 욕구충족 및 모든 발달이 부모 혹은 양육자에 의해 결정되므로 부모교육은 그 어떤 교육보다 중요하다.

Heckman(2008)은 인적자원의 투자대비 회수비율에 대해 영유아기의 투자가 이후의 학교 급에 대한 투자보다 회수비율이 현저하게 높다는 연구결과를 보고하였다(그림 1-2 참조). 이러한 결과는 영유아기에 부모교육을 통해 영유아의 전인적 발달을 위한 기초를 마련해주고, 부모에게 올바른 양육 방법을 알려줌으로써 투자의 효율성을 극대화할 수 있는 기초를 제공해줄 수 있기 때문에 부모교육의 중요성을 인식하게 해준다.

한편, 부모는 유치원 및 어린이집 간의 상호 협조를 통한 일관성 있는 교육·보육활동을 유지함으로써 기관 운영에도 영향을 미칠 수 있다. 부모가 기관의 교육·보육철학과 방침을 이해하여 적극적으로 관여하고 협조하는 것은 양질의 일관성 있는 교육·보육활동의 근간이 된다. 또한 3-5세 누리과정이 운영되면서 유아교사가 부모역할을 대신하는 경우도 늘어나고 있으므로 현재 교사이거나 미래 교사가 될 사람에게 다양한 유형의 부모교육을 통해 올바른 부모역할을 수행할 수 있도록 정보를 제공해주어야 한다. 그러므로 유아교육과 보육현장에서의 부모교육은 효과적인 유아교육과 보육을 위해 중요하다. 또한 부모가 기관운영에 직접 참여함으로써 부모 자신의 역량을 개발하고 자아존중감을 높일 수도 있어 부모교육은 부모와 교사 및 영유아 모두에게 매우 중요하다.

4. 부모교육의 목적

아동이 태어나 가장 먼저 접하는 사람이 부모임을 감안할 때 부모교육은 아동의 전인적 발달을 도와주기 위해 가장 적합한 시기에 가장 알맞은 방법으로 부모의 역량을 증가시키고, 보다 효율적인 부모-자녀관계를 형성할 수 있도록 도와주는 것이어야 한다. 특히 유아기에 부모의 효과적인 개입은 자녀의 발달에 매우 중요하고, 유아교육과 보육의 효과를 극대화시킬 수 있다. 따라서 부모교육의 가장 중요한 목적은 자녀를 이해하고 돕고 지도하는 데 필요한 지식·능력·태도 등을 익히도록 부모를 도와주는 것이다(유안진, 김연진, 2003, p. 67). 또한 부모교육은 부모 또는 예비부모, 영유아를 돌보는 교사 또는 예비교사로 하여금 긍정적인 양육방법을 익혀 영유아의 행복과 안녕을 도모하는 것이며(이원영, 이태영, 강정원, 2011, p. 18), 부모의 양육과정을 지원함으로써 자녀뿐만 아니라 성인으로서의 부모, 궁극적으로 사회 전체의 발전과 안녕을 도모하려는 데도 목적이 있다. 이와 같은 목적을 달성하기 위해 부모의 입장에서 한국행동과학연구소(1983)는 다음과 같은 부모교육의 목적을 제시하였다(이숙희, 고인숙, 2006, p. 17 재인용).

첫째, 아동발달을 촉진시키기 위한 부모의 역할을 인식하도록 한다.

둘째, 아동의 전인적 발달에 관한 지식과 이를 위한 환경 조성에 대한 지식을 갖게 한다.

셋째, 아동문제를 해결하는 데 필요한 정보와 기술을 습득하도록 한다.

넷째, 아동교육에 적극 참여하도록 부모를 돕는다.

다섯째, 아동의 일상생활에 대한 일반적 지식을 갖게 한다.

한편, 유아교사의 입장에서 유아교육백서(한국유아교육학회, 2000, p. 415)에서는 부모교육의 목적을 다음과 같이 제시하였다.

첫째, 건전한 사회구성원을 육성하여 양질의 국가 인적자원을 기를 수 있도록 돕는다.

둘째, 교사가 유아교육·보육기관에서 대리부모 역할을 효율적으로 수행할 수 있도록 돕는다.

셋째, 부모가 자녀와 긍정적인 관계를 수립할 수 있도록 돕는다.

넷째, 영유아가 미래에 행복한 삶을 살 수 있도록 돕는다.

부모교육은 단순히 부모만 혹은 교사만을 위한 것이 아니라 현재 부모이거나 미래 부모가 될 사람과 교사 및 아동 모두를 위한 것이어야 한다. 그러므로 부모교육의 목적은 다음과 같이 생각해볼 수 있다.

첫째, 아동이 행복한 삶을 살 수 있도록 도와준다.

둘째, 부모와 교사로 하여금 아동의 전인적 발달을 위하여 부모역할에 대한 인식과 올바른 양육태도와 가치관을 형성하고, 부모와 교사로서의 신념을 명료하게 인식하도록 도와준다.

셋째, 부모와 교사가 효과적인 양육 역할을 수행할 수 있도록 이들에게 아동발달을 위한 환경 조성에 대한 지식을 제공해준다.

넷째, 부모가 아동과 긍정적 관계를 형성하여 아동과 관련된 제반 문제를 해결하는 데 필요한 정보와 기술 및 지식을 획득할 수 있도록 도와줄 뿐만 아니라 다양한 문제를 해결할 수 있는 능력을 증진시켜준다.

다섯째, 부모 자신의 내적 통제와 자아존중감을 향상시켜 보다 효과적인 부모 역할을 수행하도록 도와준다.

여섯째, 지역사회 내의 유관기관에 대한 지지자와 참여자로서의 역할을 수행할 수 있도록 도와준다.

일곱째, 교사는 부모로 하여금 기관의 제반 활동과 운영에 적극적으로 참여할 수 있도록 도와준다.

부모교육의 목적을 달성함으로써 궁극적으로 부모와 교사는 아동으로 하여금 미래의 건강한 사회구성원이 될 수 있는 기초를 마련해줄 수 있을 것이다.

생각해 봅시다

1. 부모교육의 정의와 관련한 다양한 개념의 차이에 대해 생각해 봅시다.
2. 부모교육의 필요성을 사회, 부모, 아동, 교사의 입장에서 각각 생각해 봅시다.
3. 부모교육의 효과를 Heckman의 조기투자의 효율성 연구결과와 관련하여 생각해 봅시다.
4. 예비유아교사로서 부모교육에 임하는 자세에 대해 생각해 봅시다.

Parent Education

chapter 02

부모교육의 역사

01 고대

02 중세

03 근대

04 현대

CHAPTER 02

부모교육의 역사

학습목표

- 부모교육에 영향을 미친 시대별 교육자와 사상가에 대해 살펴본다.
- 부모교육에 영향을 미친 시대별 특성에 대해 살펴본다.
- 우리나라와 서양의 부모교육 특징에 대해 살펴본다.

부모교육은 고대에서부터 현재에 이르기까지 다양한 과정을 거쳐왔다. 특히 각 시대마다 중요하게 여기는 아동에 대한 가치관이나 관점에 따라 부모교육의 내용도 변화되어 왔다. 현대에 이르러 1995년 이후를 살펴보면 부모교육의 내용뿐 아니라 부모교육의 대상에서도 변화가 나타나고 있다. 자녀를 가진 부모에서부터 대학생, 직장인의 예비부모교육에 이르기까지 부모교육의 대상과 내용의 폭이 넓어졌다. 또한 중·고등학교의 정규교육과정에 남녀학생 모두를 대상으로 하는 예비부모교육이 실시되었고, 아버지를 대상으로 한 부모교육도 확대되었다. 부모교육의 방법도 다양해졌는데 최근에는 정보화 사회를 반영하여 인터넷 매체를 활용한 부모교육도 활성화되고 있다(한국유아교육학회, 2000, p. 415). 따라서 이 장에서는 고대에서부터 현대에 이르기까지 부모교육이 어떻게 변화되어 왔는지에 대해 살펴보고자 한다.

1. 고대

고대 그리스, 로마에서는 어렸을 때의 경험이 성인기에 영향을 미친다는 것을 인식하였다. 가정을 국가의 근간으로 여겨 부모와 자녀와의 관계가 인간을 결속시켜 주는 토대라고 보고 가정의 중요성을 강조하여 부모가 자녀교육에 적극적으로 개입하였다. 그리스는 인본주의에 기초하여 부모가 자녀를 부모의 의사에 따라 자유롭게 교육하였다. 아테네는 7세 이전에는 가정에서 부모의 보호 아래 각종 완구를 가지고 놀면서 편안하게 성장하다가 7세부터 학교에서 교육을 받았다. 그러나 스파르타는 국가적 차원의 철저한 관리가 이루어져 성인과 아동의 모든 생활이 직·간접적으로 국가의 통제를 받았다. 그리하여 새로 태어난 아이 중 건강한 아이만이 7세까지 어머니의 양육을 받았고, 이후 지역사회의 통제로 이관되었으며, 언제든 체벌이 가능하였다.

한편, 로마는 강력한 가부장제에 기초하여 아버지 중심의 가정교육을 실시하였다. 초기 로마는 교육의 주된 장소가 가정과 사회였다. 가정은 아버지와 어머니의 지도하에 올바른 행동과 사회적 의무감을 훈련받는 곳이었는데 아버지는 지적 교육을, 어머니는 일반적인 훈육을 주로 담당하였다(이주한, 2007, pp. 132-147). 로마의 웅변가인 Quintilian은 아동교육에서 모방의 중요성을 높이 평가하여 부모는 아동에게 바람직한 언어와 도덕적 행위를 모범적으로 보여주어야 한다고 권고하였다(이영석, 1993, p. 29).

고대 이집트의 소년도 가정에서 교육을 받았고, 수메리아에서는 가족을 중시하며 아동에게 학습의 기회를 제공하였으며, 잉카, 마야, 중국, 인디언도 아동을 위한 형식적인 교육을 실시하였다(유윤영, 2011, p. 63). 고대의 대표적인 학자로는 Plato와 Aristotle을 들 수 있다.

1) 서양

(1) Plato(B.C. 427~347)

Plato(B.C. 427~347)

Plato는 이상국가의 실현을 꿈꾸면서 아동이 부모로부터 분리됨으로써 미래를 잘 준비할 수 있다고 생각하였다. 그는 아동의 신체 및 건강에 대한 습관이 생의 초기에 형성된다고 믿고 부모에게 스포츠, 게임, 놀이, 노래 등을 통해 아동을 잘 양육하도록 권고하였으며, 형식적 교육은 6세부터 시작하는 것이 바람직하다고 주장하였다(이영석, 1993, p. 25). 그는 아동은 발달단계에 맞춰 교육을 실시해야 한다고 생각하여 6세까지 심신의 조화로운 발달을 목표로 하고, 7세 이후부터 학교에서 교육을 해야 한다고 주장하였다. 그는 유아기는 습관에 의해 성격의 기초가 형성되는 시기로서 지나치게 쾌락만을 제공하는 것은 바람직하지 않다고 보았다. 뿐만 아니라 Plato는 아동은 태어나는 순간부터 국가가 지정한 보모가 운영하는 공동탁아소에서 양육하고 공동으로 소유해야 한다고 주장(정옥분, 정순화, 2010, p. 61)함으로써 자녀양육에 대한 국가의 책임을 강조하였다.

(2) Aristotle(B.C. 384~322)

Aristotle(B.C. 384~322)

Aristotle는 부모가 자녀의 개인적 특성을 충족시켜 줄 수 있는 양육방식을 가장 우선시하였다(Bigner, 2007, p. 10). 그는 인간의 발달 중 생후 첫 6년을 유년기로 보았는데 유년기의 아동은 더 높은 수준의 발달을 위한 잠재력을 가지고 있어 부모는 자녀의 잠재력이 잘 발휘될 수 있도록 환경을 만들어주어야 한다고 주장하였다. 그는 아동이 6세가 되기까지 가정에서 적당한 사지의 운동과 엄선된 동화를 중심으로 교육해야 한다고 주장함으로써 가정교육과 가정에서의 양육의 중요성을 강조하였다. 그는 6세 이후에는 국가가 교육을 책임져야 하지만 부모도 책임을 분담해야 한다고 주장하였다(조무남, 피정만, 김기수, 1996, p. 163).

2) 우리나라

출처: http://weekly.khan.co.kr/khnm.html?mode=view&artid=9850&code=116

단군시대부터 왕족의 교육방식이었다고 전해지는 전통육아법으로 단동십훈과 같은 동작이 있다(이승헌, 2005. 6. 7; 브레인기자, 2013). 단동십훈은 '단동치기십계훈(檀童治基十戒訓)'의 줄임말로 단군왕검의 혈통을 이어받은 배달의 아동이 지켜야 할 열 가지 가르침이라는 의미를 담고 있다. 이승헌(2005. 6. 7.)은 단동십훈 동작의 대부분이 '천부경'의 원리와 사상을 담고 있다고 주장한다.

제1훈 불아불아(弗亞弗亞)로 '불(弗)'은 하늘에서 땅으로 내려온다는 뜻이고, '아(亞)'는 땅에서 하늘로 올라간다는 의미이다. '불아'는 단군신화에서처럼 신이 사람으로 땅에 내려오고, 신선이 되어 다시 하늘로 올라갔다는 상징에서 아동은 귀한 존재이며, 건강하게 자라서 세상을 밝게 하라는 것이다.

제2훈 시상시상(恃想恃想)은 천지인(天地人) 삼재(三才)가 한에서 시작되었다는 조상의 생명시원이 나타난 말이다. 즉, 조상을 거슬러 올라가면 그 끝은 '한'의 자리로써 웃어른을 섬기고 공경하는 것이며 경로사상의 표현이기도 하다.

제3훈 도리도리(道理道理)는 아동에게 가르치는 십훈 중 최초의 교과목으로써 천지만물이 하늘의 도리로 생겨났으니 사람도 도리를 다하여 살면서 지혜로운 사람이 되라는 것이며 자연의 섭리를 가르치는 도교육이다.

제4훈 지암지암(持闇持闇)으로 '암(闇)'은 어둡고 혼미스럽다는 뜻이며, '지암'은 세상의 혼미한 것을 가려서 파악하라는 것이다. 이는 흔히 '잼잼'으로 표현되는 것으로 손으로 쥐거나 잡는 것이며 바른 진리를 잘 선택하여 쓰라는 의미가 담겨 있다.

제5훈 곤지곤지(坤地坤地)는 조화로운 사람이 되라는 것이다. 이는 하늘과 땅에 담긴 음양의 조화를 알고 덕을 쌓으라는 뜻으로 하늘과 땅의 이치를 깨달아 바르고 참다운 일을 행하라는 의미가 담겨 있다.

제6훈 서마서마(西魔西魔)는 걸음마를 시작할 때의 동작으로 섬마섬마로 표현하기도 한다. '섬마'는 서마도(西魔道), 곧 서쪽의 마귀라는 의미로 모든 아동을 귀한 인격체로 보고 독립심과 주체성을 키워 주고자 하는 의미가 담겨 있다. 또한 '섬'은 '서다'의 준말로 몸의 감각을 깨워 혼자 설 수 있는 힘을 키우라는 뜻이기도 하다.

제7훈 업비업비(業非業非)는 바른 마음을 키우라는 것이다. 이는 해서는 안 되는 것 혹은 무서움을 가르칠 때 하는 말로 '애비애비'라고도 하며 이치에 맞지 않는 일은 삼가고 모두에게 좋은 일을 하라는 의미가 담겨 있다.

제8훈 아함아함(亞含亞含)은 내 안에 우주처럼 넓은 마음이 있다는 것으로 사람 안에 작은 우주가 있다는 뜻이다. 두 손을 가로 세로로 포개면 한자 '아(亞)' 모양이 되는데, 이것은 하늘과 땅이 내 몸속에서 하나가 된다는 것을 상징한다.

제9훈 작작궁 작작궁(作作弓 作作弓)은 깨달음의 기쁨을 노래하는 것으로 흔히 '짝작꿍 짝작꿍'으로 표현한다. 이는 음양이 부딪혀 삶의 이치를 깨달았고 사람으로 와서 신(神)으로 가는 이치(弓)를 알았으니 손뼉 치며 노래하고 춤추자는 뜻이다. 또한 박수를 치면 온몸에 기운이 통해 건강해진다는 의미도 있다.

제10훈 지라아비 활활의(地羅阿備 活活議)는 건강하고 행복하게 살라는 것으로 흔히 '질라아비 훨훨의'로 표현한다. 이는 나팔을 불며 춤추는 동작으로 우주의 이치를 깨닫고 천지의 기운을 받아 기쁘고 건강하게 잘 살라는 의미가 담겨 있다. 또한 질라아비(단군할아버지)가 아이의 앞길을 인도해준다는 의미도 있다.

이 밖에 '각궁(覺弓)'도 있는데 각궁은 근본이나 이치를 깨달으라는 뜻으로 흔히 '깍꿍'이라고 표현하는 것이다. 이는 아이를 놀라게 해주려고 눈을 크게 뜨고 "깍꿍" 하는 것인데 '궁(弓)'은 을(乙)자 모양의 음양으로 우주의 근본을 의미한다.

2. 중세

중세는 서로마제국의 멸망(476년)으로부터 동로마제국의 멸망(1453년)과 문예부흥운동 시작 이전까지 약 1000년간의 시기를 말한다. 중세는 기독교와 봉건제도가 중심을 이루면서 교육이 개인, 가정, 국가로부터 교회로 이관되어 억압과 체벌이 보편적으로 이루어졌다.

1) 서양

중세 서양은 로마가톨릭이 지배적이어서 오직 교회를 통해 적극적이고 조직적인 방법으로 아동을 키워야 한다고 생각하였다. 종교적 관점에서 인간의 원죄설에 따라 아동은 사악한 존재로 태어났다고 생각하여 엄격한 교육 방법을 택하였으며, 아동은 엄격한 감시 속에서 자라야 한다고 보았다. 그리하여 부모는 아동의 악한 본성을 없애고, 신앙심 있는 인간으로 성장할 수 있도록 체벌과 끊임없는 감독과 통제 등을 실시하였는데 이것이 올바른 부모역할이라고 생각하였다.

Aries(1962)에 의하면 중세는 아동기에 대한 개념이 없었고, 그에 대한 인식도 부족하였으며, 아동이라는 단어도 없었다. 그 이유는 아동이 부모나 보모의 돌봄 없이도 혼자서 살아갈 수 있게 되는 순간부터 아동은 성인 사회에 속하게 되었기 때문이었다. 그림에서도 이런 현상이 나타나 아동이 어른 식으로 분장한 특별한 의

▌그림 2-1▌ 자녀와 함께 있는 마리 앙투아네트

상을 입었던 모습을 볼 수 있다(이영석, 1993, p. 32 재인용; 그림 2-1 참조).

또한 중세는 전성설적인 관점이 지배적이어서 아동을 성인의 축소판으로 간주하여 5~7세 정도면 성인과 유사하게 취급하였고, 아동을 대상으로 공식적인 교육도 거의 이루어지지 않았다. 당시 부모는 가능한 한 자녀를 멀리하고 자녀를 방해물로 취급하여 자녀는 태어나면 유모에게 맡겨졌고 학교나 수도원에서 자라고 성장이 끝난 후에야 부모와 만났다(안인희, 1990, p. 47). 심지어 아동은 인간으로서의 권리도 없어서 영아 살해와 아동 유기와 같은 행위가 빈번하게 이루어졌다. Aries(1962)에 따르면 17세기 이전에는 아동기가 인간의 생애 중 한 단계로 인식된 적이 없었다(Bigner, 2007, p. 11 재인용).

2) 우리나라

삼국시대에는 부모를 공경하는 윤리가 자녀를 양육하는 윤리보다 우선하여 어린 자녀를 오히려 유기하는 경우도 많았다. 효도를 강조한 가부장적인 전통 안에서 자녀는 부모의 소유물이라는 생각이 뿌리 깊게 자리 잡고 있어 가정에서 자녀는 부모에게 예속된 존재였다(이원영, 이태영, 강정원, 2011, p. 113).

우리나라 전통사회의 부모교육 지침서에 나타난 부모를 위한 교육지침은 아동존중사상의 강조, 발달단계별 교육, 개인차 교육, 지행합일(知行合一)의 원리에 따른 교육 방법, 효의 생활화를 통해 부모에 대한 자녀의 역할 강조, 이상적인 부모역할로 엄부자모(嚴父慈母)의 모델을 제시하는 것이 특징이다(정옥분, 정순화, 2010, pp. 71-76).

불교가 중심이었던 고려시대에는 유아를 미숙하거나 어리석은 존재로 보지 않고 세속에 물들지 않은 이상적인 인간으로 보았다. 따라서 수행과 교육이 필요한

▌그림 2-2▐ 내훈

사람은 유아가 아니라 성인이라고 생각하였다. 불교는 인과론을 중시하기 때문에 아동의 발달에 있어 부모의 역할을 매우 중요하게 간주하였다. 당시에도 태아조차 인간으로서 소중하게 다루었을 뿐만 아니라 자녀를 어떻게 양육해야 하는지에 대해서도 부모에게 가르침을 주었다. 그리하여 정몽주(1337~1392)의 어머니 이씨가 쓴 《태중훈문(胎中訓文)》, 성종의 어머니인 소혜왕후 인수대비(1437~1504)가 쓴 《내훈(內訓)》 등은 자녀를 귀하게 키우는 어머니의 태도에 대해 기술하고 있다.

《태중훈문(胎中訓文)》에서 정몽주의 어머니 이씨는 "선철(先哲)의 지나간 행적을 더듬고 그에 관한 책을 읽으며 나도 그와 같은 위인을 낳았으면 좋겠다는 마음으로 인간이 행하기 힘든 행동을 해야 한다."고 하였고, 《내훈(內訓)》에서 인수대비는 "마음속에 느낀 생각이 선하면 선한 자식을 낳고, 마음속에 받아들인 느낌이 나쁘면 나쁜 자식을 낳게 된다."고 함으로써 임신 중 부모는 심신이 건강한 아기를 낳기 위해 몸과 마음을 다해 최선의 노력을 기울일 것을 당부하였다.

조선시대에는 유교적 가치관이 주류를 이룸으로써 맹자의 성선설에 입각하여 아동의 생득적 자질은 선하다는 기본적인 사상을 가지고 있었다. 아동을 동몽(童蒙)이라 하였는데 여기서 '몽(蒙)'은 산기슭에 흐르는 물의 형태를 비유한 것으로서 아동의 무한한 발전 가능성을 인정한 것이라고 볼 수 있고, 동시에 유소(幼小)하고 지혜가 계발되지 않은 아동을 뜻하는 것이기도 하다. 그리하여 유교적 관점에 따라 전통사회에서의 부모는 아동에게 존경과 복종의 대상이고, 아동을 사랑으로 가르쳐야 한다고 인식하고 있었으며, 아동은 아랫사람의 도리로 부모에게 절대적 복종과 공경과 효를 다해야 했다(최양미, 2001, pp. 25-26). 조선시대 아동에게 글을 가르칠 때 부모는 자녀가 아무리 둔하더라도 참고 견뎌야 하고, 자녀에게 비록 과실이 있더라도 함부로 꾸짖지 말고, 마구 때리지 말며, 미리 가르치지 않는 것은 죄라고 보았다(유윤영, 2011, p. 57).

3. 근대

14~16세기의 문예부흥(Renaissance)과 16세기의 종교개혁 및 17세기를 전후하여 나타난 실학주의(realism), 계몽주의(illuminism), 자연주의 등으로 근대는 아동에 대한 관심이 증가하기 시작하면서 중세까지 지배적이었던 전성설적인 관점에서 벗어나 아동을 하나의 독립된 개체로 보기 시작하였다. 그리하여 근대는 아동의 요구와 능력 및 소질에 맞는 자유교육을 중시하고, 육체와 정신을 조화롭게 발달시키기 위한 활동과 유희를 강조하였으며, 가정교육의 의미를 부각시켰다. 당시의 대표적인 학자로는 Comenius, Locke, Rousseau, Pestalozzi, Fröbel 등을 들 수 있다. 특히 Comenius의 교육 방법은 Rousseau, Pestalozzi, Fröbel 등 거의 모든 아동 중심적 교육사상가에게 영향을 미쳤다. 부모교육에 대한 이들의 공통적 특징은 어머니의 헌신적인 사랑으로 자녀양육을 해야 하며, 자녀를 신실한 기독교인으로 양육하여 자녀의 내면에 있는 신성(神性)을 개화시켜 하나님의 영광을 나타내야 하고, 영유아기 자녀가 효과적으로 학습하기 위해 직접 체험하게 하고 자발적으로 표현하게 해야 한다는 것이다(이원영, 이태영, 강정원, 2011, p. 102).

1) 서양

(1) Comenius(1592~1670)

Comenius는 《대교수학(Didactica Magna)》(1632)에서 합자연의 원리를 제시하고, 《세계도회(Orbis Sensualium Pictus)》(1657)에서 직관을 이용한 자연적 사물에 대한 지식 획득을 강조하였다. 그는 인간을 위한 모든 교육은 어린시기부터 실시해야 한다는 사실을 강조하면서 세계 최초의 양육지침서라고 할 수 있는 《유아학교(The Schola of Infancy)》(1633)에서 6세 이하의 아동은 건전한 가정에서 양육해야 한다고 주장하였다.

Comenius는 1~6세의 유아기를 위한 '어머니 무릎학교(The Mother's Knee School)'를 제안하였다. 이 학교는 인간이 태어나서 최초로 경험하는 학교며, 여기서 일평생 생의 과정을 위해 구비해야 할 다양한 지식의 기초를 습득한다(이숙종, 1996, p. 191). 그는 가정에서의 교육을 중요하게 생각하였고, 어머니 역할의 중요성을 강조함으로써 부모교육의 효시가 되었다. 또한 그는 아동의 육체적 건강을 최우선에 두고 어머니는 아동의 건강을 위하여 열심히 기도해야 한다고도 주장하였다. 심지어 어머니가 임신 중이라 하더라도 태아에 대한 교육의 의무를 다해야 한다고 주장하였다(이숙종, 1996, p. 194).

▌그림 2-3▌ 세계도회

(2) Locke(1632~1704)

Locke는 《교육에 대한 고찰(Some thoughts concerning education)》(1693)에서 인간은 백지와 같은 상태(tabula rasa)로 태어나 선천적으로 선하지도 악하지도 않고, 자신의 경험을 통해 점진적으로 발달해 나간다는 절대적인 환경주의적 입장을 주장하였다. Locke는 부모는 어릴 때부터 자녀를 양육해야 하고, 부모가 교육하는 것에 따라 자녀의 사고가 달라질 수 있으므로 부모는 자녀와 충분한 시간을 가져야 한다고 주장하였다. 그는 이 저서에서 자녀교육에서의 가족의 역할을 매우 강조하여 부모는 자녀에게 덕, 지혜, 교양, 지식 등을 육성시켜 주어야 한다고 강조하였다(이영석, 1993, p. 37). 이러한 그의 생각은 아동의 발견이라 할 수 있는 세기의 정점을 나타내준다. 그는

▌그림 2-4▌ 교육에 대한 고찰

가정에서의 교육이 학교에서의 교육보다 더 중요하다고 지적하면서 부모는 관찰을 통해 자녀의 독특한 성격을 파악한 후 자녀의 관심과 개성을 개발해줄 수 있는 최적의 환경을 조성해주어야 한다고 언급하였다(이순형, 민하영, 권혜진, 정윤주, 한유진, 최윤경 외, 2012, p. 20).

(3) Rousseau(1712~1778)

Rousseau에 따르면 인간은 특유의 사고방식이나 감정을 가지고 선하게 태어나므로 아동은 구속과 제약이 없는 자연스런 상태에서 성장해야 한다. 그는 《에밀(Emile)》(1762)에서 "창조자의 손에서 나올 때는 모든 것이 선하나 사람의 손에서 모든 것이 타락한다."(안인희, 1990, p. 69 재인용)고 서술하면서 아동을 최대한 성장시키려면 자연의 질서에 따라 출생과 더불어 교육을 시작해야 한다고 주장하였다. '자연으로 돌아가라'는 Rousseau의 말은 아동이 부패한 사회 환경과의 접촉이나 경험을 갖기 전에 스스로 자아를 충분히 개발할 수 있는 기회를 가져야 하고, 아동의 타고난 능력과 잠재력을 있는 그대로 발현하는 교육을 전개해야 함을 의미한다. 그는 속박, 성인 복장, 지나치게 엄격한 생활 등의 모든 비자연적인 제약으로부터 아동은 해방되어야 하며, 어머니는 아동이 원하는 만큼 먹고, 뛰고, 놀도록 내버려두어야 하고, 아동의 자발적인 충동을 신뢰해야 한다고 주장하였다(이영석, 1993, p. 39, p. 44).

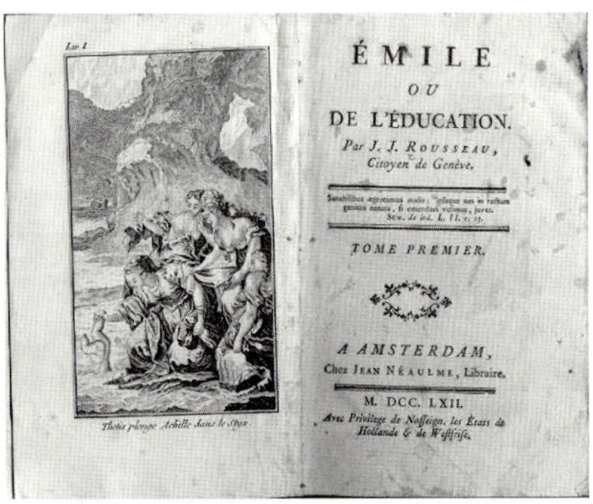

▌그림 2-5▌ 에밀

Rousseau는 《에밀(Emile)》에서 아동의 발달단계를 제시하면서 각 단계에서의 부모역할을 설명하였다.

1단계는 출생~2세의 영아기로 최초의 교육은 감각을 통해 이루어져야 하고, 영아가 하루 종일 뛰어놀고 가정에서 부모의 사랑으로 인격을 형성할 수 있도록 하는 것을 강조하였다. 이 시기에 부모는 자녀에게 생활의 기쁨을 맛볼 수 있게 해주는 것이 중요하다.

2단계는 2~12세의 아동기로 손발의 단련과 사물의 감각 훈련을 강조하였다. 불확실한 장래를 위해 현재를 희생시키는 교육은 아동의 현재 행복을 희생시키는 강제적이고 구속적인 교육이 되므로 부모는 아동의 욕망을 억제할 필요가 없고, 자연에 따라 아동의 본성을 보호하는 소극적인 교육 방법을 실시하는 것이 적합하다.

3단계는 12~15세의 소년기로 이성과 자의식이 발달하는 이성의 시기로 지적인 능력의 발달을 강조하였다. 이 시기에 부모는 자녀의 능력에 맞게 관찰, 경험, 발견, 실험과 같은 방법을 활용하여 자녀의 능력에 적합하고, 지적 호기심을 충족할 수 있도록 해주어야 한다.

4단계는 15~20세의 사춘기로 Rousseau는 이 시기를 제2의 탄생이라 하여 그 중요성을 강조하였다. 이 시기는 지금까지의 소극적 교육에서 벗어나 적극적 교육을 시작해야 하며, 교육은 도덕적, 종교적, 사회적 관계의 기초를 마련해줌으로써 보다 적극적으로 인간 형성에 영향을 미친다. 이 시기에 아동은 자기애에서 벗어나 이웃에 대한 동정, 우정 등을 바탕으로 한 인간애, 인류애로 발전해나가며 이성에 대한 강한 관심과 애정에 대한 욕구가 나타난다. 그러므로 부모는 사춘기 자녀의 대인관계에 관심을 기울여야 한다(안인희, 1990, pp. 53-58).

(4) Pestalozzi(1745~1827)

Pestalozzi는 인생의 기초가 생의 초기에 경험하는 가정교육에 있다는 것을 강조하였다. 그는 아동이 가정의 영향을 벗어나기 전에 부모는 자녀의 잠재력이 조화롭게 발달할 수 있도록 도와주어야 하며, 자녀에게 있어 최초의 교사는 어머니라고 보고 가정에서의 어머니 역할을 매우 중요하게 여겼다. 그는 아동이 가족과의 접촉을 통해 진정한 도덕적, 종교적 의식이 싹트게 된다고 믿었다. 그는 어머니와 자녀 간의 관계에서 싹트기 시작하는 사랑, 신뢰, 감사, 인내 등은 신념을 형성하는 최초 기반이 되며, 유아기의 부모와의 긍정적 경험이 긍정적인 도덕적 자아를

그림 2-6 게르트루트는 어떻게 자녀를 가르치는가?

형성하는 데 중요하다고 보았다(이영석, 1993, p. 46).

Rousseau의 영향을 받아 Pestalozzi는 자연에 기반을 둔 교육을 강조하면서 가정환경의 중요성을 강조하였다. 그는 《페스탈로치가 어머니들에게 보내는 편지(Letters on Early Education: Adressed to J. P. Greaves, ESQ)》(1818~1819)에서 성인이 추구하는 것은 아동의 심신의 발달이며, 성인이 탐구하는 위대한 방법은 이를 위한 어머니의 협동이라고 하면서 어머니는 모성애가 있어 아동의 발달을 도울 수 있는 중요한 역할을 담당할 수 있다고 보았다(Pestalozzi, 1989, p. 13). 또한 그는 《게르트루트는 어떻게 자녀를 가르치는가?(Wie Gertrude ihre Kinder lehrt?)》(1801)에서 가정교육을 중요하게 생각하지 않는 빈곤계층의 부모에게 부모교육을 소개하기도 하였다. 그러므로 그는 유아기의 가족 간의 화목한 관계는 자아발달, 사회 재건설, 종교적 신념의 바탕을 형성할 수 있을 것(이영석, 1993, p. 46)이라고 생각하면서 가족의 중요성을 강조하였다.

(5) Fröbel(1782~1852)

그림 2-7 어머니와 아기의 노래

Fröbel은 가정은 아동의 공동체 의식을 형성할 수 있는 장으로써 가정에서 어머니와 자녀 간의 놀이를 통해 그 둘 사이에 완전한 조화가 이루어지며, 이 조화는 모든 가족구성원과의 좋은 관계를 유지하는 것으로 발전하여 결국 보편타당한 선행의지(good will)에 도달하게 된다고 주장하였다(이영석, 1993, p. 58). 그는 어머니 교육을 강조하여 아기는 태어나는 순간부터 자발적으로 활동하고 표현하려는 내면적 특성을 갖고 있으므로 어머니는 자녀가 가지고 있는 능력을 펼칠 수 있도록 이끌어 주고 개발시켜 주는 역할을 해야 한다고 주장하였다. 또한 그는 《어머니와 아기의 노래(Mutter und Kose-Lieder)》(1843)에서 어머니가 가정에서 아기와 함께 할 수 있는 노래와 이야기, 게임 등을 제시하면서 아이의 본성에 맞춰 양육해야 한다고 설명하고 어머니 역할의 중요성과 어머니의 교육적 기능을 강조하였다. 그는 감각기관과 신체기관을 활용하는 교육을 강조함으로써 아동의 발달에 적합한 최초의 교구이고 교육활동인 은물(gifts)과 작업(occupations)을 고안하여 어머니에게 가르쳤다.

2) 우리나라

(1) 태교

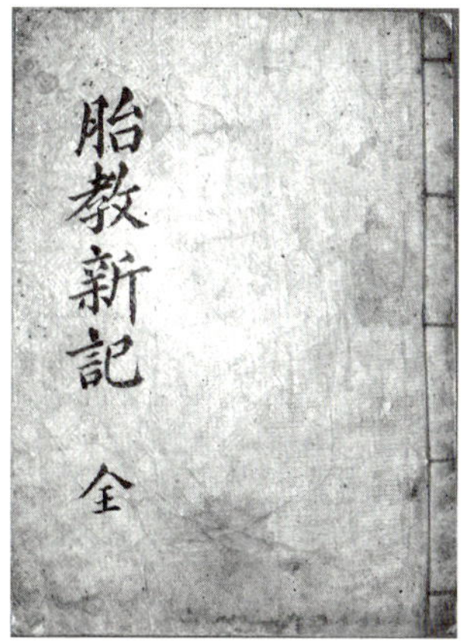

▌그림 2-8▐ 태교신기

우리나라는 전통적으로 태교를 통해 아동존중사상을 강조하였고, 삼강오륜(三綱五倫)의 부자유친(父子有親)을 통해 부모와 자녀 간의 친밀한 관계를 중요하게 인식하였다. 대표적으로 율곡 이이(1536~1584)의 《규범(閨範)》, 송시열(1607~1689)이 시집 간 맏딸에게 자식 가르치는 도리에 대한 어머니의 역할을 기록한 《계녀서(戒女書)》 등은 부모로서 지켜야 할 도리와 역할에 대해 기술하고 있다. 특히 율곡 이이는 《성학집요(聖學輯要)》의 정가편(正家篇)의 효경장(孝敬章)에서 부모가 자녀를 사랑하되 무분별한 사랑은 가정 내 윤리를 무너뜨리므로 의(義)에 합당한지를 항상 생각하여 인애와 불의를 분별하여 절도 있는 정(情)과 은(恩)의 조화를 이루어야 한다고 주장하였다(홍달아기, 1993). 뿐만 아니라 일종의 부모교육서라고 할 수 있는 사주당 이씨의 《태교신기(台教新記)》(1801), 빙허각 이씨의 《규합총서(閨閤叢書)》(1809) 중 청낭결(青囊訣)에 태교 및 육아법에 대한 기록도 있다. 《태교신기》에서 사주당 이씨는 "명의는 병들기 전에 치료하는데 아기를 낳아서 기르는 것도 역시 아기를 낳기 전에 가르쳐야 한다(善醫者 治於未病 善教者 教於未生)."라고 함으로써 부모 역할은 임신하는 그 순간부터라는 것을 강조하였다(조성연, 2008, pp. 62-63).

(2) 동학사상

인내천(人乃天)의 이념을 중심으로 하는 동학사상은 우리나라의 근대적 아동관을 형성하는 데 중요한 역할을 하였다. 동학에서는 연령에 따른 인격적 차별을 불평등하다고 보고, 유아와 태아를 모두 인간으로서 존중하였다. 그리하여 동학의 제2대 교주인 해월 최시형(1827~1898)의 '사인여천'(事人如天), 즉 '사람을 한울님처럼 모신다.'는 사상은 어린이운동의 직접적인 사상적 배경이 되었다. 최시형은 "어린아이도 한울님을 모셨으니, 아이를 때리는 것은 한울님을 때리는 것이다."라고 하여 부모가 자녀를 체벌하는 것에 반대하였다.

방정환(1899~1931)

동학사상은 소파 방정환(1899~1931)과 소천 김기전(1894~1948)에게 영향을 미쳤다. 방정환은 당시 아동에 대한 비칭(卑稱)이었던 '애녀석', '아해놈'과 같은 말 대신 '어린이'라는 말을 처음 사용하면서 어린이의 인격을 존중하는 계몽운동을 전개하였으며, 어린이에 대한 이해를 고취시키기 위해 1923년 5월 1일을 어린이날로 정하였다. 또한 방정환은 《어린이》(1923) 잡지의 창간호 머리말에서 "죄 없고 허물없는 평화롭고 자유로운 한울나라! 그것은 우리의 어린이의 나라입니다."라고 기술하였고, 《천도교 월회보》(1923년)에 기고한 '소년의 지도에 관하여'에서는 "어린이는 결코 부모의 물건이 되려고 생겨나오는 것도 아니고 어느 기성사회의 주문품이 되려고 나오는 것도 아닙니다. 그네는 훌륭한 한 사람으로 태어나오는 것이고 저는 저대로 독특한 사람이 되어 갈 것입니다."라고 하면서 부모로 하여금 자녀를 하나의 인격체로 존중해줄 것을 강조하였다. 이와 함께 김기전도 "나무를 보라, 그 줄기와 뿌리의 전체는 오로지 그 적고 적은 햇순 하나 떠받치고 있지 아니한가?"라고 하면서 아동의 소중함을 강조하였고, 아동을 체벌하는 것에 대해서도 반대하였다(유윤영, 2010, p. 61; http://sgti.kehc.org/child/contents/teaching/25.htm).

4. 현대

20세기 들어 Freud, Erikson 등의 정신분석이론, Watson의 행동주의이론, Piaget의 인지발달이론 등 다양한 심리학 이론이 발달하면서 아동의 발달에 대한 관심이 증가하기 시작하였다. 그에 따라 부모양육태도에 대한 사회적 관심도 증가하여 사회적으로 자녀양육의 중요성이 강조되기 시작하였다. 그리하여 Freud와 Spock 등은 허용적인 양육방식을, Watson은 제한적이고 권위적인 양육방식을 주장하는 등 심리학적 배경에 따라 학자마다 다양한 부모양육방식을 제시하였다.

1) 미국

미국의 Roosevelt 대통령은 자녀양육과 관련한 문제를 논의하기 위해 1909년 제1차 백악관회의(The White Conference)를 개최하였고, 이는 1912년 노동성에 아동국(Children's Bureau)을 설립하는 계기가 되었다. 또한 미국에서는 저소득층의 부모를 위한 《유아양육(Infant Care)》(1914)이라는 Watson의 행동주의이론에 입각한 양육지침서를 연방정부가 출판하였으며, Hall의 아동연구운동을 중심으로 중산층 부모를 대상으로 부모교육을 활발하게 전개하였다(이원영, 이태영, 강정원, 2011, p. 103).

1920년대와 1930년대 이후 미국에서는 부모교육 프로그램의 폭발적 증가와 더불어 부모가 양질의 교육을 받을 수 있는 부모조합운동의 출현과 이의 조직적인 회원제 운영, 대학에서의 부모교육 교과목 개설 및 각급 학교에서의 부모교육 실시 등 부모교육의 전성기를 이루었다(이은화, 김영옥, 1999, p. 68). 특히, 1930년에 개최된 백악관회의에서 부모교육을 공교육 체제의 일부분으로 권장하였다. 또한 당시에는 Freud의 정신분석이론에 따라 생의 초기를 강조함으로써 아동의 성격형성에 대한 부모역할을 강조하였고, Gesell의 성숙이론에 따라 아동이 자연스럽게 성장할 수 있는 환경을 마련해주는 것을 중요한 부모역할로 인식하였다. 1940년대와 1950년대의 부모교육은 부모 자신에 대한 이해를 바탕으로 성인교육의 일환으로 실시하였다.

1960년대 들어 부모교육은 다양한 계층으로 확산되었다. 그리하여 1965년 Head Start 프로젝트를 시작하면서 부모교육은 빈곤계층으로 그 대상이 확산되었다. 부모교육 체제도 기관 주도의 수직적 형태에서 부모가 기관에 보다 적극적으로 참여하는 '부모참여' 형태로 변화되었다. Head Start 프로젝트는 가족과 지역사회가 함께 참여함으로써 부모교육을 통해 가족구성원 간의 결속력을 강화시키고자 하였다. 미국은 Head Start 프로젝트와의 연계성을 위해 Follow Through 프로그램(1967)을 실시하였고, 부모를 포함하여 아동을 가르치고자 Home Start 프로그램(1972)을 실시하였다. 이와 같은 다양한 부모교육 프로그램의 개발과 실시를 통해 현재 미국 내 여러 기관은 모든 계층의 부모를 포함하여 부모교육을 실시하고 있다. 대표적으로 Gordon의 부모 효율성 훈련(Parent Effectiveness Training: P.E.T.), Dreikurs의 민주적 부모교육 프로그램, Ginott의 인본주의적 부모교육 프로그램, Dinkmeyer와 McKay의 체계적인 부모 효율성 훈련 프로그램(Systematic Training for Effective Parenting: STEP) 등의 다양한 유형의 부모교육 프로그램과 Berne의 교류분석이론(transactional analysis), 행동수정이론 등에 따른 부모교육 프로그램 등이 있다.

1960년대 이후 부모교육은 어머니뿐만 아니라 아버지를 포함하는 교육으로 확대되면서 부모교육의 중요성이 강조되었다. 또한 부모교육은 국가적 차원에서 적극적인 관심을 가지고 실시하고 있으며, 다양한 상황이나 문제에 직면한 부모를 대상으로 하는 부모교육 프로그램의 개발과 실시도 활발하게 이루어지고 있다.

2) 우리나라

근대 이후 우리나라의 부모교육은 유치원이 생기면서 어머니의 양육방식을 계몽하려는 차원에서 시작되었다. 일제강점기 때인 1914년에 개원한 이화유치원에서 Brownlee(한국명 부래운)는 유아교육과 어머니교육을 위해 어머니회를 조직하였다. 어머니회를 조직한 Brownlee는 한국 어머니의 육아법을 계몽하는 것이 급선무라고 보고, 어머니회를 통해 조직적이고 효과적으로 어머니교육을 추진하고자 하였다. 당시 유치원 사업 중 어머니회, 월례회의, 가정방문은 대단히 중요한 사업이어서 초기의 한국 유치원 교사는 육아법, 가정지도법 등 어머니를 포함한 유치원 교육을 당연한 의무로 생각하였다. 어머니회의 교육운동을 가장 적극적으로 추진한 사람은 1923년에 내한한 Howard(한국명 허길래)였다. 그녀는 유치원과 교회에 어머니회를 조직하여 계몽운동을 추진하였으며, 어머니 교육만이 아니라 아버지 교육에도 관심을 가지고 양친이 함께 어머니회에 출석하도록 지도하였다. 그리하여 아버지가 참석하기 쉽도록 집회장소를 공회당 같은 곳으로 옮겨서 개최하기도 하였다. 또한 어머니 교육 및 아버지를 포함한 가정교육의 향상을 위하여 통신교육도 실시하였다(이상금, 1995, p. 37).

Clare Howard(허길래)
(1895~1995)

1950년대 후반까지 대부분의 부모교육은 아동양육과 발달에 관한 과학적 지식과 기술을 알려주는 상의하달(上意下達)식의 수직적 체계로 이루어졌으며 주된 교육대상도 중류층 가정의 어머니였다. 당시 자녀를 유치원에 보내는 부모는 경제상황이 비교적 나은 부모로서 이들은 기관의 교육활동을 물질적으로 후원하는 동시에 기관에서 실시하는 교육활동에 수동적이고 소극적으로 참여하였다. 따라서 기관에서도 소극적인 형태의 부모교육을 전개하였다(한국유아교육학회, 2005, p. 714).

1980년대 이후 우리나라는 부모교육에 대한 관심이 고조되어 이미 부모가 된 사람을 포함하여 청소년과 대학생, 미혼의 부모를 대상으로 하는 예비부모교육 프로그램이 급속하게 확산되었고, 가정교육과 사회교육의 차원에서 온라인과 오프라인을 통해 부모교육을 실시하고 있다. 최근에는 인터넷과 각종 매체의 발달로 육아관련 사이트나 카페 및 블로그 등을 통해 새로운 양상의 부모교육이 이루어지고 있다. 또한 부모가 유아교육・보육기관의 운영에 참여하는 것이 활발해졌고, 지역사회 중심의 부모교육도 활성화되었으며, 아버지를 대상으로 하는 부모교육의 확대 및 건강가족 관점에서의 부모역할에도 많은 관심을 두고 있다(이원영, 이태영, 강정원, 2011, pp. 126-127). 이를 위해 외국에서 개발한 부모 효율성 훈련 프로그램(P.E.T.), 체계적인 부모 효율성 훈련 프로그램(STEP), 적극적 부모훈련 프로그램(Active Parenting: AP) 등의 부모교육 프로그램을 국내에 도입하여 활용하고 있을 뿐만 아니라 국내에서도 다양한 부모교육 프로그램을 개발하여 실시하고 있다. 대표적인 국내의 비영리 부모교육 프로그램으로는 한국청소년상담복지개발원(구 한국청소년상담원)에서 개발하여 실시하고 있는 '자녀와 함께 성장하는 부모'(2004), '따로 그리고 함께하는 부모'(2006), '예비부모를 위한 부모교육'(2007), '다문화가정 부모교육'(2008) 등이 있으며, 방송사에서 제작하여 방영하고 있는 각종의 자녀문제 극복 프로그램이나 부모-자녀관계 개선을 위한 부모교육 프로그램 등이 있다. 이외에도 영리를 목적으로 문화센터나 아동상담소뿐만 아니라 각 지역의 사회복지관, 여성단체와 종교단체, 평생교육원 등에서도 다양한 부모교육 프로그램을 실시하고 있다.

한편, 최근에는 대학교의 부모교육 관련 학과와 다수의 학술단체 등에서도 다양한 부모교육 프로그램과 워크숍 등을 진행함으로써 부모교육의 활성화를 도모하고 있다. 그에 따라 부모의 참여도 수동적 형태에서 보다 능동적이고 전문가적인 차원으로 변화하고 있다. 또한 부모교육의 대상이 어머니에서 가족구성원, 지역사회 등으로 확대되면서 관련 기관이 유기적인 관계를 갖게 되었다. 동시에 정부도 유치원과 어린이집에서의 학부모운영위원회의 조직과 아이 사랑 부모모니터링단과 같이 부모를 참여시켜 어린이집을 모니터링하게 하는 등 기관의 활동과 지역사회의 다양한 분야에 부모가 보다 적극적으로 참여할 수 있도록 권장하고 있다.

생각해 봅시다

1. Plato와 Aristotle의 부모교육에 대한 관점을 비교해 봅시다.
2. Comenius가 Rousseau, Fröbel, Pestalozzi 등에 미친 영향에 대해 생각해 봅시다.
3. 현재 우리나라에서 실시하고 있는 부모교육 프로그램을 찾아보고, 목적, 방법과 내용 등을 외국의 부모교육 프로그램과 비교해 봅시다.

Parent Education

chapter 03

현대사회의 특징과 부모역할

01 지식정보화사회와 부모역할

02 가치관 변화와 부모역할

03 여성 경제활동참여 증가와 부모역할

04 저출산과 부모역할

CHAPTER 03

현대사회의 특징과 부모역할

학습목표
- 현대사회의 특징에 대해 살펴본다.
- 현대사회 변화에 따른 부모역할에 대해 살펴본다.

부모의 자녀양육은 사회적 맥락 안에서 일어난다. 그러므로 사회의 변화 및 특징은 자녀의 성장발달에 영향을 미칠 뿐만 아니라 부모역할 수행의 변화도 요구한다. 현대사회가 복잡해지고 다원화되면서 부모역할도 다양해지고 있다. 현대사회는 지식과 정보기술이 전반적인 생활영역을 지배하게 되었고 이에 따라 가치관도 변화하게 되었다. 이러한 변화로 다양한 생활양식 및 문화가 공존하게 되었고 다양한 가족 유형이 나타나면서 부모역할 또한 다양해지고 있다. 따라서 이 장에서는 부모역할에 영향을 미치는 현대사회의 특징을 지식정보화사회, 가치관의 변화, 여성의 경제활동 증가 그리고 저출산 등을 중심으로 살펴보고자 한다.

1. 지식정보화사회와 부모역할

현대사회를 지식정보화사회라고 일컫는데 지식정보화사회는 산업사회와 달리 정보의 생산, 저장, 분배에 관련된 산업이나 활동이 주요 활동으로 출현하고 그 결과, 지식과 정보기술이 사회, 문화, 경제, 정치 등 모든 생활영역을 지배하는 사회를 의미한다. 이러한 지식정보화사회에서는 부모역할에 대한 정보도 넘쳐나고 있으며 계속 새로운 지식과 정보가 쏟아져 나오고 있다. 부모는 부모역할에 대한 정보를 얻고 부모역할 모델을 찾기 위해 컴퓨터를 비롯한 대중매체, 서적, 잡지, 친지 및 지인 등을 접하게 되는데, 최근에는 부모역할 정보를 얻기 위해 대부분 인터넷 범용포털을 이용하고 있으며(표 3-2 참조) 육아 커뮤니티의 이용도 증가하고 있다(민정원, 권미경, 윤지연, 2014; 박영주, 나종혜, 2010).

그러나 부모역할에 관한 정보의 홍수 속에서 부모는 자신에게 적합한 정보를 선택하여 활용하는 것이 쉽지 않다. 부모는 한꺼번에 쏟아져 나오는 수많은 정보 속에서 어떤 가치관 및 태도가 자신의 자녀에게 바람직한 것인지에 대해서도 매우 혼란스러워하고 변화하는 정보의 속도를 따라가지 못해 자녀를 위해 무엇을 해야 할지 몰라 당황하기도 한다(정계숙, 김명애, 김혜금, 문혁준, 심희옥, 안효진 외, 2007, p. 360; 문무경, 조숙인, 김정민, 2016). 부모역할에 대한 다양한 정보를 통해 이

표 3-1 인터넷 육아정보의 영향 (단위: %)

긍정적 영향		부정적 영향	
쉽게 양육정보를 얻고 공유할 수 있음	45.9	무분별한 정보로 어떤 것을 따라야 할지 혼란스러움	31.1
최신 정보를 바탕으로 자녀에게 좋은 경험 제공	28.5	비전문적인 정보와 지식을 전달함	20.2
자녀양육에 무관심하던 부모의 관심을 긍정적으로 환기시킴	9.5	다른 부모들과 비교하며 상대적 박탈감을 느끼게 함	15.9
부모양육을 보고 배울 수 있음	8.7	간접광고 등의 영향으로 과소비 문화를 조장함	14.9
기타	0.1	기타	0.1
긍정적 영향 없음	7.3	부정적 영향 없음	17.8

출처: 문무경, 조숙인, 김정민(2016). 한국인의 부모됨 인식과 자녀양육관 연구. p. 125-127 재구성.

런저런 시도를 해보다가 좌절을 경험하기도 하고, 그러한 경험으로 오히려 자신이 부모역할을 잘 하지 못했다는 죄책감을 갖기도 한다. 심지어 부모역할을 힘들기만 한 것으로 인식하여 부모로서 무력감을 느끼기도 한다. 그러므로 부모는 정보의 홍수 속에서 가치 있고 유용한 정보를 찾아내고 개인의 경험을 바탕으로 지식을 구성해 나갈 수 있어야 한다.

지식정보화사회에서 자녀들도 각종 멀티미디어와 밀접하게 관련되어 생활하면서 교육적 정보를 효과적으로 접할 수 있는 반면, 여러 가지 정보에 무차별적으로 노출되고, 지나친 오락 중심의 상혼으로 인해 잘못된 가치관을 갖거나 무분별한 행동을 할 수도 있게 된다. 특히, 스마트폰 등의 정보화기기 사용에 대해 자신이 스스로 조절을 못하고 과도하게 사용하여 일상생활에 문제를 일으키는 결과를 초래하기도 한다(표 3-2 참조). 그러므로 부모들은 자녀가 지식정보화사회가 요구하는 기술과 태도를 기를 수 있는 환경을 제공하고 교육적 배려를 함과 동시에 유해한 환경으로부터 자녀를 보호하고 올바른 행동을 지도하는 부모역할을 수행해야 한다. 이에 한국정보화진흥원(2018)에서 부모가 자녀의 스마트폰 사용에 대한 지도를 할 수 있도록 자녀의 연령에 따른 스마트폰 바른 사용 지도 가이드를 제시하기에 이르렀다.

한편, 우리 사회가 지식정보화사회로 빠르게 진입하면서 비인간화, 개인주의가 팽배해져서 인간소외현상을 심각하게 드러내게 되었고 이에 따라 가족의 정서적 기능을 더 많이 요구하게 되었다. 이에 부모는 개인적이고 인격적인 관계에 기초한 애정과 정서적 유대감 형성을 강조하는 부모역할을 수행해야 한다.

표 3-2 스마트폰 과의존율 (단위: %)

구분	2011	2012	2013	2014	2015	2016
유아동(3~9세)	–	–	–	–	12.4	17.9
청소년(10~19세)	11.4	18.4	25.5	29.2	31.6	30.6
성인	7.9	9.1	8.9	11.3	13.5	16.1

출처: 통계청(2018a). 2017 한국의 사회지표.

참고 스마트폰 사용 지도 가이드

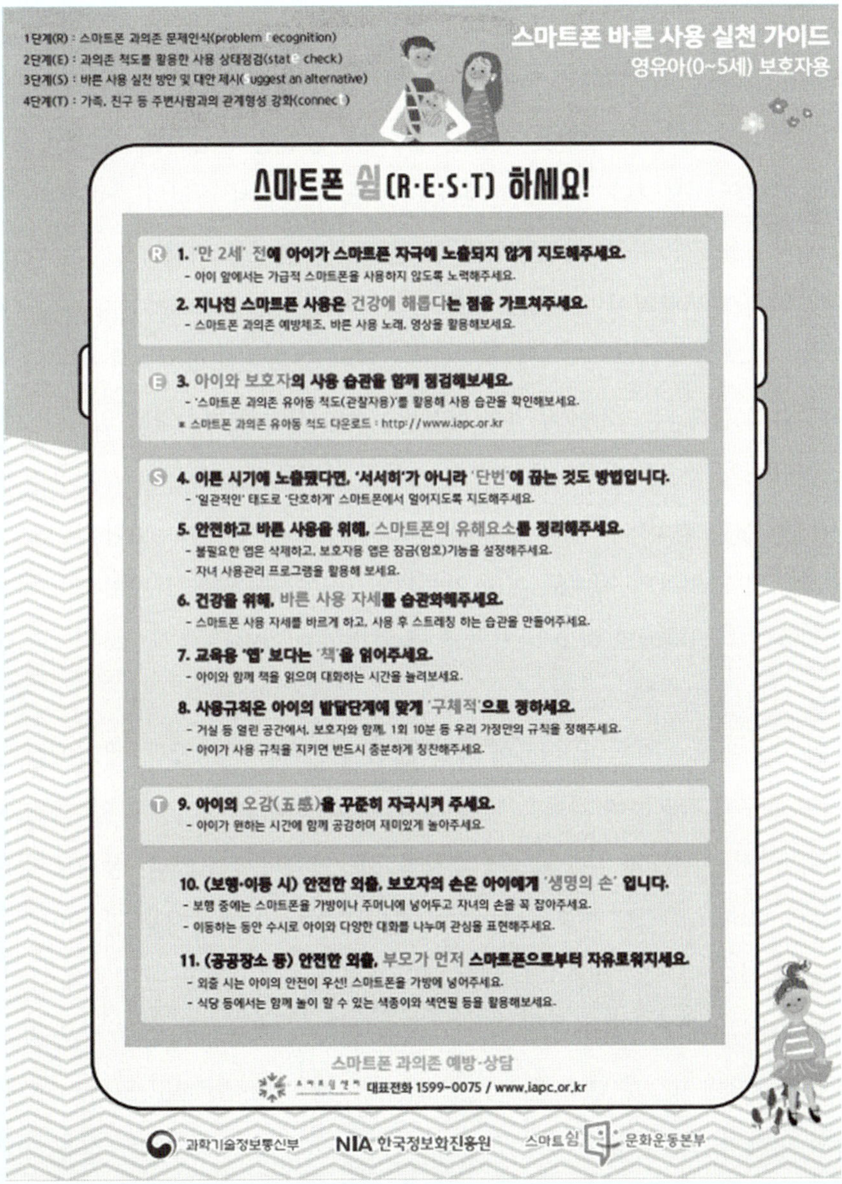

출처: 한국정보화진흥원(2018). '스마트폰 과의존(중독), 스마트쉼(R · E · S · T) 가이드로 예방하세요!'

2. 가치관 변화와 부모역할

현대사회의 급격한 변화로 우리의 전통적 의식구조와 가치를 무너뜨리고 새로운 가치관을 정립하게 되었다. 전통사회에서는 혈연을 중심으로 한 가족주의가 강하여 개인의 안녕보다 가족의 복지를 더 중요시 하면서 개인의 가족에 대한 헌신과 일체감을 강조하고, 가족구성원 간에는 성과 연령을 기준으로 지위와 역할을 구분하는 가부장적이면서 성고정관념적인 가족문화가 팽배하였다. 그러나 현대사회는 서구의 영향을 받아 개인주의 가치관이 급속도로 확산되어 개인의 자아실현과 삶의 질에 더 가치를 두면서 양성평등적인 사고로 변화하고 있다. 그에 따라 양성평등의 민주적 가치관에 기초한 평등적 부부관계로 변화하고 있으며 결혼과 자녀에 대한 인식이나 가족체계 및 구조의 변화도 나타나고 있다. 반면, 이러한 개인주의 가치관의 팽배로 여러 가치관이 공존하게 되어서 가치관의 차이로 인한 갈등이 나타나기도 하고 자기가 속한 가족의 이익만을 우선시하는 가족이기주의가 나타나기도 한다.

개인주의 팽배는 결혼 및 이혼에 대한 인식에 변화를 가져왔다. 과거에는 성인이 되면 누구나 결혼하여 자녀를 낳는 것이 자연스러운 과정이라고 인식하였지만 현대사회에서는 결혼과 부모됨을 선택사항으로 인식하게 되었다. 실제로 반드시 결혼해야 한다는 인식도 미혼 남성(42.9%)과 미혼 여성(31.0%) 모두 감소하는 추세이며 남녀 간의 차이도 크게 나타나고 있다(통계청, 2017a). 이러한 결혼에 대한 인식의 변화는 실제 혼인율이 감소하는 추세를 이끌게 되었으며 인구 천명당 혼인건수인 조혼인율이 2017년 기준 5.2건으로 매우 빠르게 감소하고 있다. 혼인율의 감소와 더불어 초혼연령이 남녀 모두 높아지고 있는데(표 3-3 참조) 결혼 선택의 연령이 높아지면서 제도적인 가족형성을 선택하지 않는 성인이 증가하고 혼인관계 없이 파트너와 생활하는 비혼동거가족, 고령으로 출산이 이루어지지 않는 무자녀가족 등을 형성하기도 한다.

개인주의적 가치관은 이혼에 대한 견해에도 변화를 가져와 이혼을 해서는 안 된다는 비율은 해마다 감소하고 있으며 실제 이혼의 건수도 2000년 이후에 빠르게 증가하다가 다소 감소하면서 2015년부터는 조이혼율이 2.1 수준으로 유지되고 있다(표 3-3 참조). 빈번한 이혼발생에 따라 한부모가족, 조손가족, 재혼가족 등이 새롭게 형성되고 부모는 새롭게 형성된 가족 안에서 부모역할 변화에 적응해야 함에 따라 부모로서의 역할수행과 그에 따른 역할과중을 경험하게 된다. 젊은 세대의 결혼과 이혼에 대한 인식의 변화로 인해 또 다른 가족형태로서 비혼동거가족에 대한 관심이 증가하고 있다.

표 3-3 연도별 혼인과 이혼 현황 (단위: 건, 인구 1,000명당 건, 세)

연도	총 혼인 건수	조혼인율	평균초혼연령		총 이혼 건수	조이혼율	평균이혼연령	
			남자	여자			남자	여자
1990	399,312	9.3	27.8	24.8	45,694	1.1	36.8	32.7
1995	398,484	8.7	28.4	25.3	68,279	1.5	38.3	34.5
2000	332,090	7.0	29.3	26.5	119,455	2.5	40.1	36.5
2005	314,304	6.5	30.9	27.7	128,035	2.6	42.1	38.6
2010	326,104	6.5	31.8	28.9	116,858	2.3	45.0	41.1
2015	302,828	5.9	32.6	30.0	109,153	2.1	46.9	43.3
2016	281,635	5.5	32.8	30.1	107,328	2.1	47.2	43.6
2017	264,455	5.2	32.9	30.2	106,032	2.1	47.6	44.0

출처: 통계청(2018a). 2017 한국의 사회지표.

양성평등의 민주적 가치관은 가정에서의 가사분담에 대한 견해에도 변화를 가져와서 남편과 아내가 공평하게 가사를 분담해야 한다고 생각하는 남편의 비율이 점차로 증가하고 있다. 일상생활에서도 아내와 공평하게 가사를 분담하고 있다는 남편의 비율이 증가하고 있기는 하지만 가사분담이 공평하게 이루어져야 한다는 인식의 수준과는 아직 차이가 크게 나타나고 있다(그림 3-1 참조).

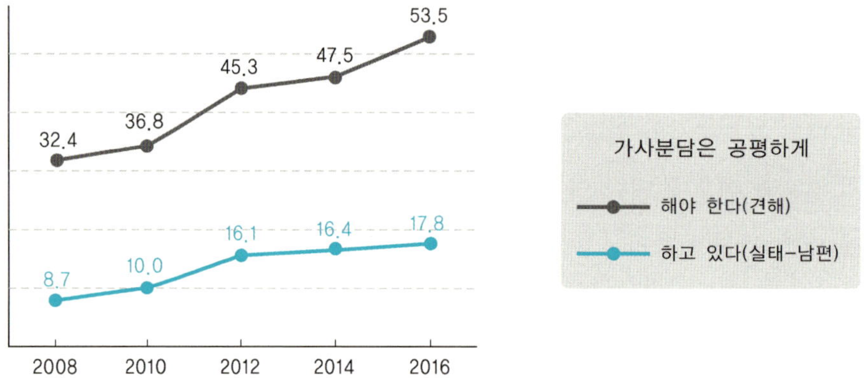

▌그림 3-1▐ 남편의 가사분담에 대한 견해와 실태

출처: 통계청(2016a). 2016년 사회조사 결과(가족 · 교육 · 보건 · 안전 · 환경).

가치관의 변화는 자녀에 대한 인식에도 변화를 가져와서, 자녀가 반드시 있어야 한다는 인식이 낮아졌다. 이에 따라서 다양한 이유로(표 3-4 참조) 자발적으로 무자녀를 선택하는 가족이 증가하고 있다(김한곤, 2014). 자녀관도 과거의 자녀를 노후보장을 위한 경제적, 도구적 가치를 지닌 존재로 보던 관점에서 심리적 행복과 자녀와의 관계에서 만들어지는 가치를 강조하는 관점으로 변화하게 되었다. 그리고 수평적인 부모-자녀관계에 의한 부모상과 양성평등의 민주적인 가치관을 가지고 자녀와 상호작용하는 친구 같은 부모상이 바람직한 부모상으로 인식되게 되었다(송혜림, 고선강, 박정윤, 권혜진, 김유경, 진미정, 2010). 개인주의 팽배로 여러 사람이 함께 생활하는 사회에서 갈등이 심화될 수 있으며 개인이기주의나 가족이기주의가 나타날 수 있으므로 현대사회에서는 자녀의 인성 함양과 사회화 기능을 수행하는 부모역할이 더욱 요구된다.

표 3-4 자녀가 없어도 된다고 생각하는 이유 (단위: %)

구분	경제적 부담 및 준비 부족	부부간에 보다 많은 여가 향유	부모 될 심리정서적 준비 부족	자녀로 인해 사회활동 지장 우려	아이를 싫어함	기타
여성	39.2	19.6	17.5	10.3	4.1	9.3
남성	50.0	21.7	10.0	10.0	6.7	1.7
전체	43.3	20.4	14.6	10.2	5.1	6.4

출처: 문무경, 조숙인, 김정민(2016). 한국인의 부모됨 인식과 자녀양육관 연구. p. 52.

이와 같이 현대사회에서는 개인주의 및 양성평등적 가치관을 지향하면서 가족, 결혼 및 이혼, 자녀 등에 대한 인식이 변화하고 이에 따라 다양한 가족형태가 출현하면서 부모역할에도 변화를 가져오게 되었다.

3. 여성 경제활동참여 증가와 부모역할

현대사회의 가치관 변화에 따라 여성의 자아실현 욕구가 강해지게 되었다. 이에 따라 여성의 교육 기회도 증가하여 여학생의 대학진학률(73.5%)이 남학생(66.3%)보다 높고, 결혼하여 자녀양육을 하는 것보다 직업적 성취를 더 강조하는 여성이 증가하고 있다. 그에 따라 경제활동에 참가하는 여성이 꾸준히 증가하여 여성의 경제활동참여율은 50.2%에 달하고 있다(통계청, 2017b). 여성의 경제활동참여 증가는 직업적 활동에 집중하며 결혼을 하지 않고 혼자 사는 1인가구와 어머니와 아버지 모두 직업에 종사하는 맞벌이가족, 그리고 직장으로 인해 다른 지역에서 거주하는 분거가족 등의 가족 유형이 증가하는 원인이 되기도 한다.

우리나라 여성의 연령별 경제활동참여율은 결혼, 임신, 출산, 육아 등으로 경력단절이 발생하는 30대 후반을 기준으로 M자 유형을 나타내고 있다(그림 3-2, 그림 3-3 참조). 이와 같이 우리나라 여성은 결혼, 임신, 출산, 육아 등으로 직장에서의 경력단절을 경험하고 있으며, 이에 따라 일·가족 양립 또는 균형은 우리 사회가 해결해야 할 핵심과제로 대두되고 있다. 이것은 여성의 경제활동참여가 활발해져 맞벌이가족이 증가하였으나 여전히 자녀양육은 여성인 어머니가 담당하고 있다는 것을 의미하며 실제로 여성들은 취업의 가장 큰 장애요인으로서 육아부담이라고 보고하고 있다(통계청, 2017a). 이는 맞벌이가족 어머니가 직업적 역할과 자녀양육 등의 가정에서의 역할로 인한 이중역할수행의 부담을 지니고 있다는 것을 의미한다.

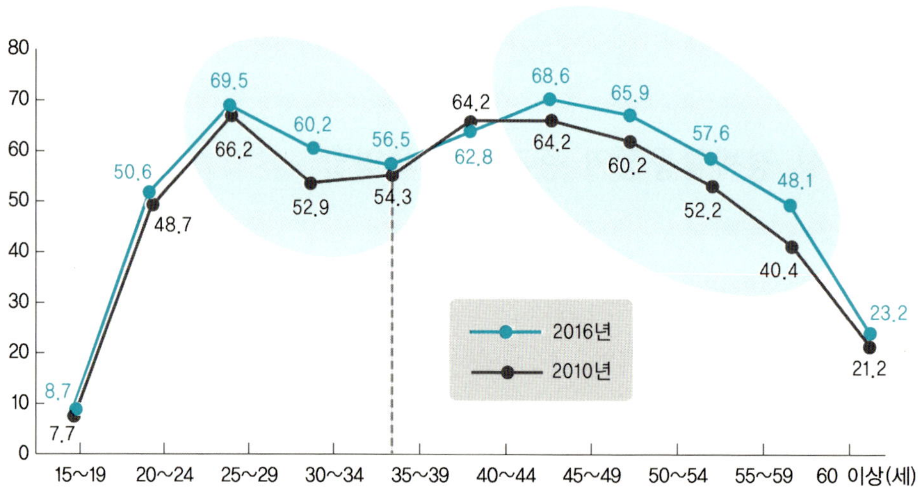

그림 3-2 연령별 여성의 경제활동참가율

출처: 통계청(2017c). 2017 통계로 보는 여성의 삶.

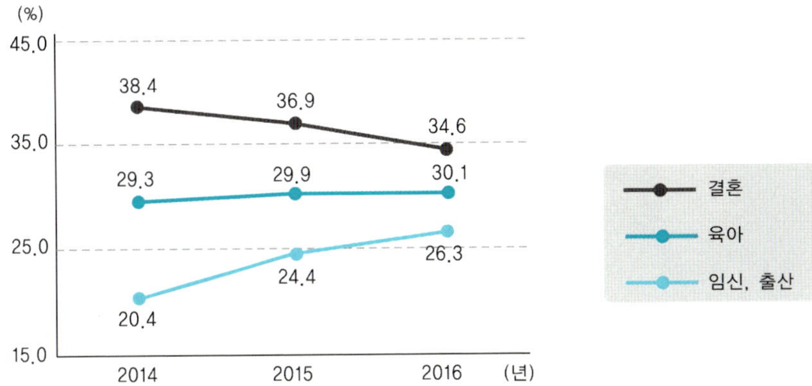

그림 3-3 여성의 경력단절 사유

출처: 통계청(2016b). 2016 일 · 가정양립지표.

여성의 경제활동참여가 증가함에 따라 남성 및 여성 역할의 재조정이 요구되었다. 즉, 여성의 경제활동으로 여성의 일차적 역할이었던 가사 및 자녀양육 역할에 직업적 역할이 부가되게 되었고, 경제부양자로서 남성의 일차적 역할에 가사 및 자녀양육의 역할이 부가되게 되었다. 그러므로 맞벌이가족에서는 아버지도 다양한 역할방식에 적응하여 자녀양육에의 적극적 참여가 요구된다. 아버지는 가정에서 가족들과 함께 많은 시간을 보내면서 가족과 많은 활동을 공유하도록 하여 가족구성원 특히 자녀와 친밀한 관계를 유지하는 양육자의 역할을 하고 가사분담에도 적극적으로 참여하도록 해야 한다. 그러나 남성은 대부분 자녀양육에서의 이상적인 아버지 역할모델을 경험하지 못하였기 때문에 아버지 역할에 대한 모호성으로 구체적인 아버지 역할수행이 어려울 수 있다. 그러므로 아버지가 자녀양육에서 적극적으로 역할을 수행하는 데 필요한 정보와 기술을 제공하기 위한 다양한 부모교육이 요구된다. 또한 여성과 남성 모두 사회생활과 가정생활을 양립할 수 있도록 사회적 지원과 대책이 요구된다. 이에 여성가족부(2016)는 제3차 건강가정기본계획에서 '남녀 모두 일 · 가정 양립 실현'을 목표로 설정하여 구체적인 사업을 추진하고 있다.

▮그림 3-4▮ 아버지가 자녀양육에 적극적으로 참여하고 있다.

4. 저출산과 부모역할

현대사회에서 저출산현상은 국가사회적 이슈로 다루어지고 있다. 가임여성 1명당 평균 출생아 수인 합계출산율이 2017년 기준 1.05명(그림 3-5 참조)으로서 OECD 국가 중 최저치를 보이면서 인구대체출산율인 2.1명에도 훨씬 못 미치고 있어서 우리나라의 저출산현상은 매우 심각하다.

저출산의 주된 원인으로 결혼적령기 남녀의 결혼관 변화로 인한 혼인율의 감소와 결혼연령의 증가, 그리고 결혼을 하여도 자녀출산 또한 선택사항으로 인식하는 경향 등을 제시할 수 있다. 그 이외에도 여성의 경제활동참여가 증가함과 동시에 상당한 수준의 자녀양육비와 교육비로 인해 경제적 부담이 가중되었기 때문이라고 할 수 있다. 한편, 여성의 경제활동참여가 많을 때에 출산율도 높은 경향을 보이는 국가들도 있으므로 여성의 경제활동참여 그 자체보다는 일·가정의 양립이 가능한 사회환경이 출산율과 직접적으로 관련된 요인이라고 볼 수 있다(이민아, 2012; 장지연, 2005).

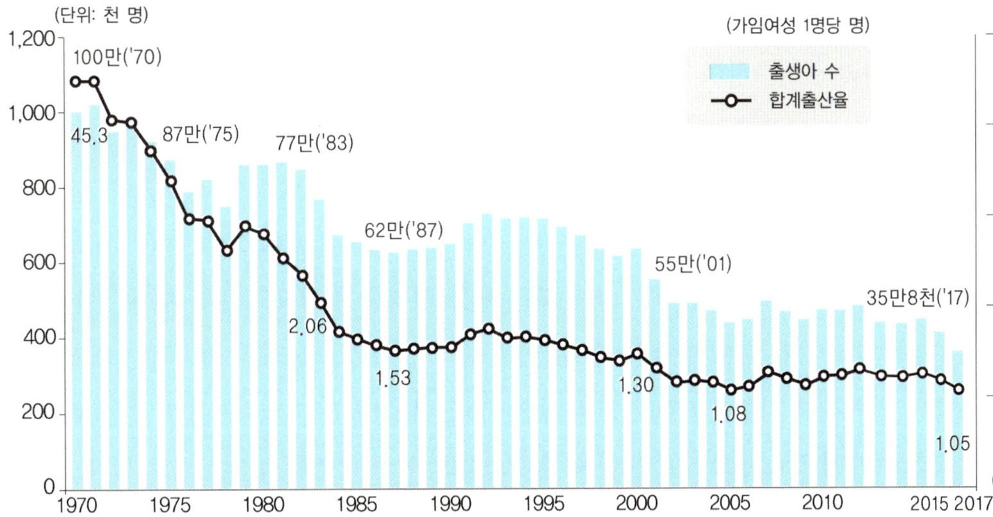

▌그림 3-5▐ 연도별 출생아 수와 합계출산율 추이

출처: 통계청(2018b). 2017년 출생·사망 통계 잠정 결과.

저출산은 출생아의 출생순위 비율에서도 나타나서 2017년 출생순위별 구성비는 첫째아가 52.5%, 둘째아는 37.7%이며, 셋째아는 9.7%에 불과하였다(통계청, 2018b). 이러한 결과는 한 자녀만 있는 외동이가족이 많다는 것을 의미한다. 형제자매가 없는 경우에 부모의 양육태도와 양육환경 조성은 외동이자녀에게 결정적 역할을 하며 부모는 부모역할뿐만 아니라 형제자매관계를 보완해줄 수 있는 역할도 동시에 수행해야 한다.

또한 한 가족 내의 자녀수가 적어지면서 부모의 자녀양육에 대한 관심과 교육에 대한 기대가 더욱 높아졌고 이러한 높은 관심과 기대로 자녀양육형태에서 변화를 가져왔을 뿐만 아니라 자녀양육에 대한 사회적 지원에 대한 요구도 증가하게 되었다. 자녀양육형태는 자녀 중심적인 부모양육태도가 두드러지게 되었는데 자칫 부모는 자녀의 요구를 모두 들어주고 지나치게 자유를 허용하여 자기중심적이고 이기적이며 버릇이 없는 아이로 기를 수 있다. 반면, 부모는 자녀를 독립된 인격체이기보다 자신의 분신으로 인식하여 자녀에게 지나치게 기대하거나 개입하여 모든 해결책을 제시해주고 부모 말에 자녀가 순종하도록 만드는 경우도 있다. 따라서 저출산의 사회적 상황에서 부모 스스로 보다 바람직한 부모역할을 수행할 수 있도록 노력하고, 그에 적합한 자녀양육기술을 전달해줄 수 있는 부모교육이 필요하다.

이와 같이 지식과 정보기술이 모든 생활 영역을 지배하고 있는 현대사회는 전통적인 가치와 다른 다양한 가치관이 공존하게 되었고 사회의 전반적인 패러다임도 변화하여 가족구조와 개인의 생활양식도 다양해지고 있다. 이와 같은 현대사회의 특징으로 부모역할은 더욱 혼란스럽고 어려운 역할로 인식되고 있다. 현대사회에서는 자녀양육에 있어서 부모역할 비중이 더욱 커진 반면 부모는 다양해진 자녀의 요구에 따른 적절한 양육을 해야 함에도 불구하고 자녀가 사회의 유능한 사회구성원으로 성장하도록 돕는 뚜렷한 양육지침이나 이상적 부모역할 모델을 제공받지 못하여 혼란과 갈등을 겪고 있다. 그러므로 현대사회가 요구하는 부모로서의 역량을 개발하고 다양한 가족 유형 및 상황, 개별적 요구에 대처할 수 있도록 지원하는 다양한 부모교육 프로그램을 개발, 실시하여 부모역할 수행을 지원해야 한다.

참고 **결혼 · 출산 안 한다, 못 한다..... 저출산 재앙 현실화**

직장인 A(34 · 여)씨는 결혼한 지 올해로 3년이 지났지만 아직 출산 계획이 없다. 두 살 위인 남편과 맞벌이를 해도 전셋집 대출금 갚고 생활비로 쓰다 보면 여유가 없다. 게다가 아이를 낳아도 돌봐줄 사람이 마땅치 않은 현실이다. A씨는 "중소기업에 다니다 보니 출산과 함께 직장을 그만두는 선배를 많이 봤다"며 "만약 복직을 할 수 있다고 해도 회사에 다니며 아이를 키울 수 있는 상황이 아니다"라고 말했다.

우리나라가 '저출산의 늪'에서 헤어나오지 못하고 있다. 출생아 수는 역대 최저로 떨어졌고, 혼인 건수도 급감했다. 청년실업률과 집값이 치솟고 있는 현실이 결혼을 망설이게 하고 있다. 결혼해도 A씨처럼 출산을 포기하는 경우가 늘고 있다. '욜로'(YOLO · You Only Live Once · 인생은 한번뿐이다)라는 신조어가 반영하고 있는 새로운 라이프 스타일도 출산율 저하의 또 다른 요인이다. 출생아가 줄어들면서 2027년 이후 우리나라 인구수는 본격적인 감소국면에 들어설 것으로 전망된다.

■ 결혼도 출산도 최저… "최악의 시나리오"

통계청이 발표한 '2017년 출생 · 사망통계 잠정 결과'(출생아 수 30만명대 추락, 합계출산율 1.05명)는 통계청이 2016년 12월 내놓은 '최악의 전망'보다 심각한 수준이다. 당시 통계청은 출산율 시나리오를 가정하면서 최악의 경우로 합계출산율을 1.07명으로 잡았다. 하지만 실제 출산율이 이보다 낮게 나타나면서 우리나라 인구 감소 시기도 앞당겨지게 됐다.

우리나라 인구가 정점을 찍을 시기는 2031년에서 2027년으로 4년 앞당겨질 전망이다. 이는 9년 후부터는 우리나라 인구가 줄어들게 된다는 의미다. 이지연 통계청 인구동향과장은 "인구 감소 시기가 더 빨라질 것으로 보인다"며 "2016년 전망한 최악의 출산율 시나리오 수준으로 가고 있다고 보면 된다"고 말했다.

출산율은 청년 문제와 맞닿아있다. 한국의 청년층에게는 '취업→결혼→출산'으로 이어지는 생애 사이클이 제대로 작동되지 않고 있다. 인구 선순환 구조가 무너져 내린 꼴이다. 이날 통계청이 발표한 2017년 12월 인구동향을 보면 지난해 혼인 건수는 전년보다 6.1% 감소한 26만4500건에 그쳤다. 이는 2015년 30만2800건에서 2016년 28만1700건으로 내려앉은 이후 또다시 큰 폭의 하락세다. 통계청 관계자는 "혼인 감소의 가장 큰 원인은 인구감소이지만 결혼 주 연령층의 실업률 상승과 부동산 가격 상승이 함께 작용하고 있다"고 분석했다.

출처: 안용성(2018. 2. 28) '결혼 · 출산 안 한다, 못 한다. 저출산 재앙 현실화'에서 발췌 http://m.news.naver.com/read.nhn?mode=LSD&sid1=102&sid2=257&oid=022&aid=0003253630에서 2018년 5월 6일 인출.

참고 **20대의 저출산에 대한 생각**

24세 취업준비생 유모씨	안 낳아서 망하는 게 아니라, 망할 세상이니까 안 낳아
23세 대학생 홍모씨	'헬조선'에서 겪는 고통 자식에 대물림하기 싫어
28세 직장인 조모씨	힘든 세상에 태어나게 하는 것도 부모로서 죄짓는 것
26세 직장인 공모씨	국가 입장에선 저출산 문제지만 나 개인에겐 문제 아니야
25세 취업준비생 이모씨	태어난 내 아이는 나보다 힘들게 노인을 부양해야 하니 못 낳아
25세 직장인 강모씨	여유가 없어 출산은커녕 연애 생각도 못해
25세 대학원생 문모씨	어차피 일자리 부족한데 인구 줄면 좋은 거 아닌가
25세 취업준비생 김모씨	애 안 낳으면 결국 우리가 부담된다는 것 알지만 못 낳아
21세 대학생 조모씨	아이 낳는 고통 싫어 남편하고만 오붓하게 살 것
28세 직장인 양모씨	가끔 이대로 계속 저출산하다가 인류 멸망했으면 좋겠다고 생각해

출처: 조문희, 최예린(2018. 3. 8.) '"저출산이 왜 문제냐". '인구절벽' 위기 공감 못하는 청년들'에서 발췌
http://www.sisapress.com/journal/article/174195에서 2018년 5월 8일 인출

생각해 봅시다

1. 현대사회에서 부모역할 수행을 어렵게 만드는 요인에 대해 생각해 봅시다.
2. 자신의 결혼관에 대해서 생각해 봅시다.
3. 미래사회에는 어떤 부모역할을 요구하게 될지 생각해 봅시다.

Parent Education

chapter 04

부모됨과 부모역할

CHAPTER 04

부모됨과 부모역할

학습목표
- 부모됨의 의미와 동기에 대해 살펴본다.
- 부모역할의 특징에 대해 살펴본다.
- 부모역할에 영향을 미치는 요인에 대해 살펴본다.

결혼을 한 성인은 남편 또는 아내의 역할을 수행하다가 자녀를 갖게 되면서 아버지 또는 어머니의 역할을 수행하게 된다. 사회는 부모가 부모로서의 역할을 자연스럽게 수행하리라 기대하지만 대부분의 부모는 부모역할에 관한 지식이나 정보가 부족하여 부모역할 수행에 많은 어려움을 느낀다. 따라서 이 장에서는 부모역할에 대한 이해와 준비를 돕기 위해 부모됨의 의미와 부모역할의 특징을 알아보고 부모역할에 영향을 미치는 다양한 요인에 대해 살펴보고자 한다.

1. 부모됨의 의미와 동기

결혼 후 새로운 가정을 이룬 부부들은 임신과 출산을 거치면서 부모됨을 경험하게 된다. '부모됨(parenthood)'이란 부모가 되는 상태를 말하는 것으로 자녀를 출산하거나 입양하여 양육하면서 부모역할을 수행하는 것을 의미한다. 부모됨은 부모가 되기 이전부터 이를 기대하고 준비하며 또한 개인의 삶의 과정에서 선택된다. 그러므로 부모됨은 사회적 의미와 개인적 의미를 동시에 갖게 되는데 이에 부모됨의 사회적 의미와 부모됨의 동기를 살펴보고자 한다.

1) 부모됨의 의미

과거 인간은 누구나 성인이 되면 결혼하고, 결혼하면 자녀를 출산하여 부모가 되는 것을 당연하게 받아들여 왔다. 사회는 결혼한 사람에게 부모가 되도록 압력을 가하였고, 이러한 압력은 남성보다 여성에게 더욱 강하게 작용해 왔다. 그러나 현대사회에서는 부모가 되는 것이 선택적인 사항이 되면서 부모됨에 대한 인식도 변화하게 되었다.

부모됨의 사회적 의미에 대한 전통적인 관점으로 Veevers(1973)는 도덕적 의무, 시민의 책임, 자연스러운 일, 성정체성, 결혼생활, 정신건강 등 여섯 가지로 분류하여 설명하였다. 첫째, 자녀를 출산하고 양육하는 것은 도덕적 의무라고 생각하는 것이다. 그러므로 자녀를 출산하지 않는 사람은 종교적 권위를 거부하는 것이며 비도덕적인 것으로 생각한다. 둘째, 문화를 계승할 다음 세대를 충원하는 것은 시민의 의무로서 자녀를 출산하여 부모가 되는 것은 사회에 공헌하는 책임감 있는 행동이라고 받아들이는 것이다. 그러므로 사회적, 경제적 능력이 있으면서 자녀를 출산하지 않는 것은 이기적이고 무책임한 행동이라고 비판한다. 셋째, 부모가 되는 것은 성인기에 기대되는 자연스러운 행동이라고 생각하는 것으로서, 그러므로 자녀가 없는 사람은 사회적으로 가치가 없는 사람으로 인식하는 것이다. 넷째, 자녀 출산은 부부 성생활의 결과로서 부모됨을 통해 개인의 성정체성을 획득하게 된다고 생각하는 것으로서 무자녀인 성인은 성을 거부하며 성적 무능력자라고 본다. 다섯째, 자녀 출산은 만족스러운 결혼생활의 표현이며 결혼생활을 유지하고 개선시켜 준다고 생각하는 것이다. 즉, 자녀 출산은 결혼을 완성시켜 주며

▌그림 4-1▌ 현대 사회의 부모됨은 선택사항이 되었다

부부간의 관계를 향상시키고 이혼을 방지해준다고 믿는다. 여섯째, 부모는 자녀로 인해 정서적 안정감을 얻기 때문에 사회적으로 성숙한 존재로 보는 것으로서 자녀가 없는 성인은 정신건강에 문제가 있으며 사회적으로 미성숙하다고 생각한다.

한편, 현대사회에서 부모됨의 사회적 의미는 사회계층, 교육수준, 가치관 등의 개인 특성에 따라 다양해지고 있다(유계숙, 정현숙, 2002). 이전에는 부모가 되는 것을 긍정적이며 당연한 것으로 여기며 정상적이며 바람직한 것으로 받아들였지만 부부중심에서 자녀중심의 체계로 전환되면서 개인의 역할과 책임의 변화를 급격하게 경험하게 되므로 위기로 인식하기도 한다(Lawrence, Rothman, Cobb, Rothman, & Bradbury, 2008). 현대사회의 청년 세대들은 남녀 모두 결혼을 가장 중요한 생애 과업으로 받아들이고 있지 않으며, 더 나아가 결혼 이후 자녀 출산을 자연스러운 연속 과정으로 받아들이지 않는 경우도 증가하고 있다. 즉, 초혼연령의 상승과 다양한 가치관의 혼재, 여성의 경제활동참여 증가, 피임이나 출산과 관련된 의학기술 및 지식의 발전 등으로 결혼과 자녀 출산은 필수가 아닌 선택의 문제가 되었고 이에 따라 혼인율과 출산율이 빠르게 감소하였다.

2) 부모됨의 동기

부모됨의 동기는 자녀를 출산하여 양육하는 등의 부모역할을 수행하고자 하는 동기를 말하며 개인의 특별한 생각이나 태도를 반영한 것으로서 본능적인 것이라기보다는 획득된 것이다. 부모됨의 동기는 자녀를 갖기 전부터 형성되어 부모가 될 것인지의 여부를 결정하는 데 영향을 미치는 심리적 요소로서 개인마다 다르고, 어떤 사회에 속해 있는지 또는 어느 시대에 살고 있는지에 따라서도 달라질 수 있다. 오늘날의 결혼한 부부는 과거보다 더욱 신중하게 부모됨을 선택하고 있으며 예전의 부모와는 다른 동기로 부모가 되고자 한다. 부모가 되고자 하는 일반적인 동기로는 자기확장, 창조・성취감, 사회적 지위 획득, 지도 및 권위, 사랑과 애정의 욕구, 희열과 행복 등이 있다(유영주, 김순옥, 김경신, 2002, pp. 208-209).

(1) 자기확장

자기확장 동기는 자녀를 통해 부모 자신의 존재가 연장되고 지속된다고 생각하기 때문에 자녀를 출산하여 부모가 된다는 것이다. 부모는 자신의 행동이나 태도 등을 자녀에게 투사하고 반영하여 자신의 외모나 행동을 닮은 자녀를 보면서 흐뭇해하기도 하고, 자녀에게 정성을 기울이면서 자신이 이루지 못한 것이나 실패한 것에 대한 보상의 대상으로 삼기도 한다. 이러한 동기를 갖는 경우에 자녀와의 동일시가 심한 부모는 자녀에게 지나친 기대와 요구를 함으로써 자녀를 억압할 수도 있으므로 주의해야 한다.

(2) 창조・성취감

부모됨에 대한 창조・성취감의 동기는 자녀로 인해 부모 스스로를 대견하게 여기는 것으로서 부모는 자녀를 양육하는 동안 보람과 재미를 느끼고 인생의 과정을 충분히 경험하면서 자신의 인격을 성숙시키려는 것이다. 창조・성취감의 동기는 어머니보다 아버지가 더 강하게 갖는 심리적 동기로서 아버지는 아들에게, 어머니는 딸에게 동일시 과정을 통해 창조・성취감 동기를 투사한다. 많은 경우에 부모는 자녀를 통해 자신의 계획을 실현하고 자신보다 나은 후손을 남기려는 욕망을 갖는다.

(3) 사회적 지위 획득

사회적 지위 획득의 동기는 자녀를 출산하여 양육함으로써 규범적인 가족구조를 갖추고, 이를 통해 사회에서 인정받는 지위를 획득하려는 것이다. 이러한 동기는 성인이 되어 자녀를 출산함으로써 부모가 되는 것은 당연한 발달과업이고 보편적인 사회적 기대이며, 자녀가 없는 사람은 성인으로서 결함이 있다고 생각하기 때문에 자녀를 갖고자 하는 것이다. 이러한 동기를 갖는 사람은 자녀가 없는 부부를 이기적이며 비정상적이고 책임감이 없다고 생각하는 경향이 있다.

(4) 지도 및 권위

지도 및 권위의 동기는 자녀를 지도하고 통솔함으로써 권위에 대한 욕구를 충족하고자 부모가 되려는 것이다. 부모는 사회적 지위에 상관없이 자녀를 훈육하고 지도할 수 있으며 자녀에 대해 권위가 있다. 부모의 자녀에 대한 태도는 각 가정마다 다르지만 상대적으로 권위적이므로 그에 따라 부모는 자녀를 지도한다.

(5) 사랑과 애정의 욕구

사랑과 애정 욕구의 동기는 자녀에게 애정과 관심을 표현하는 비이기적인 욕구를 포함한 것으로서 자녀를 낳아 자녀에게 애정을 주려는 욕구 때문에 부모가 되는 것이다. 이러한 동기를 갖는 부모는 자녀를 양육하고 위험으로부터 보호하며 애정적인 감정을 교류함으로써 사랑과 애정의 욕구를 충족시킨다.

(6) 희열과 행복

희열과 행복의 동기를 갖는 부모는 자녀를 다양한 가치를 가진 대상이자 부모에게 즐거운 경험을 제공해 주는 존재로 인식한다. 자녀는 부모에게 희열이요, 쾌락이고 행복이기 때문에 인간은 이러한 행복을 느끼고 싶어서 부모가 되며, 이때 자녀는 부모의 인생에 활력소가 된다.

국내의 대학생을 대상으로 조사한 결과, 대학생은 부모가 되는 것을 긍정적으로 지각하였으며(이선정, 2009; 이윤정, 2015), 부모됨의 동기 중 창조·성취감 동기가 가장 높았고, 사회적 지위 획득에 대한 동기가 가장 낮았다(유안진, 신양재, 1993). 이것은 현대의 청년들은 과거에 비해 사회적 압력이나 지위를 얻기 위해 부모가 되는 규범적이고 전통적인 동기보다는 자녀를 통해 정신적 욕구를 충족하고 심리적 위안을 얻고자 부모가 되려고 하는 경향을 보여주고 있다. 부모가 되려는 것은 어느 하나의 동기에 의해 비롯되는 것이 아니라 여러 가지 동기가 복합적으로 작용하기 때문에 부모가 되려는 사람은 부모가 되기 이전 단계에서부터 명확한 가치관을 정립하는 것이 중요하다. 반면, 최근에는 의학적, 생물학적 문제가 없는데도 자녀를 출산하지 않는 등 무자녀를 선택하는 부부가 증가하고 있다. 이들은 '부부 중심의 삶을 위해서', '자녀양육의 비용과 고통이 너무 커서', '현재의 세상이 자녀를 낳아 기르기에 적합하지 않고 위험해서' 등의 다양한 이유로 자발적 무자녀가족을 선택한다.

2. 부모역할의 특징과 영향요인

1) 부모역할의 특징

부모역할은 부모가 자녀의 전반적인 발달을 돕기 위해 행하는 모든 행위와 상호작용이다(Hamner & Turner, 2001, pp. 9-25). 즉, 부모역할은 부모가 자녀의 신체적 안전과 생존을 위해 자녀에게 의식주의 기본적 자원을 제공해주고 자녀와 끊임없이 의사소통하며 사랑과 애정을 주는 것이며, 자녀에게 사회의 규범과 가치를 전달하여 자녀가 사회에 적응할 수 있는 성인으로 성장할 수 있도록 도와주는 것이다.

부모역할은 부모로부터 자녀에 대한 일방통행이 아니며, 사회문화적 제도의 영향을 받는 부모와 자녀 간의 양방향적인 상호작용이다. Bigner(2009, pp. 6-9)는 부모-자녀관계는 양방향적이어서 부모와 자녀가 모두 능동적인 참여자라고 강조하면서 양방향적인 부모-자녀관계에서의 부모역할 특징을 설명하였다.

첫째, 부모-자녀관계는 가족이라는 큰 사회체계에 포함된 하위체계이다. 가족체계와 마찬가지로 부모-자녀관계 내에서도 양방적 상호작용이 이루어진다. 부모가 자녀를 양육하지만 자녀의 행동과 발달도 부모와의 상호작용에 중요한 영향을 미친다. 즉, 부모는 자녀가 발달함에 따라 규칙, 상호작용 방식, 목표 등을 변화시키면서 자녀에게 적응해 나간다.

둘째, 부모역할은 발달적 성격을 갖는다. 부모의 양육행동과 부모-자녀 간의 상호작용은 자녀의 발달에 따라 적응하면서 변화하여야 한다. 그리고 부모 자신의 발달적 변화도 부모의 양육행동에 영향을 미친다.

셋째, 부모역할은 출산과 자녀양육의 가치, 신념, 규범, 행동 등에 기초한 사회적 산물이다. 부모역할은 부모가 속한 사회의 문화를 통해 획득되며, 모든 사회는 그 사회에 적합한 부모역할을 정의한다.

한편, Rossi(1968)는 부모역할이 성인기에 수행하는 다양한 사회적 역할 중 하나이지만 부모역할이 다른 직업적 역할과는 차이가 있다고 주장하면서 부모역할의 특징을 설명하였다.

첫째, 남성보다 여성이 부모역할 수행에 대한 문화적 압력을 더 많이 받는다. 남성은 부모역할보다 직업적 역할을 더 중요하게 받아들이고 우선시하는 반면, 여성은 어머니로서의 역할을 통해 성취감을 갖도록 사회화되었다. 현대사회에서 여성의 의식이 빠르게 변화하면서 직업적 역할도 중요하게 받아들여지고 있다고 할지라도 여전히 남성보다 여성은 부모로서의 역할에 대한 문화적 압력을 더 많이 받는다.

둘째, 부모역할이 언제나 자발적으로 이루어지는 것은 아니다. 직업을 선택하고 변경하는 것은 자유롭지만 부모역할은 항상 선택의 기회가 주어지는 것이 아니다. 계획하지 않은 임신 등은 부모역할을 수동적으로 받아들이게 한다.

셋째, 부모역할은 취소할 수 없다. 직업은 자의에 의해 얼마든지 그 역할을 중단하거나 포기할 수 있지만 부모역할은 시작하면 자녀에 대한 책임을 피할 수 없으며 그 책임은 평생 지속된다.

넷째, 부모역할 수행을 위한 준비나 훈련은 다른 역할에 비해 매우 부족하다. 직업적 역할을 수행하기 위해서 많은 시간을 투자하여 어려운 과정을 거치면서 준비하지만, 부모역할은 준비할 기회가 부족할 뿐만 아니라 필요성에 대해서도 거의 인식하지 못한다.

이와 같이, 부모역할은 정적이고 고정된 것이기보다 자녀와 부모의 발달, 그리고 사회문화적 맥락에 따라 계속 변화하고, 시작하면 평생 지속되는 부모와 자녀 간의 양방적 상호작용이다. 이러한 부모역할을 효과적으로 수행하는 것은 쉬운 일이 아니며 이상적인 부모역할 모델이 있을 수도 없다. 그럼에도 불구하고 많은 부모들은 부모역할에 대한 준비 없이 자녀출산과 함께 자연스럽게 부모역할을 할 수 있을 것이라 기대하여 부모역할 수행에 많은 어려움을 겪게 된다. 그러므로 부모는 부모역할에 대한 이해를 바탕으로 융통성 있는 자세로 부모역할에 임하고 기꺼이 자신의 변화도 수용하면서 바람직한 부모역할 수행을 위해 노력해야 한다.

2) 어머니 역할과 아버지 역할

부모역할은 어머니 역할과 아버지 역할로 구분할 수 있는데 어머니와 아버지 역할에 대한 개념은 시대에 따라 변화해 왔다. 전통사회에서의 이상적인 부모역할은 엄부자모(嚴父慈母)로서 엄하게 가르치고 훈육하는 아버지와 온화하고 자애로운 어머니였다. Parsons도 전통적인 부모역할을 도구적 역할과 표현적 역할로 구분하였다(Parsons & Bales, 1955, pp. 22-26). 전통적인 아버지는 가정의 생계 책임자로서 도구적 역할을 주로 수행하고, 어머니는 자녀의 정서적 욕구를 충족시켜 주는 표현적 역할을 수행하는 것으로 어머니와 아버지 역할을 뚜렷하게 구분하였고 각 역할을 잘 수행하는 것이 가장 기능적이라고 하였다. 그러나 현대사회에 들어서면서 어머니와 아버지의 역할 경계가 불분명해지고, 어머니와 아버지는 역할을 공유하는 경향이 있다.

표 4-1 어머니와 아버지의 역할 개념 비교

	전통적 개념	현대적 개념
어머니 역할	• 가사의 의무(요리, 청소, 빨래)를 수행한다. • 자녀의 의식주를 해결해 준다. • 자녀의 습관을 훈련시킨다. • 자녀를 훈육하고 보상해주며 명령한다. • 도덕교육을 수행한다.	• 자녀가 자신감과 자율성을 기르도록 훈련한다. • 자녀를 정서적으로 만족스럽고 안전하게 해준다. • 자녀의 사회성 발달을 돕는다. • 자녀의 지적 성장을 자극한다. • 자녀의 수준에 맞는 양육환경을 제공한다. • 자녀가 말하는 것에 관심을 가지며 애정적으로 상호작용한다.
아버지 역할	• 항상 옳고 강한 사람이다. • 자녀를 하나의 개체로 이해하려 하지 않고 자녀의 미래를 생각한다. • 자녀를 훈육하는 데 책임이 있다고 생각한다. • 자녀를 위해 일하고 자녀에게 무엇인가 주는 것을 강조한다. • 자녀를 위한 목표를 세우고 자녀가 그것을 수용하는 것에 관심이 있다. • 자녀에게 순종하기를 요구한다. • 부모됨은 의무이다.	• 자녀를 하나의 개체로 인정한다. • 자녀와 자신에 대해 이해하려고 노력한다. • 자녀와 자신의 성장을 강조한다. • 자녀가 스스로 자신의 목표를 세우는 것에 관심이 있다. • 자녀의 발달을 조력한다. • 부모됨은 선택이다.

출처: Duvall, E. (1977). *Marriage and family development* (5th ed), p. 66.

Duvall(1977, pp. 64-66)은 어머니와 아버지 역할의 전통적 개념과 현대적 개념을 비교하여 제시하였다(표 4-2 참조). 어머니 역할에 대한 전통적 개념은 자녀를 신체적으로 보살피며 기본적인 훈육을 강조하는 등 엄격한 역할을 포함하고 있고, 현대적 개념은 자녀의 발달수준을 고려한 상호작용과 적합한 환경을 제공해줌으로써 융통성 있는 방식으로 역할을 수행하여 자녀의 전인적 발달에 기여하는 것이다. 한편, 아버지 역할에 대한 전통적 개념은 자녀에게 군림하며 자신의 뜻을 강요하는 권위주의적인 것이고, 현대적 개념의 아버지는 자녀를 개체로서 존중하며 자율적인 행동과 개성을 강조하는 것이다.

특히, 어머니 역할은 자녀의 성장발달에 매우 중요하다. 어머니는 자녀의 전인적 발달, 특히 발달 초기에 중요한 영향을 미친다. 어머니는 자녀가 최초로 접하는 사람으로서 자녀의 욕구를 충족시켜 주며 자녀와의 애착형성으로 사회화에 대한 기초를 마련해주기도 한다. 어머니는 특히, 표현적이고 정서적인 역할을 수행하기 때문에 자녀에게 감정적 교류에 대한 흡수력이 강하다(윤혜림, 2013).

어머니는 일반적으로 다음과 같은 역할을 한다(유영주, 김순옥, 김경신, 2002, pp. 211-212). 첫째, 어머니는 자녀의 인격형성에 중요한 영향을 미치며 인성의 형태를 결정한다. 자녀는 생애 초기에 어머니로부터 신뢰감을 형성하여 이후의 인성발달에 긍정적 영향을 미친다. 둘째, 어머니는 자녀의 사회화 과정에서 최초의 그리고 가장 긴 시간 동안의 대행자 역할을 한다. 어머니는 자녀가 인생을 살아가야 하는 기본틀을 형성해주는 교사 중의 교사다. 셋째, 어머니는 자녀에 대하여 애정적·표현적 역할을 담당한다. 어머니의 애정적 표현은 자녀의 심리적 긴장을 해소하고 정서적으로 안정감을 갖게 한다. 넷째, 어머니는 자녀의 건강과 위생담당자의 역할을 한다. 다섯째, 어머니는 교량적 역할을 한다. 어머니는 아버지와 자녀 사이에서, 사회와 가정 사이에서 교량적 역할을 한다. 여섯째, 어머니는 도덕적 측면의 교육 담당자이다. 어머니는 올바른 생활태도, 신념, 가치관이 자녀에게 흡수되도록 하는 무의식적 교육담당자이다. 어머니는 이와 같은 역할을 통해 자녀의 전인적 발달을 돕는다.

한편, 전통적으로 아버지는 종족번식을 위한 생물학적 기여자에 불과한 존재로 인식하여 자녀양육 과정에 적극적으로 참여하지 않아서 자녀와 친근하지 않은 반면 강한 영향력을 행사해 왔다(Parke, 2005, p. 17). 자녀양육의 주 책임자는 어머니이었고 아버지는 어머니의 자녀양육을 지원하거나 보조하는 등의 보조자 또는 주변인의 역할을 담당하였다. 그러나 현대사회의 기술적, 경제적, 이념적 변화로 핵가족화되고 맞벌이가족이 증가하며 양성평등적 가치관이 확산되면서 아버지의 역할에도 변화가 나타났다. 현대사회의 아버지는 가족의 생계를 책임지고 규율준수를 요구하는 엄격한 아버지 역할에서 벗어나 가사 및 자녀양육에서의 공동책임자로서 그 역할을 수행하게 되었다. 더 나아가 자녀와 함께 많은 시간을 보내면서 정서적 교감과 소통을 위해 적극적으로 노력하는 프렌디나 스칸디대디와 같은 아버지의 개념(참고 참조)이 현대사회의 이상적 아버지 이미지로 부상하고 있다.

이와 같이 가족 및 자녀와 시간을 보내며 가족 내에서 다양한 역할을 수행함으로써 자아정체감과 생활의 의미를 찾으려는 아버지가 증가하고 있고(정한나, 2012) 직업적 일을 가정생활보다 더욱 우선시하던 남성들이 최근에는 가정과 일이 비슷하다고 생각하거나 가정생활을 우선시한다고 생각하는 비율도 증가하고 있다(표 4-2 참조). 이것은 과거와는 달리 아버지의 역할이 사회생활과 가정생활의 양립을 도모하려는 노력에 중요한 가치를 부여하는 방향으로 변화하고 있다는 것을 보여준다.

참고 **한국의 부성코드로 떠오른 스칸디대디**

과거의 아버지들은 헛기침 하나로 집안을 다스렸다. 하지만 근엄하고 권위적인 아버지는 소통의 부재를 불러왔고 그 때문에 가정에서 소외당하는 오히려 외로운 존재였다. 그러한 아버지를 보고 자란 자녀들은 인간적이고 다정한 아빠, 권위가 해체된 아빠의 모습을 원하기 시작했다. 결국, 아이와 소통하고 많은 시간을 함께 보내는 친구 같은 아빠인 '프렌디'*가 '스칸디대디'**와 함께 시대의 아버지상으로 부상하게 되었다. 한 조사에 따르면 한국인의 62.4%가 '친구 같은 아빠'를 더 이상적인 아버지상으로 여긴다고 했다. 푸근한 어머니처럼 아버지도 다정다감한 존재이길 원하는 사람들의 열망이 부성코드란 사회적 분위기로 이어진 것이다.
이렇듯 변화된 시대의 흐름에 맞춰 대중문화뿐만 아니라 현실의 아빠들도 달라졌다. 고용노동부에 따르면 2012년 육아휴직을 신청한 남성근로자는 1,790명으로 2011년에 비해 27.6%가 늘었다. 게다가 학교선생님과의 상담부터 급식도우미와 교통도우미까지 자녀의 학교생활 전반에서 아빠의 참여가 늘고 있다. 남성육아전문블로거의 등장은 자연스럽기까지 하다. 이들은 아이의 이유식 식단 변천사부터 시작해 상표별 기저귀의 특징을 구분하고 분유의 성분을 비교하는 등 엄마 못지않은 섬세함까지 갖춰 눈길을 끈다.

"어제 OO이가 손톱을 자르다 사고쳤어요.ㅠㅠ 얌전하게 잘 있었는데 아차 하는 순간 넘 깊게 잘라서ㅜㅜ 꼬마밴드 붙여 줬어요. 고사리 같은 손에 몹쓸 짓을 했어요ㅠㅠ OO아 미안해~"
-남성육아파워블로그 '육아빠'의 육아일지 중-

아이와 함께 '문센'(문화센터)에 다니는 아빠들도 늘고 있다. (중략) 예전 같으면 아이와 함께 '문센'에 등장한 아빠를 두고 "저 아빠 백수야?"라는 곱지 않은 시선을 보냈을 텐데, 이제는 "아빠랑 같이 왔네. 좋겠다!"라는 '부러운 시선'을 보내는 쪽으로 사회적 인식이 변화하고 있다.

*프렌디: 프렌디는 friend와 daddy의 합성어로 '친구 같은 아빠'를 뜻하는 말로서 육아와 자녀교육에 관심이 많은 아버지를 지칭한다. 아버지와의 놀이나 상호작용이 이성적인 좌뇌를 발달시킨다는 아버지효과(father effect)에 대한 기대가 커지면서 육아와 자녀교육에 적극적으로 참여하는 '프렌디'족이 늘고 있다.

**스칸디대디: 스칸디대디는 북유럽 국가의 양육방식으로 자녀를 양육하는 아버지를 가르킨다. 스칸디대디는 자녀와 보내는 시간을 늘려서 아이와의 정서적 교감과 소통을 나누려고 노력하고 자녀의 인성에 중점을 두어 자녀를 양육하려고 한다.

출처: 김난도, 전미영, 이향은, 이준영, 김서영, 최지혜(2013). 트렌드 코리아 2014. pp.62-64에서 발췌.

표 4-2 일과 가정생활의 우선도 (단위: %)

	2011			2013			2015			2017		
	남자	여자	전체	남자	여자	전체	남자	여자	전체	남자	여자	전체
일을 우선시한다	62.6	42.4	54.5	64.2	41.7	54.9	61.7	42.3	53.7	49.9	33.7	43.1
둘 다 비슷하다	29.3	41.2	34.0	27.8	41.5	33.4	29.0	42.1	34.4	39.0	48.4	42.9
가정생활을 우선시한다	8.2	16.4	11.5	8.0	16.8	11.6	9.4	15.6	11.9	11.1	17.9	13.9

출처: 통계청(2011, 2013a, 2015, 2017d). 사회조사 결과(복지 · 사회참여 · 문화와 여가 · 소득과 소비 · 노동).

특히, 아버지는 어머니의 상호작용에서는 경험하기 어려운 새롭고 흥미로운 경험과 동적이고 활동적인 경험을 자녀에게 제공해준다. 이로써 보다 역동적이며 다양한 자극을 통해 자녀의 인지, 사회정서, 신체발달 등에 긍정적인 영향을 미친다(Parke, 1981, pp. 75-78). 또한 아버지의 자녀양육 참여는 어머니의 양육 스트레스를 완화시켜 줌으로써 어머니가 긍정적인 자녀양육행동을 할 수 있도록 하여 핵가족 내에서 어머니 양육행동에 긍정적인 영향력을 제공하기도 한다. 이

그림 4-2 아버지는 동적이며 활동적인 상호작용을 많이 한다.

렇듯 아버지의 자녀양육의 참여는 자녀가 보다 건강하게 성장할 수 있도록 도와주며 자녀의 성장발달에 적합한 가정환경을 마련하는 데도 기여한다(이순형 외, 2012, pp. 40-41).

아버지는 자녀양육에서 다음과 같은 역할을 한다(유영주, 김순옥, 김경신, 2002, p. 210). 첫째, 아버지는 도구적·수단적 역할을 담당하고 가정의 경제적 담당자로서 생활비를 조달한다. 둘째, 아버지는 자녀의 사회적 지위의 표본이 된다. 아버지의 사회적 지위는 자녀에게 심리적·내적 요구의 대상이 될 수 있고 또한 사회적 안정을 줄 수 있다. 셋째, 아버지는 자녀의 좋은 동료적 역할을 할 수 있다. 민주적인 아버지인 경우에 자녀의 동료로서 역할을 할 수 있다. 넷째, 아버지는 이성적이고 공정한 판단자의 역할을 한다. 아버지는 이성적으로 공정하게 문제를 해결할 수 있으며 자녀에게 용기를 북돋아줄 수 있다. 아버지는 이와 같은 역할을 수행할 때에 자녀와 자신의 개별성을 인정하고 이해하기 위한 노력을 해야 하며 자녀의 자율적 행동을 중요시하고 자녀가 성숙할 수 있도록 배려해야 한다.

그림 4-3 어머니와 아버지는 상호보완적 역할을 수행한다.

부모의 역할을 어머니의 역할과 아버지의 역할로 구분하여 살펴보았으나 어머니와 아버지의 역할은 서로 양분되어 각각 다른 역할을 하기보다 상호보완적으로 수행하는 것이 좋다. 그러므로 어머니와 아버지는 자녀양육과 교육을 부부 공동의 책임으로 인식하고 역할을 공유하는 것이 바람직하다.

3) 부모역할에 영향을 주는 요인

부모역할은 다양한 요인에 의해 영향을 받는다. 이와 관련하여 Belsky(1984)는 자녀의 특성, 부모의 특성, 맥락적 특성으로 분류하여 설명하였다.

(1) 자녀의 특성

부모-자녀관계는 양방향적인 관계이므로 자녀의 특성도 부모역할에 영향을 미친다. 부모역할에 영향을 미치는 자녀의 개별적인 특성으로는 기질, 성, 연령 등을 들 수 있다.

가. 기질

부모역할에 영향을 미치는 요인 중 가장 많이 언급되는 자녀의 특성은 기질이다. 기질은 주변 환경자극에 반응하는 개인적 성향으로서 부모는 자녀의 기질에 따라 적절한 양육행동을 선택해야 한다(Calkins, Hungerford, & Delmon, 2004). 예를 들면, 까다로운 기질의 자녀에게 부모는 달래는 행동을 더 많이 하고, 순한 기질의 자녀에게는 애정표현을 더 많이 할 수 있다. 이렇듯 자녀의 기질에 따라 적응적인 양육행동을 한다면 자녀의 긍정적 발달 결과를 이끌 수 있다. 반대로, 순한 기질의 자녀라 할지라도 부모가 지나치게 기대하거나 간섭하면 자녀발달에 부정적인 영향을 미칠 수 있다.

나. 성

자녀의 성에 따라 부모는 자녀에게 다르게 기대하고 반응한다. 일반적으로 아버지는 딸에게, 어머니는 아들에게 더 많은 제한을 두는 경향이 있으며(Noller, 1980), 아들에게는 독립적이며 씩씩한 남성적 특징의 행동을 강화하고, 딸에게는 타인을 배려하고 친절하며 순종적인 사람이 되기를 기대하면서 그러한 행동을 강화하는 경향이 있다. 현대사회에서는 여성의 사회진출이 증가하고 남성의 가사나 자녀양육에의 참여가 증가하는 등 양성평등 의식이 고취되면서 부모가 자녀의 성에 관계없이 동일한 기준으로 양육하려는 경향이 늘어나고 있지만 여전히 자녀의 성에 대한 전통적인 생각은 부모역할에 영향을 미친다.

다. 연령

자녀의 연령에 따라 발달수준과 특징이 다르기 때문에 부모는 다른 역할을 수행해야만 한다. 즉, 영아기 자녀를 둔 부모와 아동기 자녀를 둔 부모는 서로 다른 역할을 수행해야만 한다. 자녀의 발달단계에 따른 부모역할은 5장 '2. 자녀의 발달단계별 부모역할'에서 상세히 다루고자 한다.

이외에도 출생순위, 건강상태, 성장속도 등과 같은 자녀의 특성이 부모역할 수행에 영향을 미칠 수 있다.

(2) 부모의 특성

부모는 부모가 되기 이전에 각자 독특한 개인의 역사와 생활과정을 경험한다. 다른 인생경로에서 다양한 성격, 개성, 신념 등을 형성하고 이러한 특성을 갖고 부모역할이라는 새로운 역할을 수행한다. 부모역할에 영향을 주는 부모의 특성으로는 성격, 원가족에서의 경험, 신념과 태도 등이 있으며, 이러한 요인은 부모역할에서의 개인차를 가져온다.

가. 성격

부모역할 수행에 있어서 성격은 의사소통기술이나 대인관계 방식을 결정지으며 자녀와의 상호작용에 영향을 준다. 부모역할을 제대로 수행하지 못하고 자녀를 방임하는 부모는 대개 충동적이며 의존적이고, 냉정한 성격을 지니며, 타인을 배척하는 등의 부족한 대인관계기술을 나타낸다.

신경증적인 성격 특성, 특히 어머니의 우울증은 부모역할 수행에 부정적인 영향을 미친다. 우울한 어머니는 자녀에게 민감하게 반응하지 않고, 잘 웃지 않으며, 스킨십도 덜 하고, 칭찬 등의 긍정적인 행동도 잘 하지 않을 뿐만 아니라, 때리거나 위협하는 등의 부정적인 양육행동을 더 많이 한다(송민정, 2010; Conger, McCarthy, Yang, Lahey, & Kropp, 1984; Goldstein, Diener, & Mangelsdorf, 1996).

나. 원가족에서의 경험

부모가 되기 이전의 원가족(family of origin)에서의 경험이 부모역할 수행에 영향을 미친다. 즉, 성장하면서 부모로부터 받은 반응, 기대, 감정 등이 부모역할에서의 자신감, 자녀와의 상호작용에 영향을 미칠 수 있다(김지혜, 2012; 이유리, 2009). 그러므로 원가족 부모로부터 학대를 받았던 부모는 다시 자신의 자녀를 학대할 가능성이 높고, 부모로부터 지지적인 양육을 경험한 사람은 자녀에게 온정적이고 수용적이며 민감하게 반응한다.

한편, 부모역할 수행이 원가족 부모의 영향을 그대로 받는 것만은 아니다. 오히려 부모로부터 받은 경험에 만족하지 않는 사람은 그것과 반대의 방식으로 부모역할을 수행할 수도 있다. 즉, 원가족에서 부모의 애정표현이 적었다고 생각하는 사람은 자녀에게 지나친 애정표현을 하기도 한다.

▌그림 4-4 ▌ 원가족에서의 경험이 부모역할 수행에 영향을 미친다.

다. 신념과 태도

부모의 신념은 자녀의 발달이나 양육에 대한 생각(Miller, 1988)이며, 부모의 태도는 신념에 기초하여 나타나는 보편적인 행동이다. 부모의 신념은 부모됨의 의미가 무엇이며, 올바른 부모역할은 무엇인지 등과 관련되는 것으로서 자녀양육 방법, 부모-자녀관계 등에 대한 부모의 생각이다. 부모의 신념은 구체적인 양육상황에서 부모가 보이는 양육태도로 나타난다(김수연, 2009). 예를 들면, 자녀가 부모와의 언어적 상호작용을 통해 영향을 많이 받는다는 신념을 가진 부모는 자녀와 대화를 더 많이 하려고 한다. 부모의 신념과 태도는 교육수준, 사회경제적 지위, 사회문화적 맥락 등의 영향을 받는다.

(3) 맥락적 특성

부모역할은 사회적 맥락 안에서 이루어지므로 자녀와 부모 자신의 특성뿐만 아니라 그들을 둘러싼 환경도 부모역할 수행에 영향을 미친다. 부모역할에 영향을 미치는 사회적 맥락으로는 부부관계, 사회적 관계망, 사회경제적 지위, 문화 등을 들 수 있다.

가. 부부관계

부부는 한 팀으로 부모역할을 수행하기 때문에 부부관계는 부모역할 수행에 영향을 미친다. 부부는 배우자로부터 정서적이고 도구적인 지원을 받으면 부모로서의 심리적 만족감을 느껴 효과적인 부모역할을 수행한다. 그러므로 배우자와 좋은 관계를 유지하는 부모는 자녀에게 민감하고 수용적이며 책임감 있는 부모역할을 수행하지만, 서로 유대감을 형성하지 못하거나 만성적인 갈등상태에 있는 부부는 효과적인 부모역할을 수행하지 못하여 자녀발달에 부정적인 영향을 미칠 수 있다.

나. 사회적 관계망

자녀를 양육하는 과정에서 주변 환경으로부터 받는 사회적, 경제적 지원은 부모역할 수행에 영향을 미친다. 친척, 이웃, 친구, 직장동료나 직장의 근무환경, 정부나 지역사회 등은 부모역할 수행에 대한 사회적 관계망(social network)을 형성한다. 부모가 사회적 관계망으로부터 자녀양육을 위한 지원을 얻으면 부모는 자존감이 높아지고 부모역할 수행할 때에 인내심과 민감성이 증가하지만, 사회적 관계망으로부터 지원이 없는 경우에는 부모역할을 수행하는 데 어려움이 많다.

한편, 사회적 관계망으로부터의 지원이 항상 부모역할에 도움을 주는 것은 아니다. 사회적 관계망이 자녀양육에 비효과적인 정보를 주거나 부모의 신념과 다른 조언을 준다면 오히려 스트레스원이 되어 부모역할 수행에 갈등을 가져올 수도 있다(이은해, 이미리, 1996). 예를 들어, 부모의 직장 근무환경은 부모역할 수행에 지지원이 될 수도 있고 스트레스원이 될 수도 있다. 즉, 직장의 긴 근무시간, 많은 업무량 등은 부모에게 스트레스를 증가시켜 가족구성원 간의 상호작용을 감소시키지만(Crouter & Manke, 1994), 직장에서의 업무가 자율적이고 창의적이면 부모 개인의 심리적 복지감이 증진되어 자녀에게 보다 민감하고 온정적으로 반응하게 할 수도 있다(Barnett, Marshall, & Pleck, 1992).

다. 사회경제적 지위

부모의 교육수준, 직업, 수입에 따른 사회경제적 지위가 부모역할 수행에 영향을 미친다. 사회경제적 지위가 높은 부모는 낮은 사회경제적 지위의 부모보다 자녀에게 높은 성취기준을 제시하고 자녀가 그 기준에 도달하는 것을 중요하게 생각한다. 사회경제적 지위는 부모의 신념이나 태도에도 영향을 미칠 수 있어 부모역할을 수행하는 데 간접적인 영향을 주기도 한다.

라. 문화

부모의 자녀양육은 부모가 처한 사회문화적 환경 속에서 이루어지기 때문에 부모는 문화적 관습이나 태도, 행동규범 등의 영향을 받는다. 부모는 자신이 처한 문화적 기준을 자연스럽게 받아들이며 이를 자녀양육에 반영한다. 한국과 일본의 부모가 자녀에게 최우선으로 기대하는 것을 비교한 결과, 한국 부모는 자녀가 자발적이고 자주적으로 행동하기를, 일본 부모는 타인을 잘 배려하기를 기대하는 것으로 나타났다(임정미, 이명조, 2000). 이러한 결과는 한국과 일본의 문화적 차이를 반영한 것이다. 이외에도 종교, 인종 등이 부모역할에 영향을 미칠 수 있다.

생각해 봅시다

1. 자신이 부모가 되면 개인의 생활에서 어떤 변화가 일어날지에 대해 생각해 봅시다.
2. 좋은 어머니와 좋은 아버지 개념에 대해 생각해 봅시다.
3. 자신의 부모나 특정의 부모를 설정하여 부모역할 수행에 영향을 준 요인에 대해 생각해 봅시다.

Parent Education

chapter 05

부모양육태도

01 부모양육태도 유형

02 자녀의 발달단계별 부모역할

CHAPTER 05

부모양육태도

학습목표
- 부모양육태도 유형에 대해 살펴본다.
- 자녀의 발달단계에 따른 부모역할에 대해 살펴본다.

부모가 자녀를 양육할 때 어떠한 방식이나 태도로 자녀와 상호작용하느냐에 따라 자녀의 성장과 발달은 달라질 수 있다. 그러므로 다양한 부모양육방식과 태도를 이해하고 자녀의 건강한 성장발달을 위한 바람직한 부모양육태도를 정립할 수 있도록 하는 것이 중요하다. 또한 부모는 자녀의 성장발달에 따라 적절한 부모역할을 수행해야 한다. 자녀가 성장발달하면서 자녀의 발달적 요구가 다르고 이러한 요구에 효과적인 양육환경을 제공하기 위한 부모역할도 자녀의 발달단계에 따라 다를 수밖에 없다. 따라서 이 장에서는 부모의 다양한 양육태도에 대해 알아보고, 자녀의 발달단계에 따라 요구되는 부모역할에 대해서 살펴보고자 한다.

1. 부모양육태도 유형

부모양육태도는 부모가 자녀를 양육하는 과정에서 보편적으로 나타내는 모든 태도 및 행동을 의미하는 것으로서 이러한 부모양육태도는 자녀의 행동 및 태도에 대한 반응형태로 나타날 수 있다. 부모양육태도는 부모-자녀관계 형성과 자녀의 성장발달에 매우 중요한 영향을 미친다. 학자마다 다양한 기준에 따라 부모양육태도를 분류한다. 처음으로 부모양육태도를 이론으로 체계화하여 유형을 구분한 Symonds(1939, pp. 18-23)는 부모양육태도를 부모가 자녀의 행동과 요구를 비판없이 수용하는지 또는 거부하는지에 따라 수용-거부(acceptance-rejection)의 차원으로, 그리고 부모 의지에 따라 자녀를 전적으로 지배하는지 또는 복종하는지에 따라 지배-복종(dominance-submission)의 차원으로 구분하였다. 그는 두 차원의 중간적인 입장에서 자녀를 양육하는 것이 가장 바람직하다고 설명하였다(김진영, 김정원, 전선옥, 2011, p. 69). Symonds 이후 많은 학자가 부모양육태도의 유형을 제시하였는데 이중 대표적으로 Schaefer와 Baumrind를 들 수 있다.

1) Schaefer의 부모양육태도 유형

Schaefer(1959)는 자녀의 발달과 어머니의 양육태도를 30년간 종단적 방법으로 조사하여 부모양육태도를 애정-거부, 자율-통제의 두 차원으로 분류하였다(그림 5-1 참조). 애정-거부의 차원에서 애정은 자녀에 대한 칭찬, 애정표현, 민감하게 반응하는 태도이며, 거부는 자녀에게 무시, 벌, 신경과민적인 반응을 하며 자녀에게 부담을 느끼는 태도이다. 자율-통제의 차원에서 자율은 자녀에 대한 허용적인 태도이고, 통제는 불안, 강제성, 지나친 보호, 성취에 대해 강하게 요구하는 태도이다. Schaefer는 애정-거부와 자율-통제의 두 차원을 기초로 하여 네 가지 유형의 부모양육태도를 제시하였다(김진영 외, 2011, pp. 71-72; 최윤정, 김수희, 2011, p. 94).

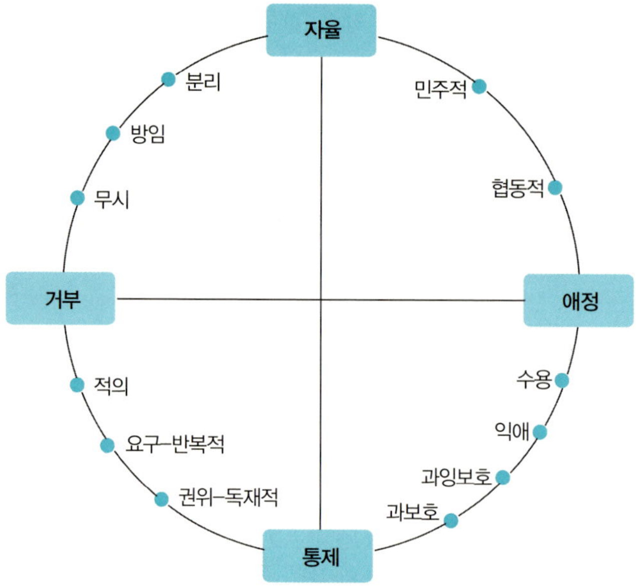

| 그림 5-1 | Schaefer의 부모양육태도

출처: 최윤정, 김수희(2011). **부모교육**, p. 93.

(1) 애정적-자율적 양육태도

애정적-자율적 양육태도의 부모는 자녀에게 애정이 있고 자녀가 독립적이고 자율적으로 행동하는 것을 허용하면서 자녀와 민주적 관계를 유지하고 자녀를 인격적으로 대우한다. 이 양육태도를 지닌 부모는 독단적인 의사결정을 하지 않으며 자녀에게 자유를 주지만 또한 방임도 하지 않는다. 그리고 자녀로 하여금 책임감을 갖게 하고 자녀의 부정적인 표현도 수용한다.

애정적-자율적 부모양육태도를 지닌 부모의 자녀는 부모와 신뢰감을 형성하여 자신이나 타인에 대해 적대감이 없고, 자율적인 분위기를 경험하여 능동적, 독립적, 창의적, 외향적이며 사회적응력도 높다. 그러나 자녀가 부모에게 안정감을 느끼기 때문에 가정 내에서 부모에게 순종하지 않거나 공격적이거나 고집스런 행동을 보이기도 한다. 애정적-자율적 부모양육태도는 네 가지 유형의 부모양육태도 중 가장 바람직하다.

(2) 애정적-통제적 양육태도

애정적-통제적 양육태도는 자녀에게 애정적 태도를 보이면서 동시에 자녀행동에 제약도 많이 하는 양육태도이다. 애정적-통제적 양육태도를 지닌 부모는 자녀에 대해 과보호적이고 소유적인 태도를 보여 자녀행동을 일일이 간섭하고 새로운 것을 탐색할 기회를 제한하기도 하며, 부모 자신의 경험에 따라 자녀의 삶을 계획하고, 학습내용이나 방법을 선택하도록 강요하며, 자녀에게 언어적, 심리적 통제를 가하기도 한다.

애정적-통제적 양육태도를 지닌 부모의 자녀는 애정적-자율적 양육태도를 지닌 부모의 자녀보다 더 의존적이고 사교성과 창의성이 부족하며, 때로 불안정한 정서를 지닌 내성적인 성격을 보이고, 상상적 또는 잠재적인 적대감정을 지니기도 한다. 이러한 부모양육태도는 오늘날 고학력의 부모에게서 두드러지게 나타나는 경향이 있다.

(3) 거부적-자율적 양육태도

거부적-자율적 양육태도의 부모는 자녀를 수용하지 않으면서 동시에 자녀 마음대로 행동하도록 허용한다. 이 유형의 부모는 자녀에 대해 무관심하거나 소홀하며 자녀와 거리감을 느끼기도 하고 자녀와 함께하는 시간이 거의 없으며 자녀양육에 태만하고 자녀를 무시한다.

거부적-자율적 양육태도를 지닌 부모의 자녀는 정서적으로 불안정하고 자신의 행동을 조절하지 못하며 공격성을 나타내거나 소극적 태도를 보이고, 때로 사회적으로 고립되거나 정서적인 문제나 미성숙한 행동을 나타내기도 한다.

(4) 거부적-통제적 양육태도

거부적-통제적 양육태도의 부모는 자녀를 애정적으로 수용하지 않을 뿐만 아니라 자녀행동에 대해 관대하지 않고 심리적, 언어적 통제와 신체적 체벌까지도 하며, 자신의 절대적인 기준에 따라 자녀의 행동을 평가하고 복종을 강요하는 등 독재적인 태도를 보인다.

거부적-통제적 양육태도를 지닌 부모의 자녀는 자아에 대한 분노와 함께 내면적으로 많은 갈등과 고통을 지닐 수 있고, 정서가 불안정하며 부모에 대한 적대감과 부정적인 자아를 갖게 되고, 공격적이며 반항적인 태도를 보이는 경향이 있으며 자주성, 자발성, 독창성이 부족하기도 하다. 정신질환이 있는 아동의 부모가 이 유형에 속하는 경우가 많다(이원영 외, 2011, pp. 30-31).

2) Baumrind의 부모양육태도 유형

Baumrind(1966, 1967)는 유아기 자녀의 행동특성과 관련된 세 가지 부모양육태도 유형을 제시하였다. Baumrind는 부모양육태도를 부모가 자녀에게 표현하는 애정(responsiveness)의 정도, 그리고 규칙의 설정과 전달방식에서 나타나는 자녀행동에 대한 통제(demaning)의 정도에 따라 독재적(authoritarian), 권위적(authoritative), 허용적(permissive) 양육태도 등 세 가지 유형으로 구분하였다(이순형 외, 2012, pp. 56-57; 최윤정, 김수희, 2011, pp. 95-96). 이후 Maccoby와 Martin(1983, pp. 39-51)은 세 가지 양육태도에 방임적(neglectful) 양육태도를 추가하여 Baumrind의 부모양육태도 유형을 발전시켰다(그림 5-2 참조).

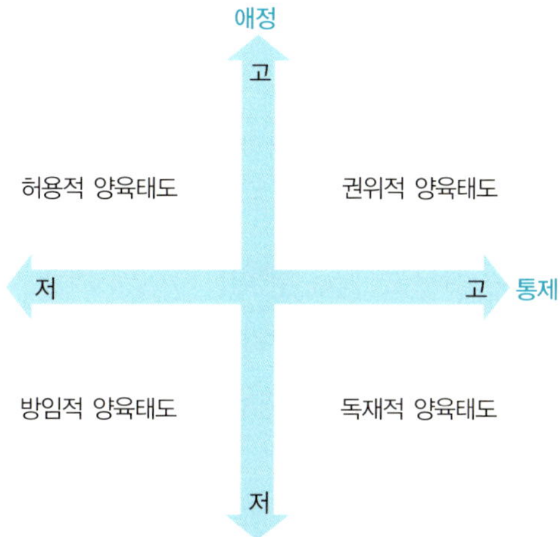

▌그림 5-2▐ Maccoby와 Martin이 발전시킨 Baumrind의 부모양육태도

출처: Maccoby, E. E. & Martin, J. A. (1983). Socialization in the context of the family: Parent-child interaction. In P. H. Mussen & E. M. Hetherington (Eds.), *Handbook of child psychology: Vol. 4. Socialization, personality, and social development*, p. 39. 그림으로 내용 재구성.

(1) 독재적 양육태도

독재적 양육태도의 부모는 절대적 규칙에 따라 자녀를 통제함으로써 자녀에게 절대적 복종을 요구하며, 종종 체벌을 사용하고, 자녀에게 애정표현을 잘 하지 않는다. 또한 이 유형의 부모는 자녀를 종속적인 존재로 인식하기 때문에 자녀의 자율성을 제한하고 자녀와 대화하는 것을 좋아하지 않는다.

독재적 부모양육태도의 자녀는 부모가 제시한 규칙을 왜 준수해야만 하는지 이유도 모른 채 복종하며, 또래에 비해 불안하고 전반적으로 수동적이고 공격적이며, 의사소통기술과 독립심이 부족하며, 사회적 책임감도 낮은 경향이 있다.

(2) 권위적 양육태도

권위적 양육태도의 부모는 자녀의 자율성을 인정하고 합리적이며 논리적인 사고에 근거하여 자녀를 통제한다. 이 유형의 부모는 권위를 이용하여 자녀를 통제하지만 일방적으로 복종을 강요하지 않으며, 체벌을 사용하지 않고, 애정적이며 자녀의 발달수준에 맞는 행동을 요구한다. 권위적 양육태도의 부모는 자녀가 책임감 있고 예의바르고 성숙하게 행동하기를 기대하며 자녀와 개방적으로 대화하고, 자녀의 의견에 따라 부모의 행동을 바꾸기도 한다.

권위적 부모양육태도의 자녀는 자율적이며, 자신에 대해 만족하고, 자기통제를 할 수 있으며, 호기심이 많고 배우려는 의지가 강할 뿐만 아니라 전반적으로 명랑하고 쾌활하며 책임감이 있고 또래와 협동하고 공유하는 친사회적 행동수준도 높은 경향이 있다.

(3) 허용적 양육태도

허용적 양육태도의 부모는 자녀의 가치관이나 행동을 고치려 할 때 수용적이며 느슨한 태도를 보여 자녀에게 성숙한 행동을 거의 기대하지 않고 자녀행동에 대한 규칙이나 제한도 없고 통제하지 않는다. 한편, 이 유형의 부모는 매우 애정적이고 과잉보호적일 수도 있으나 자녀양육 책임을 회피하려고 자유를 주기도 한다.

허용적 부모양육태도의 자녀는 권위적 부모양육태도의 자녀보다 사회적 경험의 기회가 적어 사회적 능력 수준이 더 낮고 자아통제나 자율성, 독립심, 자아존중감이 낮으며, 타인에게 친절하지 않고 타인을 존중하지도 않으며 배우려는 의지도 부족하다.

(4) 방임적 양육태도

방임적 양육태도의 부모는 자녀에게 관심이 없으며 자녀와 정서적 유대관계를 맺지 못하고 자녀양육에 최소한으로만 관여하려고 한다. 자녀와의 의사소통이나 상호작용을 거의 하지 않는 등 자녀를 애정적으로 대하지 않으며 자녀의 행동에 대해서도 요구나 통제를 거의 하지 않는다.

방임적 양육태도 부모의 자녀는 정서적으로 고립되어 있거나 불안정하며, 자아존중감이 낮으며 무기력하고 좌절을 경험한다. 이러한 경험으로 우울, 분노를 느끼거나 반사회적 행동을 보일 가능성이 높다.

학자마다 주장하는 관점에 따라 부모양육태도 유형을 다양하게 분류하여 제시하고 있다. 부모는 엄격히 구분되는 한 가지 양육태도를 취하기 어렵고, 상황에 따라 다양한 양육태도를 나타낼 수 있다. 그럼에도 불구하고, 자녀에게 긍정적 결과를 가져올 수 있는 부모양육태도는 부모로서의 권위를 잃지 않으면서 동시에 자녀를 독립된 인격체로 존중하고 자녀를 수용하며 애정적이고 일관되게 양육하는 것이라고 할 수 있다.

2. 자녀의 발달단계별 부모역할

1) Galinsky의 부모성장단계

Galinsky(1987)는 부모기를 일련의 발달과정으로 보고 자녀의 발달에 따른 부모의 성장단계를 여섯 단계로 제시하였다(유은정, 김혜연, 박혜정, 신현정, 이찬숙, 황현주, 2012, pp. 85-88 재인용).

첫째 단계는 이미지 형성단계(image making stage)로 부모가 되기 위한 준비단계이다. 이 단계는 결혼하여 임신한 직후부터 자녀를 출산하기까지의 기간으로 이때 부모는 임신을 수용하고 신체적, 물리적, 심리적으로 부모가 될 준비를 하면서 출산을 준비하고 부모로서의 이미지를 형성한다.

둘째 단계는 양육단계(nurturing stage)로서 자녀의 출생부터 생후 2세까지의 기간이다. 이 단계의 부모는 부모 자신이 형성한 이미지와 자신의 실제 양육 경험을 비교하며 부모로서의 정체감을 형성한다. 부모로서의 자신의 현실을 인정하고 자녀를 돌보고 애착을 형성하는 과정을 통해 자녀에게 적응한다.

셋째 단계는 권위단계(authority stage)로서 자녀가 2세에서 4~5세에 이르는 기간이다. 이 단계에서 부모는 자녀에 대한 부모의 권위를 형성한다. 부모는 권위의 한계와 범위를 설정하여 자녀를 따르게 하는 것이 중요한 과제이므로 자녀의 주도성 발달과 부모의 훈육이 조화를 이룰 수 있도록 감정조절을 잘 해야 한다.

넷째 단계는 설명단계(interpretative stage)로서 자녀가 초등학교에 다니는 기간이다. 이 단계에서 부모의 주요 과업은 자녀에게 세상을 살아가는 데 필요한 다양한 정보를 제공해 주고 관련되는 지식을 설명해주는 것이다. 그러므로 부모는 자녀에게 여러 가지 지식과 당면한 현실을 설명해주고 자녀의 질문에 성실하게 답해 주어야 한다.

다섯째 단계는 상호의존단계(interdependent stage)로서 청소년기 자녀가 있는 기간이다. 청소년기의 자녀는 행동과 감정이 급격히 변하여 부모에 대한 정서적 의존과 독립하려는 욕구 사이에서 갈등하므로 부모는 청소년기 자녀와의 관계를 새롭게 수립하면서 부모로서의 권위를 형성한다. 이 단계에서의 부모는 청소년기 자녀의 정체감을 수용하면서 자녀와 새로운 결속을 형성하고 자녀를 독립된 인격체로 인정하도록 해야 한다.

여섯째 단계는 떠나보내는 단계(departure stage)로서 청년기 자녀를 둔 기간이다. 이 단계는 자녀가 부모에 대한 심리적 의존에서 완전히 벗어나 자신의 삶을 살아가려는 욕구가 강해지는 기간이므로 부모는 자녀에 대한 통제를 완화하고 떠나보내야 함을 준비하면서 이를 수용하여 적응해야 한다.

2) 자녀발달단계별 부모역할

부모가 자녀의 발달에 대한 지식에 기초하여 자녀의 요구를 이해하면 그에 대해 적절하게 반응하고 바람직한 환경을 제공해줄 수 있다. 그러므로 부모는 태내기부터 청소년기에 이르기까지의 발달단계별 특징을 알고 각 발달단계에 따른 부모역할을 이해할 필요가 있다.

(1) 태내기 발달과 부모역할

가. 태내기의 발달 특징

태내기는 수정 후 출산하기까지의 약 38주간의 기간으로서 일생 중 가장 빠르게 성장, 발달하면서 인간발달의 초석을 마련하는 시기이다. 태내기는 발아기, 배아기, 태아기의 세 단계로 나뉜다(이영, 이미란, 홍희영, 한성희, 민성혜, 박신진 외, 2015, pp. 101-104).

발아기는 수정란이 착상하기까지 2주간의 기간이며, 배아기는 주요 기관과 신경계통이 분화하여 형성되는 임신 약 3주부터 8주까지의 기간이다. 배아기는 일생 중 성장속도가 가장 빠르며, 이 시기에 유전적 결함을 가진 배아는 자연유산이 되는 경우가 많다. 태아기는 임신 9주부터 출산할 때까지의 기간이며 이 시기의 유기체를 태아(fetus)라고 한다. 이 기간에 태아의 모든 신체기능이 작동하기 시작하며 태아는 반사운동, 도피반응, 생존반응을 보인다. 이 시기의 태아의 움직임을 태동이라고 한다.

나. 태내기의 부모역할

부모는 임신한 순간부터 부모역할을 시작하여 태아에게 좋은 태내환경을 제공해주도록 노력해야 한다. 좋은 태내환경을 제공해주기 위해 부모는 임신에 대한 긍정적인 태도와 정서상태를 갖는 것이 중요하다. 오래 전부터 동양에서는 태교를 통해 태아에게 좋은 환경을 제공해주고자 노력하였다. 태교란 임신 이전부터 출산 전까지 이루어지는 모든 교육으로 태아와 부모 모두에게 행해지는 교육이다.

참고 **태교의 종류**

전통태교

전통태교는 임신부가 임신 기간 동안 바른 마음가짐과 음식, 조심해야 할 행동, 부성 태교의 중요성을 담고 있는 종합태교이다. 전통태교는 그동안 미신으로 치부되었지만, 최근 그 과학성이 입증되면서 인기를 얻고 있다. 전통태교에 관련된 서적 중 태교신기는 임신부가 지켜야 할 덕목이 수록되어 있는데 환경의 중요성, 임신부의 특별한 대우, 잠자리, 고운 심성과 몸에 좋은 식생활 등을 제시하고 있다.

음악태교

태교 중 가장 많이 알려진 것이 음악태교이다. 음악태교는 태아에게 직접 영향을 미치지는 않지만, 임신부의 마음에 영향을 미쳐 그 영향이 태아에게 미치는 것이다. 좋은 소리를 많이 들려주고, 기분 좋은 자극과 행복한 기억을 많이 갖도록 하는 것이 음악태교이다. 음악을 선택할 때는 태아가 좋아하는 음악을 들려주는 것이 좋고, 임신부가 듣기 싫어하는 음악은 듣지 말고, 밝고 차분한 음악을 주로 듣는다. 클래식, 전통음악, 명상음악 위주로 듣는 것이 좋다.

음식태교

음식태교는 가장 쉽게 할 수 있는 태교이다. 태아와 임신부의 영양을 동시에 충족시키는 음식을 섭취하는 것이 좋다. 특별히 피해야 하는 음식은 없지만 소금이 적게 들어가고, 칼로리가 낮은 음식과 영양가가 높은 음식을 섭취하는 것이 좋다. 좋아하는 음식을 먹기보다는 영양소가 골고루 함유된 음식을 섭취하는 것이 바람직하다.

운동태교

임신으로 운동량이 적어지고 왕성한 식욕으로 비만이 되기 쉽다. 임신 비만이 되면 임신중독증, 고혈압, 부종 등의 질병에 걸릴 수 있으므로 적당한 운동을 하는 것이 중요하다. 임신부가 받는 스트레스는 그대로 태아에게까지 영향을 미치므로 적당한 운동을 통해 스트레스를 해소하는 것이 중요하다.

태담태교

태아는 임신 5개월부터 청각과 함께 오감이 발달해 어머니의 감정과 목소리, 외부의 소리를 감지할 수 있다. 어머니나 아버지, 주위 사람이 태아에게 이야기하면 태아는 반응한다. 뱃속에서부터 나누는 어머니와의 대화는 태아의 정서와 지능발달에도 효과적이다. 태담을 할 때는 마주 앉아 대화하는 기분으로 작은 사건, 작은 느낌을 전하는 것이 기본이다. 태아와 편안한 마음으로 대화를 하다보면 태아도 반응을 보인다.

태교를 실천하는 방법은 다양한데(참고 참조) 어머니의 심신안정과 태아와의 애착 형성 및 부모됨을 준비하는 것이다.

태내기에는 아버지의 역할도 중요하다. 남편은 임신한 아내에 대해 정서적 지지를 해줌으로써 간접적인 부모역할을 수행하고 아버지로서의 책임감을 형성하면서 부모됨을 준비한다. 이때 남편과 아내는 서로의 요구와 변화를 이해하면서 아기 출산 이후의 변화에 대해서도 이야기하고 함께 준비하는 시간을 갖는다. 아버지는 어머니와 함께 분만과정을 준비함으로써 이후의 자녀양육에 보다 적극적이고 협조적으로 참여하게 된다(Parke, 2005, pp. 40-42).

그림 5-3 태내기 부모는 부모로서의 역할에 대해 준비해야 한다

(2) 영아기 발달과 부모역할

가. 영아기의 발달 특징

영아기는 출생 후 2세까지의 기간이며, 특히 출생 후 1개월까지의 기간을 신생아기라고 한다. 영아기는 신체, 인지, 언어, 사회정서발달이 급격하게 이루어지는데 이 시기의 발달은 이후의 발달에도 중요한 영향을 미친다.

영아기의 신체발달은 매우 빠른 속도로 이루어져 2세 때는 체중이 출생 시의 약 4배, 신장은 성인 평균 신장의 1/2 정도가 된다. 신체적 성장이 급속도로 이루어지는 영아기를 제1 성장급등기라고 한다. 영아기의 인지발달은 영아의 감각운동기능을 통한 반복적인 탐색활동을 통해 이루어진다. 생의 첫 단계에서는 타고난 반사행동으로 환경에 적응하다가 반복된 경험을 통해 다양한 반사행동을 통합하여 의도적인 행동을 하게 된다.

영아는 출생 후 빠른 속도로 언어를 습득한다. 12개월 이전에는 비언어적인 형태로 의사소통을 하는데 2~3개월경에는 목젖울림(cooing) 소리를 내고, 생후 4개월쯤에는 자음과 모음이 연합된 소리를 만들어 발화하는 옹알이(babbling)를 한다. 그 후 영아는 12개월쯤 첫 단어를 말하고, 24개월이 되면 두 개의 단어를 결합하여 생각이나 감정을 조금 더 정확하게 표현한다(정옥분, 2004, p. 350).

영아의 사회정서발달은 자아개념과 성격발달, 양육자와의 애착 형성 및 그 밖의 사회적 관계를 형성하는 데 결정적 역할을 한다. 영아는 기쁨, 분노, 슬픔, 공포, 놀람 등의 기본정서를 갖고 태어난다. 1세가 지나면서 영아는 자기인식능력이 생기면서 자아 형성과 자율성을 발달시키고, 정서도 더욱 복잡해지며 혼자 하려는 강한 의지가 생긴다. 또한 영아기의 애착은 기본적인 신뢰감을 발달시키는 기초가 되며, 특정 대상과의 애착이 형성되는 과정에서 낯가림과 분리불안현상이 나타난다. 낯가림은 낯선 사람의 얼굴을 회피하면서 큰 소리로 우는 등의 반응을 보이는 것으로 생후 6개월에서 8개월 사이에 나타나 첫돌 전후에 최고조에 달하

▌그림 5-4▌ 영아는 다양한 정서를 표현한다.

다가 이후 서서히 사라진다. 분리불안은 친숙한 사람과의 분리에 대한 불안반응으로서 애착대상과 헤어질 때 당황하여 애착대상과 떨어지지 않으려는 반응으로서 생후 8개월경에 나타나기 시작하여 15개월경에 최고조에 달하다가 2세경에 사라진다(이영 외, 2015, p. 322-323).

나. 영아기의 부모역할

영아기는 급속한 성장과 발달이 이루어지면서 부모와의 상호작용이 가장 많이 이루어지는 시기이다. 이 시기의 부모는 출산과 함께 요구되는 다양한 부모역할 수행으로 상당한 변화를 경험하면서 부부관계의 재적응과 함께 부모역할에 대해서도 적응해야 한다. 이 시기의 부모는 양육자로서의 역할뿐만 아니라 신뢰감과 자율성 형성의 조력자, 자극제공자로서의 역할을 수행한다.

① 양육자 역할

출생 직후 영아는 부모의 도움 없이 기본적 욕구를 해결할 수 없기 때문에 부모는 양육자로서의 역할을 수행해야 한다. 특히 영아기에는 충분한 영양공급과 수면, 목욕과 적절한 배변훈련이 필요하다. 영양공급을 위해 면역성분이 함유되어 있는 모유가 영아발달에 가장 적합하고, 동시에 모유수유는 어머니와 영아 간의 친밀감 형성과 영아의 심리적 안녕감에도 도움을 준다.

배변훈련의 경우, 대변은 13개월, 소변은 18개월부터 가능하지만 편안하고 지지적인 분위기에서 영아가 준비될 때까지 기다렸다 실시하는 것이 바람직하다. 부모가 양육자 역할을 수행할 때 자녀의 기질적 특성에 따라 그에 적합한 양육환경을 제공해 주는 것이 중요하다.

② 신뢰감 형성의 조력자 역할

부모가 영아와의 상호작용에서 일관적이고 민감하게 영아의 욕구를 충족시켜 주면 영아는 부모에 대해 안정된 애착을 형성하고 기본적 신뢰감도 형성한다(유효순, 지성애, 2005, p. 51). 기본적 신뢰감을 형성한 영아는 이후 스스로 자신의 욕구를 조절할 수 있다. 영아기에 형성된 안정된 애착과 기본적 신뢰감은 이후의 성격 형성과 대인관계 형성의 기초가 되므로 부모는 영아의 욕구에 대한 신호를 잘 이해하고 이에 민감하게 반응해주어야 한다.

③ 자율성 형성의 조력자 역할

▌그림 5-5▌ 부모는 영아가 안전하게 주변환경을 탐색할 수 있도록 해주어야 한다.

영아는 호기심과 흥미를 갖고 주변환경을 탐색하면서 자율성을 발달시킨다. 영아가 탐색하는 동안 안전사고가 발생할 수 있으므로 부모는 영아가 주변 환경을 자유롭게 탐색할 수 있도록 안전한 환경을 제공해 주어야 한다. 또한 이 시기는 기본생활 습관이 형성되는 시기로서 자신의 신체를 조절하며 규칙적인 습관을 형성할 수 있도록 부모는 혼자 해결할 수 있는 기회와 시간을 제공하고 이를 격려하도록 한다.

④ 자극제공자 역할

영아는 주변 사물이나 사건에 대해 호기심을 가지고 탐색활동을 하므로 부모는 영아에게 흥미 있고 매력적이며 감각적으로 풍부한 자극을 제공해주고, 영아와 효과적으로 상호작용하여 발달을 촉진시킬 수 있는 환경을 제공해준다. 또한 부모는 영아의 행동을 그대로 따라 하기, 눈 마주치기, 미소 짓기 등의 직접적인 상호작용을 통해 영아의 발달에 적합한 자극을 제공해준다.

(3) 유아기 발달과 부모역할

가. 유아기의 발달 특징

▌그림 5-6▐ 유아는 또래관계 등 다양한 사회적 관계를 형성한다.

유아기는 2세부터 초등학교 입학 이전인 6세 미만의 기간이다. 유아기는 영아기에 비해 신체발달의 속도는 느리지만 기능은 비약적으로 발달한다. 이 시기의 유아는 20개의 유치가 완전하게 나고 유아기 말에 영구치로 바뀌기 시작하며, 대·소근육의 운동기술도 빠르게 발달하고, 두뇌와 신경계의 성숙으로 새로운 운동기술과 인지능력도 발달한다.

유아는 인지능력의 향상으로 주변의 사물과 상황에 효과적으로 대처하고 상징적 사고와 가작화 놀이 등을 할 수 있으나 여전히 자기중심적 사고와 물활론적 사고를 한다(정옥분, 2007, p. 360-364). 또한 유아는 어휘 습득도 빠르게 증가하고 문장 사용능력도 발달하여 5세경에는 다섯 단어 문장을 사용할 수 있다.

유아는 부모나 가족구성원뿐만 아니라 또래나 다른 성인과의 상호작용을 통해 사회적 능력과 주도성, 자아개념, 자아존중감, 성역할 개념 등이 발달하고 정서표현도 세련되어지면서 직접적인 정서표현을 조절하고 극단적인 감정을 합리적으로 표현하여 행동하려는 정서조절능력이 급격히 발달한다(이영, 이정희, 김온기, 이미란, 조성연, 이정림 외, 2009, p. 303).

나. 유아기의 부모역할

신체발달이 급속히 이루어지면서 유아는 활동량이 증가하고 활동범위도 확대되어 주도적으로 주변환경을 탐색한다. 따라서 부모는 유아의 욕구나 호기심에 민감하게 대처하고 일관된 기준으로 훈육하여 유아가 스스로 자기조절을 할 수 있도록 도와주어야 한다. 유아기의 부모는 양육자, 훈육자, 주도성과 자아개념 발달의 조력자와 학습환경 제공자로서의 역할을 한다.

① 양육자 역할

유아는 호기심을 가지고 적극적으로 주변환경을 탐색하므로 유아기 부모는 유아에게 안전한 환경을 제공해주고 유아가 기본 생활습관을 형성할 수 있도록 도와주며, 유아의 욕구를 표현할 수 있는 정서적 분위기를 조성해주는 역할을 한다.

② 훈육자 역할

유아는 자기중심적인 특성을 지니며 조금씩 대인관계의 범위가 넓어지기 때문에 부모는 유아에게 해도 될 것과 해서는 안 될 것, 옳고 그른 것을 명확하게 가르치는 훈육을 해야 한다. 부모가 유아를 훈육할 때는 유아에게 효과적인 상과 벌에 대한 이해를 기초로 행동의 결과보다는 동기나 과정을 중요시하여 자연스러운 일상적 상황에서 사회규칙과 질서를 배울 수 있도록 훈육한다(유은정 외, 2012, p. 79).

③ 주도성과 자아개념 발달의 조력자 역할

유아는 또래와 다른 성인과의 관계를 통해 주도성과 자아개념을 발달시킨다. 그러므로 부모는 유아가 자유롭고 적극적으로 탐색활동을 할 수 있도록 해주고, 다양하고 반복적인 질문에 반응해주며, 놀이활동을 간섭하지 않아야 한다. 이러한 부모역할을 통해 유아는 주도성과 긍정적 자아개념을 발달시킬 수 있다(유효순, 지성애, 2005, p. 56).

④ 학습환경 제공자 역할

유아는 주변환경을 탐색하고 또래나 성인과 상호작용하면서 다양한 지식과 기술을 학습하므로 부모는 유아에게 또래와의 상호작용, 놀이활동, 환경과의 상호작용 등의 풍부한 학습경험을 제공해준다. 놀이는 유아기 학습의 중요한 매개활동이므로 부모는 유아에게 또래와 놀 수 있는 기회를 마련해주고 충분한 놀이자료를 제공해준다. 또한 부모는 유아가 언어로 자신을 표현할 수 있는 충분한 기회를 제공해주고, 유아가 말한 내용을 반복하고 첨가하면서 언어발달을 촉진시킬 수 있도록 반응해준다.

(4) 아동기 발달과 부모역할

가. 아동기의 발달 특징

아동기는 6세경부터 사춘기 전인 11세까지의 기간이며 초등학교에 다니는 시기이기 때문에 학령기라고도 한다. 아동기는 부모에게 의존하는 것에서 벗어나 또래관계가 중요한 역할을 하는 시기이다.

▮그림 5-7▮ 아동은 또래와 상호작용하며 우정을 나눈다.

아동은 신체비율이 거의 성인과 유사해지며 7세경 기본적인 대・소근육의 운동기능이 거의 발달하며, 근력과 지구력이 증가하여 여러 가지 운동을 할 수 있고, 협응력도 발달한다. 아동의 인지능력은 구체적이고 직접적으로 경험한 것에 국한하지만 상당한 발전을 보여 조망수용능력과 타인 이해 및 논리적 사고를 할 수 있으며, 여러 가지 측면을 동시에 고려하여 결론을 이끌어낼 수도 있다(정옥분, 2007, p 473). 또한 아동은 언어의 유능성이 두드러져 어휘가 확장되고 사용하는 문장의 길이가 길어질 뿐만 아니라 문법적으로도 더욱 세련되어 복잡한 문장을 사용할 수 있다. 특히 의사소통기술이 발달하여 대상과 맥락에 따라 언어를 선택하여 이야기할 수 있고 표현도

정교해지며 읽기와 쓰기능력이 발달한다. 뿐만 아니라 아동은 자신의 감정을 인식하고 조절하며, 다른 사람의 감정을 이해하고 그에 대처하는 능력이 발달하며 자부심이나 수치심과 같은 복잡한 정서를 이해하고 부정적인 정서를 조절하는 능력도 향상된다(권민균, 문혁준, 권희경, 성미영, 신유림, 안선희 외, 2012, p. 274). 아동은 학교생활의 다양한 성취과제에서 자신의 능력에 대한 평가나 또래와의 비교를 통해 자아개념이나 자아존중감을 형성하고 또래 지위를 획득하면서 우정을 나눈다(Bukowski & Hoza, 1989, pp. 71-74).

나. 아동기의 부모역할

▌그림 5-8▐ 학교생활을 시작하는 아동은 불안을 경험할 수 있다.

아동은 또래관계를 형성하면서 부모와의 의존적 상태에서 벗어나므로 부모는 신체적인 양육보다 심리적인 면에서 도움을 주어야 한다. 부모는 아동기 자녀가 학교활동, 또래집단활동에 참여하도록 허용하고 문제행동에 대해서도 적절하게 지도함으로써(정현숙, 유계숙, 어주경, 전혜정, 박주희, 2007, pp. 239-241) 격려자, 훈육자, 근면성 및 자아개념 발달의 조력자, 학습경험 제공자 등의 역할을 한다.

① 격려자 역할

아동은 생활의 중심이 가정에서 학교로 옮겨짐에 따라 학교에서 친구를 사귀고 학업을 수행하면서 우정을 나누고 보상을 받기도 하지만, 교사와 또래로부터의 평가 때문에 불안감이 증가하기도 하여 무력감이나 좌절감을 경험하기도 한다(유효순, 지성애, 2005, p. 58). 따라서 부모는 아동이 경험하는 또래관계나 학교생활 적응과 관련된 심리적 측면에 보다 관심을 기울여 아동이 스스로 자신의 문제에 대해 해결책을 찾을 수 있도록 격려해준다.

② 훈육자 역할

아동기에는 거짓말, 물건 훔치기, 부정적 또래관계 등과 같은 문제행동이 발생할 수 있으므로 부모는 아동의 문제행동에 대해 훈육해야 한다. 이를 위해 부모는 자녀의 자존심이나 인격을 무시하는 말을 삼가며 애정이나 특권의 박탈, 논리적 귀결, 설명하기 등의 방법을 사용할 수 있다(유은정 외, 2012, p. 82).

③ 근면성 및 자아개념 발달의 조력자 역할

아동은 사회에 유용한 기술을 배우고 그것에서 성취감을 느끼면서 근면성을 발달시킨다. 근면성을 발달시키기 위해 부모는 아동의 발달수준과 능력을 고려하여 적절한 과제를 제공해줌으로써 아동 스스로 노력하려는 동기를 갖게 하고, 이를 통해 결과에 대한 만족감과 성취감을 얻으며 자신감을 갖도록 도와준다. 부모의 수용적 태도와 격려는 아동의 긍정적 자아개념 형성을 돕는다(유효순, 지성애, 2005, pp. 58-59).

④ 학습경험 제공자 역할

아동기는 학업에 필요한 기술을 숙달해야 하므로 부모는 아동에게 적절한 학습경험을 제공해 준다. 부모는 아동이 어려워하는 학습내용을 설명해주고 자료를 제공해주는 등의 학습조력자로서의 역할을 수행한다. 이를 통해 부모는 아동이 자발적이며 능률적으로 공부하는 습관을 기르고 학습에 흥미를 느낄 수 있도록 풍부한 학습환경을 조성해주어 다양한 인지적 경험을 하도록 도와준다.

(5) 청소년기 발달과 부모역할

가. 청소년기 발달 특징

청소년기는 아동기가 끝나고 사춘기가 시작되는 11~12세부터 청년기가 시작되는 20세 이전까지의 시기를 말한다. 이 시기에는 급격한 발달적 변화가 일어나는데 가장 두드러진 특징은 2차 성징이 나타나는 것이다. 생식기능과 성기능이 성숙하고 급격한 생리적 성장이 이루어지며 이러한 성적 성숙과 함께 성적 욕구가 출현하여 이성에 대한 관심도 많아진다. 또한 신장과 체중도 급격히 증가하여 청소년기를 제1성장급등기인 영아기 다음의 제2성장급등기라고 칭한다. 이러한 신체적, 생리적 변화를 겪으면서 청소년은 주변 사람들의 반응으로부터 자신의 신체상(body image)을 형성하고 이것은 자신의 자아개념이나 자아존중감에 영향을 미친다(김지현, 정지나, 조윤주 한준아, 2015, pp. 112-115).

이 시기의 청소년은 논리적이고 추상적인 사고가 가능해지고 이에 따라 자신과 타인의 생각을 객관화시켜 논리적으로 평가할 수 있으며 조망능력도 발달하여 자신의 미래를 계획하기도 한다. 한편, 청소년은 현실적이면서도 이상주의적 사고를 하여 주변 사물이나 사건에 대해 비판적이고 아동기와 달리 부모의 권위에 도전하기도 한다. 또한 청소년은 강한 자기중심성을 나타내 자신을 우상화하여 자신을 특별한 존재로 생각하고 타인의 관심의 대상이라고 생각하기도 한다(Elkind, 1967). 또한 이 시기에는 '나는 누구인가?' 등에 대한 질문에 답하면서 자신의 존재에 대한 의미를 발견하고자 노력하는데 이 과정에서 많은 갈등과 위기를 경험하게 된다. 이 위기를 성공적으로 해결하여 자아정체감을 형성하고 자신에 대해 일관성 있고 안정된 느낌을 갖기도 하지만 그렇지 않은 경우에는 정체감 혼미에 빠지기도 한다. 한편, 질풍노도의 시기로 대표되는 청소년기는 정서적으로 불안정하고 예측 불가능한 행동을 보이기도 한다.

나. 청소년기의 부모역할

청소년기는 급격한 발달적 변화와 학교생활 등의 환경적 변화를 겪으며 그에 적응하고자 하는 과정에서 많은 혼란과 갈등을 경험하고 이것이 문제행동으로 발생할 가능성도 높다. 그러므로 부모는 청소년 자녀에게 나타나는 발달적 변화와 환경의 변화를 이해하고 그에 따라 부모역할도 적극적으로 변화시키고자 하는 자세를 갖는 것이 중요하다. 부모는 자녀와의 바람직한 상호작용을 통하여 자녀가 유능하고 책임감 있는 존재로 성장하고 새로운 역할에 적응할 수 있도록 도와주어야 한다. 청소년기 부모는 상담자, 자아정체감 발달의 조력자, 그리고 학부모 역할을 한다.

① 상담자 역할

청소년은 발달단계에서 많은 혼란과 갈등을 경험한다. 특히, 청소년은 학업문제, 친구관계, 이성문제 등에 많은 어려움을 갖게 되고 이에 대해 조언과 협조를 해 줄 수 있는 상담자를 필요로 하게 된다. 이때 부모가 자신을 잘 이해하고 자신과 친밀한 관계를 형성하였다고 생각하면 자녀는 부모를 상담자로 기대할 것이며 이에 부모는 상담자로서 조언과 협조를 제공해 주어야 한다(박성연, 김상희, 김지산, 박응임, 전춘애, 임희수, 2014, p. 107).

부모는 상담자로서의 역할을 효과적으로 수행하기 위해서 자녀의 성장발달에 대한 지식, 자녀의 교내·외 생활, 여가활동 및 진로 등에 관한 정보를 알고 있어야 하고 이해와 수용, 애정을 기초로 한 긍정적인 의사소통을 하도록 노력해야 한다. 부모가 부모로서의 권위를 내세우며 지나친 통제와 지시를 한다면 문제해결을 위한 상담과정이 진행되지 않을 뿐만 아니라 오히려 갈등이 악화될 수 있다(Sorkhabi, 2010).

② 자아정체성 발달의 조력자 역할

청소년기는 자아정체성 형성이 주요 발달과업인 시기다. 자아정체성은 스스로 자신을 어떻게 지각하느냐에 기초하여 형성되지만 자신에 대한 타인의 지각도 중요하게 작용한다. 그러므로 청소년 자녀의 자아정체성 발달을 도와주기 위해서는 자녀를 독립된 인격체로서 인정하고 그들의 생각과 느낌을 존중해주어야 한다. 자녀가 자신이 추구하는 목표와 흥미에 따라 과업을 선택하고 스스로 조절하고 실천해 나갈 수 있도록 자신감도 길러주어야 한다. 또한 자녀가 동일시 대상으로 생각하는 의미 있는 인물이나 이상적 인물들을 모델로 삼아 자아정체성을 형성하도록 도와주어야 한다. 더 나아가서 부모 자신이 자녀의 존경과 사랑이 대상이 되어 자녀에게 자아정체성 발달을 위한 모델이 될 수 있으며 특히, 부모는 자녀의 동일시를 통해 성정체성 형성에 기여할 수 있다.

③ 학부모 역할

우리나라 청소년은 입시위주의 교육과정에서 학업스트레스가 높은데 부모의 학업에 대한 기대 또한 크기 때문에 부모와의 갈등을 자주 경험한다. 부모가 자녀의 학업과 진로에 대한 과도한 통제와 개입을 하게 되면 자녀와의 관계에 부정적 영향을 미치게 된다. 한편, 청소년자녀의 학업 및 진로 스트레스를 완화시켜줄 수 있는 가장 중요한 사회적 지지자 또한 부모이다(Furman & Buhrmester, 1992). 그러므로, 부모가 자녀를 존중하는 태도를 갖고 자녀의 흥미 또는 관심이나 학교생활에 대해 많은 대화를 나누면 자녀의 학업성취를 높일 수 있을 뿐만 아니라 효과적인 진로지도자로서의 역할을 할 수 있다(백은경, 이응택, 이은경, 2018). 부모는 자녀의 적성과 희망을 존중하여 적절한 진로지도를 해야 하며 직업세계의 변화 경향과 추세에 대한 정보를 습득하거나 타인의 도움을 구하여 자녀에게 도움이 되도록 해야 할 것이다.

생각해 봅시다

1. 자녀의 건강한 성장발달을 위해 바람직한 양육태도는 어떤 것일지 생각해 봅시다.
2. 자녀의 발달단계에 따라 부모가 수행하는 역할이 어떻게 변화하는지 생각해 봅시다.
3. 부모는 자녀의 발달단계에 적절한 부모역할을 수행하기 위해 어떤 노력을 해야 할지 생각해 봅시다.

Parent Education

chapter 06

가족 유형별 부모역할

01 맞벌이가족의 부모역할

02 한부모가족의 부모역할

03 재혼가족의 부모역할

04 다문화가족의 부모역할

05 조손가족의 부모역할

06 분거가족의 부모역할

CHAPTER 06

가족 유형별 부모역할

학습목표

- 각 가족 유형의 배경과 현황에 대해 살펴본다.
- 각 가족 유형의 특징과 부모역할 수행에 대한 요구를 살펴본다.
- 각 가족 유형의 부모역할 수행을 지원할 수 있는 방안을 살펴본다.

현대사회의 변화가 복합적으로 작용하여 가족형태의 다양화 현상이 나타나고 있다. 여성의 경제활동참여 증가로 맞벌이가족이 늘어났고, 가치관의 변화에 따른 가족해체로 한부모가족, 재혼가족과 조손가족도 지속적으로 증가하고 있으며, 국제결혼 등을 통한 다문화가족, 자녀교육과 직장 등으로 인한 분거가족 등이 또 다른 가족 유형으로 나타나고 있다. 이와 같이 전통적인 가족 유형에서 벗어나 다양한 형태의 가족이 공존한다는 것은 사회가 한 가지 유형의 가족만을 규범적이라고 정의할 수 없다는 것을 의미하며 이러한 가족의 형태 및 기능의 변화는 사회 변화와 함께 미래에도 계속 일어날 것이라고 전망한다. 각 가족 유형은 가족구조 및 기능이 다르기 때문에 가족이 직면하는 어려움이나 요구 등도 상이하고 부모가 수행해야 하는 역할도 다르다. 따라서 이 장에서는 현대사회의 가족 유형으로 맞벌이가족, 한부모가족, 재혼가족, 다문화가족, 조손가족, 분거가족을 제시하고 각 가족 유형의 특성에 따른 부모역할에 대해 살펴보고자 한다.

1. 맞벌이가족의 부모역할

1) 맞벌이가족의 현황

맞벌이가족은 부모 모두 직업을 가지고 있는 가족이다. 2016년 기준 우리나라 전체 가구 중 맞벌이가구의 비율은 44.9%이다(그림 6-1 참조). 맞벌이가족은 여성의 경제활동참여가 증가하면서 출현하게 된 가족형태로서 오늘날 우리나라의 보편적인 가족 유형으로 자리 잡고 있다. 초기에는 대부분 경제적인 이유로 맞벌이를 시작하였지만 1980년대 이후부터는 여성의 삶의 질 향상과 교육기회 확대 등으로 자신의 직업분야에 헌신하며 자아실현을 목적으로 맞벌이를 선택하는 경향이 늘어나고 있다.

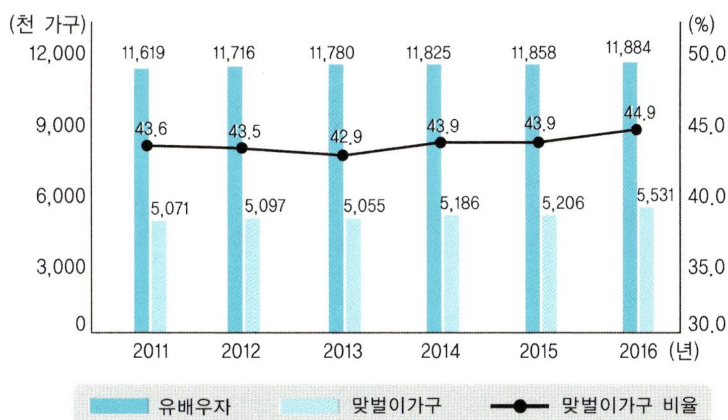

그림 6-1 맞벌이가족의 비율

출처: 통계청(2017b). 2017 일·가정 양립지표.

혼인상태에 따른 남녀의 취업률을 비교해 보면, 미혼인 상태에서는 남녀 취업률이 비슷하지만 결혼을 한 경우는 남성이 여성보다 취업률이 29.2% 정도 더 높게 나타났다. 그리고 자녀의 연령별 부모의 취업률을 살펴보면, 남성은 자녀의 연령에 상관없이 95% 내외 수준을 보이는 반면, 여성의 취업자 비율은 자녀가 어릴 때는 상대적으로 낮은 수준을 보이다가 자녀의 연령이 증가할수록 그 비율이 증가하였다(그림 6-2, 그림 6-3 참조). 이것은 여성의 교육수준 향상과 자아실현 욕구 증대에도 불구하고 여전히 자녀의 출산과 양육이 여성의 경제활동 유지에 상당한 부담으로 작용하고 있음을 알 수 있으며, 맞벌이가족은 자녀양육에 있어서 큰 어려움을 갖고 있으며 특히, 맞벌이가족의 아내가 더욱 큰 부담을 안고 있다는 것을 알 수 있다.

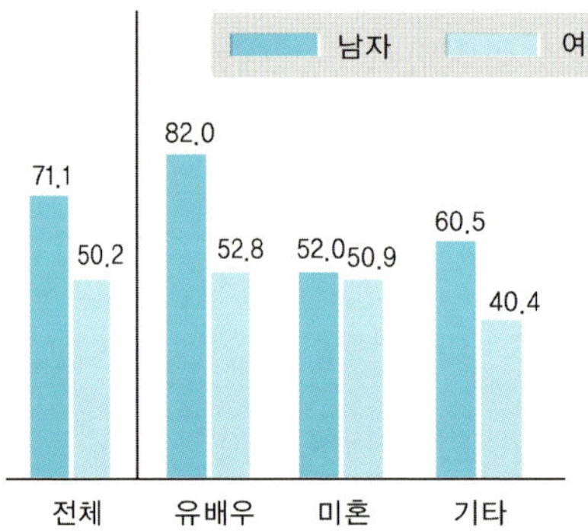

그림 6-2 혼인상태별 남녀취업률

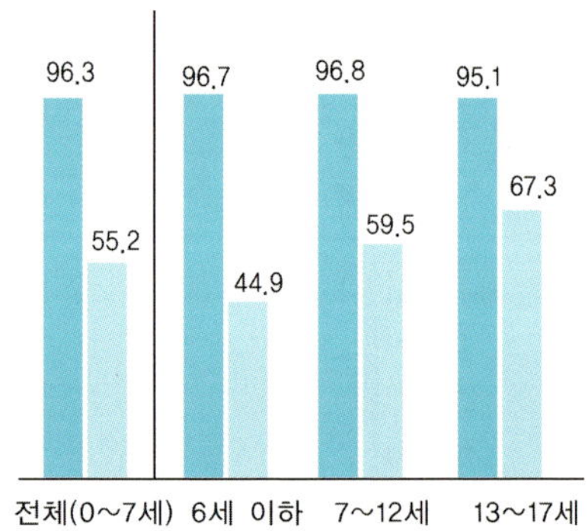

그림 6-3 자녀연령별 남녀취업률

출처: 통계청(2017b). 2017 일·가정 양립지표.

자녀의 돌봄서비스 이용 현황에서도 취업모는 비취업모보다 어린이집, 놀이방을 더 많이 이용하고 있으며 자녀를 돌보기 위해 부모 자신 이외에 조부모나 지인의 지원을 받고 있다는 것을 알 수 있다. 반면, 비취업모는 부모자신이 자녀를 돌보는 비율이 가장 높다(표 6-1 참조).

표 6-1 영유아기(0-5세) 모의 취업상태에 따른 돌봄형태별 이용률 (단위: %)

	부모	조부모	어린이집·놀이방	가사도우미, 이웃
취업모	31.4	21.4	51.5	3.1
비취업모	76.0	2.7	34.1	0.4

출처: 통계청(2017e). 생애주기별 주요 특성 분석.

맞벌이가족의 가사노동시간은 아내가 남편보다 하루당 2시간 이상 더 많았고, 맞벌이가족 남편의 노동시간은 비맞벌이가족 남편의 가사노동시간과 비슷한 수준이므로 맞벌이가족에서 가사나 자녀양육 등의 역할을 대부분 아내가 수행하는 것으로 나타났다(표 6-2 참조). 그러므로 맞벌이가족의 아내는 직장에서의 역할과 가사 및 자녀양육의 가정생활에서의 역할의 이중 역할을 수행해야 하는 부담을 가지며 역할과중으로 인한 스트레스를 경험할 수 있다. 그리고 맞벌이가족의 여성은 전업주부에 비해서 자녀양육을 위한 시간이 절대적으로 부족하여 부모역할 수행에 큰 어려움을 겪을 수 있다.

표 6-2 맞벌이부부와 비맞벌이부부의 가사노동시간 (단위: 시간:분)

	2004				2009				2014			
	맞벌이		비맞벌이		맞벌이		비맞벌이		맞벌이		비맞벌이	
	남자	여자	남자	여자	남자	여자	남자	여자	남자	여자	남자	여자
가정관리	0:20	2:47	0:15	4:19	0:24	2:38	0:19	4:11	0:26	2:35	0:25	4:14
가족 돌보기	0:12	0:41	0:16	2:06	0:13	0:42	0:20	2:07	0:14	0:39	0:22	2:02
전체	0:32	3:28	0:31	6:25	0:37	3:20	0:39	6:18	0:40	3:14	0:47	6:16

출처: 통계청(2016b). 2016 일·가정 양립 지표.

맞벌이가족이 직면하는 가장 큰 문제는 자녀양육으로써 자녀가 어린 경우에는 자녀양육을 위해 직업적 활동을 중단하거나 육아휴직을 신청하기도 한다. 심지어 맞벌이가족은 자녀양육의 어려움을 예측하여 맞벌이를 하되 자녀를 낳지 않는 딩크족 부부(Double Income No Kids: DINK)를 선택하거나 한 명의 자녀만을 두는 부부(Double Income One Kid: DIOK)를 선택하기도 한다. 이러한 부부 유형은 저출산현상을 더욱 가속화시킨다.

2) 맞벌이가족의 부모역할

맞벌이가족의 부모는 사회활동을 통해 심리사회적 보상과 함께 경제적 복지감과 자아실현의 기회 획득 등과 같은 이로운 점을 가진다. 그러나 직장과 가정에서의 두 역할을 동시에 수행하면서 시간압박, 역할긴장, 역할과중 등으로 스트레스를 경험한다. 특히, 현대사회에서 요구하는 새로운 성역할 및 가족가치관의 변화에 적응해야 하므로 양육에 대한 부담과 역할 갈등을 갖게 된다.

맞벌이가족은 자녀양육에서 가장 큰 위기를 느낀다. 직장에서 일을 해야 하는 부모는 자녀와 함께하는 시간이 절대적으로 부족하여 자녀를 충분히 보살피지 못한다는 죄책감과 불안감을 가질 수 있다. 이러한 불안감과 죄책감 때문에 자녀의 요구를 모두 수용해주거나 물질적으로 보상하기도 하며 적절한 통제를 하지 못하는 등의 부정적인 양육을 할 수 있다. 지나친 죄책감 및 과잉보호는 자녀로 하여금 부모의 상황을 잘못 인식하고 부모의 취업에 대해 그릇된 개념을 형성할 수 있으며 정서적으로 불안하거나 사회성이나 활동성이 떨어지기도 한다. 반면, 자녀와 상호작용할 시간이 충분하지 않더라도 질적인 상호작용을 통해 자녀로 하여금 독립심을 고취시키고, 자녀가 자율적으로 행동하도록 하는 등의 긍정적인 결과를 가져올 수도 있다. 그러므로 어머니의 취업이 자녀의 발달에 미치는 영향은 어머니의 자녀양육에 대한 태도와 자녀와의 상호작용에 따라 달라질 수 있다. 어머니가 자신의 직업에 대해 가치 있게 여기고 어머니로서의 역할에 대해서도 긍정적인 태도를 갖는다면 자녀에게도 긍정적 영향을 미칠 수 있다.

맞벌이가족의 부모, 특히 아내는 직장과 가정에서의 이중역할 수행에 대한 부담을 갖게 되는 경우가 많다. 맞벌이가족의 아내는 역할과중으로 항상 신체적으로 피곤함을 느끼고 심리적 스트레스를 경험하여 삶의 질의 저하를 이끌 수 있다. 그러므로 맞벌이가족은 어떤 가족보다 아버지의 가사 및 양육의 지원이 요구된다. 맞벌이가족의 남편 중에는 아내의 경제활동으로 인해 가족경제에 도움이 된다는 것만 생각할 뿐 가사 및 자녀양육에 대한 역할을 담당해야 한다는 것에 대해서는 부담스러워 하는 경우가 많다. 맞벌이가족의 남편은 아내의 직업을 인정해주고 가사를 분담하며 자녀양육에도 공동책임자로서의 역할을 수행해야 한다. 아버지의 자녀양육 참여는 자녀의 발달뿐만 아니라 어머니의 결혼생활 만족도에도 긍정적인 영향을 미치는 중요한 요인이다(정옥분, 정순화, 2010, pp. 206-210).

부모가 직장에서 근무하고 있는 시간 동안 자녀를 돌봐줄 수 있는 양육기관이나 대리양육자의 문제가 맞벌이가족에게 있어서 매우 중요한 양육요인이다. 맞벌이가족은 자녀에게 양질의 돌봄을 제공할 수 있는 대리양육자에 대한 요구가 큰데 자녀가 어릴수록 조부모나 친척이 대리양육자의 역할을 수행하는 경우가 많다. 대리양육자 및 기관의 양육신념이 부모의 양육신념과 일치하는지에 대한 양육의 일관성 문제, 대리양육자의 잦은 교체와 공백 등이 자녀의 양육환경을 위협하는 요소가 되며 부모의 양육 스트레스를 가중시킨다.

맞벌이가족의 자녀양육 문제는 개인의 문제가 아니라 사회적 문제로서 국가적 차원에서 적극적으로 해결해야 한다. 맞벌이가족의 부모역할 수행을 위해 양질의 보육시설 확충과 육아휴직제도의 활성화 및 일과 가정의 양립을 위한 직장생활의 개선이 필요하다. 이에 여성가족부(2016)는 제3차 건강가정기본계획에서 일·가정 양립이 가능한 사회환경 마련을 위한 실천방향을 제시하고 있다. 또한 유아교육·보육기관에서는 부모역할 수행과 양육기술 등에 대한 정보를 제공해주기 위한 맞춤형 부모교육 프로그램을 개발하여 실시해야 한다.

2. 한부모가족의 부모역할

1) 한부모가족의 현황

한부모가족은 부모 중 한쪽의 사망, 이혼, 유기, 미혼부·모 등으로 인해 양친 중의 한 명과 보호를 필요로 하는 미혼자녀로 구성된 가족이다. 한부모가족은 기혼과 미혼가족을 모두 포함하며, 결합형태에 따라 모자가족과 부자가족으로 구분한다. 한부모가족은 매년 증가하여 전체 가구 중 9.6%에 해당하므로 한부모가족

표 6-3 연도별 한부모가족 수와 비율 (단위: 천, %)

연도	전체 가족 수	한부모가족 수	한부모가족 유형	
			모자가족	부자가족
2005	15,887	1,370(8.6)	1,083(79.1)	287(20.9)
2010	17,339	1,594(9.2)	1,247(78.2)	347(21.8)
2011	17,687	1,639(9.3)	1,278(77.9)	361(22.1)
2012	17,951	1,677(9.3)	1,304(77.8)	373(22.2)
2013	18,206	1,714(9.4)	1,329(77.5)	385(22.5)
2014	18,457	1,749(9.4)	1,352(77.3)	397(22.7)
2015	18,705	1,783(9.5)	1,374(77.1)	409(22.9)
2016	18,948	1,816(9.6)	1,395(76.8)	421(23.2)

출처: 여성가족부(2017). 2017 한부모가족지원사업.

은 우리 사회에서 더 이상 특수한 가족 유형이 아니라는 것을 알 수 있다. 한부모가족 중 모자가족이 부자가족의 3.3배로 현저하게 많은 것으로 나타나고 있으나 모자가구는 감소하고 있는 반면, 부자가구는 매년 증가하고 있다(표 6-3 참조). 과거에는 한부모가족이 사별에 의한 형성이 현저하게 많았으나 최근에는 이혼(77.1%), 사별(15.8%) 등이 주요 원인이며 이외에도 미혼부·모로 인한 한부모가족이 증가하고 있는 추세이다(여성가족부, 2015).

한부모가족의 한부모는 대부분(87.4%) 경제활동에 참여하고 있으나 한부모가족의 월평균 소득수준은 가구의 소득 대비 48.7% 정도로 소득수준이 낮은 것으로 나타났다(표 6-4 참조).

표 6-4 한부모의 월평균 소득 (단위: 만원, %)

연도	한부모 평균 소득	전체 가구 평균 소득	전체 가구 소득 대비 한부모 소득 비율
2012	172.4	352.8	48.9
2015	189.6	389.7	48.7

출처: 여성가족부(2015). 2015 한부모가족실태조사.

경제활동에 참여하고 있는 한부모 중 48.2%가 10시간 이상 근무하고 있었으며 주5일제 근무하는 한부모는 29.8%에 불과하다. 이러한 상황은 한부모가족의 자녀양육을 더욱 힘들게 하는 요인이 되고 있다. 장시간 직장 일을 해야 하는 한부모는 자녀와 함께 할 시간이 부족하다고 보고하고 있다. 한부모가족은 하루 4~5시간을 가사와 자녀양육에 사용하고 있는데 여성한부모는 5시간 30분, 남성한부모는 4시간 6분을 사용하고 있고, 남성한부모는 맞벌이가족 남편보다 6배의 시간을 가사와 자녀양육에 할애하고 있다(여성가족부, 2015).

한편, 한부모가족은 영유아자녀를 돌보기 위해서 보육시설이나 유치원 등 주로 기관(88%)을 이용하고 있는데 이것은 전체 가족의 이용비율(56%)보다 훨씬 높은 비율이다. 초등학생 자녀를 돌보기 위해서는 초등돌봄교실이나 방과후 교실 그리고 학원을 많이 이용하고 있다(그림 6-4, 그림 6-5 참조).

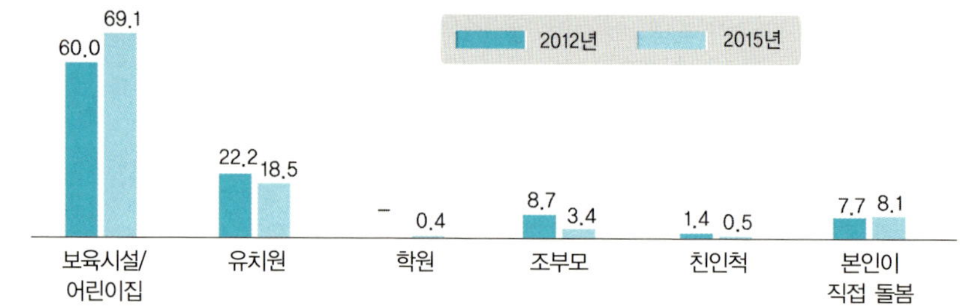

그림 6-4 한부모가족 미취학자녀 돌봄 유형

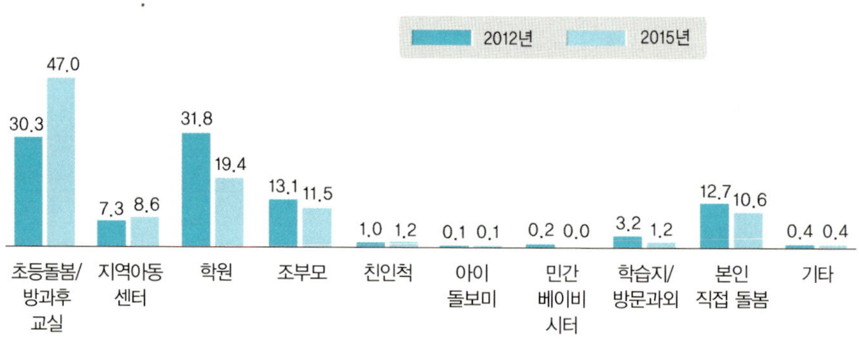

그림 6-5 한부모가족 초등학생자녀 돌봄 유형

출처: 여성가족부(2015). 2015 한부모가족실태조사.

2) 한부모가족의 부모역할

한부모가족이 경험하게 되는 문제나 어려움은 한부모가족이 된 직접적인 원인(예: 이혼, 사별, 미혼부·모 등)에 따라 다를 수 있으나 대부분의 한부모가족이 공통적으로 직면하게 되는 문제는 다음과 같다.

첫째, 한부모가족이 가장 심각하게 경험하는 어려움은 경제적 문제이다. 일반적으로 모자가족이 부자가족보다 더욱 큰 경제적 어려움을 경험한다. 모자가족은 여성의 취업기회의 제한과 임금차별을 경험하게 되고 비양육부모의 양육비 지원에 대한 법적 규정이 미비하고 국가의 특별한 지원이 없는 상태로 인해 더욱 경제적인 어려움을 겪게 된다. 부자가족도 아버지의 저학력과 저소득으로 빈곤상태인 경우가 많다. 그리고 아버지가 자녀양육과 가사 등의 역할을 담당하면서 직업선택 기회가 제한되며 이것은 경제적 상황의 악화를 이끌 수 있다. 결과적으로, 한부모가족의 소득수준은 매우 낮으며 이로 인해 자녀양육에도 어려움을 가져오게 된다.

둘째, 자녀양육의 문제이다. 한부모는 다른 한 쪽의 부모 없이 혼자서 자녀양육을 담당하기 때문에 많은 어려움에 직면하게 되는데, 자녀의 훈육, 교육, 어린 자녀의 돌봄, 자녀와의 의사소통, 자녀의 교우관계 등 자녀양육의 전반에서 어려움을 느낀다. 그리고 대부분의 한부모가 경제활동을 하고 있어서 자녀와 공유할 수 있는 시간이 절대적으로 부족하고 이로 인해 죄의식과 스트레스를 느낄 수 있다. 그리고 한쪽 부모의 부재로 인해 자녀는 동일시 대상이 없어서 역할 모델링 또는 정체감 형성에서 어려움을 보이기도 하는 반면, 오히려 자녀가 성역할에서 융통성을 발현하기도 한다. 특히 부자가족은 어머니가 주로 담당하던 애정 표현의 기회가 박탈되어 자녀가 타인과의 긴밀한 관계를 형성하는 데 어려움을 가질 수도 있다.

셋째, 한부모의 역할과중의 문제이다. 한부모는 경제적 역할과 함께 가사노동이나 자녀양육 등의 가정생활 역할을 혼자서 모두 감당하게 되므로 역할과중으로 인한 역할긴장을 경험하게 되고 이로 인해 무기력 상태에 빠지거나 스스로 고립감을 느끼기도 한다. 특히 저소득층 한부모가족의 부모는 많은 업무와 긴 근무시간 등의 열악한 직장환경으로 일상적인 피로에 시달리게 되어 자녀를 양육하거나 감독하는 능력이 손상될 수 있다(김지현 외, 2015, pp. 235-236).

넷째, 사회심리적 문제이다. 한부모가족의 부모는 배우자 부재로 인한 상실감, 우울, 분노, 전 배우자에 대한 애착 등의 불안정한 심리적 상태인 채로 가족 내 역할 및 지위 변화에 적응해야 하므로 심리적 압박감을 경험하며 과도한 스트레스나 무력감을 느낄 수 있다. 심리적 문제를 갖고 있는 부모는 가족내 긴장 및 갈등을 일으켜서 자녀를 감정적으로 대하거나 보호와 감독을 소홀히 하여 자녀발달에 부정적 영향을 미칠 수 있다(Fine, Donnelly, & Voydanoff, 1986). 특히, 한부모가족의 자녀 또한 한쪽 부모의 상실로 인한 심리적, 정서적 문제를 경험하기도 한다. 이와 함께 사회가 갖는 한부모가족에 대한 편견과 부정적 인식을 경험하면서 사회적 적응에도 어려움을 가지며 고립감을 느낄 수 있다. 아직도 우리 사회에는 양쪽 부모와 함께 생활하는 가족을 정상가족, 규범적 가족으로, 한부모가족을 결손가족으로 간주하는 사회적 편견이 존재하고 있는데 이러한 사회적 편견은 한부모가족 내의 부모와 자녀 모두에게 부정적 영향을 미친다.

특히, 이혼으로 인해 형성된 한부모가족은 부모와 자녀 모두에게 심리적 충격과 경제적, 사회적 불균형을 초래하며 부모-자녀관계와 각자의 역할에 변화를 가져옴으로써 어려움을 더욱 가중시킨다. 부모는 상대 배우자에 대한 원망과 적대감을 갖는 경향이 있으며 자녀는 한쪽 부모의 상실로 인해 분노, 좌절, 우울, 고립감 등 다양하고 복합적인 심리적, 정서적 문제를 경험하기도 한다. 이러한 어려움을 극복하기 위해 한부모나 자녀 모두 자신의 역할과 상황을 수용하면서 부모-자녀관계를 긍정적으로 유지하도록 노력하고, 사회적 지원망을 활용하여 효과적으로 재적응하고자 노력해야 한다. 혼인상태가 아닌 여성이 자녀를 출산하여 형성된 미혼모가족인 경우에는 가족이나 주변으로부터 도움을 받지 못하고 혼자서 자녀양육을 감당하는 경우가 많으므로 과중한 역할 부담으로 어려움을 겪고 있으며 경제적인 부담도 안고 있다.

이와 같이 한부모가족은 경제적 위험, 역할과중, 사회심리적 문제 등을 복합적으로 경험할 가능성이 높아서 가족구성원의 삶의 질을 저해할 수 있다. 그러므로 한부모가족은 한쪽 부모의 부재로 인한 가족생활에서의 변화와 재적응이 필요하다(정계숙 외, 2012, p. 146).

한부모가족이 경험하는 어려움을 극복하고 부모역할을 잘 수행할 수 있도록 지원하기 위한 대책과 지원이 요구된다. 우선, 한부모가족 특히 저소득층 한부모가족의 경제적 환경 개선을 위한 관심과 지원이 필요하다. 저소득층 한부모가족에 대한 복지자금의 증액 및 보호대상의 확대, 직업교육 및 훈련, 고용지원, 양육비 및 교육비 지원 확대 등의 적극적 지원 정책이 필요하다. 그리고 저소득층 한부모가족의 영유아자녀의 양육을 위해 다양한 보육 및 교육 프로그램이 지원되어야 하며, 초등학생 자녀의 돌봄을 위해서는 다양한 방과후 프로그램이 활성화되어야 한다. 그리고 한부모가족의 특성을 반영한 한부모 교육 프로그램이 개발되고 실시되어야 할 것이다. 남성한부모 또는 여성한부모를 위한 부모교육 프로그램, 이혼가족의 가족관계 증진을 위한 상담 및 교육 프로그램 등 한부모가족의 다양한 요구를 반영한 프로그램이 전문화되어야 할 것이다.

3. 재혼가족의 부모역할

1) 재혼가족의 현황

재혼가족은 자녀의 유무에 관계없이 최소한 한쪽 배우자가 초혼이 아닌 성인 남녀의 재결합에 의한 가족형태로서 혼합가족, 계부모가족, 재결합가족, 재구성가족 등으로도 불린다. 우리나라의 혼인건수는 감소하고 있는 가운데 이혼과 재혼의 비율은 증가하여 2017년 기준 재혼은 전체 혼인의 21.9%를 차지하였으며 1990년 10.7%에 비해 상당히 증가한 것을 알 수 있다. 재혼형태는 재혼남성과 재혼여성의 재혼이 53.7%, 초혼남성과 재혼여성의 재혼이 28.1%, 재혼남성과 초혼여성의 재혼이 18.2%이며 1995년을 기점으로 재혼남성과 초혼여성의 재혼보다 초혼남성과 재혼여성의 재혼 비율이 더 높다(표 6-5 참조).

과거에는 사별로 인한 재혼가족이 주를 이루었지만 이혼이 증가함에 따라 전혼관계를 종결하고 재혼하는 경우가 증가하여 전체 2012년 기준 남성은 재혼의 93.5%, 여성은 92.6%가 이혼 후 재혼하는 형태이었다(표 6-6 참조). 이것은 재혼 이전의 가족관계를 포함하면서 재혼가족이 형성되므로 가족생활 적응과 자녀양육의 어려움을 가져올 수 있다. 재혼을 선택하는 동기는 경제적 안정, 자녀양육의 공동해결, 외로움 등으로 다양하지만 현실에 대해 과도한 기대를 가지고 재혼을 하는 경우, 더욱 어려움을 가질 수 있으므로 현실적인 인식을 바탕으로 기대수준을 조정하는 것이 바람직하다.

표 6-5 연도별 혼인과 이혼 및 재혼건수 (단위: 건, %)

연도	총 혼인건수	총 이혼건수	총 재혼건수	재혼 형태별 구성비		
				초혼(남)+재혼(여)	재혼(남)+초혼(여)	재혼(남)+재혼(여)
1990	399,312	45,694	42,663	21.8	34.0	44.2
1995	398,484	68,279	53,999	26.2	26.1	47.7
2000	332,090	119,455	59,639	27.2	19.2	53.5
2005	314,304	128,035	79,942	25.3	16.4	58.3
2010	326,104	116,858	71,369	25.6	19.5	54.9
2015	302,828	109,153	64,453	28.0	18.1	53.9
2016	281,635	107,328	60,108	27.9	18.5	53.5
2017	264,455	106,032	58,030	28.1	18.2	53.7

출처: 통계청(2018a). 2017 한국의 사회지표.

표 6-6 이혼과 사별 후 재혼 구성비 (단위: %)

구분		1993	1995	1997	1999	2001	2003	2005	2007	2009	2011	2012
성별	재혼종류											
남자	사별후 재혼	19.4	16.5	13.7	12.3	10.7	9.3	8.2	7.9	8.0	6.8	6.5
	이혼후 재혼	80.6	83.5	86.3	87.7	89.3	90.7	91.8	92.1	92.0	93.2	93.5
여자	사별후 재혼	17.6	15.3	14.1	11.7	11.3	10.8	9.3	8.5	8.5	7.5	7.4
	이혼후 재혼	82.4	84.7	85.9	88.3	88.7	89.2	90.7	91.5	91.5	92.5	92.6

출처: 통계청(2013b). 우리나의 이혼 재혼 현황.

2) 재혼가족의 부모역할

재혼가족은 가족구조, 가족구성원의 정서, 가족관계 등에서 초혼가족과 다른 특성을 보이는데 이것이 재혼가족의 적응을 어렵게 만드는 요인이 된다. 재혼가족은 사별이나 이혼을 거친 후 새롭게 형성된 가족이므로 가족구성원들이 분노, 외로움, 죄의식, 수치심 등의 심리적 문제를 가진 채 새로운 가족관계에 적응해야 하는 경우가 많다. 그러나 재혼을 통해 심리적 문제들이 모두 사라지고 행복과 화목해질 수 있다는 비현실적인 기대를 하기보다 가족구성원이 서로의 심리상태를 이해하려는 적극적 노력을 하고 가족갈등 및 위기에 대처할 수 있도록 교육의 기회도 갖도록 한다.

재혼가족은 초혼가족보다 복잡한 가족관계를 이루게 된다. 재혼가족은 초혼가족과 달리 친부모-친자녀와의 관계뿐만 아니라 계부모와 계자녀의 관계도 포함하고 의붓형제와의 관계도 형성되게 된다. 더불어, 전 배우자, 그리고 친인척의 관계까지도 새로운 재혼가족관계에 영향을 미쳐서 관계가 복잡하고 경계가 분명하지 않을 수도 있기 때문에 통합의 갈등을 일으킬 수 있다. 그러므로 재혼가족은 이전의 가족으로 인한 감정을 정리하고 가족경계의 재정립을 위해 노력해야 한다.

그리고 재혼가족에 대한 규범체계의 부재로 이상적인 계부모의 역할을 규정할 수 없어서 부모역할 수행이 어려울 수 있다. 그러나 부모역할 수행이 재혼가족 적응을 가장 잘 예언하는 요인이므로 부모는 효과적인 역할수행을 위해 노력해야 한다. 그러나 일부 계부모는 지나치게 완벽한 부모역할을 수행하려하며 조급하게 계자녀와 친밀한 관계를 형성하려고 해서 오히려 관계를 더욱 악화시키기도 한다. 그러므로 충분한 시간을 두고 자연스럽게 신뢰로운 관계를 형성해야 한다(Hetherington, 1992).

특히 자녀는 같이 살고 있지 않은 친부모에 대한 충성심의 갈등, 계부나 계모와의 적응 등으로 심리적 갈등을 겪는 경우가 많다. 이로 인해 정체성 혼란 또는 대인관계에서도 어려움을 보일 수 있고 비행이나 가출, 일탈 등의 행동적인 문제로도 이어질 수 있다. 그러므로 재혼가족의 부모는 자녀의 상실감을 이해해주고 긍정적으로 수용해주며 친부모와의 관계도 인정해주는 한편, 자녀들에 대해 비현실적인 기대를 갖지 않도록 해야 한다. 무엇보다 재혼가족의 부모는 부부간의 유대감을 높이고 배우자와의 관계를 강화시키면서 자녀양육에 함께 참여하여야 하는데 이때 신뢰를 바탕으로 한 대화를 통해 합의를 이루고자 노력하여야 한다.

재혼가족에서의 부모역할을 더욱 힘들게 만드는 요인은 사회의 재혼가족에 대한 선입견이나 부정적인 시선의 문제이다(양진희, 2012). 이와 같이 재혼가족의 자녀양육에 대한 심리적 부담은 개인과 가족 내의 원인도 있지만 사회적 인식에서도 비롯되므로(이남순, 2015) 재혼가족을 비롯한 다양한 가족 유형에 대한 인식을 개선할 수 있도록 사회적 차원의 관심과 배려가 필요하다. 이를 위해 교육과정 내용에 가족의 다양성을 강조하는 내용을 포함할 수 있다. 또 재혼을 준비하는 과정이나 재혼가족 생활에서 경험하는 가족관계나 자녀양육과정에서의 어려움에 잘 대처할 수 있도록 도와주는 교육 프로그램 및 상담 프로그램이 요구된다. 재혼가족의 지지집단 형성을 도와 서로 정보를 교환하고 재혼가족이 경험하는 감정을 공유할 수 있도록 해주는 것도 필요하다.

4. 다문화가족의 부모역할

1) 다문화가족의 현황

다문화가족은 사회・문화적 배경이 다른 사람의 결합으로 구성된 가족형태로서 국제결혼, 즉 한국인과 외국인이 결혼하여 구성한 가족을 일컫는다. 전국의 다문화가족은 31.6만 가구(가구원 96만 명)으로 전체 가구 중 1.6%(가구원 1.9%)를 차지하고 있다(여성가족부, 2018a). 국제화시대를 맞이하여 다양한 국가와 문화 간 교류가 활발해졌고, 외국인 연수생의 유입과 한류문화로 인한 외국인의 국내 유입 그리고 농촌에서의 결혼문제 해결 등을 이유로 많은 외국인이 우리나라에 거주하게 되었고 국제결혼도 증가하여 다문화가족 형성이 빈번하게 일어나게 되었다.

국제결혼은 다문화가족을 형성하는 주된 원인으로 총 혼인건수에 대한 외국인과의 혼인건수 비율이 2005년 13.5%를 기록한 이후 9~11% 수준을 꾸준히 유지하다가 다소 감소하여 2017년 기준 총 혼인건수의 7.9%를 차지하였다. 국제결혼의 유형은 외국인 아내와의 혼인(5.6%)이 외국인 남편과의 혼인(2.3%)보다 두 배 이상 많으나 외국인 아내와의 혼인은 빠르게 감소하였다(표 6-7 참조). 그 중 외국인 아내의 국적은 베트남(36.1%), 중국(26.1%), 태국(6.8%) 순으로 많았는데 필리핀 국적이 상대적으로 감소하고 태국 국적이 증가하였다. 외국인 남편 국적은 중국(25.5%), 미국(23.3%), 베트남(9.8%) 순으로 많았다(표 6-8 참조).

한편, 국제결혼으로 인한 다문화가족의 증가와 더불어 다문화가족의 이혼도 빈번하게 발생하고 있는데 최근에는 감소추세이지만 총 이혼건수의 6.7% 정도를 차지하고 있다(표 6-9 참조). 이혼 또한 외국인 아내와의 이혼이 가장 많이(4.6%) 발생하고 있으며 다문화가족에서의 이혼은 다문화가족의 자녀양육에 위협적인 요소가 되고 있다.

표 6-7 연도별 외국인과의 혼인

(단위 : 천 건, %)

구분		2007	2008	2009	2010	2011	2012	2013	2014	2015	2016	2017
총 혼인건수		343.6	327.7	309.8	326.1	329.1	327.1	322.8	305.5	302.8	281.6	264.5(100.0)
외국인과의 혼인		37.6	36.2	33.3	34.2	29.8	28.3	26.0	23.3	21.3	20.6	20.8(7.9)
	한국남자+외국여자	28.6	28.2	25.1	26.3	22.3	20.6	18.3	16.2	14.7	14.8	14.9(5.6)
	한국여자+외국남자	9.0	8.0	8.2	8.0	7.5	7.7	7.7	7.2	6.6	5.8	6.0(2.3)

출처: 통계청(2018c). 2017년 혼인·이혼 통계.

표 6-8 연도와 국적별 외국인과의 혼인

(단위: 건, %)

국적	2007	2008	2009	2010	2011	2012	2013	2014	2015	2016	2017
외국인 아내	28,580	28,163	25,142	26,274	22,265	20,637	18,307	16,152	14,677	14,822	14,869(100.0)
베트남	6,610	8,282	7,249	9,623	7,636	6,586	5,770	4,743	4,651	5,377	5,364(36.1)
중국	14,484	13,203	11,364	9,623	7,549	7,036	6,058	5,485	4,545	4,198	3,880(26.1)
태국	524	633	496	438	354	323	291	439	543	720	1,017(6.8)
일본	1,206	1,162	1,140	1,193	1,124	1,309	1,218	1,345	1,030	838	843(5.7)
필리핀	1,497	1,857	1,643	1,906	2,072	2,216	1,692	1,130	1,006	864	842(5.7)
미국	376	344	416	428	507	526	637	636	577	570	541(3.6)
캄보디아	1,804	659	851	1,205	961	525	735	564	524	466	480(3.2)
기타	2,079	2,023	1,983	1,858	2,062	2,116	1,906	1,810	1,801	1,789	1,902(12.8)
외국인 남편	8,980	8,041	8,158	7,961	7,497	7,688	7,656	7,164	6,597	5,769	5,966(100.0)
중국	2,486	2,101	2,617	2,293	1,869	1,997	1,727	1,579	1,434	1,463	1,523(25.5)
미국	1,334	1,347	1,312	1,516	1,632	1,593	1,755	1,748	1,612	1,377	1,392(23.3)
베트남	61	61	49	67	93	180	279	283	432	565	586(9.8)
캐나다	374	371	332	403	448	505	475	481	465	398	436(7.3)
일본	3,349	2,743	2,422	2,090	1,709	1,582	1,366	1,176	808	381	311(5.2)
호주	158	164	159	194	216	220	308	249	254	197	203(3.4)
기타	1,218	1,254	1,267	1,398	1,530	1,611	1,746	1,648	1,592	1,388	1,515(25.4)

출처: 통계청(2018c). 2017년 혼인·이혼 통계.

표 6-9 연도별 외국인과의 이혼 (단위: 천 건, %)

구분	2007	2008	2009	2010	2011	2012	2013	2014	2015	2016	2017
총 이혼건수	124.1	116.5	124.0	116.9	114.3	114.3	115.3	115.5	109.2	107.3	106.0(100.0)
외국인과의 이혼	8.3	11.0	11.5	11.1	11.5	10.9	10.5	9.8	8.2	7.7	7.1(6.7)
한국남자+외국여자	5.6	7.9	8.2	7.9	8.3	7.9	7.6	7.0	5.7	5.6	5.2(4.9)
한국여자+외국남자	2.7	3.1	3.2	3.2	3.1	3.0	2.9	2.8	2.5	2.1	1.9(1.8)

출처: 통계청(2018c). 2017년 혼인·이혼 통계.

다문화가족을 형성한 부부는 자녀를 출산하는데 2016년 기준 다문화가족 출생아가 전체 출생아 중 4.8%를 차지하였다(그림 6-6 참조). 다문화가족의 자녀 출산으로 다문화가족 자녀 수도 증가하여 다문화가족의 자녀양육과 교육이 주요 관심사로 대두되었다. 특히, 표 6-10에서 알 수 있듯이 다문화가족은 6세 이하의 자녀가 전체 다문화가족 자녀 중 56.4%를 차지하고 있으며 초등학교 자녀의 비율도 증가하고 있으므로 어린 영유아 자녀의 양육과 초등학교 자녀의 교육이 중요한 문제가 되고 있다.

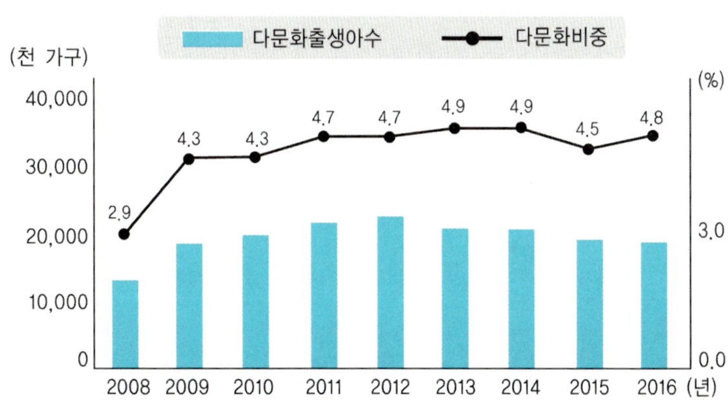

그림 6-6 다문화가족 출생아 수 및 비율 추이

출처: 통계청(2017a). 2016년 다문화 인구동태 통계.

표 6-10 연도별 다문화가족 자녀 현황 (단위: 명, %)

연도	6세 이하	7~12세	13~15세	16~18세	계
2008	33,140(57.1)	18,691(32.2)	3,672(6.3)	2,504(4.3)	58,007
2010	75,776(62.1)	30,587(25.1)	8,688(7.1)	6,884(5.6)	121,935
2012	104,694(62.1)	40,235(23.9)	15,038(8.9)	8,616(5.1)	168,583
2014	121,310(59.4)	49,929(24.5)	19,499(9.5)	13,466(6.6)	204,204
2016	113,506(56.4)	56,768(28.2)	17,453(8.7)	13,606(6.8)	201,333

출처: 여성가족부(2018b). 다문화가족 관련 통계 현황.

2) 다문화가족의 부모역할

다문화가족 부모에게 가장 어려운 문제는 자녀의 사회적응문제와 양육문제이다. 순혈주의에 입각하여 단일민족임을 자랑스럽게 여기고 혈연관계를 중요시하는 한국사회의 분위기는 다문화가족의 새로운 문화에의 적응을 어렵게 하며 자녀의 자아정체성 형성에도 부정적 영향을 미칠 뿐만 아니라 정서적인 어려움도 겪게 한다. 다문화가족은 경제적으로 빈곤한 경우가 많은데 이것이 자녀발달에 불리한 교육환경을 제공하게 되고 다문화가족 자녀의 학교생활부적응 문제(황선영, 고재욱, 2013)로도 이어져 낮은 학업성취도, 대인관계의 어려움, 부정적 자아개념, 자아정체성의 혼란 등을 유발한다.

다문화가족에서 자녀의 양육과 교육을 주로 이주여성인 어머니가 담당하고 있는데, 이주여성은 한국어 구사능력 부족 등으로 자녀와의 의사소통이 수월치 않고 문화적응의 과제도 안고 있기 때문에 부모역할 수행에 많은 어려움이 있다(김갑성, 2006). 따라서, 다문화가족 자녀의 양육과 교육의 문제는 국가사회적 관심이 되었고 이에 중앙정부와 지방자치단체의 다문화가족지원센터를 중심으로 정책적 지원과 다양한 프로그램을 실시하고 있다.

다문화가족의 한국사회 적응과 가족관계 증진 및 부모역할 수행을 지원할 수 있는 좀 더 보편적이면서도 실제적 효과를 가져올 수 있는 프로그램의 지속적인 개발, 운영이 요구된다. 우선, 결혼이주여성의 정서적 안정 및 자립역량 강화를 위해 다양한 가족관계 증진 프로그램, 문제해결 중심의 가족상담체계를 활용할 수 있도록 하며, 한국어교육을 비롯한 자기개발 교육, 직업훈련의 기회도 제공하여야 한다. 자녀양육을 지원하기 위해서는 자녀의 발달주기별 부모교육 및 상담을 위한 방문부모교육 서비스 제공할 수 있으며 다문화가족 학부모를 위한 학교생활 안내 및 진학 및 진로지도를 위한 자료 개발도 필요하다. 그리고 다문화가족 자녀의 문제 및 위기에 대한 맞춤형 서비스 지원도 고려할 수 있다. 더불어, 다문화가족에 대한 사회적 수용성 제고를 위해 사회적 차원에서 인종 및 문화 등에 대한 차별을 개선하고 다문화이해교육도 확대 실시되어야 할 것이다.

5. 조손가족의 부모역할

1) 조손가족의 현황

조손가족은 조부모와 18세 미만의 손자녀로 구성된 가족형태로서 조부모가 부모를 대신하여 부모역할을 수행하는 가족이다. 조손가족은 주로 부모의 사망, 이혼, 가출, 질병, 경제적 파탄 등을 이유로 조부모의 선택의사와 상관없이 손자녀를 양육하게 되며 형성된 가족형태인데 2010년을 전후하여 급증하여 전체 가구 중 약 0.5%가 조손가족을 이루고 있으며 장래가구추계에서도 계속 증가할 것으로 예측하고 있다(표 6-11 참조). 최근 증가하고 있는 이혼도 조손가족 발생의 주요 원인이며, 맞벌이가족의 증가로 일시적 조손가족도 나타나고 있다.

조손가족의 조부모는 손자녀 부모의 이혼이나 재혼, 가출이나 실종, 실직이나 파산 등으로 손자녀를 양육하는데, 그 중 자녀의 이혼 또는 재혼으로 손자녀를 양육하게 되는 경우가 가장 많다(표 6-12 참조). 특히, 이혼을 한 부모는 자녀를 양육하기 어려워하고 저소득층일 경우에는 생계를 위해 일을 해야 하기 때문에 노년의 조부모에게 자녀양육을 위탁하게 되어 조손가족을 형성하게 된다. 조손가족 형성의 원인이 되는 상황들이 나아지기 어렵기 때문에 한번 형성된 조손가족은 장기화되는 경향이 있다(정은지, 2012).

표 6-11 연도별 조손가족 가구 수

연도	1995	2000	2005	2010	2015
가구 수	35,194	45,225	58,101	119,294	113,111

출처: 통계청(2018d). 인구총조사.

표 6-12 조부모의 손자녀양육 이유 (단위: %)

양육 이유	부모의 이혼 및 재혼	부모의 가출 및 실종	부모의 질병 및 사망	부모의 실직 및 파산	부모의 취업	기타	모름/무반응
비율	53.2	14.7	11.4	7.6	6.7	5.4	1.0

출처: 여성가족부(2010). 조손가족 실태조사.

조손가족의 월평균 가구소득은 최저생계비 이하로서 상당히 낮은 소득수준을 보이고 있으며, 특히 농어촌 지역은 더 낮은 수준이어서 지원이 시급하다(표 6-13 참조). 이러한 경제적 상황은 조손가족 조부모의 손자녀양육을 더욱 힘들게 하는 요인이 된다.

▌표 6-13▐ 조손가족 가구소득 (단위: %, 만원)

지역구분	40만원 미만	40~80만원 미만	80만원 이상	무응답	평 균
대도시	19.6	41.5	19.4	19.5	61.9
중소도시	18.9	46.9	17.2	17.1	59.4
농어촌(군)	24.1	43.3	16.2	16.4	55.5
전 체	20.1	44.0	17.9	17.9	59.7

출처: 여성가족부(2010). 조손가족 실태조사.

조손가족의 조부모는 생활하면서 가장 어려운 사항으로 경제적 문제를 뽑았는데 이것은 노동력 약화와 그에 따른 낮은 소득 수준의 상황 때문이다. 한편, 조부모는 손자녀양육과정에서 가장 어려움을 겪는 것은 손자녀양육 및 교육의 경제적 문제라고 하였으며 생활 및 학습지도, 손자녀 장래준비 등에서도 어려움을 갖고 있었다(그림 6-7, 그림 6-8 참조).

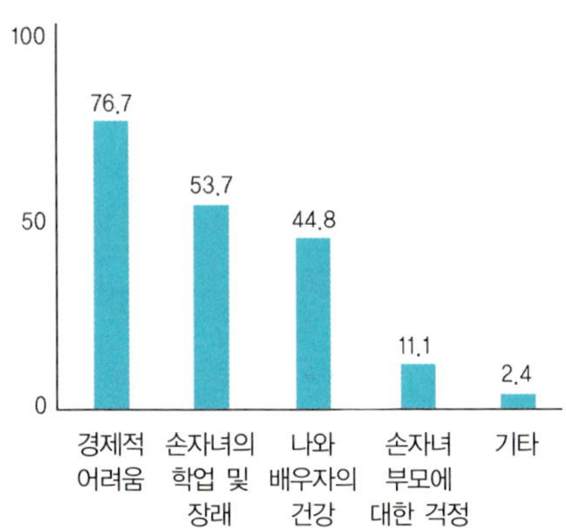

▌그림 6-7▐ 조손가족 생활의 어려움

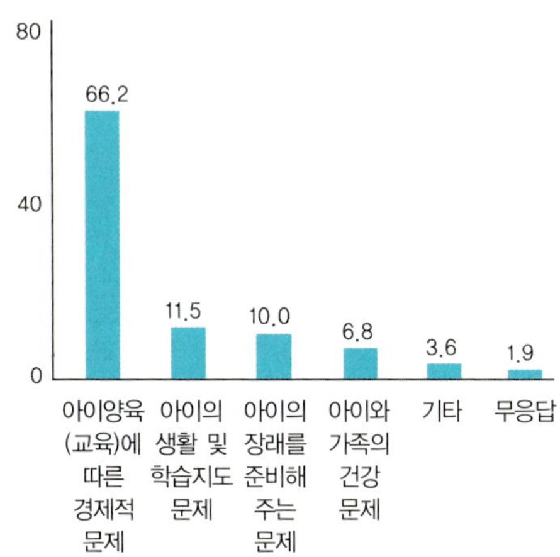

▌그림 6-8▐ 손자녀양육의 어려움

출처: 여성가족부(2010). 조손가족 실태조사.

조손가족의 특징 중 하나는 조부모가 노화과정에 있기 때문에 손자녀를 돌보기에는 건강상태가 좋지 않다는 것이다. 조부모는 자신과 배우자의 건강에 대한 불안과 걱정을 많이 하고 있는데 6개월 이상 만성질환을 앓고 있는 경우가 40.8%이며 그 이외에도 크고 작은 잔병에 시달리고 있었으며 배우자 또한 비슷한 상황이다(그림 6-9 참조).

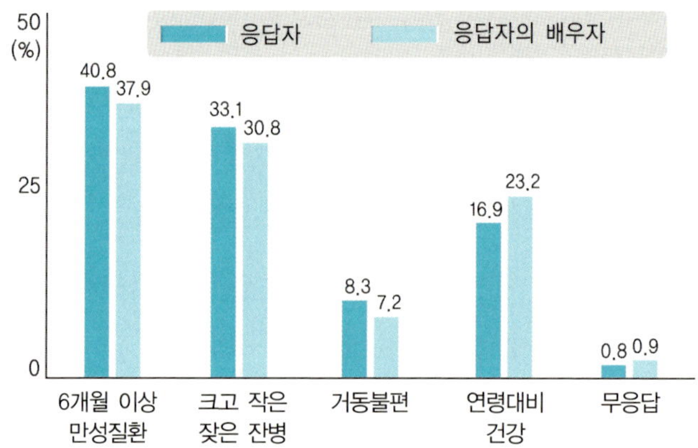

▌그림 6-9▌ 조손가족 조부모의 질병 상태

출처: 여성가족부(2010). 조손가족 실태조사.

2) 조손가족의 부모역할

조손가족의 조부모는 신체적으로 쇠약해지는 노년기에 손자녀의 정서적, 도구적 보호자가 되어 양육자의 역할 및 책임을 맡게 되면서 많은 어려움을 갖게 되는데 크게 신체적, 심리적, 경제적 문제로 구분할 수 있다. 우선 신체적 문제로서 조손가족의 조부모는 노화과정에서 자신과 배우자의 건강 약화를 경험하며 생활에 어려움을 겪고 있음에도 불구하고 돌봄을 필요로 하는 어린 손자녀양육으로 부담을 안게 된다. 그리고 조부모는 자신의 성인자녀를 제대로 기르지 못했다는 죄책감, 박탈감, 고립감 등의 심리적 특성을 갖고 있는 상태에서 손자녀양육에 대한 스트레스까지 가중되어 더욱 심리적으로 위축되고 우울감이 커지게 된다. 또한 조부모는 낮은 소득 수준에서 손자녀의 양육과 교육 및 이와 관련된 제반비용까지 감당하기 때문에 경제적인 큰 어려움에 직면하게 된다(이정화, 최원규, 2012). 이와 같이 조부모의 신체적인 약화와 사회적 고립감 및 양육 스트레스 등의 심리적 문제, 그리고 경제적 어려움 등이 복합적으로 작용하여 조부모의 심리적 안녕을 해치며 손자녀양육을 더욱 어렵게 만들어 손자녀에게 부정적인 영향을 미칠 수 있다.

반면, 손자녀의 양육이 조부모에게 긍정적인 영향을 미칠 수 있다고 한다. 조손가족 조부모가 어려운 조건 속에서 손자녀와 친밀감, 애착관계를 형성하여 노년기의 우울감이나 불안감을 덜 느낄 수 있으며, 손자녀와 같이 지내면서 외롭지 않으며 심리적 만족감도 얻게 된다(Goodfellow & Laverty, 2003). 특히, 손자녀의 성장과정을 보면서 보람을 느끼고 자신의 자녀에 대한 죄책감에 대한 보상을 느끼기도 하면서 오히려 신체적 건강을 유지하고 향상시키기도 한다(Butron & Devries, 1992).

한편, 조손가족의 손자녀는 부모의 이혼, 사망 등으로 인해 준비가 되지 않는 상태에서 갑작스럽게 열악한 생활조건의 조부모와 생활하게 되면서 많은 어려움을 경험하게 되고 건강한 성장발달에 매우 불리한 환경을 맞게 된다. 손자녀는 부모와의 이별로 인해 배신감 또는 우울감, 불안감 등의 심리정서적 특성을 보일 수 있으며 이것은 낮은 학업성취, 대인관계에서의 심각한 문제를 발생시키기도 하고 성장지체를 보이기도 한다. 학령기의 손자녀는 학교생활 부적응뿐만 아니라 생계를 위해 학업을 중도에 포기하기도 한다. 그러나 조부모의 온화한 성품과 따뜻한 보살핌으로 손자녀가 정서적으로 안정감을 느낄 수 있고, 예절 등의 사회적 가치를 학습할 수도 있다는 장점이 있다.

조손가족의 조부모는 가족 해체 등으로 가족 위기를 경험하고 있는 손자녀가 불안정감을 감소시키고 새로운 생활에 적응할 수 있도록 도와주는 부모역할을 수행하여야 한다. 조부모가 무조건적인 애정을 제공하며 모든 요구를 들어주는 익애적 태도를 보이거나 어른임을 내세우며 억압하고 통제하려고 하는 권위적 태도로 손자녀를 양육한다면 손자녀의 부정적 정서와 문제행동을 발생시킬 수 있다. 조부모는 손자녀를 위해 확고한 규칙과 한계를 설정하고 일관되게 양육하는 부모로서의 역할을 수행한다면 손자녀는 위기 상황을 잘 극복하며 심리적 안정을 갖고 새로운 생활에 효과적으로 적응하여 긍정적 발달결과를 이끌 수 있게 된다. 그리고 조부모는 손자녀의 성장발달에 따른 적합한 양육기술과 정보를 얻기 위해 사회관계망을 활용하거나 교육의 기회를 갖도록 노력해야 한다.

조손가족 조부모의 효과적인 손자녀양육과 손자녀의 건강한 성장발달을 위해 조손가족에 대한 다양한 정책적 배려가 요구된다. 우선, 손자녀를 돌보는 조부모의 부모역할에 대한 교육이 필요하다. 현재 지자체를 중심으로 하여 육아종합지원센터, 건강가정지원센터 등에서 조부모를 대상으로 다양한 손자녀 돌봄 교육 프로그램을 실시하고 있으나 주로 수도권 지역에 편중되어 있으므로 지역의 다양성을 고려한 교육 프로그램을 개발하여 전국적으로 보급하도록 해야 할 것이다. 교육 프로그램의 내용도 손자녀양육기술 습득 이외에 조부모의 심리적, 정서적 지원, 가족관계증진, 자조집단 활성화 등이 다루어져야 할 것이다(김승희, 2016). 그리고 교육 프로그램에 참여하기 위해 조부모가 기관을 방문하는 것이 수월치 않으며 교육시간 동안 손자녀의 돌봄을 대체할 수 없으므로 가정방문형 프로그램을 실시하여 심리상담과 의료서비스, 가사서비스 등 개별적 요구특성에 적합한 체계적이고 포괄적인 프로그램이 운영되도록 한다. 한편, 조부모가 양육자로서의 법적 권한을 부여받지 못해 법적·제도적 보호를 제대로 받지 못하는 조손가족을 대상으로 한 사회적 서비스가 절대적으로 필요하다. 더불어 빈곤한 조손가족을 대상으로 한 생계 및 양육비 지원, 의료비 지원 등의 경제적 지원과 함께 손자녀의 학습지도, 방과후 지도 등을 위한 구체적 지원방안이 필요하다.

6. 분거가족의 부모역할

1) 분거가족의 현황

가족구성원들이 특정한 이유로 인하여 둘 이상의 가구를 형성하여 비교적 장기간 별거생활을 하거나, 동거를 하더라도 구성원들의 출타가 장기적이고 빈번한 가족형태를 분거가족 혹은 비동거가족이라고 한다(신용주, 김혜수, 2017, p. 54). 분거의 시간을 기준으로 분거가족 형태를 구분한다면 직장 등의 이유로 다른 지역에서 거주하면서 일주일에 3일 이상 떨어져 생활하는 주말가족 등의 단기 분거가족, 그리고 자녀의 해외 유학 등으로 주로 아버지가 국내에서 가족의 생활비를 조달하고 다른 가족은 해외에서 생활하는 '기러기 가족'과 같은 장기 분거가족으로 구별할 수 있다.

우리나라에서는 1960년대 초기에는 산업화에 따른 경제활동으로 일부 가족원이 도시로 이주하면서 분거가족이 나타났고 1970년대에는 중동지역 등의 해외취업으로 1년 이상의 장기분거형태가 나타났다. 1980년대에는 자녀교육을 위한 주말부부가 빈번하게 나타났으며 1990년 후반부터는 세계화의 추세로 자녀의 조기유학을 위해 새로운 장기분거가족 형태가 출현하였다. 이처럼 초기에는 가족 내의 경제적 문제로 인한 비자발적 분거로 수동적인 경향을 보였지만 최근에는 개인주의 가치관의 확산으로 자아실현을 위해 자발적으로 분거가족을 이루고 있다. 한편, 세계화, 교통통신의 발달, 맞벌이가족의 증가, 공동거주보다는 정서적 유대를 중요시하는 가족개념 변화 등의 현상을 나타내고 있는 현대사회에서는 다양한 이유로 이루어지는 분거가족의 형태가 앞으로도 지속될 전망이다.

분거가족의 현황을 살펴보면, 배우자나 미혼자녀와 떨어져 살고 있는 분거가족은 전체 가족 중 19.4%로 나타나고 있다. 그 중 국내 분거가족은 17.8%, 국외 분거가족은 2.1%를 차지하고 있어 국내 분거가족이 9배 정도 많으며, 배우자보다는 자녀와 떨어져 사는 경우가 더 많다(표 6-14 참조). 분거의 이유를 살펴보면, 국내와 국외 분거가족 모두 직장으로 인한 분거가 각각 62.9%와 56.2%로 가장 많았으며 그 다음에 학업으로 인해 분거가족을 선택한 경우가 많았다. 국내 분거가족의 분거 이유는 직장으로 인한 비율이 학업보다 2배 이상 높은 반면, 국외 분거가족은 분거 이유로 직장이 학업보다 약간 높은 정도였다(그림 6-10 참조).

표 6-14 연도별 분거가족의 비율 (단위: %)

연도	분거가족 비율	분거지역		분거가족원	
		국내	국외	배우자	자녀
2010	15.1	13.6	1.8	4.4	12.5
2012	19.6	17.9	2.2	5.7	16.3
2014	18.7	17.1	2.1	5.7	15.3
2016	19.4	17.8	2.1	5.9	16.0

출처: 통계청(2012). 2012년 사회조사 결과; 통계청(2016a). 2016년 사회조사 결과(가족 · 교육 · 보건 · 안전 · 환경).

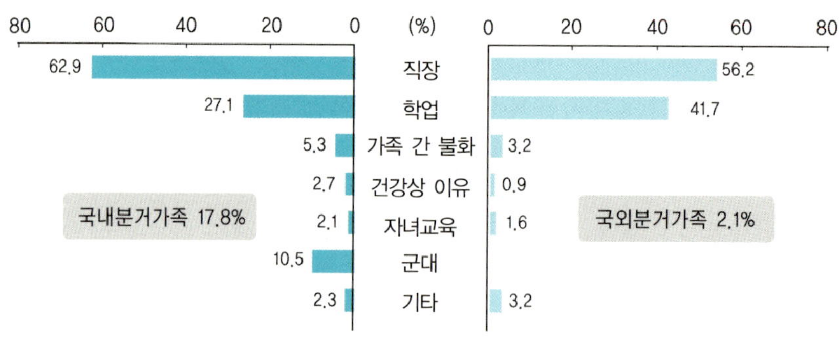

그림 6-10 분거가족의 분거 이유

출처: 통계청(2016a). 2016년 사회조사 결과(가족 · 교육 · 보건 · 안전 · 환경).

분거가족의 가족관계 및 배우자관계 만족도를 비분거가족과 비교했을 때, 비분거가족 가구주가 분거가족 가구주보다 가족관계, 배우자관계에 더 만족하고 있었다. 전반적 스트레스나 직장 스트레스는 분거가족 가구주가 더 많이 받았으나 가족생활 스트레스에서는 차이가 없었다. 반면, 분거가족의 남성가구주가 여성가구주보다 배우자에 대해 더 만족하였으며 전반적 스트레스나 직장생활에서의 스트레스는 가구주의 성별에 따라 차이가 없었으며 가족생활에서 경험하는 스트레스 수준은 여성 가구주가 남성가구주보다 더 높았다(성미애, 2016, pp. 73-75). 그러므로 분거가족은 부부관계에 대해서 관심을 가져야 하며, 특히 어머니의 스트레스를 관리하도록 해야 할 것이다.

2) 분거가족의 부모역할

분거생활 형태는 개인이 직업적 성취에 보다 전념할 수 있고 가사분담이 보다 평등하고 시간 활용의 자유를 누린다는 장점을 갖지만 분거와 왕래의 반복 속에서 동거가족에 비해 더 많은 스트레스를 경험한다고 한다(최정혜, 2004). 특히, 이중 가구 형성으로 인한 경제적 손실, 한쪽 부모의 역할갈등이나 역할과중, 가족활동의 공유기회 부족, 서로에 대한 비현실적인 기대 등으로 가족관계 형성에 어려움을 가질 수 있다(김슬기, 최형재, 2016). 특히, 장기간 분거하는 부부의 경우에는 독립적이고 자유로운 생활을 유지한다는 긍정적인 측면이 있는 반면, 부부가 함께 생활하고 시간을 보내면서 갖게 되는 동반자 의식이나 연대감이 낮고 단기분거가족보다 배우자 관계에 대한 불만족 정도가 더 높기도 하다.

기러기가족의 경우, 국내에서 거주하고 있는 아버지는 경제적 부양자로서의 역할만 강조되고 훈육자로서의 역할을 수행하기 어려운 상황이어서 가족관계 형성에 어려움을 보이고(최양숙, 2008), 혼자 생활하게 되면서 외로움 등의 심리·정서적인 문제와 더불어 건강관리, 경제적인 문제를 갖게 된다. 자녀를 양육하고 있는 어머니는 남편의 부재로 인한 스트레스, 자녀양육 및 교육에 대한 과도한 책임으로 인한 심리적 부담 등을 느끼게 된다. 자녀는 아버지와 공유하는 경험 등이 부족하여 인성발달에서의 어려움이 있을 수 있다. 이렇듯 분거상황이 지속됨에 따라 가족 간의 친밀감 감소와 지리적, 문화적 거리감이 심화되어 가족문제를 야기할 수 있다. 주말부부 경우에서는 부부간에는 각자의 삶의 패턴을 잘 조절하며 부부가 떨어져 생활하는 것에 대해 잘 대처하고 있지만 자녀양육에는 어려움을 느끼고 있다(최정혜, 2004). 그러므로 분거가족은 공동의 목표에 대한 가족 간의 잦은 의사소통 및 합의, 사소한 내용을 공유하는 개방성, 다양한 수단을 이용하여 의사소통의 기회를 가지려고 노력하는 자세가 필요하다.

분거가족에 대한 개인, 가족, 기업 및 사회적 차원의 관심과 지원정책이 요구된다. 특히, 자녀와 함께 생활하는 어머니는 스트레스를 많이 경험하고 있으므로 자녀양육 등의 가정생활에서의 역할이 아내만의 역할이 아니라 부부 공동의 역할이라는 인식이 확산되어야 할 것이다. 자녀교육도 개별가족에게 의존하지 않고 공교육을 체계화하는 방향으로 교육제도를 개선할 필요가 있다. 현대사회에서 분거가족의 증가는 불가피한 만큼 가족구성원들 간의 유대를 지속할 수 있는 교육 프로그램의 개발이 시급하며 분거가족을 지지해줄 수 있는 기업이나 사회정책적인 차원의 지원이 요구된다. 공공기관이나 기업이 지역 이전을 계획할 때는 구성원 가족이 분거상황에 적응할 수 있도록 맞춤형 가족친화제도나 프로그램을 실시하여야 한다.

한부모가족, 재혼가족, 다문화가족 등 다양한 가족의 출현과 함께 최근에는 결혼을 하지 않고 동반자와 함께 생활하고 자녀를 출산하여 양육하기도 하는 비혼동거가족에 대한 관심 또한 증가하고 있다. 유럽 등 서구 국가에서는 자연스러운 가족형태로 받아들여지고 있는 비혼동거가족은 우리 사회에서도 가족문화와 결혼 및 이혼에 대한 견해 변화, 개인주의적 가치관의 확산 등으로 최근에 가족의 한 형태로서 등장하고 있다. 동거 유형에는 결혼과정의 한 단계로서의 동거와 결혼의 대안으로서의 동거가 있는데(Heikel, Liefbroer, & Poortman, 2014) 우리 사회에서는 두 유형이 비슷한 비율로 나타나고 있다. 우리 사회의 동거 커플은 법적으로 인정받는 혼인 상태가 아니기 때문에 장차 자녀양육에 많은 어려움이 있을 것이라 지각하여 또는 경제적 부담으로 무자녀를 선택하는 경향이 있다. 실제로 자녀를 양육할 때에도 비용 이외에 비혼동거가족에 대한 사회의 부정적 시선 및 편견으로 인한 어려움을 보고하고 있다(변수정, 김혜영, 백승흠, 오정아, 기재량, 2016). 비혼동거가족이 가족의 한 형태로 자주 등장하고 있으나 법과 정책이 현실을 반영하지 못하고 있기 때문에 비혼동거가족은 불안정한 가족형태로 인식되고 있다. 그러므로 결혼비용, 거주공간 마련을 위한 지원과 더불어 자녀의 임신부터 출산, 양육에 이르는 전 과정에 대한 보편적 지원제도를 확립한다면 비혼동거가족이 안정된 삶을 누릴 수 있을 것이다. 더불어 동거관계 등록제도를 마련하여 더 이상 비정상적 관계가 아닌 가족의 한 형태로서 법적 지위를 보장받기 위한 환경조성이 요구된다.

참고 **비혼가족 이미 자연스러운 현상 인식… 가족 내 평등한 노동 분배까지 화두로**

가족이 있는 삶/해외 가족정책 사례는

유럽 등 서구 국가에서는 결혼하지 않는 동거 커플, 여성 혼자 출산해 자녀를 키우는 비혼모 가족 등이 자연스러운 현상으로 받아들여진다. 경제협력개발기구(OECD)에 따르면 프랑스 아동 중 결혼한 부모와 함께 생활하는 비율은 2013년 기준 55.3%로 나타났다. 22.3%는 동거커플, 21.8%는 한부모가정에서 자라고 있다. 동거커플, 한부모가정에서 자라는 아동 비율은 노르웨이의 경우 각각 22.8%, 18.2%, 스웨덴은 각각 23.8%, 17.6%였다.

정재훈 서울여대 사회복지학과 교수는 "서구에서 비혼가족은 이미 가족의 한 개념으로 자리 잡았고, 이에 대한 정부정책도 수십년 전부터 시행되고 있다"고 설명하였다. 대표적인 것이 1969년 제정된 독일의 '비혼법'이다. 비혼모와 비혼부의 책임을 법적으로 명시해 자녀양육비와 생활비 등 모든 경제적 책임을 일차적으로 비혼부에게 부과하고, 혼인부부의 자녀와 비혼부부 자녀가 동등하게 양육 지원을 위한 복지서비스를 받을 수 있도록 하였다.

1999년 제정된 프랑스의 '시민연대협약'은 비혼가족을 더 세분화하였다. 프랑스에서 단순 동거는 법적 신분은 아니지만 두 사람이 같은 주소에 거주함을 증명하면 정부로부터 결혼 가족과 거의 동일한 보호를 받는다. 하지만 경제적으론 완전히 독립돼 상대에 대한 의무가 거의 없으며 일방 통보로 헤어질 수도 있다. 시민연대협약에 따른 '계약 동거'는 결혼과 동거의 중간 형태 가족이다. 계약 동거를 원하는 커플이 동거계약서를 지방법원에 제출하면 계약 내용에 따라 상호간 권리와 의무, 채무에 대한 연대 책임 등을 지며 서로가 원할 경우 이혼절차 없이 언제든 갈라설 수 있다. 계약서 제출 후 3년이 지나면 유산도 상속받을 수 있다.
서구 상당수 국가에서는 가족 형태뿐만 아니라 가족 내 노동 분배를 평등하게 하는 정책까지 화두가 되고 있다. 정재훈 교수는 "가족 개념을 확대하고, 공공 육아시설 확충 같은 복지정책을 써도 여성이 보육 책임을 전적으로 떠맡는 '가족 내 성별노동분리' 문제를 해결하지 않으면 저출산문제가 해결되지 않는다는 인식에 이른 결과"라고 설명하였다. 대표적인 사례가 1974년 세계 최초로 남성 육아휴가제도(부모휴가)를 도입한 스웨덴이다. 당시 스웨덴은 최장 180일까지 허용한 모성휴가를 부모휴가로 바꾸고 그 중 90일을 남성이 사용할 수 있도록 하였다. 휴가기간 소득대체율은 기존 임금의 90%에 달하였다. 1970년 합계출산율이 1.94명에서 1980년 1.68명으로 떨어졌던 스웨덴은 이런 가족정책을 통해 1990년 2.14명, 2012년 1.91명의 출산율을 유지하고 있다. 노르웨이는 1978년 부모 휴가 12주 중 아버지가 6주를 낼 수 있는 권리를 명시했고, 스웨덴보다 1년 앞선 1993년, 북유럽 최초로 아버지 할당제를 도입해 육아휴직 중 4주를 아버지가 사용하도록 했다. 1970년 합계출산율이 2.5명에서 1980년 1.7명으로 급격히 떨어진 노르웨이는 1990년 1.89명 2012년 1.85명 수준을 유지하고 있다.

출처: 이윤주(2015. 6. 12). 비혼 가족 이미 자연스러운 현상 인식… 가족 내 평등한 노동 분배까지 화두로, http://www.hankookilbo.com/v/15612a1e47c3439ba6c0dec1897597cc에서 2018년 5월 3일 인출.

생각해 봅시다

1. 현대사회에서 다양한 가족 유형이 형성되게 된 배경에 대해서 생각해 봅시다.

2. 다양한 가족 유형에서 부모역할을 수행할 때 어려운 점은 무엇인지에 대해 생각해 봅시다.

chapter 07

부모교육이론

01 Dreikurs의 민주적 부모교육이론

02 Ginott의 인본주의적 부모교육이론

03 Gordon의 부모 효율성 훈련이론

04 Berne의 교류분석이론

05 행동수정이론

06 부모교육이론의 요약

CHAPTER 07

부모교육이론

학습목표
- 각 부모교육 이론의 발전과정, 기본개념 및 기법을 이해한다.
- 각 부모교육 이론의 유사점, 차이점을 이해한다.
- 각 부모교육 이론의 제한점을 생각해 본다.

부모는 자녀의 성장과 발달에 지속적으로 영향을 미치므로 자녀양육에 있어 부모의 역할은 매우 중요하다. 이에 따라 부모가 아동과 건강한 부모-자녀관계를 맺고 유지할 수 있도록 효율적인 부모역할과 자녀양육방식에 대한 체계적인 부모교육이 필요하다.

1970년대에 들어서면서 발달이론에 근간을 둔 다양한 부모교육이론이 등장하였다. 대표적으로 Dreikurs의 민주적 부모교육이론, Ginott의 인본주의적 부모교육이론, Gordon의 부모 효율성 훈련이론, Berne의 교류분석이론, 행동수정이론 등을 들 수 있다. 비록 이러한 이론이 강조점이나 구체적 지침은 서로 다르지만, 공통적으로 부모가 자녀의 감정과 행동을 더 잘 이해하고 수용하며, 긍정적이고 효율적인 상호작용방식을 훈련받아 적용할 수 있도록 돕는 데 초점을 맞추고 있다.

따라서 이 장에서는 Dreikurs의 민주적 부모교육이론, Ginott의 인본주의적 부모교육이론, Gordon의 부모 효율성 훈련이론, Berne의 교류분석이론, 행동수정이론의 발전과정, 기본원리, 목표 및 구체적인 기법에 대해 살펴보고자 한다.

1. Dreikurs의 민주적 부모교육이론

1) 이론의 발전과정

Rudolf Dreikurs
(1897~1972)

민주적 부모교육이론(democratic parenting theory)의 창시자인 Dreikurs는 오스트리아 비엔나에서 태어났다. 그는 18세 때 제1차 세계대전에 군인으로 전쟁에 참여하였다가 제대한 후 의대에 진학하여 정신과 수련의 과정을 마쳤다. Dreikurs는 개인심리학(individual psychology)의 창시자인 Adler의 제자로서 비엔나에 있던 Adler의 아동상담센터에서 함께 일했으며, 이후 Adler의 이론을 부모-자녀관계에 적용시켜 민주적 부모교육이론을 창시하였다. Adler는 인간은 자신의 생각이나 행동을 스스로 통제할 수 있으며, 어딘가에 소속하려 한다고 주장하였다. 이러한 Adler의 주장에 따라 Dreikurs는 부모-자녀관계는 평등하므로 자녀양육에 민주적 갈등해결 방법을 적용할 것을 주장하였다.

Dreikurs는 미국의 시카고로 이민하여 1939년 시카고 에이브러햄 링컨센터에 첫 번째 아동상담센터(child guidance center)를 설치하여 가정상담과 부모교육을 실시하였다. 그는 1952년 시카고에 전문심리 아들러 학교(Adler School of Professional Psychology)를 세웠고, 제2차 세계대전 이후에는 국제 개인심리학협회(International Association of Individual Psychology)를 설립하였다. 그는 Adler의 개인심리학 이론을 부모교육에 적용하여 민주적 부모교육이론으로 발전시켰다. Dreikurs의 민주적 부모교육이론은 Dinkmeyer와 McKay가 1976년에 개발한 효율적 부모양육을 위한 체계적 훈련(Systematic Training for Effective Parenting: STEP) 프로그램의 초석이 되었다. 효율적 부모양육을 위한 체계적 훈련(Systematic Training for Effective Parenting: STEP) 프로그램은 8장에서 자세하게 다룰 것이다.

2) 기본원리

Dreikurs는 인간이 스스로 자신의 생각이나 행동을 통제할 수 있다는 Adler의 주장을 근거로 인간관계의 평등성을 강조하였다. 전통적인 자녀양육방식에 따르면 부모와 자녀는 상하관계에 있기 때문에 자녀는 부모에게 복종해야 한다는 사고가 지배적이었다. 그러나 Dreikurs는 사회가 평등권을 강조하는 방향으로 발전하고 있기 때문에 부모-자녀관계에서도 일방적 관계가 아니라 부모-자녀 간 동등한 관계를 바탕으로 한 상호존중하는 태도와 민주적 양육방식이 필요하다고 주장하였다.

(1) 민주적 부모교육의 목표

Dreikurs는 민주적 양육에서 인간이 추구하는 심리적 목표를 세 가지로 구분하여 설명하였다. 첫째, 직접목표(immediate goals)로 상황이 벌어진 직후에 즉시 수립하는 목표이다. 둘째, 중간목표(intermediate goals)로 심리적, 신체적 편안함, 다른 사람을 기쁘게 하기, 다른 사람을 조정하기, 다른 사람보다 우월하다고 느끼기, 삶의 의미 찾기 등을 추구하는 목표이다. 셋째, 장기목표(long range goals)는 모든 상황에서 주위의 집중을 받아 중심이 되려 하고 항상 좋은 사람이 되려고 하는 목표이다. 즉, 장기목표는 다른 사람으로부터 무시당하지 않으면서 사회적 인정을 받으려는 것이다.

민주적 부모교육의 목표는 부모가 자녀의 이러한 심리적 목표와 행동의 의미를 이해하면서 자녀와 평등한 관계를 형성하여 바람직한 상호작용을 하고 민주적 양육태도를 갖도록 하는 데 있다. 그에 따라 Dreikurs는 민주적 부모교육의 구체적인 목표를 다음의 세 가지로 제시하였다.

첫째, 민주적 부모교육에서는 자녀가 성인에 비해 어리고 미숙할지라도 한 인간으로서의 가치 측면에서 동등하게 존중한다. 그러므로 민주적 부모교육은 부모가 자녀를 한 사람의 인격체로 존중하는 민주적 양육방식을 갖도록 돕는 것이다.

둘째, 인간은 사회적 존재이기 때문에 소속감이 필요하고, 이러한 소속감을 토대로 의사결정을 한다. 만일 아동이 가족에서 소속감을 느끼지 못하고 거부당할지 모른다는 두려움이 생기면, 아동은 가족구성원에게 인정받기 위해 잘못된 행동목표를 설정하여 부적절한 행동을 나타낸다. 그러므로 민주적 부모교육은 부모가 자녀에게 안정된 소속감을 제공해줌으로써 자녀가 사용하는 잘못된 행동목표에 대처할 수 있도록 돕는 것이다.

셋째, 인간의 행동은 우연히 일어나는 것이 아니며, 반드시 목적이나 원인이 있다. 부모는 자녀의 행동을 이해하기 위해 자녀의 행동에 영향을 미치는 다양한 요인을 이해해야 한다. 그러므로 민주적 부모교육은 부모가 자녀의 행동과 자녀의 행동에 영향을 미치는 요인에 대해 이해함으로써 자녀 스스로 자신의 일을 결정하고 책임질 수 있도록 교육하는 능력을 갖추도록 돕는 것이다.

(2) 아동 행동지도를 위한 지침

Dreikurs는 부모가 자녀를 양육할 때 사용할 수 있는 행동지도 지침으로 잘못된 행동목표, 인식반응 보이기, 자연적・논리적 결과, 격려의 방법을 제시하였다.

가. 잘못된 행동목표

아동은 가정에서 소속감을 얻지 못하면 잘못된 행동목표(mistaken goals)를 설정하여 소속감을 얻으려고 한다. Dreikurs는 잘못된 행동목표는 대부분 10세 이하의 아동에게서 쉽게 관찰되며, 이에는 관심끌기, 힘 행사하기, 앙갚음, 무능력감 보이기가 있다고 설명하였다(정옥분, 2007, pp. 235-239).

① 관심끌기(attention)

아동은 대부분 긍정적인 방식으로 타인의 관심이나 주의를 끌려고 한다. 그러나 아동이 가족 내에서 관심을 끌지 못하고 무시당하면 부정적인 방법을 사용해서라도 관심을 얻으려고 한다. 이러한 경우에 부모가 자녀의 행동에 관심을 보여 수용적인 반응을 나타내면 이후에 자녀는 자신이 원하는 것을 얻기 위해 잘못된 행동목표를 설정할 수 있다. 예를 들어, 자녀가 부모의 관심을 끌기 위하여 칭얼거리거나 떼를 쓰는 행동을 할 때 부모가 자녀를 달래기 위해 자녀의 요구를 들어주거나 위협적이거나 혼내는 행동을 하게 된다면 아동은 부정적인 방법을 사용하여 부모의 관심끌기를 보인 것이 된다. 따라서 부모는 자녀가 관심끌기를 보일 때 잘못된 행동은 무시하고 긍정적인 행동에는 관심을 보여주어야 하며, 자녀가 관심끌기를 보이기 전에 미리 자녀가 원하는 관심을 자발적으로 보여주어야 한다.

② 힘 행사하기(power)

아동은 자신의 관심끌기 행동이 지속적으로 무시당하거나, 다른 사람이 자신의 관심끌기를 강하게 제지하는 경우에 힘 행사하기를 보인다. 아동은 관심끌기보다 더 강력한 방식으로 자신의 힘과 능력을 시험해 보고 싶어하며 부모가 원하는 대로 행동하지 않고 오히려 부모의 요구를 거절하고 반항하거나 고집을 부리면서 자신의 힘을 보여주려고 한다. 자녀는 힘 행사하기가 실패하여 부모에게 비자발적으로 순종해야만 하는 결과가 발생하는 경우 앙갚음을 보이게 된다. 부모는 자녀가 힘 행사하기를 보일 때 부모 자신이 도전받고 있다는 생각에 부적절한 분노폭발이나 협박적인 태도를 보이지 말아야 하며, 자녀가 스스로 부모에게 힘 행사하기를 하지 않더라도 관심을 받을 수 있는 경험을 할 수 있도록 도와야 한다.

③ 앙갚음(revenge)

아동은 관심끌기나 힘 행사하기의 방식으로 자신이 원하는 관심이나 소속감을 얻지 못하는 경우에 자신이 상처를 받은 만큼 다른 사람도 상처를 받아야 한다는 생각으로 앙갚음을 하게 된다. 그 결과, 부모도 깊이 상처받고 무의식적으로 자녀에게 보복을 하게 된다. 이에 따라 자녀는 더욱 부적절하고 부정적인 방식으로 보복을 하게 되는 악순환을 경험한다. 결국 아동은 긍정적인 행동을 통해 부모에게 인정받고 소속감을 느낄 수 있다는 희망을 상실하게 되며, 패배감과 죄책감을 갖게 된다. 따라서 부모는 자녀가 앙갚음을 보일 때, 자녀의 이러한 행동이 거절감이나 좌절감에서 발생한 것임을 인식하고 자녀에게 보복이나 벌이 아니라 긍정적이며 적절한 관심을 보여주어야 한다.

④ 무능력감 보이기(inadequacy)

아동은 관심끌기, 힘 행사하기, 앙갚음의 방법을 모두 사용해도 자신이 원하는 부모의 관심과 소속감을 얻지 못했다고 느끼게 되면, 자신에 대해 매우 실망하여 더 이상 아무것도 성취하려고 하지 않는 무능력감을 보인다. 그리하여 아동은 모든 것을 포기하고 자신을 무기력하며 쓸모없는 인간이라고 생각하게 되며, 결국 아무런 반응이나 개선의 의지를 전혀 보이지 않게 된다. 부모는 자녀의 무능력감에 대해 비난하지 말아야 하며 자녀가 보이는 사소한 노력이나 긍정적인 시도에 세밀하게 관심을 보이며 동정적인 태도가 아니라 지지하고 격려하는 태도를 보여주어야 한다.

아동의 잘못된 행동목표는 자신의 위치가 불안하다고 느끼면 자신의 위치를 확보하기 위해 네 가지 잘못된 행동목표 중 여러 가지 목표를 함께 사용하기도 한다. 따라서 부모는 자녀가 보이는 잘못된 행동목표를 이해하여 적절하게 대처하고, 자녀가 긍정적 행동목표를 수립할 수 있도록 도와주어야 한다.

나. 인식반응 보이기

아동은 자신이 잘못된 행동목표를 선택했다는 것을 깨달았을 때 인식반응 보이기(recognition reflex)를 한다. 예를 들어, 아동은 눈을 깜박거리거나 어색한 미소를 짓는 등의 행동을 하면서 자신이 잘못된 행동목표를 안다는 것을 나타낸다. 부모는 자녀가 인식반응을 보이도록 자녀를 비난하거나 꾸짖지 말고 평등한 존재로 존중하면서 대화한다.

다. 자연적 · 논리적 결과

부모가 자녀의 행동을 통제할 때 사용하는 전통적 방법 가운데 하나는 자녀가 부모에게 순종할 때 상을 주고, 순종하지 않을 때 벌을 주는 것이다. 이러한 방법은 몇 가지 단점이 있다(정옥분, 정순화, 2016, p. 252). 첫째, 자녀의 행동에 대해 자녀 스스로가 아니라 부모가 책임을 지게 된다. 둘째, 자녀가 스스로 결정을 내릴 수 있는 기회를 제한해서 자녀로 하여금 효율적인 행동규칙을 습득할 수 없게 만든다. 셋째, 자녀는 부모가 권위적인 모습을 보일 때에만 바람직한 행동을 한다. 넷째, 자녀는 부모에게 강제로 순종해야 하기 때문에 부모에 대한 반항심이 생길 수 있다.

Dreikurs는 전통적 방법의 단점을 극복하기 위하여 자연적 결과와 논리적 결과(natural and logical consequence)라는 양육 방법을 제안하였다. 자연적 결과는 자연적인 상황에서 시간이 흘러가면 자연스럽게 보상이나 벌을 받음으로써 아동이 스스로 배우고 이해하는 방법이다. 예를 들어, 비오는 날에 우산을 가져가지 않은 아동은 옷과 신발이 비에 젖게 되는 자연적인 결과를 경험하게 된다. 부모가 자녀에게 자연적 결과를 적용하기 어려운 경우에 논리적 결과를 사용한다. 논리적 결과는 부모가 자녀의 행동과 관계되는 결과를 자녀와 함께 합의하여 규칙을 정하고 이에 따르게 함으로써 스스로 벌을 받도록 하는 방법이다. 예를 들어, 반찬 투정을 하는 자녀에 대해 부모는 정해진 식사시간에 식사를 하지 않으면 그 날은 식사를 할 수 없다는 규칙을 자녀와 함께 민주적으로 정하는 것이다. 자녀가 정해진 식사시간에 식사를 하지 않아 규칙을 어기면 자녀는 자신이 정한 규칙에 따라 자연스럽게 그날 식사는 못하게 된다. 따라서 논리적 결과는 아동이 바람직하지 않은 행동을 보일 때 주어지는 벌과 차이가 있다(표 7-1 참조).

표 7-1 벌과 논리적 결과의 차이점

벌	논리적 결과
• 권위 강조	• 사회적 질서 강조
• 잘못된 행동과 논리적으로 관련 없음	• 잘못된 행동과 논리적으로 관련 있음
• 도덕적 판단 내포	• 도덕적 판단 배제
• 과거 행동에 관심	• 현재나 미래 행동에 관심
• 분노의 표현	• 분노의 최소화
• 외재적 동기에 의존	• 내재적 동기에 의존
• 굴욕이나 모욕감을 줌	• 굴욕이나 모욕감이 없음
• 대안이나 선택의 여지가 없음	• 일정한 한계 내에서 선택의 여지가 있음
• 충동적임	• 사려 깊고 신중함
• 자신을 하찮게 여김	• 자신을 소중하게 여김
• 복종 요구	• 선택권 부여

출처: Dreikurs, R., & Grey, L. (1968). *Logical consequences*; 정옥분, 정순화(2008). **부모교육**, p. 246 재인용.

라. 격려

격려는 상호존중과 평등에 근거한 민주적인 부모-자녀관계를 형성하기 위해 부모가 사용할 수 있는 중요한 기술 중 하나이다. Dreikurs는 부모가 자녀에게 격려를 잘 하지 않으면 자녀의 잘못된 행동에 대한 근본원인이 될 수 있다고 보았다. 따라서 부모는 자녀의 장점과 성취에 초점을 맞춰 격려해줌으로써 자녀가 자신감과 자아존중감을 가질 수 있도록 도와주어야 한다. 부모가 자녀에게 해줄 수 있는 격려의 태도는 다음과 같다.

첫째, 아무런 조건이나 전제 없이 자녀를 있는 그대로 수용하고 믿는다.

둘째, 자녀의 과제수행이나 문제해결에 간섭하지 말고 자녀가 스스로 충분히 수행하여 상황을 극복할 수 있을 것이라는 기대를 직접 표현한다.

셋째, 긍정적인 언어와 태도를 사용한다.

넷째, 자녀의 부정적 행동은 무시하고 긍정적 행동에 관심을 보인다.

다섯째, 자녀의 장점, 재능, 잘한 점, 공헌한 점에 초점을 맞춘다.

여섯째, 자녀의 노력을 알아주고 성취의 결과뿐만 아니라 과정도 인정한다.

일곱째, 자녀를 다른 아동과 비교하지 말고 다른 아동과의 차이를 인정한다.

여덟째, 자녀에게 칭찬보다 격려해준다.

2. Ginott의 인본주의적 부모교육이론

Haim G. Ginott
(1922~1973)

1) 이론의 발전과정

인본주의적 부모교육이론(humanistic parenting theory)의 창시자인 Ginott는 이스라엘 텔아비브에서 태어났으며, 사범대학을 졸업한 후 초등학교에서 교사로 10년간 근무하였다. 이 후 그는 미국으로 이주하여 콜롬비아대학교에서 임상심리학을 전공하였다. 그는 인본주의 심리학의 창시자인 Rogers의 내담자중심상담이론과 이를 놀이치료에 접목시킨 Axline의 아동중심놀이치료이론을 부모교육에 적용시켜 인본주의적 부모교육이론을 창시하였다. Rogers는 내담자는 자신의 문제를 스스로 해결할 수 있는 잠재능력을 가지고 있다고 보고 내담자중심상담이론을 창시하였으며, Axline은 이러한 Rogers의 이론을 아동심리치료에 적용하여 아동중심놀이치료를 발전시켰다. Ginott는 Rogers와 Axline의 이론에 근거하여 아동지도와 교육에 중점을 둔 인본주의적 부모교육이론을 발전시켰다.

Ginott는 플로리다 아동지도소에서 9년 동안 정서장애아동과 청소년을 대상으로 심리치료와 부모교육을 실시하면서 부모와 아동의 문제와 개입 방법을 분석하여 《부모와 자녀 사이(Between parent and child)》(1965), 《교사와 학생 사이(Between teacher and child)》(1972), 《십대와 부모 사이(Between parent and teenager)》(1969) 등을 저술하였다. 인본주의적 부모교육이론은 다른 부모교육이론에 비해 이론적 토대가 과학적이지 않다는 평가를 받지만 인간의 이해에 대한 깊은 통찰력을 제시하고 임상적인 가치가 높다는 평가를 받는다(정옥분, 정순화, 2008, p. 256).

2) 기본원리

Ginott는 부모-자녀 간 문제는 부모의 성격적 결함이나 문제에서 비롯되기보다는 부모의 자녀양육에 대한 경험이나 지식, 자녀양육 방식에 대한 기술이 부족하기 때문이므로 아동지도와 교육에 초점을 둔 부모교육이 필요하다.

(1) 인본주의적 부모교육의 목표

인본주의적 부모교육은 두 가지 목표가 있다.

첫째, 부모로 하여금 자녀를 있는 그대로 수용하고 하나의 독립된 인격체로 대우할 수 있도록 돕는 것이다. 이를 위하여 부모는 자녀의 지능, 인성, 신체 특성, 성격 등에 관계없이 자녀를 있는 그대로 수용해야 한다. 그러나 자녀의 모든 행동을 무조건적으로 수용하는 것이 아니라 한계를 설정하고, 자녀의 감정이나 생각을 존중함으로써 자녀의 존재를 무조건 수용한다.

둘째, 부모로 하여금 긍정적인 부모-자녀관계를 수립하기 위해 효과적인 상호작용 기술을 습득하게 하는 것이다. 자녀는 자신을 수용하고 인격적으로 대하는 부모와의 상호작용을 통해 스스로 편안한 마음을 가지고 자신의 행동을 판단하고 결정할 수 있다.

(2) 부모-자녀 상호작용 촉진을 위한 지침

부모-자녀관계에서 상호작용을 촉진하는 것이 무엇보다 우선되므로 부모와 자녀 간 상호작용을 위한 다음의 몇 가지 지침이 있다.

가. 자녀와의 대화

부모-자녀 간 상호작용의 기본요소는 상호존중과 의사소통기술이다. 부모가 자녀의 말을 이해하기 위해서는 자녀와 대화할 때 다음의 사항을 고려해야 한다.

첫째, 자녀가 무례한 행동이나 말을 했을 때 그 행동에 대해서만 간략하게 말한다. 설교나 훈계, 자녀의 성격이나 특성을 일방적으로 공격하거나 비난하는 말은 삼간다. 예를 들어, "너는 아주 나쁜 아이구나."라는 말 대신에 "네가 미운 것이 아니라 네가 지금 한 행동에 화가 나고 속상하다."라고 표현한다.

둘째, 자녀의 질문이나 이야기에 반응할 때, 그 사건이나 상황 자체보다는 이면에 숨겨진 의미를 파악하여 사건에 대한 자녀의 감정에 반응하는 대화를 한다.

셋째, 자녀가 죄의식이나 수치감을 느끼지 않고 자신의 감정이나 상처를 표현할 수 있도록 자녀의 행동을 비난하기 전에 우선 자녀의 감정을 수용하는 태도를 보여준다.

넷째, 자녀의 감정을 있는 그대로 반영시켜 줄 수 있는 거울과 같은 역할을 담당하여 자녀가 자신의 감정을 깨달을 수 있도록 도와준다. 이러한 과정을 거치면서 자녀는 자신의 감정에 충실해지고 변화한다.

다섯째, 부모와 자녀 간 눈높이를 맞춰 대화할 때 더 효과적으로 의사소통할 수 있다. 그러므로 부모는 자녀의 키를 고려하여 한쪽 다리를 구부리거나 자녀를 무릎에 앉히거나 바닥에 같이 앉아 자녀와 눈높이를 맞춰 대화한다.

나. 칭찬과 비판의 방법

부모는 자녀에게 칭찬이나 긍정적 강화를 남용해서는 안 된다. 칭찬이 효과를 거두기 위해서는 몇 가지 사항이 고려되어야 한다.

첫째, 자녀의 실제 노력이나 성취에 근거하여 칭찬한다. 예를 들어, '착하다' '예쁘다' 등과 같은 불분명한 칭찬이 아니라 "스스로 자기 물건을 챙기는 것을 보니 엄마는 매우 기쁘다."와 같이 구체적으로 칭찬한다.

둘째, 자녀의 잘못에 대해 건설적인 비판을 한다. 이때 부모는 자녀를 위협하거나 빈정거리거나 '바보', '멍청이'와 같은 거친 말을 사용하지 않도록 자제하고, 자녀의 성격이나 인성을 공격하지 말며, 자녀의 잘못된 행동 자체에 대해서만 지적한다.

셋째, 부모가 자녀와의 상호작용에서 생기는 갈등이나 긴장을 다룰 때에는 자녀의 인격을 손상시키지 않으면서 자녀의 잘못된 행동을 지적하고, 부모 자신의 분노도 적절히 드러내 표현한다.

다. 책임감과 독립심

아동은 스스로 자신의 행동을 책임질 수 있는 자율적인 존재이므로 부모는 자녀와의 상호작용에서 부모가 책임져야 할 문제와 자녀가 스스로 책임져야 할 문제를 분명하게 구분해야 한다. 부모가 자녀에게 일상생활에서 스스로 선택할 수 있는 기회를 제공해주면 자녀는 이 과정을 통해 독립심과 책임감을 기를 수 있다. 예를 들어, 어떤 부모는 숙제를 전적으로 자녀의 책임으로 간주하여 자녀의 숙제를 거들떠보지도 않지만, 어떤 부모는 숙제를 부모의 책임으로 간주하여 일일이 간섭하고 잔소리하며 부모가 숙제를 대신 해주기까지 한다. 그러나 숙제는 자녀가 스스로 하는 것이 바람직하며, 이 과정을 통해 자녀는 남의 도움을 받지 않고 스스로 숙제를 마침으로써 성취감을 느낄 수 있다. 단지, 부모는 자녀가 숙제를 하기에 적절한 환경을 제공해주고, 경우에 따라서는 자녀가 요청할 때 어려운 문제를 설명해주고 가르쳐주는 도움을 제공하면 된다.

라. 행동의 한계설정

아동은 자신이 이해할 수 있는 행동의 한계가 합리적으로 주어질 때 보다 안정감을 느낀다. 부모는 자녀에게 예절을 지키지 않거나, 남의 물건을 훔치기, 부모나 친구를 때리는 공격적 행동 등과 같은 수용할 수 없는 행동에 대해 한계를 명확하게 제시해주어야 한다. 그러나 자녀에 대한 행동의 한계를 제시할 때에는 자녀의 인격을 존중하는 범위 내에서 이루어져야 하며, 다음과 같은 네 단계를 거친다.

첫째, 자녀가 원하는 것을 비판하지 말고 인정해주면서 간단한 말로 반복하여 말한다.

둘째, 제한할 행동에 대해 분명하고 정확한 표현을 사용하여 제지한다.

셋째, 자녀가 원하는 것을 일부분이라도 성취할 수 있도록 대안을 제시해준다.

넷째, 자녀가 행동을 제한당했을 때 화를 낼 수 있으므로 이를 적절하게 표현할 수 있도록 도와준다.

마. 부모교육의 단계

Ginott의 부모교육은 부모지도모임(guidance group for parents)을 통해 10~12명의 부모가 부모지도자와 함께 매주 1회 90분씩 총 15주 동안 효과적 인간관계에 대해 학습한다(전남련, 김의석, 김혜금, 김재환, 시옥진, 권경미, 2008. p. 210). 부모교육과정은 자녀의 연령에 따라 구분될 수 있으며, 다음의 네 단계로 이루어진다.

① 이야기 단계

이야기 단계(recitation phase)는 부모가 자녀와 생활하면서 부딪혔던 모든 문제와 어려움, 그리고 이를 해결하기 위해 지금까지 사용했던 방법을 솔직하게 말한다. 이를 통해 참여한 부모는 자신이 경험하고 있는 자녀와의 문제가 자신만 가진 문제가 아니라는 점을 깨닫고 다른 부모의 이야기를 들으면서 서로 공감대를 형성하고 연민의 정을 느껴 서로 위로를 얻을 수 있다. 이때 지도자는 불평, 분노, 좌절, 죄의식을 털어놓는 부모를 이해하고 수용하는 태도를 보이며, 참여한 모든 부모들이 자신의 이야기를 다 했다고 판단될 때, 다음 단계를 진행한다.

② 민감성 증진 단계

민감성 증진 단계(sensitization phase)는 부모가 자녀의 입장을 이해할 수 있도록 도와줌으로써 자녀의 느낌이 어떤지를 깊이 생각해 보고, 부모-자녀 간 감정교류에 대한 통찰력이 생기도록 한다. 즉, 부모는 자신의 입장에서 벗어나 자녀의 입장에서 자녀가 어떠한 감정과 느낌을 가지고 있을지, 그리고 자녀의 감정과 느낌, 문제행동 사이에는 어떤 관련성이 있고 어떤 인과관계가 있는지에 대해 생각하게 된다. 이 단계에서 부모는 자녀의 감정이 어떠했는지를 생각하면서 문제행동 때문에 생긴 분노나 미운 감정보다는 자녀에 대한 연민과 애정을 느끼고 왜 자녀가 그러한 행동을 했는지를 이해하게 된다(전남련 외, 2008, p. 211). 따라서 지도자는 부모가 민감성 증진 단계를 거치면서 자신의 잘못된 행동에 대한 통찰력을 가지면서 변화하려는 의지를 가지게 될 때, 다음 단계를 진행한다.

③ 개념 형성 단계

개념 형성 단계(concept formation phase)는 부모가 스스로 자신의 행동을 평가, 분석하면서 자녀양육에 대한 새로운 지식과 개념을 형성한다. 개념 형성 단계를 거치는 동안 부모는 민감성 증진 단계에서 얻은 통찰력을 토대로 왜 자신의 양육방식이 실패하였는지를 평가하고, 보다 나은 부모역할은 무엇인지에 대해 생각해 본다(전남련 외, 2008, p. 212). 따라서 지도자는 부모가 이제까지 실패한 자신의 자녀양육방식을 개선하고 해결하기 위한 구체적 방법에는 무엇이 있을지 생각해보고 바람직한 부모역할에 대한 개념을 형성할 수 있도록 도와야 한다.

④ 기술 익히기 단계

기술 익히기 단계(skill learning phase)는 부모가 자녀와의 관계에서 생긴 문제를 직접 해결하기 위해 모색한 자녀양육기술을 실생활에서 직접 적용해 본다. 부모는 자녀와의 문제를 해결하는 데 적합한 양육기술을 실제로 적용해 보고, 그 결과에 대해 지도자를 비롯한 다른 부모들과 상호 토의하고 서로 의견을 교환하면서 새롭고 합리적인 양육기술을 익히게 된다.

3. Gordon의 부모 효율성 훈련이론

1) 이론의 발전과정

Thomas Gordon
(1918~2002)

부모 효율성 훈련(Parent Effectiveness Training: P.E.T.) 이론의 창시자인 Gordon은 미국에서 태어났으며 대학교에서 임상심리학을 전공하였다. 그는 정서장애아동과 청소년을 상담하면서 이들의 문제는 부모-자녀 간 인간관계에서 비롯됨을 깨닫고 자신의 임상적 경험을 토대로 정신분석, 아동심리 및 발달 관련 여러 이론을 종합하여 부모에게 효율적인 기술과 의사소통 방법을 훈련시키는 부모 효율성 훈련 프로그램을 개발하였다. Gordon은 1962년 캘리포니아에서 17명의 부모를 대상으로 자신이 개발한 P.E.T.를 처음 실시하였다. 이 프로그램은 1970년 백악관 회의에서 현대 가정의 분열을 예방할 수 있는 효과적인 방법으로 소개될 정도로 유명해졌다. Gordon은 P.E.T.의 유용성이 증명되자 이를 응용하여 청소년 효율성 훈련(Youth Effectiveness Training), 지도자 효율성 훈련(Leader Effectiveness Training), 교사 효율성 훈련(Teacher Effectiveness Training) 등의 다양한 연령층을 대상으로 실시하는 부모교육 프로그램을 개발하였다.

1974년 Gordon은 고든 국제 훈련기구(Gordon Training International)를 설립하였으며, 현재 한국을 비롯한 전 세계 33개국에 국제 지부를 설치하여 활발하게 운영하고 있다(http://www.gordontraining.com/who-we-are/gti-historical-timeline). 이러한 공로를

인정받아 Gordon은 1997~1999년 3년 연속 노벨평화상 후보에 지명되었다.

2) 기본원리

(1) 부모 효율성 훈련의 목표

Gordon은 부모-자녀관계의 문제는 부모와 자녀가 일상생활에서 경험하는 의사소통 방법이나 기술이 부족해서 비롯된다고 보았다. 그리하여 Gordon은 부모와 자녀 사이의 의사소통에 문제가 되는 것을 '걸림돌'이라 표현하면서 여기에는 12가지가 있다고 설명하였다. 12가지 걸림돌은 명령, 지시, 경고, 주의, 위협, 훈계, 설교, 충고, 해결책 제시, 강의, 가르침, 비판, 비난, 칭찬, 동의, 부추김, 욕설, 비웃기, 조롱, 모욕, 분석, 해석, 분석, 진단, 격려, 달래기(위로), 공감(동정), 편들기, 심문, 질문, 탐문, 전환, 회피, 한 발 물러서기, 비위 맞추기이다.

부모 효율성 훈련의 목표는 부모-자녀관계를 개선하기 위하여 부모가 12가지 걸림돌을 극복하면서 효율적인 의사소통 방법과 기술을 습득할 수 있도록 돕는 것이다.

(2) 부모의 효율적인 자녀양육 지침

효율적인 자녀양육을 위하여 부모가 습득해야 할 의사소통기술은 다음과 같다.

가. 수용성 수준 파악하기

대부분의 부모는 항상 자녀의 행동을 수용하고 자녀를 관대하게 대해야 한다고 생각한다. 그러나 부모는 완벽한 사람이 아니기 때문에 일상생활에서 자녀의 행동을 수용하는 정도는 부모 자신이나 자녀의 특성 및 상황에 따라 변화한다. 그러므로 부모는 부모-자녀관계를 개선하기 위하여 우선 자신의 수용성 수준을 파악해야 한다.

부모의 수용성 수준은 부모 자신의 성격이나 기분, 부모의 성(그림 7-1 참조), 자녀의 성격 특성이나 출생순위, 연령, 발달 특성, 학업성취와 같은 자녀 관련 요인, 자녀의 행동이 발생하는 시간이나 장소와 같은 다양한 상황에 따라 달라질 수 있다.

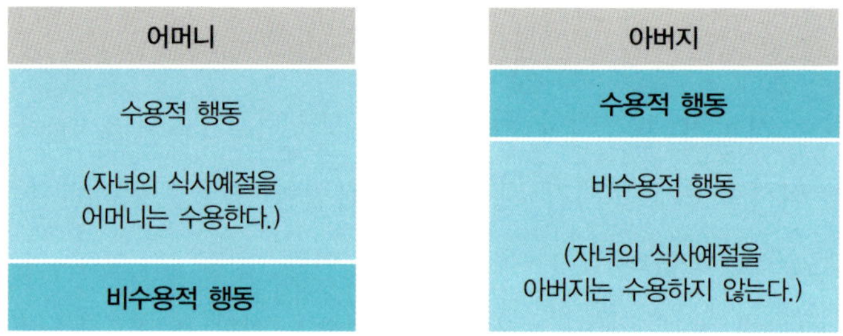

그림 7-1 부모 간의 수용수준의 차이

나. 문제의 소유자 파악하기

문제의 소유자가 누구인지에 따라 해결방식이 달라지므로 부모 효율성 훈련에서는 문제를 가진 사람이 누구인지 가려내는 것이 중요하다. 부모-자녀관계에서 문제가 되는 사람은 세 가지 경우가 있다. 첫째, 부모에게는 아무런 문제가 없으나 자녀가 떼를 쓰거나 부모의 말에 순종하지 않는 경우에 문제가 되는 사람은 자녀이다. 둘째, 자녀에게는 아무런 문제가 없으나 자녀의 말이나 행동을 부모가 수용하지 못하는 경우에 문제가 되는 사람은 부모이다. 셋째, 부모와 자녀가 모두 수용할 수 없는 행동이나 말을 한다면 이 경우에는 부모와 자녀가 모두 문제가 된다. 문제가 되는 사람이 자녀이면 반영적 경청을, 부모이면 나-전달법(I-message)을, 그리고 부모와 자녀 모두 문제라면 대안찾기의 적절한 의사소통 방법을 사용하여 문제를 해결할 수 있다.

다. 반영적 경청

부모는 반영적 경청을 통해 자녀 스스로 자신의 문제를 해결해 나갈 수 있도록 도와준다. 반영적 경청은 침묵하고 들어주는 것에서부터 언어적, 비언어적 반응(예: 고개 끄덕이기, 눈 마주치기 등)을 포함하는 소극적 경청과 자녀가 계속 말하도록 격려하는 개방적 반응(예: "나는 너의 생각에 관심이 있어." "그 문제에 대해 더 말하고 싶니?" 등) 및 부모가 자녀의 말에 내재된 의미나 감정을 찾아내 적절히 피드백해주는 적극적 경청을 포함하는 가장 효율적인 경청방법이다.

라. 나 – 전달법

나-전달법(I-message)은 문제가 되는 사람이 부모인 경우에 사용하는 방법으로써 부모의 생각과 감정을 자녀에게 효과적으로 전달하는 방법이다. 나-전달법은 자녀를 탓하지 않고 단순히 자녀의 행동(네가 ~하면), 그 행동에 대한 부모의 감정과 느낌(나는 ~라고 느낀다), 그리고 자녀의 행동 결과(왜냐하면 ~하기 때문이다)의 세 요소가 포함된 의사소통기술이다. 예를 들어, 부모는 자녀에게 "네가 학교에서 수업이 끝나고 전화도 없이 들어오지 않으면(행동), 네게 무슨 일이 생겼는지 걱정이 된단다(느낌), 왜냐하면 네가 어디에 있는지 모르고 네게 무슨 일이 생겼는지 모르기 때문이야(결과)."이다. 반면, 너-전달법(You-message)은 부모가 자녀를 탓하고 비난하며 자녀에게 잘못이 있다고 말하면서 자녀를 말로 공격하는 방법이다.

나-전달법이 성공적으로 이루어지기 위해서는 다음과 같은 점을 주의해야 한다.

첫째, 부모에게 문제가 있는 경우에 사용하며, 적극적 경청이 전제되어야 한다.

둘째, 부모가 자신의 감정을 솔직하게 표현하지 못하거나 화를 내면서 사용하는 나-전달법은 너-전달법과 동일하다.

셋째, 부모의 기분을 상하게 하는 것은 자녀가 아니라 자녀의 행동이므로 자녀와 결부시키지 말고 자녀의 행동 결과와 관련된 부모의 느낌을 이야기한다.

넷째, 자녀가 나-전달법을 무시하는 경우에는 보다 강한 나-전달법을 사용하고, 자녀가 나-전달법을 사용하면 부모는 다시 적극적 경청을 한다.

다섯째, 해결책을 제시하는 나-전달법은 너-전달법과 동일하다.

여섯째, 사춘기 자녀를 대상으로 나-전달법을 사용할 경우에는 자녀가 거부반응을 일으킬 수도 있다.

마. 무승부법

부모가 적극적 경청을 하고 나-전달법을 사용했음에도 불구하고 자녀의 행동이 바뀌지 않고 오히려 지속적으로 자신만의 방식을 고집하려고 하면 부모-자녀 간의 갈등은 심화된다. 이러한 갈등상황을 해결하기 위한 방법으로 무승부법(no lose method) 혹은 양승법이 있다.

자녀가 부모의 반영적 경청과 나-전달법을 거부할 경우 부모는 기존의 방식대로 권위적인 태도를 취하면서 자녀에게 부모의 지시에 따르도록 한다. 반대로, 자녀가 힘을 가지고 있으면 부모는 자녀의 말에 따르게 된다. 이처럼 부모는 이기고 자녀는 지게 되는 방식(win-lose approach)을 제1의 방법이라고 하며, 이와 달리 부모가 지고 자녀가 이기게 되는 방식(lose-win approach)을 제2의 방법이라고 한다. 그리고 부모와 자녀가 동등한 관계에서 누구도 이기거나 지는 것이 없는 상태를 제3의 방법, 즉 무승부법이라고 한다. 무승부법은 부모와 자녀가 협력하여 해결책을 모색하므로 모두에게 손해가 없으며, 이러한 대안찾기과정을 통해 자녀의 인지능력이나 문제해결능력이 향상되는 이점도 있다.

무승부법은 6단계로 진행된다. 즉, 문제의 정의, 가능한 해결책 모색, 가능한 해결책에 대한 평가, 최선의 해결책 결정, 수행방법 결정, 평가의 과정을 거친다. 무승부법은 제시한 6단계를 모두 거치는 것은 아니며, 이를 성공적으로 활용하기 위해서는 다음과 같은 점을 고려해야 한다.

첫째, 이전에 이미 반영적 경청이나 나-전달법에 대한 방법을 알고 있어야 한다.

둘째, 무승부법은 누구도 이기거나 지는 일이 없으므로 감정상의 상처를 받아서는 안 된다.

셋째, 하나 이상의 해결책을 제시하며, 무리하게 결정사항에 집착하지 말고, 시간적 요인을 고려하여 긴박한 갈등이 없는 상황에서 사용한다.

넷째, 자녀가 중도에 포기할 경우에는 벌을 주지 말고 적극적 경청이나 나-전달법을 사용하거나 다른 대안을 찾아본다.

4. Berne의 교류분석이론

1) 이론의 발전과정

Eric Berne
(1910~1970)

교류분석(transactional analysis: TA)의 창시자인 Berne은 캐나다 몬트리올에서 의사인 아버지와 작가인 어머니 사이에서 태어났으며, 캐나다 맥길대학에서 의학을 공부한 후, 미국으로 이주하여 예일대학교에서 정신과 수련의 과정을 이수하였다. 그는 Freud의 정신분석이론에 관심을 가지고 정신분석의가 되려고 노력했으나 정신분석학회 회원 가입이 거부되고, 정신분석전문가 자격신청에서 여러 차례 탈락하는 좌절을 경험했다. 그러나 이러한 경험은 오히려 Berne이 정신분석의 한계를 깨닫고 사회적 상호작용에 대한 관점을 토대로 자신만의 독자적인 이론인 교류분석을 창시할 수 있는 계기가 되었다.

Berne은 1957년 〈심리치료에서의 자아상태(Ego state in psychotherapy)〉라는 논문과 1961년 《교류분석 심리치료(Transactional Analysis in Psychotherapy)》라는 저서를 기술하였다. 교류분석은 Harris(1969)의 저서 《나도 옳고, 너도 옳다(I'm O.K, You're O.K)》를 통해 미국뿐 아니라 전 세계적으로 널리 알려지기 시작하였다.

2) 기본원리

Berne은 환자에 대한 자신의 치료 경험을 토대로 인간의 성격은 사회적 상호작용과 관련되어 있다고 생각하였으며, 이러한 관점을 토대로 인간관계에서의 의사소통이나 교류 방법에 역점을 둔 교류분석이론을 개발하였다. Berne에 의하면 교류는 어떤 사람의 하나의 자아상태에서 보내지는 자극에 대해 다른 사람의 하나의 자아상태에서 자극(혹은 반응)이 되돌아오는 것(스기다 미네야스, 2007, p. 81)으로서 사회적 교제의 단위이다. 또한 자아상태(ego state)는 상황에 대응하는 일관된 행동이며, 직접 관련된 감정과 사고이다(송희자, 2012, p. 18). 따라서 교류분석은 인간관계에서 서로 주고받는 것을 파악하고 분석하는 것이다.

(1) 교류분석의 목표

사회적 상호작용에서 둘 이상의 사람이 만나면 어느 한 사람이 말을 하거나 다른 사람의 존재를 인정하는 의사표시를 하게 된다. 이를 교류자극(transactional stimulus)이라 하고, 그 자극에 대해 반응하는 것을 교류반응(transactional response)이라 한다. 이러한 교류자극과 교류반응이 오가는 과정에서 인간 성격의 세 가지 자아상태가 주도적 역할을 한다. 그러므로 교류분석의 목표는 각 개인의 자아상태를 구체적으로 파악한 후, 자아상태를 상황에 따라 적절하게 사용하는 기능을 향상시켜 다른 사람과 상호작용하는 과정에서 교류자극과 교류반응이 보다 더 원활하게 이루어질 수 있도록 돕는 것이다.

(2) 성격의 구조

인간의 성격의 구조는 부모 자아상태(parent ego state: P), 어른 자아상태(adult ego state: A), 어린이 자아상태(child ego state: C)로 구성되어 있다. 이러한 세 가지 자아상태는 각각 고유한 기능을 담당하며, 상황에 따라 각각 다른 자아상태가 개인의 행동을 지배한다(표 7-2 참조).

표 7-2 세 가지 자아상태의 기능과 언어적 표현

<table>
<tr><th colspan="2">자아 상태</th><th>기능</th><th>언어적 표현</th></tr>
<tr><td rowspan="2">부모 자아 상태 (parent ego state: P)</td><td>비판적 부모 자아상태 (critical parent ego state: CP)</td><td>• 주장적, 처벌적, 권위적, 비난적, 편견적
• 타인을 가르치고 통제하고 비판하는 기능
• 지나치게 높은 경우: 지배적 태도, 명령적 말투, 칭찬보다 질책</td><td>• 비난: "그 정도 밖에 못하니?"
• 처벌: "또 한 번 더 그러면 가만두지 않겠어."
• 편견: "당연하지."
• 단정: "넌 역시 안 돼."</td></tr>
<tr><td>양육적 부모 자아상태 (nurturing parent ego state: NP)</td><td>• 배려, 격려, 동정, 보호적, 구원적
• 도움, 긍정적인 인정자극
• 지나치게 높은 경우: 과보호 경향</td><td>• 위안: "힘을 내라."
• 배려: "내가 도와줄게."
• 격려: "잘 했어."</td></tr>
<tr><td colspan="2">어른 자아상태 (adult ego state: A)</td><td>• 효율적, 적응적, 합리적, 객관적, 분석적, 평가적
• 자아상태 간의 갈등 중재
• 지나치게 높은 경우: 무미건조한 컴퓨터</td><td>• 효율성: "이렇게 하는 것이 제일 적절하겠어." "어떻게 하는 것이 제일 좋을까?"</td></tr>
<tr><td rowspan="2">어린이 자아 상태 (child ego state: C)</td><td>자유로운 어린이 자아상태 (free child ego state: FC)</td><td>• 타인 배제, 자유로운 감정표현
• 생산적, 유희적, 창의적, 자발적, 행동적, 본능적, 적극적, 직관적
• 지나치게 높은 경우: 질서나 규범 무시</td><td>• 자기중심성: "난 이게 좋아."
• 즐거움: "좋아."</td></tr>
<tr><td>순응한 어린이 자아상태 (adapted child ego state: AC)</td><td>• 타인 수용, 순응적, 감정억제, 소극적, 의존적, 착한 아이
• 모범적 규범 준수
• 지나치게 높은 경우: 죄책감, 열등감</td><td>• 순응: "알겠어요."
• 규범 준수: "그렇게 하는 것은 옳지 않아."</td></tr>
</table>

출처: 천성문, 박명숙, 반숙득, 박원모, 이영순, 전은주 외(2009). **상담심리학의 이론과 실제**, p. 232; 스기다 미네야스(2007). **교류분석**. pp. 30-36.

가. 부모 자아상태

부모 자아상태는 성장하면서 부모나 양육자의 생각이나 행동, 태도에 영향을 받아 형성된 것으로서 징벌이나 제한을 가하는 것, 혹은 남을 돌보는 것과 같은 양육적 행동과 관련되어 있으며(스기다 미네야스, 2007, p. 27) 개인의 도덕과 가치 판단을 내포하고 있다. 부모 자아상태는 비판적 부모 자아상태(critical parent ego state: CP)와 양육적 부모 자아상태(nurturing parent ego state: NP)의 두 가지 면이 있다. 비판적 부모 자아상태는 자신의 가치관이나 생각이 옳다고 여기고 양보하지 않는 것으로 다른 사람의 권리를 고려하지 않고 비현실적인 주장을 하거나 다른 사람의 자존심을 상하게 하는 등의 행동을 하는 것이다. 한편, 양육적 부모 자아상태는 친철, 동정, 관용적인 태도를 나타내는 것으로써 용서하고 칭찬하는 생활태도를 보이며, 아이들, 후배 등을 위로하고 격려하며 친부모와 같이 돌보는 것이다.

나. 어른 자아상태

어른 자아상태는 부모 자아상태와 어린이 자아상태를 중재하는 역할을 하며, 현실을 합리적이고 객관적으로 파악하기 위하여 정보를 수집하여 공정하게 평가하려는 태도와 즉시적인 욕구나 감정을 통제하면서 현실적 가능성을 추정하는 기능을 한다. 어른 자아상태는 어른으로서 주변 사람과 주고받는 관계(give and take)를 유지하는 것이다(스기다 미네야스, 2007, p. 32).

다. 어린이 자아상태

어린이 자아상태는 어린 시절에 실제로 느끼고 행동했던 것과 같은 감정이나 행동을 내면화한 것으로 자유로운 어린이 자아상태와 순응한 어린이 자아상태의 두 가지 면이 있다. 자유로운 어린이 자아상태(free child ego state: FC)는 누구에게나 구속받지 않고 자유롭게 행동하는 것으로서 충동적이고 호기심과 욕구가 많으며, 무엇인가 갈구하며, 계산 없이 행동하는 어린이와 흡사하다(송희자, 2012, p. 32). 또한 순응한 어린이 자아상태(adapted child ego state: AC)는 자신의 참된 감정이나 욕구를 누르고 부모나 교사의 기대에 부응하려고 노력하는 것으로서 부모의 비판을 두려워하거나 부모를 기쁘게 하기 위해 착한 아이의 행동을 하는 것이다. 이는 주로 부모의 영향하에서 이루어진다(스기다 미네야스, 2007, p. 35).

Berne의 세 가지 자아상태는 정신분석에서 설명하는 자아(ego), 초자아(super ego), 본능(id)의 추상적이고 객관적인 것과는 다르다(스기다 미네야스, 2007, p. 20). 이는 감정과 사고, 이와 관련된 일련의 행동양식을 종합한 하나의 시스템으로서 관찰이 가능하며 현실적, 역동적, 의식적 행동에 초점을 둔다.

(3) 인생태도

교류분석에서는 어릴 때의 성장과정에서 자신이나 타인(특히 부모), 또는 세상에 대해 어떻게 느끼고 어떤 결론을 내리는가에 대한 것을 인생태도 혹은 생활자

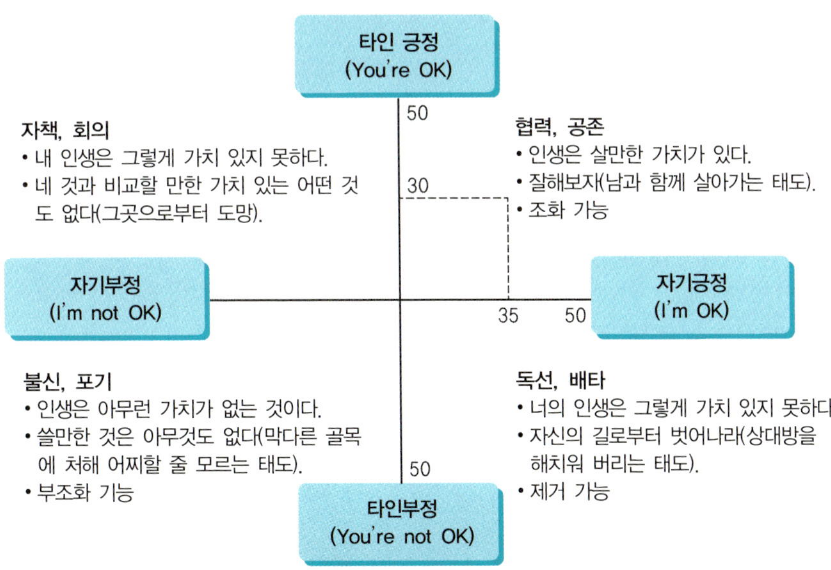

▌그림 7-2▌ 인생태도의 네 가지 특성

출처: 송희자(2012). 교류분석개론. p. 120.

세(life position)라 하며, 이를 긍정(OK) 혹은 부정(not OK)으로 표현한다. 긍정이라는 것은 살아가면서 인정받고 있다는 충족감과 살아갈 수 있다는 자신의 능력에 대한 자신감을 의미한다(송희자, 2012, p. 116). 이러한 기본적 인생태도에는 네 가지가 있다(그림 7-2 참조).

가. 자기긍정 – 타인긍정(I'm OK, You're OK)

자신도 가치가 있고 타인도 가치가 있다고 생각하는 바람직하며 심리적으로 건강한 인생태도로 자신과 타인이 조화를 이루면서 참된 자아를 실현하는 것이다. 또한 자신과 타인의 존재 가치를 모두 소중히 여기므로 이러한 사람과 함께 있으면 서로 편안하게 느끼고 만족해한다. 이러한 인생태도는 인생 초기에 부모와의 관계에서 경험하는 신체적 접촉, 격려, 지지를 받으면서 형성되는 기본적 신뢰감을 토대로 이루어진다.

나. 자기부정 – 타인긍정(I'm not OK, You're OK)

출생 직후 영아는 타인의 도움을 받아야만 자신의 욕구를 충족시킬 수 있기 때문에 자신은 무능하며 타인은 자신보다 유능하다는 인생태도를 형성하게 된다. 이는 평생 개인에게 영향을 미치는 가장 보편적인 인생태도이며, 열등감이 있거나 우울해지기 쉬운 사람이 자주 취하는 인생태도이다. 이러한 인생태도를 가진 사람은 타인에 대한 불신감, 열등감, 우울감 및 좌절감 등을 경험하기 때문에 타인과 친밀한 관계를 맺기 어렵다.

다. 자기긍정 – 타인부정(I'm OK, You're not OK)

아동이 좀 더 성장하여 외부의 도움 없이도 생존할 수 있는 자신감이 생기고, 부모의 통제와 같은 외부자극을 거부하게 되면서 형성하는 인생태도이다. 이는 부모의 학대나 타인으로부터 심한 정신적, 신체적 학대를 경험한 경우에 타인에 대해서는 극도의 부정적 감정을 갖지만 자신에 대해서는 자신을 보호하고 구하려는 의도에서 긍정적 자세를 갖게 되는 경우이다. 이러한 인생태도를 가진 사람은 자만심이 강하고 지나치게 자기방어적이기 때문에 인간관계에서 상대방을 지배하려 하거나 무시하는 태도를 보이며, 타인의 느낌이나 감정을 잘 공감하지 못할 뿐 아니라 상호작용 시 극도로 비판적이거나 비난하는 행동을 보인다. 또한 항상 모든 사람에게 자신만은 특별취급 받아야만 한다고 여기는 자기애가 강한 사람에게서도 나타난다.

라. 자기부정 – 타인부정(I'm not OK, You're not OK)

이는 인생 초기발달단계에서 부모의 애정결핍이나 무관심으로 부모와의 관계에서 기본적인 신뢰감을 형성하지 못하여 자신이 위험에 처했을 때 아무도 자신을 도와주지 않는다는 생각에서 비롯된 인생태도이다. 이러한 인생태도를 가지고 있는 사람은 모든 인간관계에 대해 매우 부정적이고 분노감정을 가지고 있기 때문에 자기 자신뿐 아니라 그 누구도 믿지 못한다. 또한 자신은 버림받았다는 인식을 가지고 있기 때문에 자신의 인생은 무가치한 것이어서 인생 전반에 걸쳐 아무런 희망이 없다고 느끼는 절망적 혹은 허무적 태도를 가지고 있다.

(4) 교류 유형

교류분석에서 교류는 사회적 의사소통의 기본단위로서 언어에만 한정된 것이 아니라 얼굴 표정, 몸짓, 자세 말투 등 비언어적인 것도 포함한다. 또한 교류는 상대방과의 인간관계에 어떤 장애가 있는지, 또 어떻게 하면 그 장애를 제거할 수 있는지를 알아보고자 하는 방법이다. 교류 유형에는 상보적 교류, 교차적 교류, 이면적 교류가 있다.

가. 상보적 교류

상보적 교류(complementary transaction)는 상호간 의사소통에서 두 개의 자아상태가 상호 개입하여 자극과 반응의 방향이 평행하며, 발신자가 기대하는 대로 수신자의 자아상태로부터 응답을 받는 것이다. 따라서 두 개의 자아상태 간 충돌이 적고 심리적 갈등이나 문제없이 원만한 상호작용이 이루어진다(그림 7-3 참조). 교류가 상보적으로 발생하는 한 의사소통은 원활하게 계속될 수 있다.

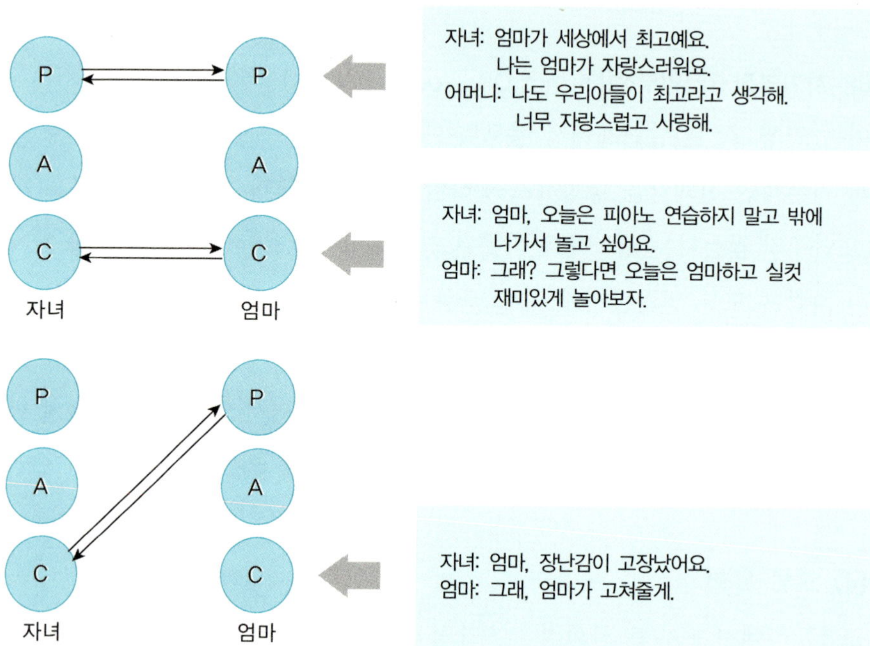

그림 7-3 다양한 상보적 교류 유형

나. 교차적 교류

교차적 교류(crossed transaction)는 상호 간의 의사소통에서 세 개 또는 네 개의 자아상태가 개입하여 자극과 반응이 교차함으로써 수신자의 반응이 발신자가 기대하는 자아상태로부터 오지 않고 엉뚱하게 다른 자아상태로부터 오는 것이다(그림 7-4 참조). 즉 상호 간 의사소통에서 자신이 기대했던 자아상태와는 다른 예상 밖의 반응이 되돌아오기 때문에 무시당한 기분, 분노 및 적개심 등의 부정적 감정을 경험하게 된다. 따라서 교차적 교류가 일어나면 두 사람 간에 의견충돌이 생기고 대화는 중단된다. 이를 극복하려면 한 사람 또는 두 사람 모두 의사소통을 재정립하기 위해 자아상태를 변화시켜야 한다.

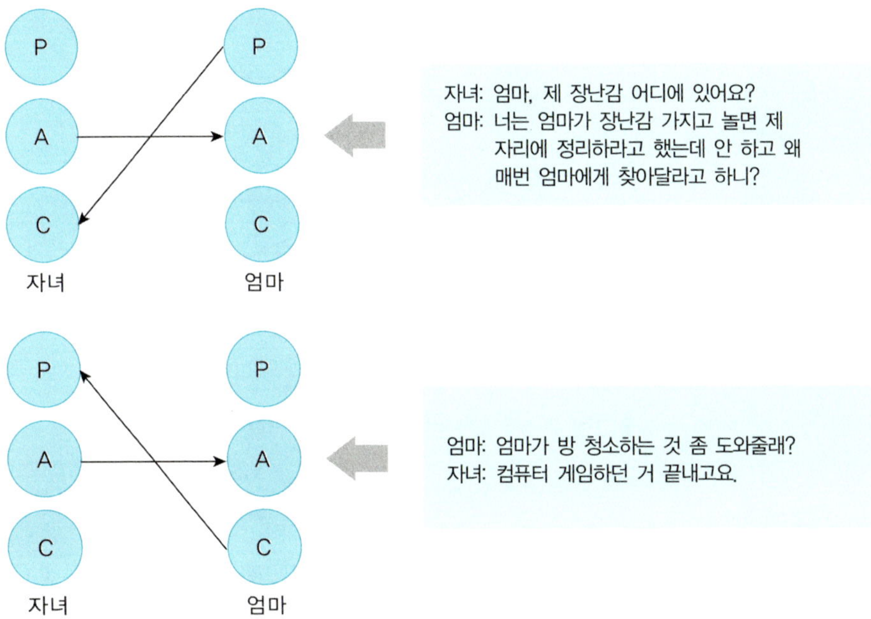

그림 7-4 다양한 교차적 교류 유형

다. 이면적 교류

이면적 교류(ulterior transaction)는 가장 복잡한 형태의 교류로서 세 개 또는 네 개의 자아상태가 관계하여 두 개의 메시지가 동시에 전달되는 것이다. 이때 한 개의 메시지는 사회적 수준(social level)에서 공개적으로 언어로 전달되며, 다른 메시지는 심리적 수준(psychological level)에서 언어 이면에 은밀하게 숨겨진 의도를 포함하여 전달된다(송희자, 2012, p. 79). 따라서 이면적 교류의 행동 결과는 사회적 수준에서 결정되는 것이 아니라 심리적 수준에서 결정된다. 이면적 교류에는 이중 이면적 교류(duplex ulterior transaction)와 각진 이면적 교류(angular ulterior transaction)가 있다. 이중 이면적 교류는 한 쌍의 교류 속에 그것과 상이한 또 한 쌍의 교류가 숨어 있는 것이고, 각진 이면적 교류는 한 개의 자아상태에서 두 개의 다른 메시지가 발신되는 것이다(그림 7-5 참조).

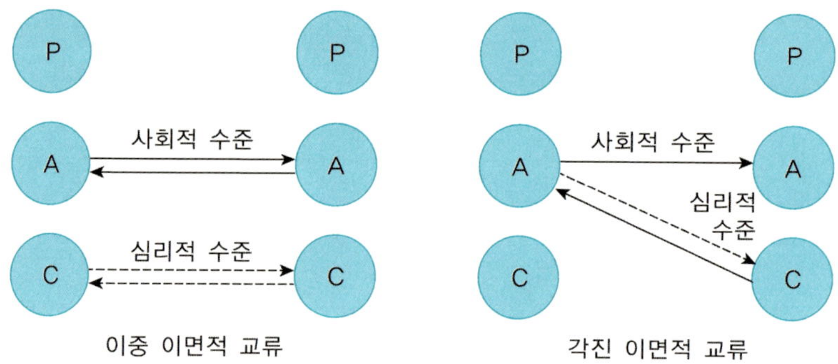

그림 7-5 다양한 이면적 교류 유형

5. 행동수정이론

1) 이론적 배경

행동수정이론(behavior modification theory)은 행동주의 심리학에 기초한 부모교육 이론으로 Pavlov와 Watson의 고전적 조건형성이론, Skinner의 조작적 조건형성이론, Bandura의 사회학습이론의 영향을 받았다.

Ivan P. Pavlov
(1849~1936)

John B. Watson
(1878~1958)

Burrhus F. Skinner
(1904~1990)

Albert Bandura
(1925~)

Pavlov는 개의 타액분비량을 자동적으로 기록하게 하는 실험을 통해 고전적 조건형성이론을 제시하였다(그림 7-6 참조). 그의 연구는 생리학 실험이었지만 이후 행동주의 심리학의 시초가 되었다.

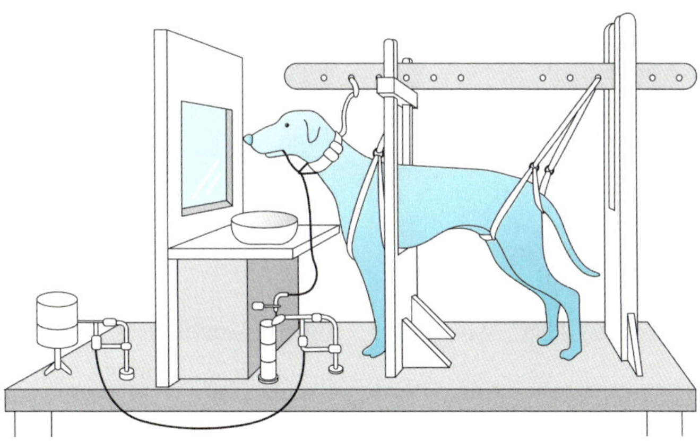

그림 7-6 Pavlov의 고전적 조건형성 실험

출처: 조성연, 이정희, 천희영, 심미경, 황혜정, 나종혜(2010). 아동발달, p. 92.

Watson은 Pavlov의 고전적 조건형성 원리를 인간에 적용시켜 자녀양육에 대한 저서인 《영아 및 아동에 대한 심리적 양육(Psychological care of infant and child)》(1928)

을 출판하였다. 이 책은 당시에 베스트셀러가 되면서 자녀양육의 대표적인 지침서로 각광을 받았다. Watson은 부모교육 강연을 다니면서 행동주의이론에 입각한 부모의 엄격한 자녀양육 방법을 주장하였다.

Skinner는 조작적 조건형성이론을 제시하면서 그에 따른 행동주의 원리를 자녀양육에 적용하였으며, 생후 2년 동안 아동의 성장에 가장 적합한 환경을 제공하는 육아상자인 에어 크립(Air crib)을 고안하여(그림 7-7 참조) 실제로 자신의 딸인 데보라를 육아상자 안에서 양육하기도 하였다. 또한 Skinner는 자신의 사회공학 원리를 모델로 한 이상사회에 대한 소설인 《웰덴 투(Walden two)》를 기술하였다. 부모-자녀 간 이상적인 관계, 부모역할 훈련기술과 유아의 행동을 계획하여 습득시키고 수정시킬 수 있는 방법 등을 제시하였다.

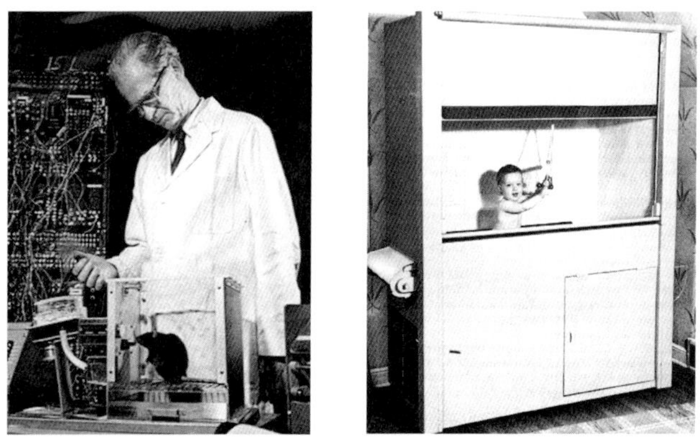

그림 7-7 스키너 상자(좌)와 에어 크립(우)

Bandura는 TV 공격성 실험(그림 7-8 참조)을 통해 인간이 직접 경험하지 않더라도 단순히 타인의 행동을 관찰하고 모방함으로써 학습이 이루어질 수 있다는 사회학습이론을 제시하였다.

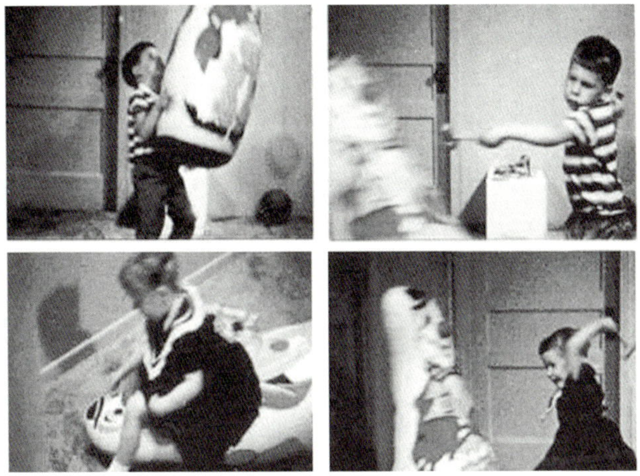

▌그림 7-8▌ Bandura의 TV 공격성 실험

행동주의이론에서 제시한 다양한 행동수정기법을 적용한 행동수정이론은 아동의 문제행동을 치료하거나 바람직한 행동을 형성하는 데 효과적이라고 인식되면서 부모교육이론으로 대중에게 널리 활용되고 있다.

2) 기본원리

행동수정이론에 의하면 인간의 모든 행동은 환경과의 상호작용을 통해 학습되므로 부모가 어떤 환경자극을 주는가에 따라 자녀는 무한하게 변화할 수 있다고 본다.

(1) 행동수정이론의 목표

행동수정이론은 자녀의 문제행동으로 인해 양육에 어려움을 겪고 있는 부모에게 실제로 적용할 수 있는 구체적인 방법을 제시해준다. 그러므로 행동수정이론의 목표는 부모가 행동수정기법을 교육받아 실제 자녀양육에 활용하는 동시에 부모가 자녀에게 좋은 모델로서의 역할을 수행하여 자녀의 바람직하지 않은 행동은 의도적이고 계획적으로 수정하고, 바람직한 행동은 더 강화시킬 수 있도록 돕는 것이다.

(2) 행동수정기법

행동수정기법은 장애아동의 신변처리능력이나 생활지도에 주로 활용되었으나 점차 정상아동의 문제행동을 수정하거나 좀 더 바람직한 행동을 발달시키기 위해 다양하게 사용하고 있다.

가. 바람직하지 못한 행동을 감소시키는 방법

① 처벌

처벌(punishment)은 아동에게 혐오자극을 제시함으로써 바람직하지 못한 행동이 일어날 확률을 감소시키는 방법이다. 그러나 처벌은 오히려 아동의 공격성을 증가시키거나 아동이 처벌받는 상황을 피하기 위해 바람직하지 않은 행동을 더 많이 하게 만들기도 한다. 처벌은 아동으로 하여금 또는 처벌을 준 대상이나 장소를 싫어하게 만들 수도 있고 처벌 자체만으로는 바람직한 행동을 가르칠 수 없다는 제한점 등이 있다. 처벌을 사용할 때에는 아동의 문제행동이 일어나는 즉시 한 번에 한 가지 문제행동만을 대상으로 해야 하며, 아동에게 미리 처벌을 사용하는 기준을 명확하게 제시해주어야 하며, 대처행동의 강화와 같은 다른 행동수정기법을 병행하여 사용하는 것이 효과적이다.

② 소거

소거(extinction)는 이미 학습된 아동의 문제행동이라도 그 행동에 대한 강화가 지속적으로 주어지지 않는다면 점차 사라진다는 원리에 따라 자녀가 문제행동을 보였을 때 부모가 아예 관심을 보이지 않고 무시함으로써 문제행동을 감소시키는 방법이다. 소거가 효과를 거두려면 자녀의 문제행동이 자녀에게 해롭지 않을 때, 자녀가 부모의 관심을 끌기 위해 문제행동을 폭발적으로 나타내지만 부모가 이를 충분히 다룰 수 있을 때 다른 행동수정기법과 병행하여 사용해야 한다.

③ 타임아웃

타임아웃(time out)은 고립이라고도 하는데 아동이 처해 있는 상황이 문제행동을 일으키는 원인인 경우에 아동을 그 상황으로부터 일시적으로 격리시키는 방법이다. 타임아웃을 사용할 때에는 몇 가지 고려해야 할 점이 있다. 첫째, 현재 상황이 고립되는 것을 싫어할 만큼 즐거운 상황이어야 한다. 둘째, 고립되는 곳에는 아동이 좋아할 만한 장난감이나 물건이 없어야 하며, 고립되어 있는 동안에는 아동의 행동을 엄중하게 통제해야 한다. 셋째, 아동의 연령에 따라 고립되는 시간을 고려하여 5~10분 정도를 넘지 않아야 한다. 넷째, 고립을 사용하는 경우에 부모의 관심을 보여주는 체벌과 같은 다른 행동은 자제해야 한다.

참고 **타임아웃 사용지침**

- **적절하게 지시하기**
  단호하면서도 중립적인 목소리로 지시한다.
- **타임아웃 지시 후 10초 기다리기**
  타임아웃을 지시한 후 자녀가 순응할 때까지 마음속으로 10초를 세면서 기다린다.
- **타임아웃 재 지시 후 10초 기다리기**
  자녀가 지시를 따르지 않으면 "네가 지시를 따르지 않으면 혼자 있게 할 거야."라고 단호하게 재지시한다. 재지시를 한 후 다시 10초를 기다린다.
- **타임아웃 장소로 보내기**
  재지시 후 10초를 기다려도 자녀가 순응하지 않으면 "내가 지시한 대로 안 했으니까 혼자 있어야겠다."라고 조용하지만 단호하게 말한 후, 자녀를 즉시 고립장소로 보낸다. 자녀와 논쟁해서는 안 되며, 필요에 따라서는 자녀의 팔을 잡거나 안고 고립장소로 간다. 자녀가 고립장소에 도착하면 "내가 나오라고 말할 때까지 여기에 있어."라고 단호하게 말한다.
- **자녀에게 주의 기울이지 말기**
  자녀가 고립되어 있는 동안에는 자녀에게 말을 걸거나 주의를 기울여서는 안 된다. 부모는 하던 일을 계속한다. 정해진 고립시간 동안 자녀가 얌전하게 조용히 있으면 자녀에게 "이제 나와도 돼."라고 말한다.

- **지시를 반복하여 제시하기**

  자녀가 고립장소에서 나오면 다시 지시를 반복하고, 자녀가 지시에 따르면 칭찬을 해주지만 지시에 따르지 않으면 다시 고립장소로 보낸다.

출처: Gretchen, A. G., & Melissa, L. H. (2007). **유아기 정서 및 행동장애**, p. 72; 정문자, 제경숙, 이혜란, 신숙재, 박진아(2011). **아동심리상담**, p. 133 재인용

④ 포화

포화(satiation)는 아무리 좋은 것도 지나치면 싫증난다는 원리를 적용한 행동수정기법이다. 즉, 포화는 아동이 나타내는 문제행동을 마음껏 할 수 있는 환경을 제공해줌으로써 그 행동에 대한 흥미를 잃어버리게 만드는 것이다. 포화를 사용할 때에는 문제행동이 위험하지 않아야 하며, 포화시키고자 하는 행동이 수정하고자 하는 행동과 일치해야 하고, 성인이 먼저 포화되지 말아야 한다.

⑤ 반응대가

반응대가(response cost)는 미리 아동에게 즐길 수 있는 권리를 준 후, 약속을 어길 경우에 주어진 권리의 일부를 박탈함으로써 잘못된 행동을 수정하는 방법이다. 예를 들어, 아동에게 숙제를 마치면 20분간 TV를 볼 수 있게 해준다는 약속을 미리 한 후, 숙제를 하지 않으면 TV 시청시간을 5분씩 박탈하는 것이다. 반응대가를 사용할 때에는 대가가 아동에게 적정한 수준이어야 하며, 아동이 인정할 수 있도록 아동과 미리 합의해야 한다.

⑥ 체계적 둔감법

체계적 둔감법(systematic desensitization)은 근육이완상태에서 불안이나 공포를 야기하는 상황을 가장 약한 자극에서부터 가장 강한 자극까지 점진적으로 노출시켜 아동의 불안이나 공포를 극복하게 하는 행동수정기법이다. 체계적 둔감법을 사용할 때에는 미리 아동의 불안이나 회피반응에 대한 정확한 원인을 규명하여 이를

예방하거나 차단하는 것이 가능할지에 대해 먼저 분석해야만 한다. 그런 후에 불안을 가장 적게 일으키는 자극에서부터 불안을 가장 심하게 일으키는 자극에 이르기까지 서서히 단계적으로 아동을 자극에 노출시켜 불안 유발 자극에 체계적으로 둔감해질 수 있게 해주어야 한다.

나. 바람직한 행동을 형성하는 방법

① 정적강화와 부적강화

강화는 특정한 보상을 제공함으로써 행동의 발생빈도를 높여주는 방법으로 이에는 정적강화(positive reinforcement)와 부적강화(negative reinforcement)가 있다. 정적강화는 바람직한 행동을 했을 때 칭찬이나 강화물을 제공하고, 부적강화는 바람직한 행동을 했을 때 혐오자극을 제거함으로써 바람직한 행동의 빈도를 증가시키는 것이다. 정적강화와 부적강화를 사용할 때에는 다음과 같은 점을 고려한다.

첫째, 강화물은 아동이 바람직한 행동을 보인 후에 즉시 제공해야 하며, 혐오자극도 즉시 제거해야 한다. 그러나 행동수정 중기 단계 이후에는 예기치 않게 강화물을 제공해주는 간헐강화원리를 적용해야 바람직한 행동이 더 오래 지속된다.

둘째, 강화물은 아동의 개인차를 고려하여 정해야 한다. 어떤 아동에게는 강화물이 되는 것도 다른 아동에게는 강화물이 되지 않을 수 있다.

셋째, 강화물의 양은 점차 줄여나가야 하며, 바람직한 행동과 관련없는 행동에는 강화물을 남용해서는 안 되고, 윤리적 문제가 있을 수 있는 강화물은 사용해서는 안 된다.

② 행동형성과 행동연쇄

행동형성(behavior shaping)은 한 번에 도달하기 어려운 새로운 행동을 가르칠 때에 강화물을 목표행동에 점진적으로 접근하도록 제시하는 방법이다. 예를 들어,

아동에게 일기를 쓰도록 가르치는 과정에서 처음에는 5분, 다음에는 10분, 15분 정도로 점차 시간을 늘려 가며 강화물을 제공해주는 것이다. 반면, 행동연쇄(behavior chaining)는 학습할 행동을 여러 단위행동으로 단계별로 나누어 학습시키는 방법이다. 예를 들어, 아동에게 세수하는 방법을 가르칠 때, 첫 단계에서는 세면대에서 수도꼭지 틀기를 성공적으로 수행하기만 해도 보상을 주고, 이를 4~5회 성공하거나 80% 정도 성공률을 보이면 다음 단계인 얼굴에 물을 묻히는 단계로 넘어간다. 이 단계도 지속적으로 성공하면 다음 단계인 비누를 꺼내는 단계로, 이 단계가 성공하면 비누를 손으로 비벼 얼굴에 바르고 문지르는 단계로, 물로 비누를 헹구는 단계로, 그리고 마지막 단계인 수건으로 얼굴 닦고 수건을 걸어놓는 단계로 세수하기를 학습할 수 있게 한다.

행동형성기법을 사용할 때는 가능한 한 행동의 단계를 세분화하고, 이전 단계의 행동이 충분히 숙달된 후에 다음 단계의 행동으로 진행하게 해야 하며, 아동이 성취할 수 있는 수준을 낮게 설정하여 보상을 충분히 받을 수 있도록 한다.

③ 용암법

용암법(fading)은 한 행동이 다른 사태에서도 발생할 수 있도록 그 조건을 점차적으로 변경하는 방법이다. 예를 들어, "너는 몇 살이니?"라는 질문에 대해 아동이 자신의 나이를 답변하지 않고 앵무새처럼 "너는 몇 살이니?"라고 질문을 반복할 때, 질문 후에 곧바로 "7살"이라고 아동의 나이를 크게 말해준다. 그러면 아동은 질문을 되풀이하지 않는 대신 자신의 나이를 답변하게 되며, 아동이 성공적으로 답할수록 점차적으로 나이를 말해주는 강도를 낮추어 작은 목소리로 말하다 나중에는 입 모양만 보여주며 아동이 스스로 나이를 말할 수 있도록 한다. 용암법은 지적장애나 전반적 발달장애아동의 학습에 널리 활용되는 방법이다. 용암법을 사용할 때에는 용암과정의 진행속도를 너무 빠르거나 너무 느리게 진행하지 않도록 주의해야 하며, 촉진자극은 적절한 수준에서 사용하다가 점차적으로 줄여가야 한다.

④ 토큰경제

토큰경제(token economy)는 아동이 바람직한 목표행동을 했을 때 토큰을 받고, 부적응적 행동을 했을 때 토큰을 잃게 하여 기준이 되는 토큰이 모두 모이면 아동과 함께 계획한 보상으로 교환하게 하는 방법이다. 즉, 아동이 바람직한 행동을 했을 때, 먼저 토큰으로 강화를 받고, 모인 토큰은 후에 본인이 원하는 후속 강화물로 대체한다. 후속 강화물인 보상은 게임시간, TV 시청시간, 아동이 평소 매우 사고 싶어했던 장난감 등이 될 수 있다. 토큰경제가 효과적이려면 아동의 발달수준을 고려하여 토큰의 수, 토큰으로 대체할 수 있는 후속 강화물의 종류와 양, 후속 강화물로 교환할 수 있는 토큰의 수 등을 아동과 상의하여 정해야 한다.

6. 부모교육이론의 요약

이상에서 살펴본 Dreikurs, Ginott, Gordon, Berne의 부모교육이론 및 행동수정이론에 기반이 된 적용이론, 강조점 및 행동지침을 요약하여 제시하면 표 7-3과 같다.

또한 각 부모교육이론이 포함하고 있는 강조점을 중심으로 유사점과 차이점을 살펴보면 표 7-4와 같다.

표 7-3 부모교육이론의 요약

	Dreikurs의 민주적 부모교육이론	Ginott의 인본주의적 부모교육이론	Gordon의 부모 효율성 훈련이론	Berne의 교류분석이론	행동수정이론
적용 이론	• Adler의 개인심리학	• Rogers의 내담자 중심상담이론 • Axline의 아동중심 놀이치료이론	• 정신분석, 아동심리 및 발달 관련 이론	• 사회적 상호작용 관련 관점	• Pavlov와 Watson의 고전적 조건형성이론 • Skinner의 조작적 조건형성이론 • Bandura의 사회 학습이론
강조점	• 자녀를 인격체로 존중하는 민주적 양육방식 갖기 • 자녀의 잘못된 행동 목표에 대처하기 • 자녀 스스로 자신의 일을 결정하고 책임질 수 있도록 교육하기	• 자녀를 있는 그대로 수용하고 하나의 독립된 인격체로 대우하기 • 긍정적인 부모-자녀 관계 수립 위한 효과적인 상호작용 기술 습득하기	• 부모-자녀 간 효율적인 의사소통 방법과 기술 습득하기	• 부모 자녀 간 상호작용 과정에서 교류자극과 교류반응 원활하게 하기	• 행동수정기법을 통한 자녀양육하기 • 자녀에게 좋은 모델로서 역할 수행하기
행동 지침	• 자녀의 잘못된 행동 목표 설정하기: 관심 끌기, 힘 행사하기, 앙갚음, 무능력감 보이기 • 인식반응 보이기 • 자연적 · 논리적 결과 • 격려	• 부모-자녀 상호작용 촉진을 위한 지침: 자녀와의 대화, 칭찬과 비판, 책임감과 독립심, 행동의 한계설정 • 부모교육 단계: 이야기 단계, 민감성 증진 단계, 개념 형성 단계, 기술 익히기 단계	• 수용성 수준 파악하기 • 문제의 소유자 파악하기 • 반영적 경청 • 나-전달법 • 무승부법	• 성격의 구조: 부모 자아상태, 어른 자아 상태, 어린이 자아 상태 • 인생태도: 자기긍정-타인긍정, 자기부정-타인긍정, 자기긍정-타인부정, 자기부정-타인부정 • 교류 유형: 상보적 교류, 교차적 교류, 이면적 교류	• 바람직하지 못한 행동을 감소시키는 방법: 처벌, 타임아웃, 포화, 반응대가, 체계적 둔감법 • 바람직한 행동을 형성하는 방법: 정적강화와 부적강화, 행동형성과 행동연쇄, 용암법, 토큰경제

표 7-4 부모교육이론의 유사점과 차이점

강조점	부모교육이론				
	Dreikurs의 민주적 부모교육 이론	Ginott의 인본주의적 부모교육 이론	Gordon의 부모 효율성 훈련이론	Berne의 교류분석 이론	행동 수정 이론
부모자녀 간 민주적 관계	○	△	○	△	×
부모의 온정적이고 수용적 태도	△	△	○	△	×
행동의 한계 설정	○	△	△	×	N/A
의사소통 강조	○	○	○	○	△*
자녀의 행동 원인파악	○	△	○	○	×
책임감 있는 자녀양육	○	○	○	△	×
자녀의 행동변화	○	○	△	△	○
행동변화를 위한 벌의 사용	×	×	×	×	○
행동변화를 위한 칭찬의 사용	×	○	△	△	○

주) ○=높은 수준; △=중간 수준; ×=적거나 없음; N/A=적용불가; *=행동통제를 위해 언어가 사용됨
출처: Hamner, T. J., & Turner, P. H. (1990). *Parenting in contemporary society* (2nd Ed.), p. 152. 발췌 수정함.

표 7-4에 나타난 바와 같이 Dreikurs의 이론, Ginott의 이론, Gordon의 이론, Berne의 이론에서는 부모-자녀 간 의사소통 증진을 강조하고 있으나, 행동수정이론에서는 강조점이 상대적으로 적은 편이다. 또한 Dreikurs의 이론, Ginott의 이론, 행동수정이론 모두에서 자녀의 행동변화를 강조하고 있으나, 그 방법에서는 차이가 있다. 행동주의이론에서는 자녀의 행동변화를 위해 벌과 칭찬을 강조하고 있고, Ginott의 이론에서는 칭찬을 강조한다. Dreikurs의 이론에서는 상벌을 이용하여 자녀의 행동변화를 이끌기보다 자녀의 행동에 한계를 설정하는 것을 강조하고 있다.

생각해 봅시다

1. 다양한 부모교육이론의 유사점과 차이점에 대해 생각해 봅시다.
2. 각각의 부모교육이론이 가지고 있는 제한점에 대해 생각해 봅시다.
3. 미래의 유아교사로서 어떤 부모교육이론에 근거를 두고 부모교육을 실시할지 생각해 봅시다.

Parent Education

chapter 08

부모교육 프로그램

CHAPTER 08

부모교육 프로그램

학습목표
- 각 부모교육 프로그램에 기초가 된 이론과 목표를 이해한다.
- 부모교육 프로그램을 구성하는 내용을 안다.
- 부모교육 프로그램에서 사용하는 기법을 익힌다.

부모교육에 대한 필요성과 중요성을 인식하게 되면서 전 세계적으로 다양한 부모교육 프로그램을 개발하여 실시하고 있다. 우리나라도 1980년대 이후부터 P.E.T., STEP 등 외국에서 개발한 부모교육 프로그램을 번역하여 실시하고 있고, 한국청소년상담원(현 한국청소년상담복지개발원)에서 개발한 '자녀의 힘을 북돋우는 부모' 등의 프로그램을 실시하고 있다. 따라서 이 장에서는 그동안 국내외에서 효과적으로 진행하고 있는 부모교육 프로그램과 유아교육과 보육기관에서 활용할 수 있도록 개발한 포괄적 보육서비스-부모지원 프로그램, 총체적 부모교육 프로그램의 개요, 내용 구성, 운영 방법 등을 제시하고, 그 외에도 감정코칭 프로그램을 소개하고자 한다.

1. 부모 효율성 훈련 프로그램

1) 프로그램 소개

부모 효율성 훈련 프로그램(Parent Effectiveness Training: P.E.T.)은 Gordon이 개발하여 1970년 저서로 발간하였다. P.E.T.는 1962년 미국에서 처음 실시한 이후 전국으로 보급되었으며, 우리나라에서는 1989년 한국심리상담연구소가 소개한 이후 현재 국내의 대표적인 부모교육 프로그램의 하나가 되었다. P.E.T. 관련 저서는 2000년에 개정판을 출판하였고, 2006년에는 프로그램과 워크북의 내용을 보강하였다. 부모 효율성 훈련 프로그램(Parent Effectiveness Training: P.E.T.)의 이론적 배경은 '7장 부모교육이론'을 참고하기 바란다.

2) 프로그램 구성

(1) 구성 배경

P.E.T. 프로그램은 다음과 같은 전제에 따라 구성하여 운영한다.

- 부모와 자녀는 애정과 존경에 바탕을 둔 따뜻하고 친밀한 관계를 형성해야 한다.
- 부모역할은 자녀를 생산적이고 협동적이며 책임감 있는 시민으로 기르는 데 있다.
- 부모와 자녀 간에 좋은 인간관계를 형성하기 위해서는 서로 원만한 의사소통을 해야 한다.
- 부모와 자녀 간의 갈등을 해소하고 변화시키기 위해서는 체계적이고 반복적인 훈련이 필요하다.

(2) 목표

P.E.T.는 부모가 효과적으로 자녀를 양육하는 데 필요한 기술을 습득하여 효율적인 부모역할을 수행하도록 하며, 부모와 자녀 간의 긍정적인 관계의 형성을 목표로 한다. 이를 보다 구체적으로 살펴보면 다음과 같다.

첫째, 부모도 인간이기에 부모역할을 완벽하게 수행할 수 없다는 것을 스스로 인식하게 한다.

둘째, 부모와 자녀 간의 인간관계에서 자녀의 행동을 제대로 이해하고, 자신의 감정을 바르게 표현할 수 있는 표현기법을 습득하게 한다.

셋째, 부모와 자녀 간의 관계에서 문제가 발생할 경우에 부모가 효과적으로 대응하기 위해 의사소통기술(예: 반영적 경청, 나-전달법 등)을 터득하게 한다.

(3) 내용 구성

P.E.T. 프로그램은 총 8주 과정으로 구성되어 있다. P.E.T. 프로그램은 부모-자녀관계에서 당면한 문제를 해결할 수 있도록 부모로 하여금 다양한 기법을 연습하게 함으로써 부모가 자녀를 양육하는 데 자신감을 갖고 긍정적인 부모-자녀관계를 형성할 수 있는 내용으로 구성되어 있다. 구체적인 주별 내용은 표 8-1과 같다.

표 8-1 P.E.T. 프로그램 내용

주별 내용	세부 내용
1주 목표 설정	• P.E.T. 소개, 목표 설정하기 • 행동의 수용도식 이해하기 • 부모의 수용감정(자녀의 영향, 부모의 영향, 환경의 영향) 이해하기 • 문제의 소유와 관련한 수용도식 이해하기 • 문제의 소유자 가려내기
2~3주 반영적 경청	• 의사소통의 걸림돌 이해하기 • 걸림돌 경험하기 • 의사소통 모형 이해하기 • 반영적 경청 이해하기 • 반영적 경청 실습하기 • 유아와 의사소통하기 • 감정 표현하는 어휘 찾아보기
4~5주 나-전달법/ 환경의 재구성	• 나-전달법의 3요소 이해하기 • 나-전달법 체험하기 • 나-전달법 인식하기 • 나-전달법을 완전하게 숙달하기 • 유아를 위한 나-전달법 사용하기 • 긍정적인 나-전달법 • 이번 주 동안의 실행사항 이야기하기 • 가정환경을 재구성하기 • 가족환경을 점검하기
6~7주 제3의 방법 (무승부법)	• 대립된 갈등을 해결 가능한 문제로 전환시키는 방법에 대해 이해하기 • 악순환을 피하는 방법에 대해 이해하기 • 문제해결의 6단계 • 문제해결의 개요 • 문제해결의 유의점 • 제3의 방법을 이용한 문제해결하기 • 욕구를 언어로 표현하기 • 욕구를 언어로 표현하기에 도움이 되는 사항 • 제3의 방법으로 계획하기 • 제3의 방법으로 해결한 사례

8주 가치관 대립에 대한 대처기술	• 가치관 대립을 인식하기 • 자녀의 가치관에 영향주기 • 모델로서 부모가 영향력 미치기 • 효과적인 부모역할 3단계 이해하기 • 목표 점검하기 • 타인과의 원만한 관계를 형성하기 위한 신조 정하기

출처: Gordon, T. (1998). **효과적인 부모역할 훈련 work book**, p. 7. (목차를 중심으로 수정함.)

(4) 운영 방법

P.E.T. 프로그램은 5회기의 8주 동안 회기당 3시간씩 총 24시간으로 운영한다. P.E.T. 프로그램은 주별 주제와 소주제로 구성되어 있으며, 소주제마다 목적과 실행 방법을 제시하여 부모가 실제 상황에서 효율적으로 연습할 수 있도록 구성되어 있다.

3) 프로그램 실제 예시

(1) 1회기: 부모의 수용성 수준과 문제의 소유자 파악하기

가. 1단계: 부모의 수용성 수준 파악하기

1단계는 자녀의 행동에 대해 부모가 수용할 수 있는 수준을 파악하는 것이다. 자녀의 행동에 대한 부모의 수용 수준은 부모, 자녀, 환경과 같은 요인의 특성에 따라 달라진다. 부모의 특성은 부모의 욕구, 지각 등에 따라, 자녀의 특성은 인성이나 연령에 따라, 환경적 특성은 시간과 장소에 따라 수용 여부나 정도가 달라진다.

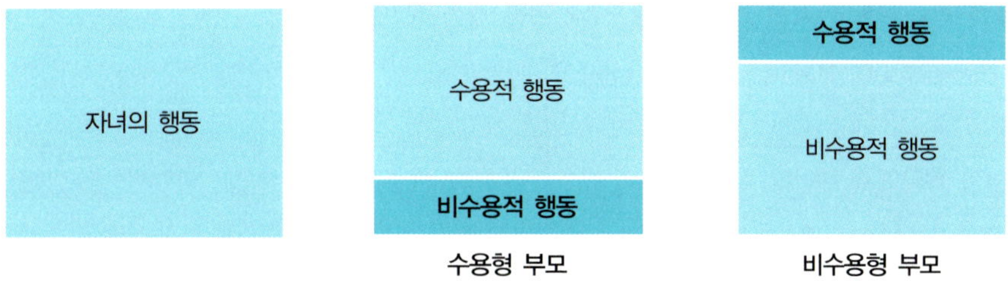

그림 8-1 부모의 수용 정도에 따른 구분

P.E.T. 프로그램은 비수용형 부모의 인간관계 기술을 개선하는 데 관심을 둔다. 그러나 부모가 자녀의 행동을 무조건 수용하는 것이 아니라 자녀에게 부모의 솔직한 감정을 표현하게 하는 방법을 익히는 것이다. 이를 통해 긍정적인 부모-자녀 관계를 유지하도록 할 뿐만 아니라 자녀도 솔직하게 감정을 표현하게 하는 방법을 배우게 하는 데 중점을 둔다.

나. 2단계: 문제의 소유자 파악하기

2단계에서는 부모와 자녀관계에서 문제의 소유자가 누구인지 판단하여 문제의 소유자에 따른 해결 방법을 모색한다.

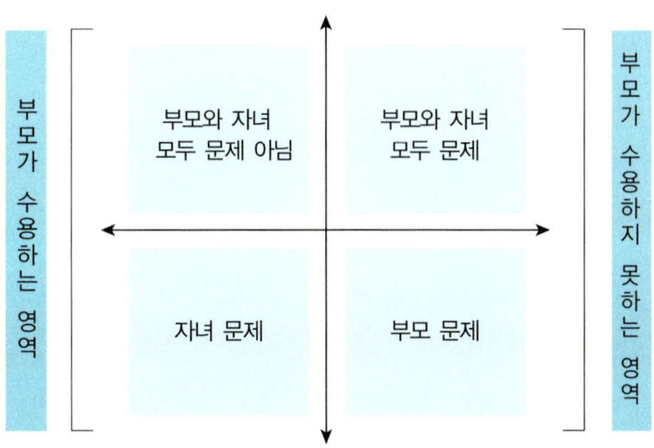

그림 8-2 문제의 소유자 파악하기

표 8-2 상황에 따른 문제의 소유자와 이유 가리기(연습하기)

상황	문제의 소유자	이유
자녀가 식당에서 뛰어다니며 소란을 피운다.	부모	자녀가 소란을 피우므로 부모는 식사하는 데 방해받고, 자녀를 통제하라는 다른 사람의 눈총을 받는다.
자녀가 찻길에서 자전거를 탄다.	(?)*	자녀가 찻길에서 자전거를 타는 것은 교통사고를 유발할 수 있으므로 부모는 자녀의 안전관리를 잘하지 못하고 있다.
동생은 형이 블록으로 만들어 놓은 장난감을 망가뜨린다.	(?)*	형이 정성스럽게 만든 장난감을 동생이 함부로 만져서 망가뜨렸다. 이는 형제 간의 문제로 형제가 스스로 문제해결을 해야 한다(단, 자녀의 연령에 따라 차이가 있을 수 있다).
자녀가 담임선생님께 야단을 맞았다고 화를 낸다.	자녀	담임선생님이 이유 없이 자녀를 야단치지는 않았을 것이다. 자녀가 교사와의 관계 형성도 배워야 한다.
자녀가 유치원이나 어린이집에 적응을 못해서 속상하다.	공유 (부모, 자녀)	기관에 적응하는 것은 자녀의 문제이다. 그러나 자녀가 일과에 적응하지 못하거나 어린 경우에는 부모가 도움을 주면서 스스로 할 수 있도록 지원하는 것이 필요하다.

* 연습해 보기: (?) 칸에 문제의 소유자를 판단하여 기입해 보자.

(2) 2회기(2~3주): 반영적 경청

가. 반영적 경청

P.E.T. 프로그램에서 반영적 경청은 자녀가 문제를 소유한 경우에 실시할 수 있는 효과적인 방법이다. 부모는 자녀의 말을 듣기만 하는 것이 아니라 자녀가 하고자 하는 말의 내용과 그 내면의 동기나 정서에 주의를 기울여 듣고 부모가 이해한 바를 자녀에게 피드백(feedback)을 해주는 것이다. 반영적 경청을 실시하는 방법에는 네 가지가 있다.

① 소극적 경청(passive listening)

소극적 경청은 부모가 자녀의 말을 조용히 들어주는 것이다. 자녀가 이야기할 때 부모가 조용히 들어주는 것만으로도 자녀는 큰 힘을 얻는다.

② 인식반응 보이기(acknowledgement response)

인식반응 보이기는 부모가 자녀의 말을 열심히 듣고 있다는 표시로 언어적·비언어적인 반응(reaction)을 보여주는 것이다(예: "아아", "그래", 고개 끄덕이기, 미소짓기 등). 부모는 자녀의 바람직하지 않거나 잘못된 말이나 행동에 대해서도 그것을 인식하였다는 신호를 보내야 한다.

③ 계속 말하도록 격려하기(door openers or invitations)

부모는 자녀가 자신의 감정이나 문제를 이야기할 때 계속 말할 수 있도록 격려해주어야 한다. 이것은 부모가 자녀의 말에 응대해주는 가장 효과적이고 발전적인 방법 중 하나이다.

④ 적극적 경청(active listening)

적극적 경청은 부모가 자녀로부터 들은 내용을 충분히 이해하여 그 속에 내재되어 있는 의미나 감정을 찾아내어 적절하게 피드백을 해주는 것이다.

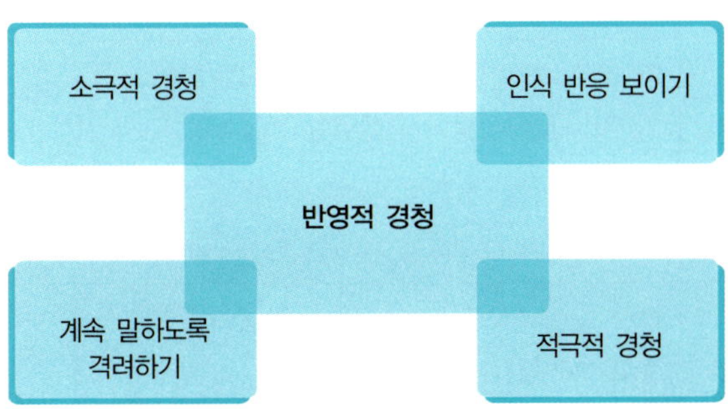

그림 8-3 반영적 경청

나. 부모와 자녀 간 의사소통의 걸림돌

걸림돌이란 부모와 자녀 간의 의사소통에 갈등을 야기하는 것이다. 의사소통의 걸림돌은 자녀가 문제영역에 있으면 문제를 야기하지만, 문제가 없다면 일부의 걸림돌은 오히려 긍정적인 효과를 가져오기도 한다. 그러나 욕설, 매도, 비난, 비하 등과 같은 부정적인 의사소통은 늘 갈등과 문제를 야기한다.

부모가 자녀와 의사소통을 할 때 걸림돌이 자주 나타나는 데는 몇 가지 이유가 있다. 첫째, 부모는 자신의 부모역할에 대해 양가적인 감정을 경험한다. 부모역할의 양가적 감정이란 부모가 자신에 대해 부족하다고 느끼면서 다른 한편으로는 자신이 훌륭한 부모가 되어야 한다고 무의식적으로 기대하는 것이다. 그리하여 부모는 자녀에게 당위성을 강조하는 의사소통을 함으로써 단절과 갈등을 야기한다. 둘째, 부모는 과거에 사용하던 자녀양육 방법을 의례적으로 사용한다. 셋째, 부모와 자녀는 서로의 관점을 전환하는 유연성이 부족하여 부모가 자녀의 관점에서 바라보기보다는 성인 중심적인 의사소통 구조를 유지한다.

표 8-3 12가지 의사소통의 걸림돌

걸림돌	내용	대화의 예
명령, 지시	부모는 자녀에게 어떻게 하라고 하거나 혹은 하지 말라고 명령하고 지시한다.	"너는 반드시~", "꼭~"
경고, 주의, 위협	자녀에게 어떤 행동이나 말을 하면 어떠한 결과가 일어나게 될 것이라고 말한다.	"만약 ~하지 않으면~"
훈계, 설교	자녀에게 해야 할 일과 해서는 안 되는 일이나 그 이유에 대해 장황하게 설명한다.	"이래야 돼, 저래야 돼"
충고, 해결책 제시	자녀의 문제를 어떻게 하면 해결할 수 있을지에 대해 부모가 해결책을 제시한다.	"~해야 하지 않겠니?"
강의, 가르침 (논리적으로 따지기)	부모 자신의 의견을 제시하여 자녀에게 영향을 주고자 한다.	"왜냐하면 말이지~"

비판, 비난	자녀에 대해 부정적인 시각으로 판단하고 평가한다.	"너는 말야 ~하잖아"
칭찬, 동의, 부추김	자녀의 의견에 긍정적으로 평가하고 동의한다.	"너는 잘 했구나~"
욕설, 비웃기, 조롱, 모욕	자녀에게 욕을 하거나 수치심을 준다.	"네가 무슨~"
분석, 해석, 진단	자녀의 행동 원인에 대해 부모가 분석하고 진단하여 이를 자녀에게 이야기한다.	"뭐가 문제냐 하면~"
격려, 달래기(위로), 공감(동정), 편들기	자녀의 기분을 맞추려고 애쓰고, 자녀를 동정하고 현재의 기분을 풀어주려고 한다.	"기운내라~"
심문, 질문, 탐문	자녀의 문제에 대해 원인이나 이유를 알려고 계속 질문을 한다.	"왜~ 누구랑~ "
전환, 회피, 한 발 물러서기, 비위맞추기	문제를 회피하고 관심을 다른 곳으로 돌리려고 한다.	"다른 이야기하자~"

출처: Gordon, T. (1998). 효과적인 부모역할 훈련 work book, pp. 20-22.

(3) 3회기(4~5주): 나-전달법

나-전달법은 자녀와 직접 의사소통하는 것으로 부모에게 문제가 있을 때 사용한다. 나-전달법은 자녀를 평가하거나 해석하는 것이 아니라 부모 자신의 느낌과 감정을 표현하는 것이다.

부모가 자녀와 의사소통을 할 때 나-전달법을 사용하면 다음과 같은 장점이 있다.

첫째, 자녀의 자존감에 피해를 주지 않고 자녀 스스로 문제해결의 책임을 지도록 유도한다.

둘째, 자녀에게 반영적 경청에 대한 모델을 보여줌으로써 개방적인 의사소통기법을 터득하게 한다.

셋째, 부모와 자녀가 서로 감정이입을 가능하게 하여 서로에게 신뢰감을 갖도록 해준다. 부모에게 문제가 있을 경우에 부모가 나-전달법과 너-전달법을 사용하는 것을 비교하여 자녀가 느끼는 생각을 제시하면 다음과 같다.

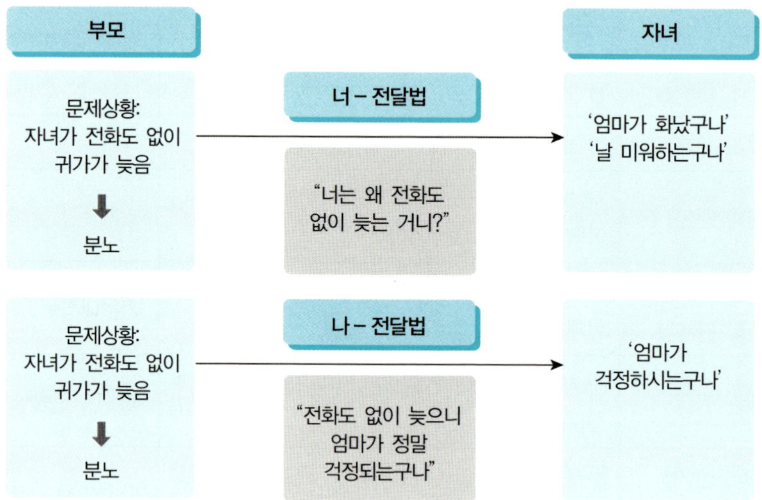

그림 8-4 나-전달법과 너-전달법의 비교

나-전달법을 사용하기 위해서는 세 가지 구성요소인 자녀의 행동 서술, 자녀의 행동에 따른 결과 서술, 자녀의 행동에 따른 부모의 느낌 서술이 포함되어야 한다. 즉, 나-전달법은 부모가 문제를 파악하여 문제를 정의하고 자녀의 수용할 수 없는 행동에 대해 비평 없이 서술한 후, 자녀의 행동이 부모에게 미치는 구체적인 영향에 대해 언급한다. 마지막으로 부모는 자녀의 행동이나 구체적인 영향에 대한 부모의 감정이나 느낌에 대해 말한다.

표 8-4 나-전달법의 요소와 사용언어 및 예시

요소	사용 언어	예시	연습하기
자녀의 행동에 대해 비평 없이 말하기	너가 ~하면(하니),	너가 자동차에서 큰 소리로 떠드니	너가 ______하면(하니),
부모에게 미치는 구체적인 영향 말하기	엄마는 ~하구나.	아빠와 통화하기가 어렵구나.	엄마가 ______하구나.
부모의 느낌(감정)을 말하기	그래서 엄마는 ~하단다.	그래서 엄마는 화가 난단다.	그래서 엄마가 ______ 하단다.

(4) 무승부법(6~7주)

무승부법(no-lose method)은 무패법, 양승법, 비권위적 방법, 민주적인 방법이라고도 한다. 부모는 갈등을 수용하고, 이를 생산적으로 해결하는 방법을 습득하는 것이 중요한데 무승부법은 자녀와 부모 모두 문제를 소유한 경우에 사용하는 방법이다. 무승부법은 6단계로 진행되며 몇 가지 특징과 장점이 있다.

첫째, 부모와 자녀가 서로 합의할 수 있다. 자녀는 자신의 문제에 대해 스스로 결정하여 실천하고 싶어하기 때문에 적극적으로 문제를 해결하려고 한다. 그러므로 부모와 자녀는 서로 의견을 제시하여 합의된 방법이나 결과를 도출한다. 따라서 부모와 자녀가 합의한 결과이므로 부모는 자녀에게 해결책을 실천하도록 강요할 필요가 없다.

둘째, 자녀의 사고능력을 향상시키는 훈련효과가 있다. 자녀는 스스로 문제에 대해 생각함으로써 문제해결력을 기를 수 있고, 자신의 욕구를 고려하여 권리를 존중해준 부모와 관계를 개선할 수도 있다. 또한 부모는 자녀와 감정적으로 대립할 필요가 없으며, 패배하지 않았다는 자부심도 가질 수 있다.

셋째, 부모와 자녀 간에 근본적인 문제접근이 가능해진다. 부모는 자녀의 특별한 행동의 원인에 대해 근본적인 부분까지 알 수 있으므로 문제의 본질을 더욱 확실하게 이해할 수 있다.

넷째, 부모와 자녀 간에 적대감과 반감이 줄어들 뿐만 아니라 자녀의 창의력을 키울 수도 있다. 부모와 자녀는 문제에 대해 창의적이고 고차원적인 해결책을 발견할 수 있으므로 부모와 자녀의 욕구를 동시에 만족시킬 수 있으며 결정사항을 실행에 옮기기도 쉽다.

표 8-5 무승부법의 6단계

단계		방법
1	문제의 정의	• 부모는 자녀에게 원하는 바를 나-전달법으로 전달하고 반영적 경청을 통해 자녀의 문제가 무엇인지 이해하려고 노력한다. • 부모는 자녀가 같은 의미로 문제를 받아들이고 있는지 확인하고, 자녀에게 양쪽 모두의 욕구를 충족시킬 수 있는 해결방안을 찾기 위한 과정이라는 사실을 인식시킨다. 예) "엄마는 네가 소리를 지르니 당황스럽고 걱정이 되는구나. 소리를 지르지 않고 이야기하면 엄마도 잘 들을 수 있을 거야. 네가 원하는 것을 소리 지르지 않고 말해주렴."
2	가능한 해결책 모색	• 문제를 해결할 수 있는 다양한 방법을 모색한다. • 부모가 먼저 해결책을 제시하기보다는 자녀가 스스로 해결책을 제시하도록 격려하고 가능한 모든 해결책을 모아 정리한다. 예) "그럼 네가 게임을 하려면 어떻게 할 수 있는지 말해주겠니?"
3	가능한 해결책에 대한 평가	• 가능한 해결책이 합리적인지, 장점과 단점은 무엇이고 실행하는 데 어려움은 무엇인지, 그리고 부모와 자녀 모두의 욕구를 공평하게 충족시켜줄 수 있는지에 대해 평가하고 논의한 후, 몇 가지 해결책을 선택한다. 예) "네가 생각한 대로 매일 학교 다녀와서 30분씩 하는 방법, 일주일에 3일을 하는 방법, 주말에 1시간씩 하는 방법이 있구나. 어떤 방법이 네가 원하는 것인지 말해주겠니?"
4	최선의 해결책 결정	• 선택한 몇 가지 해결책 중에서 부모와 자녀가 합의하여 가장 최선이라고 생각하는 해결책을 결정한다. 예) "그럼 좋아. 네가 결정한 대로 화요일과 목요일에 숙제를 모두 마친 후 30분을 하고, 토요일에는 학원 다녀와서 1시간을 하는 것으로 하자."
5	수행방법 결정	• 합의한 해결책을 어떻게 수행할 것인지에 대해 구체적인 방법을 결정하여 직접 실행에 옮긴다. 예) "그럼 네가 이야기한 규칙대로 달력에 표시를 해볼까? 30분 또는 1시간이 되었는지를 알려면 어떻게 해야 하지? 타이머가 필요하지 않을까? 오늘은 월요일이니 내일부터 시작해보고 표시하는 거다."
6	평가	• 합의한 해결책을 실행해봄으로써 부모와 자녀 간의 문제가 해결되었는지를 평가하고, 문제점이 발견되면 합의를 통해 다시 해결책을 결정하는 과정을 반복한다. 예) "목요일에 숙제를 다 하고 30분을 하기로 했는데 그러지를 못했네. 네가 숙제를 다 했다는 걸 어떻게 확인하면 좋을까?"

출처: Gordon, T. (1998). **효과적인 부모역할 훈련 work book**, pp. 48-49.

2. 체계적인 부모 효율성 훈련 프로그램

1) 프로그램 소개

체계적인 부모 효율성 훈련 프로그램(Systematic Training for Effective Parenting: STEP)은 Adler의 사회심리학이론에 기초하고, Dreikurs의 민주적인 부모교육이론과 Gordon의 의사소통기술의 장점을 모아 Dinkmeyer와 McKay가 1976년에 개발한 체계적이고 단계적인 부모교육 프로그램이다. Dinkmeyer와 McKay는 《책임감 있는 아이 기르기(Raising Responsible a Child)》(1973)라는 책을 발간하면서 이에 대한 확장으로 체계적인 부모 효율성 훈련 프로그램의 내용을 구성하였다. STEP 프로그램은 민주적인 양육방식을 근간으로 부모-자녀관계에서 생기는 여러 가지 문제를 효율적으로 해결할 수 있도록 실질적인 접근 방법을 제공하고 있다. 현재 STEP 프로그램은 전 세계의 많은 기관이나 단체 등에서 실시하고 있다. 국내에서는 이경우(Dinkmeyer & McKay, 1985)가 번역하여 처음 출간하였고, 2012년에 황옥자와 이지연이 세 가지 STEP 프로그램을 번역하여 출간하였다.

2) 프로그램 구성

(1) 이론적 기초

가. Adler의 개인심리학

Adler에 의하면 인간은 세 가지 능력, 즉 인간이 자기운명을 개척하려는 능력, 원시적인 욕구와 통제하기 어려운 환경을 극복하여 보다 완전한 삶을 추구하려는 능력, 자아인식을 통해 자기 자신과 주위 환경을 개선하려는 능력이 있다. Adler가 주장하는 이러한 관점은 STEP 프로그램에서 주장하는 좋은 부모역할과 자녀의 긍정적 행동목표 설정에 영향을 주었다.

나. Dreikurs의 민주적 부모교육이론

Dreikurs는 아동은 관심 끌기, 힘 행사하기, 앙갚음, 무능력감 보이기와 같은 잘못된 행동목표를 가진다고 보았다. 또한 Dreikurs는 부모의 지나친 칭찬, 처벌, 보상은 자녀와의 관계 속에서 힘 겨루기를 부추기거나 자녀에게 가르쳐 주어야 하는 자기통제력을 손상시킨다고 보았다. 따라서 그는 칭찬이나 보상보다는 격려와 자연적・논리적 결과를 경험하도록 권장하였는데 이 부분을 STEP에 반영하였다.

다. Gordon의 부모 효율성 훈련이론

Gordon은 애정과 존경에 바탕을 둔 민주적인 부모와 자녀 간의 효과적인 의사소통을 위한 다양한 기법을 제시하였다. 이 중 부모가 자녀의 행동에 대한 수용수준과 문제의 소유자 파악하기, 반영적 경청, 나-전달법, 비권위적 방법 또는 민주적 방법의 사용 등은 STEP 프로그램에서 주요 기법으로 사용하고 있다.

(2) 교육 원리

가. 대화 기법(communication skills)

대화 기법은 자녀가 세상을 어떻게 경험하는지, 또 부모는 자녀의 경험을 어떻게 느끼고 있으며, 자녀의 행동이 부모에게 어떤 영향을 미치는지에 대해 부모가 자녀와 이야기를 나눌 때 필요하다. 따라서 STEP 프로그램은 의사소통기술을 듣기 기법과 말하기 기법으로 나누어 실시하고 있다.

나. 환경을 계획하는 기술(skills in planning the environment)

부모-자녀관계를 개선하는 방법 중 하나가 환경을 계획하는 일이다. 부모는 자녀가 지루해하지 않도록 환경을 풍부하게 제공해주거나 지루해하기 전에 자극상황을 만들어주어 자녀가 안정성을 가질 수 있도록 가정환경을 계획하면 가족 내에서 많은 갈등을 줄일 수 있다.

다. 부모 자신을 변화시키는 기술(parent self-change)

갈등과 문제를 해결하기 위해 자녀의 행동변화와 함께 부모 자신도 변화해야 한다. 부모 자신이 변화하기 위해서는 부모가 자녀의 발달단계에 대해 이해할 뿐만 아니라 자녀의 발달단계와 부모의 기대와의 관계에 대해서도 이해해야 한다.

라. 아동을 변화시키는 기술(changing the child)

자녀를 훈육하는 전통적인 방법 중 하나는 자녀가 부모에게 순종할 때 상을 주고 순종하지 않을 때 벌을 주는 것이다. 그러나 이와 같은 행동수정기법보다 '자연적 · 논리적 결과'를 활용하는 훈육 방법을 사용하는 것이 더 매력적이고 효과적이다.

마. 가족을 변화시키는 문제해결기술(changing the family-problem solving skills)

자녀는 성장하는 동안 여러 가지 도움을 필요로 한다. 부모는 자녀가 대안을 찾을 수 있도록 자녀에게 문제를 탐색하는 기회를 제공하고, 원인을 규명하고 해결하는 데 적절한 방안을 선택하도록 도와주어야 한다. 이를 통해 자녀는 자신의 행동결과에 대해 평가해보고, 만약 문제가 해결되지 않으면 그 해결책에 대해 재정의하거나 다른 해결책을 선택할 수 있다.

(3) 목적과 목표

STEP 프로그램은 궁극적으로 부모의 양육기술을 향상시키고 사회적으로 책임감 있는 자녀의 양육을 목표로 한다. STEP 프로그램에서 설정하고 있는 목표는 다음과 같다(정옥분, 정순화, 2012, pp. 350-351).

첫째, 부모 자신에 대한 이해와 자녀의 잘못된 행동에 대해 이해할 수 있도록 돕는다.

둘째, 자녀가 노력하는 부분에 대해 격려해줌으로써 자녀로 하여금 자신감을 갖도록 한다.

셋째, 자녀를 존중하는 의사소통방식을 기른다.

넷째, 자연적·논리적 결과를 활용함으로써 자녀의 행동에 대한 책임감과 판단력을 증진시켜 준다.

다섯째, 부모-자녀 간의 민주적 관계를 형성함으로써 자녀 스스로 자신의 문제를 해결할 수 있는 능력을 기른다.

(4) 내용 구성

STEP 프로그램은 9장으로 구성되어 있으며 양육원리와 기술을 습득하게 하는 부모능력 향상을 위한 내용과 자녀의 긍정적 행동목표에 초점을 둔 자녀의 행동발달을 위한 내용으로 구분되어 있다.

표 8-6 STEP 프로그램의 내용 구성

장	주제	전제 또는 목표	부모가 지켜야 할 행동
1	• 자녀 행동의 이해 – 네 가지 잘못된 행동 목표 (관심끌기·힘 행사하기·앙갚음·무능력감 보이기)	• 부모와 자녀의 사회적 공평성 • 자녀의 행동 이해	• 상호 존중하기 • 시간 내어 재미있게 보내기 • 용기 주기 • 사랑으로 의사소통하기
2	• 자녀와 부모 자신의 이해 – 감정 이해하기 – 생활형태 이해하기 – 좋은 부모란?	• 자녀 훈육 방법 익히기 • 좋은 부모되기 • 자신감과 독립성 키워 주기	• 가족의 분위기 형성과 가치를 알도록 노력하기 • 올바른 부모역할 이해하기 • 가족구성원의 입장 이해하기
3	• 격려: 자신감과 가치감 길러주기 – 부정적 기대 없애주기 – 학업성취에 대한 높은 기대 갖지 않기 – 형제 간 경쟁심 없애기	• 격려해줄 수 있는 특별한 언어 사용하기 ("고맙다. 도움이 많이 되었다. 네가 기뻐하니 나도 참 기쁘다.")	• 자녀의 있는 그대로의 상태 수용하기 • 긍정적 태도 보이기 • 칭찬보다는 격려하기 • 자녀에 대해 신뢰하기

4	• 의사소통: 반영적 경청	• 비언어적 메시지에 반응하기	• 효과적인 경청하기 • 반영적 경청하기 • 감정을 이해할 수 있는 단어 사용하기
5	• 의사소통: 대안 찾기, 부모의 생각과 느낌 표현하기 – 자녀의 기분 이해하기 – 탐색하여 문제해결하기 – 선택하도록 도와주기	• 문제의 소유자 파악하기	• 나-전달법 사용하기 • 자녀 존중하기
6	• 책임 있는 훈육 방법 – 보상과 벌 – 일관성 있는 부모행동하기 – 책임감 분담하기 – 문제의 소유자 파악하기	• 자연적 · 논리적 결과 방법 익히기 • 논리적 결과의 단계 적용하기 • 자신의 행동에 대한 결과 알게 하기	• 개방적 태도 보이기 • 목소리를 다정하면서도 단호하게 표현하기 • 잘못된 행동에 대해 논리적으로 사고하여 스스로 결론 내리기
7	• 자연적 · 논리적 결과의 활용 – 강의, 수치심, 명령, 회상	• 자신에게 부여된 권리와 의무 알기 • 자신의 일을 논리적 사고를 통해 스스로 처리하기	• 자녀의 권리 존중하기 • 집안일을 수행하는 데 논리적 결과 사용하기
8	• 가족모임 – 신념, 가치관, 불평 – 의문, 질문, 제안	• 나-전달법을 사용하여 가족구성원이 솔직하게 의사소통하기 • 재미있게 지내기	• 일정한 시간 정하기 • 오락시간을 갖기 • 가족 모두 참석할 수 있는 시간으로 정하기 • 정한 규칙을 적용하기
9	• 자신감 개발 및 잠재력 발휘 – 잘못된 자녀의 행동에 대처하기 – 부모행동 변화시키기	• 나-전달법을 사용하기 • 논리적 결과 사용하기	• 긍정적 태도 보이기 • 상호 존중하기 • 부모 자신의 실수 인정하기

최근에 STEP 프로그램은 영유아용, 아동용, 청소년으로 구분한 활용서를 제시하였고, 각 대상 연령에 따라 일곱 가지의 주제를 다루는 간략형을 제시하였다.

▌표 8-7▌ 자녀의 연령에 따른 STEP의 주별 주제

주	영유아용	아동용	청소년용
	영유아(0~5세, 2008) 	아동(6~12세, 2007) 	청소년(12~18세, 2007) 
1	영유아 이해하기	부모 자신과 자녀 이해하기	부모 자신과 10대 자녀 이해하기
2	영유아의 행동 이해하기	신념과 감정 이해하기	10대에 대한 부모의 반응 변화시키기
3	영유아기의 자아존중감 형성하기	자녀와 부모 자신을 격려하기	존경과 격려로 의사소통하기
4	영유아와의 의사소통	자녀와 말하고 듣기	문제해결과 협동 격려하기
5	영유아가 협동을 배우도록 돕기	자녀가 협동을 배우도록 돕기	결과를 이용한 책임감 형성하기
6	효과적인 훈육하기	훈육 방법 이해하기	의사결정하는 방법 1
7	정서와 사회성 발달 키우기	부모의 방식 선택하기	의사결정하는 방법 2

출처: Dinkmeyer, D. C. Sr., McKay, G. D., Dinkmeyer, J. S., Dinkmeyer, D. D., Jr., & McKay, J. L. (2012a).; Dinkmeyer, D. C. Sr., McKay, G. D., Dinkmeyer, J. S., Dinkmeyer, D. D., Jr., & McKay, J. L. (2012b).; Dinkmeyer, D. C. Sr., McKay, G. D., Dinkmeyer, J. S., Dinkmeyer, D. D., Jr., & McKay, J. L. (2012c).에서 발췌하여 정리함.

(5) 운영 방법

STEP 프로그램은 집단 부모교육으로 한 집단을 10~12명으로 구성하여 회기당 2시간 정도 실시한다. 프로그램에 참여한 부모는 지침서에 따라 체계적인 교육을 받으며 토의한다. STEP 프로그램은 가족을 개인발달에 영향을 미치는 중요한 요인으로 여기므로 자녀의 건전한 성장과 발달을 돕기 위해 부모에게 다양한 양육 기술을 제공한다.

프로그램은 자녀의 잘못된 행동을 이해하는 방법과 기술, 의사소통의 기술과 적용, 가족의 중요성 등을 부모에게 인식시킴으로써 자연적·논리적 결과와 나-전달법을 사용하여 각 단계마다 가정에서 직접 실시할 수 있도록 가르친다. 부모 스스로 배운 것을 가정에서 직접 자녀에게 적용해 본 후, 서로 토의하고 체크해보게 한다.

프로그램에서 사용하는 자료는 비디오테이프(DVD), 포스터, 차트 및 책이며, 도움이 되는 자료를 융통성 있게 사용한다. 부모는 부모를 위한 교재를 사용하며 각 모임에서는 비디오테이프(DVD)를 이용하여 설명을 듣는다.

3) 프로그램 실제 예시

아동용(0-5세) STEP 프로그램은 7주에 걸쳐 해당 주제를 다루는데 여기서는 2주에 해당하는 내용을 소개하여 제시하고자 한다.

(1) 2회기: 자녀 행동 이해하기

가. 자녀의 잘못된 행동목표

자녀가 행하는 잘못된 행동목표를 알면 자녀의 행동에 대해 쉽게 이해할 수 있다. 자녀의 잘못된 행동목표에는 관심끌기, 힘 행사하기, 앙갚음, 무능력감 보이기가 있다. 이에 대한 설명은 '7장 1. Dreikurs의 민주적 부모교육이론'을 참고하기 바란다.

▌표 8-8▌ 자녀의 잘못된 행동목표

자녀의 생각	잘못된 행동 목표	부모의 느낌과 반응	부모의 행동에 대한 아동의 반응	자녀 수준에서 보여주는 행동	부모의 대처방안
"나 좀 바라봐 줘. 나를 떠받들어 줘."	관심 끌기	• 느낌: 귀찮다. • 반응: 꾸짖는다.	일시적으로 잘못된 행동을 중단하고 후에 같은 행동을 다시 하거나 다른 방법으로 방해한다.	"나 봐라." 하며 지속적으로 관심 끄는 행동을 한다.	• 가능한 한 잘못된 행동을 무시한다. • 고의적으로 관심을 얻으려 하지 않을 때 긍정적인 행동에 대해 관심을 보인다. • 공연히 시중을 들어 주지 않는다.
"내가 모든 것을 마음대로 할 수 있고, 엄마는 나를 맘대로 하지 못해."	힘 행사 하기	• 느낌: 화가 남 • 반응: 싸우거나 포기한다.	잘못된 행동을 계속하고 공공연하게 반항한다.	"내 맘대로 할 거야." 하며 떼를 쓴다.	• 갈등에서 한 걸음 물러선다. • 자녀에게 도움을 청하거나 협동하게 함으로써 건설적으로 행동하는 방법을 가르쳐준다.
"엄마는 날 사랑하지 않아."	앙갚음	• 느낌: 깊이 상처받는다. • 반응: 보복하려는 경향을 보인다.	잘못된 행동을 더욱 심하게 한다.	"미워, 사랑 안 해." 하며 소리 지른다.	• 감정을 상하지 않게 한다. • 벌을 주지 말고 보복도 하지 않는다. • 서로 신뢰하는 관계를 형성한다. • 사랑받고 있다는 것을 확신시킨다.
"나는 아무것도 할 수 없어."	무능력감 보이기	• 느낌: 절망, 포기, 무기력해진다. • 반응: 아무 일도 할 수 없다는 것을 인정하려는 경향을 보인다.	모든 일에 수동적으로 반응하거나 거의 반응하지 않는다.	푸념하면서 "싫어 안 해."라고 말한다.	• 결코 아동을 비난하지 않는다. • 동정하지 말고 작은 노력이라도 격려해준다.

출처: Dinkmeyer, D. C. Sr., McKay, G. D., Dinkmeyer, J. S., Dinkmeyer, D. D., Jr., & McKay, J. L. (2008), *Parenting young children*, p. 38.

표 8-9 자녀의 긍정적 행동목표

자녀의 생각	긍정적 행동목표	자녀 수준에서 보여주는 행동	부모의 지원방안
"내가 긍정적인 행동을 할 때 소속감을 가질 수 있어."	관심 끌기	접시 닦기, 바구니에 빨래 담는 행동을 한다.	자녀가 도우려는 것을 인정해 준다.
"나는 스스로 결정할 수 있어."	영향력, 독립심	입을 옷을 스스로 고른다.	자녀가 스스로 한 행동에 대하여 지원하고 격려한다.
"다른 사람과 협력하면서 잘 지내고 싶어."	공정성, 타인과의 관계	다른 친구와 다투지 않고 놀이감을 나눠쓴다.	다른 사람과 협력하려는 노력을 인정해준다.
"성공하고 싶어."	유능성	실수를 스스로 받아들이고 실패하면 다시 시도한다.	자녀의 실수를 수용하고 재시도하여 나아진 부분을 알아준다.

출처: Dinkmeyer, D. C. Sr., McKay, G. D., Dinkmeyer, J. S., Dinkmeyer, D. D., Jr., & McKay, J. L. (2008), *Parenting young children*, p. 39.

나. 긍정적 관계요소

① 상호존중

부모와 자녀가 서로 존중하기 위해서는 부모가 먼저 자녀를 존중하는 태도를 보여주어야 한다. 이를 위해 부모는 자녀에게 부정적인 말을 삼가는 것부터 시작하여 자녀와 친숙한 분위기에서 이야기를 나누도록 한다.

② 즐거운 시간 갖기

부모는 자녀와 즐거운 시간을 갖도록 계획하고 이를 위해 노력해야 한다.

③ 격려

부모는 자녀가 스스로 '나는 능력 있다.'고 느낄 수 있도록 자녀를 끊임없이 격려해주어야 한다. 부모가 격려해줌으로써 자녀는 자신의 장점을 인식하고, 실수를 줄일 수 있다.

④ 사랑의 표시

부모가 자녀에 대한 사랑을 직접 행동으로 표현하는 것은 매우 중요하다. 사랑은 자녀를 존중하고, 책임감과 독립성을 길러주려는 부모의 태도를 통해 자녀에게 전달된다.

3. 적극적 부모역할 훈련 프로그램

1) 프로그램 소개

적극적 부모역할 훈련 프로그램(Active Parenting: AP)은 현대사회에서의 부모역할이 매우 중요하고, 동시에 매우 어렵다는 생각에 따라 Popkin이 개발하였다. Popkin은 적극적 부모역할 토론 프로그램(Active Parenting Discussion Program)(1983)이란 이름으로 비디오를 활용한 적극적 부모역할 훈련 프로그램을 개발하였다. 이후 이 프로그램은 '현대 적극적 부모역할(Active Parenting Today: APT)'(1993)로 개정하였고, 다시 '부모 코칭 프로그램: 적극적 부모역할(Active Parenting Now: APN)'(2002a)로 개정하였다.

AP 프로그램은 2~12세 자녀를 둔 부모를 대상으로 실시하는 부모역할 훈련인 APT(Active Parenting Today)와 10대 청소년 자녀의 부모를 위한 부모역할 훈련인 AP/Teens(Active Parents of Teens, 1990)로 구분된다. 그 외에도 다양한 가족 배경과 유형(예: 재혼가족, 1~4세 자녀를 둔 취약계층 부모 등)에 따른 부모역할 프로그램을 개발하였다.

APT는 1995년부터, AP/Teens는 1996년부터 국내에서 실시하고 있으며, 2007년부터는 5~12세 자녀의 부모용 APN을 실시하고 있다. 이 장에서는 APN을 중심으로 소개하고자 한다.

2) 프로그램 구성

(1) 이론적 기초

Popkin은 다양한 이론을 접목하여 AP 프로그램을 개발하였다. AP 프로그램은 Adler, Dreikurs 이외에 AP 프로그램에는 Rogers, Carkhuff, Gordon, Ginott, Erikson 등의 이론도 포함되어 있다. Ellis 등의 이론과 교육공학적인 방법을 적용하여 개발하였다. 교육공학적인 방법은 부모교육 비디오교재를 활용한 AP 프로그램을 만드는 데 활용하였다.

가. Adler: 양육태도, 가족구도

Adler는 모든 인간의 동기 유발은 열등감에서 비롯된다고 보았다. 그는 누구나 열등감이 있으며, 이러한 열등감은 인간이 성장하고 성숙하면서 잠재력을 실현하는 데 필요하다고 보았다. Adler는 열등감에 영향을 미치는 환경적 요인으로 신체기관의 결함, 부모의 과잉보호나 방임 등을 들 수 있다. 그 외에 그는 개인의 생활양식과 성격 형성에 결정적 역할을 하는 것으로 가족구도(family constellation)를 언급하였다. 가족구도란 가족의 성격 유형, 정서적 거리, 나이 차이, 출생순서, 상호지배 및 복종관계, 가족의 크기 등을 의미한다. Adler의 이러한 이론적 개념은 APN 프로그램의 '자녀 이해하기'의 이론적 기초가 되었다.

나. Dreikurs: 행동목적, 논리적 결과

Dreikurs는 아동기에는 접촉, 힘, 보호, 물러서기의 네 가지 행동목적이 나타난다고 보았다. 아동의 행동 이면에는 자신의 욕구나 목적을 이루기 위한 동기가 내재되어 있으며, 이때 아동은 자신의 욕구나 목적을 달성하기 위해 긍정적으로 또는 부정적으로 행동한다고 설명하였다. 그러므로 Dreikurs는 부모가 자녀의 접근 방법을 파악하여 자녀가 긍정적으로 행동하도록 이끌어줄 수 있어야 한다고 보았다.

Dreikurs는 부모-자녀관계에서 자녀가 적절하게 행동하도록 가르치려면 처벌보다는 자연적 · 논리적 결과를 사용하도록 권장하였다. 그는 논리적 결과가 충동성이 강하고 기분에 따라 행동하며 비행과 위법행위, 자포자기 등을 일으키는 청소년에게 특히 도움이 된다고 보았다.

다. Ellis: 합리적 정서 · 행동치료(Rational-Emotive Behavior Therapy)

Ellis에 의하면 정서장애는 문제를 일으키는 생활사건에 의해서가 아니라 생활사건을 왜곡하여 지각하는 데서 비롯된다. 따라서 Ellis는 정서장애를 치료하기 위해서는 비합리적인 신념을 최소화하고 합리적인 신념을 기초로 효과적이며 융통성 있게 생각하는 데 중점을 두어야 한다고 설명하였다.

(2) 목적과 목표

APN 프로그램은 부모가 적극적인 부모역할을 성공적으로 수행할 수 있도록 하는 데 목적을 둔다. APN 프로그램은 자녀가 민주사회에서 살아가는 데 필요한 자질인 협동심, 용기, 책임감, 자아존중감을 기르는 데 도움이 되는 기술과 지식을 부모에게 제공해줌으로써 가족구조 내에서 자녀의 무궁한 잠재력을 개발시킬 수 있도록 한다. APN 프로그램의 목표는 다음과 같다.

첫째, 자녀의 행동에 한계를 설정해주어 사회적응력을 증진시킨다.

둘째, 부모가 잘못된 자녀의 행동목표를 이해하도록 돕는다.

셋째, 자녀를 격려함으로써 용기를 북돋아준다.

넷째, 자녀의 행동에 대해 자연적, 논리적 결과를 사용함으로써 자녀의 책임감을 증진시킨다.

다섯째, 자녀가 협력할 수 있도록 지원한다.

여섯째, 가족구도에서 민주적인 분위기를 형성하도록 지원한다.

(3) 내용 구성

APN 프로그램은 성공적인 부모역할을 수행할 수 있도록 여섯 가지 주제를 선정하여 관련되는 지식과 기술을 부모에게 제공해준다. APN 프로그램에서 다루고 있는 여섯 가지 주제와 내용을 요약하여 정리하면 다음과 같다(표 8-10 참조).

표 8-10 APN 프로그램의 주제와 내용 구성

주제	내용
적극적 부모	• 자녀가 성공하기 위해 필요한 것 소개하기: 부모역할의 목적, 품성과 성공, 약물, 성, 폭력 • 부모역할의 유형 • 상호존중 • 선택의 사용, 선택권 주기 • 보살핌을 제공하는 자로서 자신을 보살피기 • 가족 화목 활동과 가족모임: 재미있게 시간 보내기
협동심 구하기	• 문제점이 안고 있는 매력(The beauty of problems) • 문제의 소유자 • 협동심과 의사소통: 협동심의 정의, 협동심과 문제 다루기 • 의사소통의 걸림돌 • 적극적 의사소통: 적극적 의사소통의 다섯 단계, 감정에 반응하기, 약물, 성, 폭력에서 벗어나기 • 가족화목 활동: 취침 전 일과와 '사랑해' 말하기 • 가족모임: 취침 전 일과
책임감과 훈육	• 책임감: 책임감의 정의, 책임감 회피하기 • 처벌과 보상에 따른 문제 • 생각하기–느끼기–행동하기의 긍정적·부정적 회로 • 자녀의 잘못된 행동 이유 • 효과적인 훈육

	• 정중한 요청, '나-전달법'과 단호하게 지시하기 • 논리적 결과: 양자택일과 조건부 선택, 가정에서의 논리적 결과 • 가족모임: 문제 예방을 위한 대화 • 가족 화목 활동: 긍정적인 '나-전달법'
자녀의 그릇된 행동을 이해하고 교정해주기	• 부모-자녀 간의 회로: 힘겨루기 구조 • 네 가지 행동목적(접촉, 힘, 보호, 물러서기)의 소개 • 네 가지 행동목적: 느슨한 대결방법(FLAC) 사용하기[느낌(Feelings), 한계(Limits), 대안찾기(Alternatives), 결과(Consequences)] • 분노 다루기: 분노를 긍정적으로 사용하기, 자녀가 분노를 긍정적으로 사용하도록 돕기 • 가족모임: 적극적으로 문제 해결하기 • 가족 화목 활동: 기술을 가르치기
용기, 품성, 자아존중감 길러주기	• 용기, 품성, 자아존중감 길러주기: 용기, 품성, 자아존중감, 성공회로와 실패회로 • 격려의 힘: 기꺾기에서 기 살리기, 과잉보호 대 독립심 자극하기, 장점 구축하기, 신뢰를 보여주기, 있는 그대로의 자녀를 존중해주기 대 과잉기대와 완벽주의 • 가족 화목 활동: 격려의 편지 • 가족모임: 품성에 관한 대화
적극적인 가정	• 부모 코칭 프로그램: 적극적 부모 역할 Now 복습 • 영향력을 행사하는 부모: 부정적 사건 걸러내기, 생각하기-느끼기-행동하기 회로에 영향을 주는 부모 • 가족모임의 중요성: 가족회의, 품성에 관한 대화 • 가족 화목 활동: 우리 가족

(4) 운영 방법

APN 프로그램은 집단 부모교육 방법으로서 6~8회기로 구성되어 매주 1회 2~3시간 동안 진행한다. 프로그램의 각 회기는 집단토론, 연습하기, 차트나 OHP 보기, DVD 시청, 부모용 지침서를 활용하여 소집단으로 운영한다. 그 외에도 개인 활동, 역할극, 경험 나누기, 양육기술, 독서과제, 가족 화목 활동 등 다면적인 교수 방법을 활용하여 진행한다.

APN 프로그램은 전체적인 프로그램을 8단계로 분리된 훈련단계를 반복하면서 통합적으로 운영한다. 프로그램에 참여한 부모는 각각의 주제나 기술을 반복하여 훈련한다. 부모는 교육을 통해 다양한 의사소통기술을 연습하고 상호작용하면서 보다 나은 교육효과를 획득할 수 있다.

1단계	부모는 지침서에 소개되어 있는 자녀 지도에 관한 내용을 미리 읽는다.
2단계	토론이나 DVD 시청을 통해 새로운 내용을 소개한다.
3단계	해설자와 Popkin 박사가 네 가정을 배경으로 연출한 자녀지도기술에 대한 DVD를 시청한다.
4단계	집단토론과 DVD 장면에서 나온 내용을 경험한다.
5단계	자녀지도기술과 개념을 익히기 위한 체험활동과 역할연기를 한다.
6단계	가정에서 지침서를 읽고 과제를 진행한다.
7단계	'함께 이야기 나누기'시간에 피드백과 격려를 받는다.
8단계	부모는 배운 기술을 활용하고 연습함으로써 보다 발전해 나간다.

그림 8-5 APN 프로그램의 훈련 단계

참고 **APN 프로그램을 실시할 때 DVD 시청과 토론의 활용이 효과적인 이유**

- 인간은 글로 읽은 것의 10%, 들은 것의 20%, 본 것의 50%를 기억한다는 결과
- 시청각자료와 토론 등 다각적인 방법을 활용하여 교육할 때 훈련효과 유지
- 참여자의 흥미 유발
- 집단토론으로 상호 지지 가능
- 체계화된 프로그램으로 지도자의 준비시간 감소
- TV를 보고 자란 부모세대

출처: Popkin, M. H. (2008b). **부모 코칭 프로그램 적극적인 부모역할 : 만 5~12세 자녀를 둔 부모집단을 인도하기 위하여**(지도자용 지침서), pp. 15-16.

다음은 6주제 중에서 2회기가 8단계를 거치면서 통합된 예를 제시한 것이다.

표 8-11 APN 프로그램의 2회기(협동심 구하기)의 예시

단계	구분	활동	DVD
1	이전 회기 복습하기(5분)		
2	함께 나누기(10분)		1. 바윗돌(2:45)
3	문제점이 안고 있는 매력(5분)		2. 누가 문제를 소유하는가? (4:35)
4	문제의 소유자(15분)	누가 문제를 소유하는가? DVD 연습	3. 의사소통: 협동심을 기르는 지름길(2:48)
5	협동심과 의사소통(15분) - 협동심의 정의 - 협동심과 문제 다루기		4. 의사소통의 걸림돌(3:00)
6	의사소통의 걸림돌(15분) - 의사소통의 걸림돌이란 무엇인가?	의사소통의 걸림돌	
휴식시간			

7	적극적 의사소통(35분) – 적극적 의사소통의 다섯 단계 – 감정에 반응하기 – 약물, 성과 폭력	적극적 경청하기 손바닥 펼쳐보이기	5. 적극적 의사소통(3:40) 6. 감정에 반응하기 DVD 연습(2:50)
8	가족 화목 활동: 취침 전 일과와 '사랑해'(5분)		7. 가족 화목 활동: 취침 전 일과와 '사랑해' 말하기 (3:55)
9	가족모임: 취침 전 일과(3분)		
10	과제 활동(2분)		

출처: Popkin, M. H. (2008b). **부모 코칭 프로그램 적극적인 부모역할: 만 5~12세 자녀를 둔 부모집단을 인도하기 위하여**(지도자용 지침서), p. 65.

3) 프로그램 실제 예시

(1) 1회기: 적극적 부모

• 주요점: 부모역할 유형에 대해 알아보고 적극적인 부모역할을 이해한다.

가. 지도자 유형으로서의 부모 양육행동 이해

부모양육태도를 전제형(autocratic style), 자유방임형(permissive style), 우두머리형(democratic style)의 세 가지 유형으로 구분하고, 바람직한 유형인 민주형은 "한계 내에서의 자유"와 대별된다.

표 8-12 지도자 유형의 부모 양육행동

구분	전제형	자유방임형	민주형
	독재자(dictator)	심부름꾼(doormat)	적극적 부모(active parent)
부모 행동	• 자녀에게 명령하며 자녀의 의견에 귀를 기울이지 않음	• 무제한적인 자유를 제공하며 규범을 느슨하게 적용시키고,	• 자녀를 존중하며, 협동심을 길러주고 학습을 자극하는

	• 부모의 명령에 순종하면 보상이 따르고 거역하면 처벌을 받음	자녀의 요구를 무조건적으로 수용함	지도자 역할을 함 • 가정에는 질서가 있고 자녀에게 세심한 관심을 보이며 인정해줌
자녀 행동	• 진취적이지 못한 경향을 보임 • 기가 죽어 있거나 스스로 포기하거나 부모의 말에 자주 반항함	• 제멋대로며 자기 마음대로 행동하는 데 익숙함 • 가족 외의 누군가가 지켜야 할 규칙을 이야기하면 반항함 • 일정한 원칙이나 안정감이 없음	• 자기 생각과 감정을 공손하게 표현하며 자신의 삶의 주인으로 행동함

출처: Popkin, M. H. (2008b). **부모 코칭 프로그램 적극적인 부모역할: 만 5~12세 자녀를 둔 부모집단을 인도하기 위하여**(지도자용 지침서), pp. 27-33.

나. 민주주의 사회에서 필요한 자질

민주주의 사회에서 자녀가 갖춰야 할 자질은 용기, 자아존중감, 책임감, 협동심과 존경심 등이다. APN 프로그램에서는 부모가 이러한 자질의 필요성을 인식할 수 있도록 도와주고, 자녀가 이런 자질을 발달시킬 수 있도록 부모에게 알려준다.

표 8-13 민주주의사회에서 필요한 자질

자질	가정
용기	부모의 적절한 지도를 받고 자란 자녀는 인생의 난관에 부딪힐 때마다 노력할 것이고, 실패를 극복하고 도전하는 사람이 될 것이다.
자아존중감	자아존중감은 자신이 중요하고 가치롭다고 생각하는 것이다. 자아존중감이 높은 자녀는 도전에 맞서 성공할 수 있을 것이다.
책임감	민주주의 사회에서 구성원은 스스로 의사결정을 하고 이에 책임을 져야 할 것이다.
협동심	평등사회에서 협동은 높은 가치를 지니므로 타인과 협동을 잘할 수 있는 자녀는 성공할 수 있을 것이다.
존경심	민주사회에서 존경심은 생활의 초석이다. 존경심은 자신과 타인의 가치를 인정하는 것으로 행동과 태도를 통해 표현될 수 있을 것이다.

다. 과제 활동 연습하기

가족과 '재미있게 시간 보내기' 방법에 대해 토론하고 기록해 보세요.

(2) 2회기: 협동심 구하기

• 주요점

– 가족 문제가 발생했을 때 문제의 소유자를 결정하는 방법을 익힌다.

– 적극적인 의사소통기술을 사용하여 자녀가 문제를 해결하도록 도와주는 것을 배운다.

가. 문제 다루기 모형

가족 문제가 발생하였을 때는 다음의 세 가지 질문을 하고 해결하도록 한다.

첫째, 문제가 누구에게 직접 영향을 미치는지 알아본다. 대개는 불평한 사람이 문제의 소유자인 경우가 많다.

둘째, 문제의 내용이 건강, 안전, 가족의 규칙, 가치관 등과 관련이 있을 경우에는 부모가 문제의 소유자이다.

셋째, 자녀가 합리적으로 처리할 수 있는 문제의 수준인가를 판단한다. 자녀가 해결할 수 있는 한계를 넘어서면 부모가 문제의 소유자이다.

문제를 다루기 위한 모형의 경로는 그림 8-6과 같다.

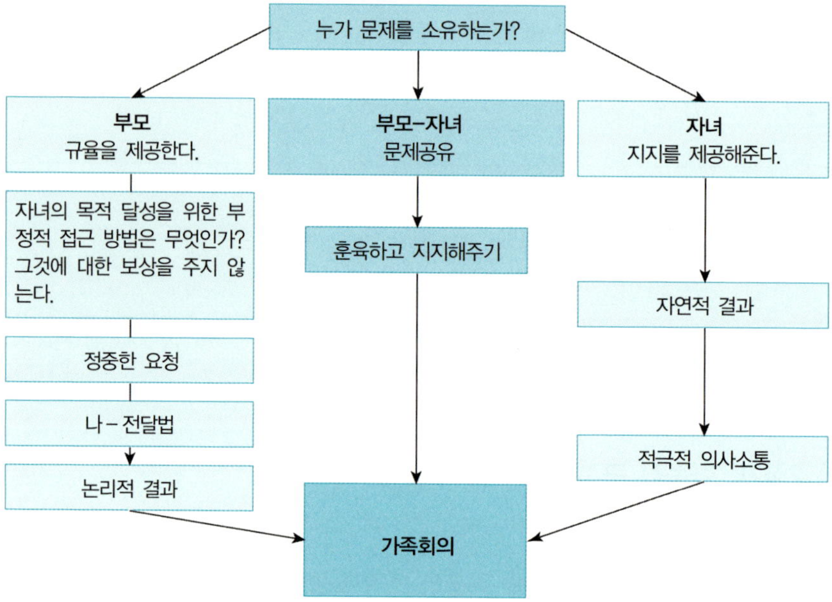

그림 8-6 문제 다루기 모형

출처: Popkin, M. H. (2008b). 부모 코칭 프로그램 적극적인 부모역할: 만 5~12세 자녀를 둔 부모집단을 인도하기 위하여(지도자용 지침서). p. 48.

나. 적극적 의사소통 단계

- 1단계: 적극적으로 듣는다.
  - 자신의 말을 최소한으로 줄인다.
  - 온전히 주의를 집중한다.
  - 부모가 듣고 있다는 것을 확신시킨다.
- 2단계: 감정에 귀를 기울인다.
  - 감정에 대해 공감하면서 듣는다.
  - 자녀의 감정을 느껴본다.
- 3단계: 감정과 이야기의 내용을 연관시킨다.
  - 자녀의 말에서 감정을 읽어내고, 감정과 관련된 말을 한다.

- 4단계: 대안을 찾아보고 결과를 평가한다.
  - 대안을 찾아보고 대안에 따른 결과를 예측해 보도록 한다.
  - 자녀가 문제를 소유할 때, 부모는 자문가 역할을 한다.
- 5단계: 추후지도를 한다.
  - 문제를 어떻게 처리하여 결과가 나타났는지 지도한다.
  - 문제가 아직 남아 있다면 적극적 의사소통과정을 반복한다.

다. 과제 활동 연습하기

취침 전 일과에 대해 토론하고 이를 기록해 보세요.

___

___

___

(3) 3회기: 책임감과 훈육

- 주요점:
  - 생각하기-느끼기-행동하기의 회로 안에서 사고, 감정, 행동 간의 관계를 이해한다.
  - 보상과 처벌에 대해 이해한다.
  - 논리적 결과와 적극적인 문제해결 방법을 사용한다.

가. 생각하기 – 느끼기 – 행동하기의 회로

인간은 어떤 사건에 반응할 때 어떤 생각을 하고, 어떻게 느끼느냐에 따라 행동한다. 긍정적 사고를 가진 자녀는 자아존중감이 높고, 하고자 하는 일에 용기를 가져 긍정적으로 행동할 수 있다. 반면, 부정적 사고를 가진 자녀는 낮은 자아존중감을 가지고 낙심하여 부정적인 행동을 유발하기 쉽다. 이러한 순환회로를 제시하면 그림 8-7과 같다.

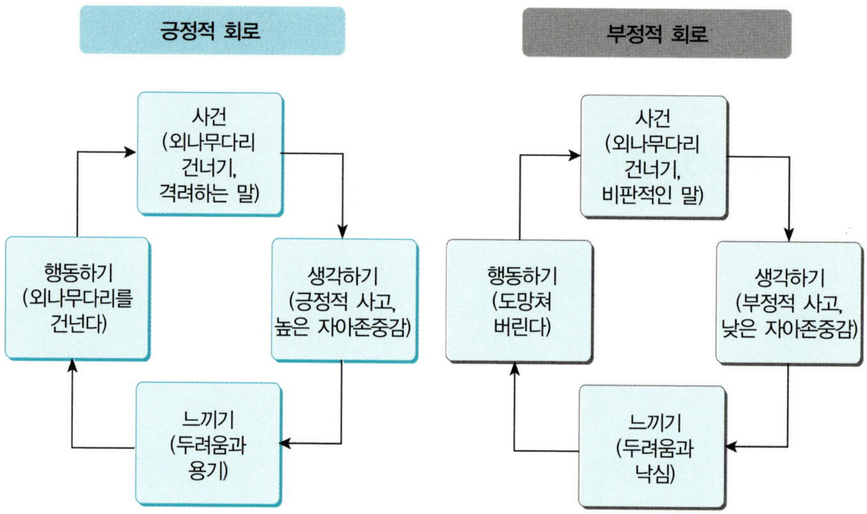

그림 8-7 생각하기 – 느끼기 – 행동하기의 긍정적 · 부정적 회로

나. 효과적인 훈육 방법

- 정중한 요청: APT 프로그램은 부모와 자녀 간의 상호 존중을 중요시한다. 즉, 자녀에게 타인을 존중하는 법을 가르치는 것이며 이는 부모가 모델을 보여줄 때 가장 효과적이다.
- 나-전달법
- 단호하게 지시하기: 나-전달법에 응하지 않을 경우 짧고 간결하게 지시어를 사용한다.
- 논리적 결과
  - 자녀에게 선택권을 준다(양자택일/조건부).

- 자녀에게 자신의 행동 결과로 치르는 대가를 선택하도록 한다.
- 결과는 논리적인 타당성이 있어야 한다.
- 부모가 실제로 실천할 수 있는 선택권만 준다.
- 단호하나 조용한 목소리로 말한다.
- 자녀에게 선택권을 주면 반드시 그대로 실천한다.
- 자녀가 부모를 시험해 본다는 사실을 유념한다.
- 자녀에게 자신의 행동 결과를 경험하게 한 후 다시 한 번 기회를 준다.

아래의 예시에 따라 논리적 결과를 서술해 보세요.

예) 철수(5세)가 간식을 먹고 그릇을 싱크대에 가져다 놓지 않는다.

____

논리적 결과

____

다. 과제 활동 연습하기

나-전달법에 대해 토론하고 이를 기록해 보세요.

____

____

____

4. 자녀의 힘을 북돋우는 부모

1) 프로그램 소개

한국청소년상담원(현 한국청소년상담복지개발원)에서는 '자녀의 힘을 북돋우는 부모(Empowering Program: EP)'(1993)라는 부모교육 프로그램을 개발하여 전국적으로 보급하였다. '자녀의 힘을 북돋우는 부모'라는 부모교육 프로그램은 우리나라 부모교육에서 중요한 의미를 갖는다. 그 이유는 첫째, 국가 차원에서 우리나라 사회적 환경과 배경에 적합하도록, 그리고 우리나라 부모의 요구를 반영하여 체계적으로 개발하여 보급한 최초의 부모교육 프로그램이며, 둘째, 무상으로 부모교육을 실시하여 실제로 부모교육이 필요한 많은 부모에게 부모교육의 기회를 제공하였기 때문이다.

'자녀의 힘을 붇돋우는 부모'라는 부모교육 프로그램은 총 5종으로 총론과 각론 4권으로 구성되어 있다. 총론에 해당하는 자녀의 힘을 북돋우는 부모, 각론인 자녀의 힘을 북돋우는 대화, 바른 행동의 길다지기, 생활의 기틀 세우기, 어울려 사는 지혜 기르기가 있다. 이 프로그램은 기본적인 부모-자녀관계와 자녀와의 대화법, 훈육법, 기초 생활습관 교육, 사회성 훈련 등의 내용을 담고 있다. 이 프로그램은 1997년에 부분적으로 개정하였으며, 2002년에는 보다 체계적으로 자녀의 연령별, 문제별로 세분화하여 프로그램을 개발하였다. 이 장에서는 2002년에 한국청소년상담원에서 개발한 프로그램을 중심으로 소개하고자 한다.

2) 프로그램 구성

(1) 이론적 기초

자녀의 힘을 북돋우는 부모의 부모교육 프로그램은 인간중심 상담이론의 인간관에 근거하여 청소년기 자녀를 둔 부모가 맡아야 할 가장 중요한 역할이 '상담자' 역할이라는 것을 전제한다. 이 부모교육 프로그램은 부모와 자녀 간의 발달적 상호작용, 부모역할에 대한 상담자 역할, 자율성 발달과 민주적 양육태도를 이론적 기초로 한다.

가. 발달적 상호작용

부모-자녀관계는 자녀를 사회화시키는 데 있어 발달적 상호작용적인 양방향적 관계이다. 발달적 상호작용이란 자녀의 현재 발달상태에 맞춰 가족구성원이 서로 영향을 주고받으며 성장해가는 것을 의미한다. 즉, 자녀가 성숙해가는 과정에서 주고받는 부모-자녀관계도 자녀의 발달단계에 따라 변화해야 한다는 것을 의미한다. 그러므로 부모는 자녀의 성장에 따른 발달 특성을 이해하고, 이에 적합한 상호작용 행동을 통해 관계를 형성해나가야 한다.

나. 청소년기의 부모역할

청소년기의 부모역할은 자녀의 정체감 발달을 위한 조력자로서의 역할과 상담자로서의 역할이 중요하다. 청소년기는 자아정체감이 발달하는 시기로서 스스로 자신을 어떻게 지각하는지 그리고 타인이 자신을 어떻게 지각한다고 생각하는지가 정체감을 형성하는 데 매우 중요하다. 따라서 부모는 자녀가 가치판단을 하는 데 있어서의 모델이 되어야 하지만 청소년기는 이러한 부모의 모델에서 벗어나기 때문에 부모-자녀관계에서 갈등이 일어난다. 그러므로 부모는 청소년기 자녀가 건강한 자아정체감을 발달시킬 수 있도록 조력자 역할을 해야 한다. 한편, 청소년기는 불안정하고 불확실한 시기이므로 정서적 지지와 격려를 해줄 사람이 필요한데 부모가 이 역할을 담당할 수 있어야 한다. 그러므로 부모는 상담자의 역할을 수행하기 위한 교육을 받을 필요가 있다.

다. 자율성 발달과 민주적 양육태도

청소년기는 부모로부터 독립을 요구하면서 동시에 의존하는 이중적인 시기로서 그 안에서 갈등을 경험한다. Dreikurs는 부모가 자녀에게 자율적으로 행동하고 책임을 수행하도록 하며, 타인을 인격체로 대하는 모델을 보여주는 것이 중요하다고 강조하였다. 그에 따라 자녀의 힘을 북돋우는 부모의 부모교육 프로그램은 다음과 같은 방향을 설정하였다(금명자, 지승희, 이호준, 이지은, 2002, p. 10, p. 19).

첫째, 부모교육 프로그램 대상은 청소년(중·고등학생) 자녀를 둔 부모로 한다. 이는 청소년 상담기관에서 실시하는 부모교육의 당위성을 살리고 청소년 상담의 경험과 지식을 부모교육에 접목시키기 위해서이다.

둘째, 문제해결을 위한 부모교육 프로그램이 아니라, 부모 자신의 성장을 통해 부모-자녀관계를 개선하기 위한 부모교육 프로그램을 지향한다.

셋째, 소집단 워크숍을 위한 프로그램 개발을 지향한다. 특히 부모가 직접 참여하는 기회가 많은 활동 위주의 프로그램이 되도록 한다.

넷째, 청소년 자녀의 부모가 상담자로서의 역할을 수행해야 한다고 전제한다. 즉, 부모를 '문제의 소지자'로 보기보다는 '문제해결의 동반자'로 본다.

다섯째, 회기당 2시간씩 6회기 프로그램으로 구성하며, 각 회기별 목표와 내용을 구체화한다.

(2) 목표와 내용 구성

자녀의 힘을 북돋우는 부모의 부모교육 프로그램은 부모의 자기 성장 및 자질 향상을 통해 부모-자녀관계의 발전을 도모하는 데 목적이 있다. 이 부모교육 프로그램은 6회기의 회기별 독립적인 내용으로 구성되어 있으나, 전체적인 맥락에서는 상호 유기적인 흐름을 가진다. 6회기의 구성은 부모가 먼저 자기 자신을 알고(1회기), 자녀를 진심으로 이해함으로써 신뢰관계를 형성하며(2회기), 자율성을 길러주고(3회기), 자녀와 갈등이 발생했을 때 이를 문제로 보기보다 성장의 기회로 활용할 수 있어야 하며(4회기), 부모는 자녀가 현재의 어려움에 좌절하지 않고 새로운 꿈과 희망을 가지고 새로운 도전을 할 수 있도록 끊임없이 힘을 북돋아주어야 하고(5회기), 부모 스스로 자긍심을 가지고 노력하는 모습을 보여주어야 하는 것(6회기)으로 구성되어 있다. 이 부모교육 프로그램의 구체적 목표는 회기별로 제시되어 있으며, 각 회기별 목표와 내용 구성은 표 8-14와 같다.

표 8-14 '자녀의 힘을 북돋우는 부모'의 부모교육 프로그램 회기별 목표와 내용

회기	제목	목표	내용
1	다시 보는 나와 우리 가족	• 참여동기 높이기 • 친밀감, 신뢰감 형성 • 자녀와의 관계 및 가치관에 대해 새로운 시각 획득	• 우리 가족을 소개합니다. • 나와 자녀의 관계는? • 자녀에게 원하는 것 • 관계란?
2	자녀 이해하기	• 경청, 감정 읽기, 공감 경험 • 감정 읽기, 공감 실습 • 이해받는 경험의 중요성 인식	• 마음을 열고 들어봅시다. • 감정 읽기 • 공감연습 Ⅰ, Ⅱ
3	자녀의 자율성 키워주기	• 자율성 발달의 의미 이해 • 효과적 방법의 탐색 • 청소년기의 발달적 특징 이해	• 단순신화 이야기 • 자율성 관련된 문제해결책 • 청소년기 오해와 이해
4	자녀와의 갈등 해결하기	• 구체적 갈등상황 점검 • 갈등 대처 방법 검토, 변화의 필요성 인식 • 갈등해결 전략의 습득	• 갈등대처법 체크리스트 • 갈등상황 이해하기 • 갈등해결 4단계
5	자녀의 힘을 북돋우기	• 청소년기 좌절의 의미 재해석 • 자녀 문제에 대한 재해석 • 자녀의 힘 북돋우기의 의미와 중요성 인식	• 생각해 봅시다.(좌절극복) • 퀴즈 • 어떻게 해야 할까요 Ⅰ, Ⅱ • 자녀의 힘을 북돋우기
8	새로운 시작을 위해	• 장점을 보는 긍정적 시각 경험 • 실천과제 설정, 다짐 • 전체 평가 및 소감 나누기	• 장점 찾기 • 생각해 봅시다.(실천과제) • 아이에게 쓰는 편지 • 평가지 작성

출처: 금명자 외(2002). 자녀의 힘을 북돋우는 부모 프로그램 개발연구, p. 110.

(3) 운영 방법

자녀의 힘을 북돋우는 부모의 부모교육 프로그램은 청소년 자녀를 둔 부모를 대상으로 하며, 15명 이하의 소규모 집단 워크숍 방식으로 12시간 동안 진행된다. 강사는 워크북을 교재로 설명하고 지도하며, 참여부모의 토론을 기록하고, 연습하도록 함으로써 집단상담을 이끈다. 강사는 각 회기마다 실제 연습할 수 있는 활동을 제시하여 부모가 익숙해질 수 있도록 진행한다.

3) 프로그램 실제 예시

자녀의 힘을 북돋우는 부모의 부모교육 프로그램으로 개발된 6회기 중 여기에서는 1회기의 실제 예시를 소개하고자 한다.

(1) 1회기 : 다시 보는 나와 우리 가족

- 주요점: 부모는 자녀와 관련된 문제의 대부분이 '관계'에서 비롯된 것이며, 그 관계는 부모 자신의 가치관도 영향을 미치고 있음을 깨닫는 것이 중요하다.

가. 목표

① 프로그램의 목표, 운영방식과 참여자의 기대를 조율하여 참여동기를 높인다.

② 참여자의 자기소개를 통해 친밀감과 신뢰감을 형성한다.

③ 참여자가 자녀와의 관계 및 자신의 가치관에 대해 새로운 시각을 가질 수 있도록 한다.

나. 내용 구성 및 의미

표 8-15는 자녀의 힘을 북돋우는 부모의 부모교육 프로그램 내용과 의미 및 관련 활동을 제시한 예이다.

표 8-15 자녀의 힘을 북돋우는 부모의 부모교육 프로그램 내용과 의미 및 활동

내용	의미	활동
나는 …… 약속합니다.	프로그램 소개/구조화	가계도 작성하기
우리 가족을 소개합니다.	자기소개/가계도 그리기를 통한 자기 이해	가족을 한마디로 소개한다면?
나와 자녀의 관계는?	부모-자녀관계에 대한 자기점검	부모-자녀관계를 나타내는 그림 선택과 해석
내가 자녀에게 원하는 것은 무엇일까요?	가치관 경매를 통한 가치관 명료화	가치관 순서로 경매하기
관계란……	총정리	정리하기

5. 포괄적 보육서비스-부모지원 프로그램

1) 프로그램 소개

포괄적 보육서비스-부모지원 프로그램은 저소득층 부모를 대상으로 포괄적인 보육서비스 실시의 일환으로 진행된 것이다. 포괄적 보육서비스-부모지원 프로그램은 1999년부터 2005년까지 6년에 걸쳐 아동학, 사회복지학, 유아교육학, 사회학, 여성학 전공자가 다학문적 관점에서 개발하였으며, 아동지원서비스, 부모지원서비스, 지역사회 연계서비스의 세 가지 서비스로 구성되어 있다. 이들 서비스는 유기적인 관련성을 가지고 통합적으로 가족을 지원한다. 이 장에서는 포괄적 보육서비스의 부모지원 프로그램에서 제시한 것을 중심으로 살펴봄으로써 영유아 보육·교육기관에서 부모교육을 실시할 때 활용할 수 있는 틀을 제시하고자 한다. 이를 위해 포괄적 서비스에 대한 개념을 먼저 파악한 후, 이를 기초로 한 부모지

원 프로그램에 대해 알아보고자 한다.

(1) 개요

포괄적 서비스는 다양한 서비스 대상자에게 여러 가지 서비스를 제공하는 것이며(김희진, 2005a), 이는 대상, 범위, 서비스 형식의 포괄성을 포함된다. 즉, 포괄적 서비스란 다양한 가족구성원(예: 유아나 형제, 부모 등)에게 여러 종류의 서비스(예: 교육, 정보, 사회적 지지, 직업 훈련, 교통편 등)를 다양한 형식(예: 교육, 사회복지, 의료, 부모지원 등의 상호 연관 및 통합)으로 제공하는 것을 의미한다. 포괄적 서비스는 사회경제적 지위가 낮은 계층의 부모는 자녀양육뿐만 아니라 주거, 가계, 음주 등의 문제에 노출될 개연성이 높으며, 이러한 환경적 위험요소가 자녀양육에 직접 영향을 준다는 가정에서 시작되었다. 그러므로 포괄적 서비스는 복합적이고 유기적으로 제공해야 효과적이다.

(2) 목적

포괄적 보육서비스의 부모지원 프로그램의 목적은 프로그램을 실시하는 기관마다 다르지만 부모가 자녀를 잘 양육하도록 돕는 것과 전체 가족의 교육적, 사회적, 경제적 상황을 향상시키도록 돕는 것이 반영될 것을 권장한다. 이를 통해 포괄적 보육서비스의 부모지원 프로그램은 영유아와 부모(가족) 모두에게 도움을 주는 '2세대 돕기 프로그램'이 되도록 하는 데 목적이 있다(김희진, 2005b).

(3) 프로그램 개발 시 고려점

포괄적 보육서비스의 부모지원 프로그램을 각 기관의 요구에 맞춰 개발할 때는 몇 가지 고려할 점이 있다. 첫째, 저소득층 가정의 경우, 가족·부모·유아의 욕구 간에 균형을 유지한다. 부모지원 프로그램은 유아나 부모 어느 한쪽의 욕구에 치중하지 않고 서로 만족하면서 각자의 잠재능력을 개발할 수 있도록 하는 것이 중요하다. 둘째, 부모가 가진 장점을 활용하면서 동시에 바람직하고 균형 있는 가치, 태도, 행동양식을 제공하는 방안을 모색해야 한다. 부모지원 프로그램에서 제공하는 내용을 모두 수용하기보다는 부모가 가진 장점을 발현시킬 수 있도록 하면서 바람직한 가치, 태도, 행동을 발달시킬 수 있도록 하는 것이 중요하다. 셋째, 부모와 프로그램 진행자 간에 상호 독립성과 의존성이 균형을 유지해야 한다. 프로그램을 진행하는 동안 독립성을 강조하며 부모가 프로그램에 대한 흥미가 떨어지거나 진행자에게 지나치게 의존하지 않도록 하는 것이 중요하다.

2) 프로그램 구성

(1) 대상 선정

프로그램의 목적에 따라 대상은 다양하다. 대상은 프로그램에 관심 있는 부모를 선정하여 참여하도록 하는 방법, 문제의 정도가 심각한 가정이나 부모지원 서비스가 필요하지만 요구가 없는 소극적인 부모를 대상으로 선정하여 실시하는 방법, 그리고 일정한 기준을 정하여 이에 해당하는 부모만 선정하여 참여하도록 하는 방법이 있다. 프로그램의 목적과 내용에 따라 대상 선정이 달라질 수 있으나, 대상의 요구에 따라 프로그램의 목적과 목표가 달라질 수도 있다.

(2) 대상의 정보 조사

포괄적 보육서비스의 부모교육 프로그램의 참여 대상에 대한 상황과 요구도 등을 알아보기 위하여 설문지나 면담을 실시할 수 있다. 설문지는 문항 수를 적게 하고, 쉬운 용어를 사용하여 가독성을 높이고, 보기 좋게 편집하여 부모의 흥미를 유발하도록 한다. 면담을 활용할 때는 가능하면 부모를 잘 알거나 부모지원 프로그램을 실시해 본 경험이 있는 교사, 기관장, 사회복지사가 실시하는 것이 효과적이다. 대체로 어린이집 입소 단계에서 부모에게 간략한 질문지에 응답을 하게 하고 이후에 1 : 1로 심층면접을 통해 추가적인 정보를 확보하는 것이 효과적이다.

부모를 통해 수집해야 하는 정보는 가정의 일반적인 배경과 욕구이다. 일반적인 배경은 부모의 연령 및 성, 자녀의 성, 자녀의 연령 및 학급, 가족구성원의 수와 특성 등이다. 가족구성원의 일반적인 특성 외에 자녀에 대한 부모의 인식 및 행동, 자녀의 욕구에 대한 이해, 자녀의 발달적 특성에 대한 정보와 부모 자신에 대한 욕구(예: 부모역할의 어려움, 관심도, 자원 등), 프로그램 운영방식(예: 참여 가능한 요일, 장소, 시간 등) 등에 대한 욕구를 수집할 수 있다.

한편, 전문가의 경험과 지식에 대한 정보도 필요하다. 즉, 일반적인 저소득가정과 부모의 특성, 자녀양육의 특성, 기관과 관계하는 데 있어서의 저소득가정 부모의 특성, 과거 프로그램의 참여 정도 등에 대한 정보를 수집하는 것이 도움이 된다.

(3) 목적과 목표 설정

포괄적 보육서비스의 부모지원 프로그램의 목적과 목표는 실현 가능한 것을 설정해야 한다. 목적을 설정할 때에는 프로그램 개발자의 철학이 반영되도록 서술하고, 목표에는 이러한 목적을 달성하기 위한 구체적인 세부요소와 전략을 반영할 수 있도록 해야 한다. 표 8-16은 부모, 자녀, 지역사회 연계를 포함하는 부모지원 프로그램에서 세울 수 있는 목적과 목표의 예를 제시한 것이다.

(4) 내용 선정

부모 프로그램의 내용은 한 가지의 일관된 주제로 구성하는 방식과 매번 다양한 주제로 구성하는 방식이 있다. 한 가지 주제로 구성하는 방식은 자녀의 언어능력 향상과 부모역할, 자녀와의 대화법, 문화활동 프로그램 등과 같은 주제를 정하여 각 주제에 맞게 약 4~10회기에 걸친 내용을 구성하는 것이다. 반면, 각 회기마다 주제를 다르게 구성하는 방식은 어린이집 소개, 유아의 발달 특성, 어린이와

표 8-16 포괄적 보육서비스-부모지원 프로그램의 목적과 목표의 예

대상	목적과 목표
부모로서의 부모	• 부모와 자녀 간 애착 발달시키기 • 부모가 자녀의 발달 상황이나 징후에 대해 인식하고 반응하도록 격려하기 (신체, 인지, 언어, 사회, 정서) • 부모에게 자녀의 보호와 안전에 필요한 기본적 기술을 가르치기 (예: 예방주사, 가정 내의 위험한 장소와 물건 등) • 부모가 발달지체에 대한 초기징후를 발견하고 지원을 요청하기 • 부모가 자녀의 원하는 바를 이해하고 적절히 반응하도록 돕기 • 부모와의 상호작용을 시도하려는 자녀의 행동을 인식하고 적절히 반응하도록 격려하기 • 부모와 자녀가 놀이의 중요성에 대해 인식하기 • 부모가 자녀의 놀이를 확장하고 정교화하는 방법을 배우기 • 부모가 일상적인 집안일에 자녀를 참여시키도록 격려하기 • 부모가 자녀의 행동을 지나치게 억압하지 않으면서 부적절한 행동을 조절할 수 있도록 지원하기 • 부모가 자녀의 재원 보육기관과의 협력의 중요성을 인식하고 협력하도록 지원하기
인간으로서의 부모	■ 개인적 발달 • 부모가 자신, 자녀, 가족의 미래를 계획하고, 실현 방안을 찾도록 돕기 • 부모가 자신과 가족의 문제를 인식하고 해결하도록 돕기 • 부모가 교육적 또는 직업적 성취를 이루도록 지원하기 • 부모의 자신감, 통제능력, 자아존중감을 촉진시키기 • 부모가 자신의 장점을 찾고 활용하도록 돕기 • 부모가 자신의 개인적 또는 감정적 문제를 인식하고 지원기관의 도움을 찾도록 모색하기 • 부모가 약물, 술, 노름 등의 중독에서 벗어나도록 돕기 ■ 대인관계 또는 사회적 관계의 발달 • 다른 가족구성원이 부모의 자녀양육을 지원하도록 격려하기 • 부모가 균형 있고 긍정적인 대인관계를 확립하도록 돕기 • 부모가 건전한 사회적 지원망을 구축하도록 돕기 • 지역사회 자원에 대한 부모의 인식을 증가시키기 • 부모가 지역사회 자원을 적절히 활용하도록 돕기

출처: 김희진(2005a). **포괄적 보육서비스-부모지원프로그램 진행자 매뉴얼**, pp. 51-53.

표 8-17 포괄적 보육서비스-부모지원 프로그램의 목적과 목표, 내용, 구성방식 및 대상의 종류 예

목적과 목표	회기	내용	구성방식	내용의 종류
1. 포괄적 보육서비스의 올바른 이해를 도움 2. 자녀양육에 대한 관심 촉진 3. 부모의 자아존중감을 높임	1	프로그램 오리엔테이션	'문화 체험'과 '행복한 부모 교실'의 두 가지 일관된 주제로 내용 구성	부모로서의 부모 ≒ 인간으로서의 부모
	2	가족사랑 문화체험: 딸기축제		
	3	가족사랑 문화체험: 뮤지컬 관람		
	4	행복한 부모교실 I: 자기인식 프로그램		
	5	행복한 부모교실 II: 자기인식 프로그램		
	6	행복한 부모교실 III: 가족 체계 이해		
	7	행복한 부모교실 IV: 의사소통 훈련		
	8	가족사랑 문화체험: 자연 학습원 가을 나들이		
	9	가족사랑 문화체험: 박물관		
	10	한 해를 보내며		

출처: 김희진(2005a). **포괄적 보육서비스-부모지원프로그램 진행자 매뉴얼**, p. 66.

그림책 등 부모가 관심 있어 하는 주제를 선택하여 진행할 수 있다. 표 8-17은 포괄적 보육서비스에 기초한 어린이집 부모지원 프로그램의 목적, 목표, 내용, 구성방식 및 대상의 종류의 예이다.

(5) 진행 방법

포괄적 보육서비스의 부모지원 프로그램 진행 방법은 몇 가지 기준에 따라 진행 전략을 세울 수 있다. 첫째, 부모의 참여 정도에 따라 수동적 참여 전략 또는 적극적 참여 전략으로 구분한다. 예를 들면, 부모 워크숍의 형태가 부모 강연회보다 부모의 참여 정도가 높은 적극적 참여 전략이라고 할 수 있다. 둘째, 전달방식에 따라 일회적 전략 또는 반복적 전략으로 구분한다. 예를 들어, 부모가 자녀의 문제행동을 수정하거나 기본생활습관을 습득하도록 양육하는 것이 목표라면 일회적이기보다는 반복적인 전략이 더 효과적일 것이다. 셋째, 내용에 따라 이론적 전략 또는 실천적 전략으로 구분한다. 예를 들면, 강의방식은 이론적 전략이고, 연습, 체험, 역할시연 등은 실천적 전략이라고 할 수 있다.

프로그램 진행 형식도 중요한 결정 사항이다. 이때 고려할 기준은 프로그램 시작 시기, 지속기간, 빈도 및 형식이다. 첫째, 프로그램 시작 시점은 어린이집이나 유치원의 입학 시기인 3월 초에 시작하는 것이 일반적이다. 둘째, 프로그램의 기간은 자녀가 어린이집이나 유치원에 재원하는 기간 동안 지속하는 것이 바람직하므로 대체로 5~10주 정도 진행된다고 할 수 있다. 셋째, 프로그램의 전달방식은 집단모임, 가정방문, 집단모임과 가정방문의 혼용형태 등이 있다. 어린이집이나 유치원을 중심으로 진행하는 경우에는 집단모임이 적절하다. 넷째, 프로그램 제공 빈도는 대체로 주 1회, 한 달에 1회, 두 달에 1회 등으로 다양한데 이를 결정할 때는 부모의 요구와 흥미를 고려하는 것이 중요하다. 월 1회 이상과 같이 프로그램 빈도가 낮은 경우는 등하원 시간을 활용하여 비형식적인 방법으로라도 부모와의 접촉 빈도를 유지하는 것이 효과적이다. 다섯째, 프로그램을 운영하는 집단 크기는 대집단보다 소집단이 효과적이며, 이때 참여자 수는 8~15명 정도로 구성하는 것이 적절하다.

프로그램을 구성한 후에는 부모들에게 홍보하여 참여율을 높이도록 독려하는 방안을 모색하는 것이 필요하다. 홍보방법으로는 포스터를 통한 공지, 편지전달, 전화모집 등의 방법을 활용할 수 있다. 포괄적 보육서비스의 부모지원 프로그램에서 활용할 수 있는 효과적인 부모참여 촉진 전략은 부모의 욕구를 반영한 프로그램, 부모의 경험을 존중하는 프로그램, 부모가 개인적으로 초청받은 느낌을 가질 수 있는 프로그램, 부모의 생활시간을 고려하여 진행하는 프로그램, 결과물을 집으로 가져갈 수 있는 프로그램, 자녀와 함께 참여할 수 있는 프로그램, 지역사회기관과 연계한 프로그램, 지각하거나 결석하지 않고 참여하는 부모에게 인센티브를 제공하는 프로그램 등이 있다.

3) 프로그램 실제 예시

(1) 개괄적 계획

부모지원 프로그램의 사전계획의 예시를 살펴보면 다음과 같다(표 8-18 참조).

• 일시: 2013년 ○월 ○일 토요일 09:30~12:30
• 주제: 프로그램 소개 및 자기 인식 I
• 목표: - 프로그램의 목적, 내용, 진행방식을 소개한다.
  - 부모로서의 '나'를 탐색함으로써 프로그램 참여 동기를 유발한다.
  - 참여자 간의 친밀감을 형성한다.
• 장소: 책 읽는 방

표 8-18 부모지원 프로그램의 사전계획 예

일정	시간	준비물	소요예산	준비 담당자	진행 담당자
프로그램 시작 전 활동	09:30~10:00				
안내문 부착 (현관, 책 읽는 방 입구)	09:30	안내문 2장	-	사회복지사 또는 담당교사	사회복지사 또는 담당교사
장소 준비	09:30~09:45	유아용 원탁 및 의자, 휴지, 모임의 제목을 벽에 붙이기	-	사회복지사 또는 담당교사	사회복지사 또는 담당교사

실내 음악	09:30~ 09:55	오디오, 조용한 대중가요 CD	–	사회복지사 또는 담당교사	사회복지사 또는 담당교사
간식	09:45~ 09:55	참외, 방울토마토, 땅콩샌드, 오렌지주스	10,000원	영양사 또는 담당교사	참여한 모든 진행자
출결 확인	09:55~ 10:00	출석부	–	사회복지사 또는 담당교사	사회복지사 또는 담당교사
프로그램 실시	10:00~12:30				
인사 나누기 및 프로그램 소개	10:00~ 10:15	–	–	–	원장, 사회복지사
강사 소개 및 참여 부모의 자기소개	10:15~ 10:25	–	–	–	강사, 참여 부모
토론: 부모로서의 '나'	10:25~ 11:40	–	–	–	강사, 참여 부모
참여 소감 나누기 및 정리하기	11:40~ 11:50	–	–	–	사회복지사, 참여 부모 또는 담당교사
점심 식사 (자녀와 함께)	11:50~ 12:20	스파게티, 단무지 (당일 식단)	–	영양사, 조리사	영양사 또는 조리사
후식 및 부모 평가	12:20~ 12:30	녹차, 커피, 부모 평가지	–	사회복지사 또는 담당교사	사회복지사 또는 담당교사

출처: 김희진(2005a). **포괄적 보육서비스-부모지원프로그램 진행자 매뉴얼**, p. 148.

(2) 세부 계획

• 제1주: 프로그램 소개 및 자기 인식 I

• 목표

- 프로그램의 목적, 내용, 진행방식을 소개한다.
- 부모로서의 '나'를 탐색함으로써 프로그램의 참여 동기를 유발한다.
- 참여자 간의 친밀감을 형성한다.

• 환경구성 및 준비물

① **대형**: 타원형(유아용 테이블, 의자)

② **준비물**

• 안내문 2장(현관 및 책 읽는 방 입구 부착용)
• '제1회 행복한 부모교실–좋은 부모 되기' 게시글
• 실내 음악
• 간식: 제철 과일, 방울토마토, 땅콩샌드, 오렌지주스
• 식사: 스파게티, 단무지

• 진행 순서

10:00~10:15 인사 나누기 및 프로그램 소개
10:15~10:25 강사 소개 및 참여 부모의 자기소개
10:25~11:40 토론: 부모로서의 '나'
11:40~11:50 참여 소감 나누기 및 정리하기
11:50~12:20 점심식사(자녀와 함께)
12:20~12:30 후식 및 부모 평가

① **인사 나누기 및 프로그램 소개**

- 프로그램의 시작을 알리고 서로 인사한다.
- 원장이 인사말을 한다.
- 프로그램을 소개한다.
  • 시간: 토요일 오전 10시부터 11시 50분
  • 장소: 책 읽는 방
  • 프로그램의 목적: 집단활동을 통해 부모로서의 자신을 인식하고, 효율적인 부모 역할을 이해함으로써 올바른 자녀양육을 돕는다.

② **강사 소개 및 참여 부모의 자기소개**

- 강사의 약력을 소개한 후, 강사가 인사한다.
- 참여 부모는 돌아가며 자신을 소개하고 서로 인사를 나누며 긴장된 분위기를 이완시킨다.

③ **토론: 부모로서의 '나'**

- 도입

  강사 자신의 사례, 상담실 내담자의 사례 등을 들려줌으로써 참여자의 흥미와 참여를 유도한다.

- 활동
  - 부모로서의 '나'의 모습을 진솔하게 되돌아본다.
    - 부모역할을 해내면서 보람 있고 행복할 때
    - 부모역할을 해내면서 지치고 힘들 때
  - 참여자의 이야기를 주의 깊게 경청하고, 있는 그대로 수용해주며, 따뜻하게 공감해주는 분위기를 조성하여 스스로 이해받고 있다는 느낌을 갖게 하고, 집단에 대한 신뢰감을 느끼게 한다.
  - 마음속 깊이 억압된 감정의 응어리를 말을 통해 발산함으로써 감정을 정화시키고, 자녀를 양육하는 모습 뒤에 숨은 '나'(또는 '나'의 문제)를 통찰한다.

- 정리
  - 이후 프로그램에서는 '나'를 진지하게 성찰해 보는 기회를 가짐으로써 부모의 성격이 자녀발달에 어떤 영향을 미치는지 파악하고 부모와 자녀 간 문제해결에 도움이 되는 활동을 해 나갈 예정임을 알린다.

④ **소감 나누기 및 정리하기**

- 전체적인 프로그램에 대한 소감을 나눈다.
- 참여에 감사하다는 인사를 한다.
- 다음 회기의 일정(날짜, 시간, 장소)을 안내하고, 지속적인 참여를 독려한다.
- 참여자들과 함께 프로그램 장소를 정리하고, 식당으로 이동한다.

⑤ **점심식사(자녀와 함께)**

- 자녀와 함께 식사한다. (강사, 진행자도 함께 참여한다.)
- 식단: 스파게티, 단무지 (당일 식단과 동일한 것으로 준비한다.)

⑥ **후식 및 부모 평가**: 후식으로 차를 마시며 담소를 나누고, 부모 평가지를 작성한 후 귀가한다.

⑦ **개별면담**: 원하는 부모가 있으면 개별면담을 실시한다.

출처: 김희진(2005a). **포괄적 보육서비스-부모지원프로그램 진행자 매뉴얼**, pp. 149-151.

6. 총체적 부모교육 프로그램

1) 프로그램 소개

총체적 부모교육 프로그램은 특정한 철학이나 이론에 근거하여 개발된 상담 중심 부모교육 프로그램과 달리 유아기 자녀를 둔 우리나라 부모의 요구와 전문가의 연구, 교육전문가의 의견을 참조하여 개발함으로써 실시하고 있는 프로그램이다.

총체적 부모교육 프로그램을 개발하게 된 배경은 다음과 같다. 우리나라에서 실시하고 있는 대부분의 부모교육 프로그램은 주로 미국 부모를 대상으로 개발한 것을 번역하여 사용해왔다. 부모교육 프로그램은 대상이 갖는 특성, 가족 배경, 양육관 등이 중요한데 현재 사용하고 있는 프로그램은 양육문화 차이를 고려하지 못하고 있다는 제한점이 있다. 따라서 우리나라 부모의 요구와 특성을 반영한 부모교육 프로그램의 개발이 필요하다. 또한 우리나라의 부모교육 프로그램은 전문가가 부모에게 내용을 전달하는 수직적이고 위계적인 형태로 이루어지는 측면이 있었다. 그러나 전문가와 부모는 동반자나 협력자로서의 관계 정립이 필요하며 부모의 의견을 존중하고 이를 교육에 반영하는 부모교육 프로그램의 개발이 필요하다. 그러므로 부모교육 프로그램을 구성하기 위해서는 부모가 가진 사회문화적 맥락을 고려하는 것이 중요하므로 부모가 처한 환경에 부합하면서 최대한의 지지를 받을 수 있는 방향을 모색하는 것이 필요하다.

2) 프로그램 구성

총체적 부모교육 프로그램의 대상 부모는 우리나라의 전통문화 분위기 속에서 성장한 유아기 자녀가 있는 부모이다.

(1) 목적과 목표

총체적 부모교육 프로그램의 목적은 부모가 가지고 있는 잘못된 자녀양육에 대한 신념이나 통찰에 변화를 유도하고 부모의 양육기술이나 문제해결능력을 총체적으로 제공해주는 데 있다(김정원, 1999; 이은화, 이경우, 이기숙, 홍용희, 박은혜, 김희진, 2001, p. 39). 이의 구체적인 목표는 다음과 같다.

- 부모-자녀 사이의 민주적인 인간관계를 정립한다.
  - 자녀를 부모와 대등한 인격적인 존재로 인정하여 존중한다.
  - 민주적인 양육태도를 가진다.
- 올바른 자녀교육관을 확립한다.
  - 부모역할의 중요성을 인식하여 적극적으로 부모역할에 참여한다.
  - 아동 중심 교육관을 갖는다.
  - 자존감, 책임감, 창의성, 도덕성 있는 어린이로 키우는 것이 중요함을 안다.
- 자녀에 대하여 올바로 이해한다.
  - 자녀의 발달단계를 이해한다.
  - 자녀의 행동 원인을 이해한다.
- 부모역할을 위한 바람직한 기술을 획득한다.
  - 효과적인 의사소통의 방법을 익힌다.
  - 자녀의 학습을 촉진시킬 수 있는 효과적인 방법을 안다.
  - 민주적인 훈육 방법을 사용한다.

(2) 교육 내용

교육 내용은 부모의 요구도, 부모교육의 중요도 등에 따라 다양한 내용으로 구성한다. 교육 내용은 계열성과 통합성을 가지고 회기별로 조직될 수 있는데 총체적 부모교육 프로그램에서 다룰 수 있는 교육 내용은 표 8-19와 같다.

표 8-19 총체적 부모교육 프로그램의 교육 내용

주	내용
1	• **미래사회와 자녀교육:** 미래사회의 특징, 미래사회의 생활양상, 자녀교육의 방향 • **3~5세 유아의 발달 특성:** 신체 및 운동능력발달, 인지발달, 언어발달, 또래관계, 성역할의 발달, 주도성, 자율성(독립성), 자아개념
2	• **동화책의 중요성:** 그림책을 읽어주는 이유, 좋은 그림책, 유아가 좋아하는 그림책, 그림책 읽어주는 방법, 그림책을 선택하는 방법, 그림책을 활용하는 방법, 연령에 맞는 좋은 그림책 소개 • **놀이감 고르기와 놀아주기:** 놀이의 중요성 및 의의, 놀이 유형별 발달과정, 좋은 놀이감 선택하는 방법, 생활환경 주위에서 찾을 수 있는 다양한 놀이감의 예
3	• **언어발달(읽기와 쓰기), 학습지와 학원:** 유아의 언어 특성, 연령에 따른 유아의 읽기와 쓰기 행동, 유아에게 읽기와 쓰기를 가르치는 바람직한 방법
4	• **자녀와의 의사소통:** 자녀와 함께하는 효과적인 문제해결과정 6단계, 자녀와 의사소통하기(진정한 대화방법 두 가지), 격려하기, 자녀와의 문제해결을 위한 바람직한 부모역할 • **훈육하기(생활지도):** 3~5세 유아가 갖기 쉬운 버릇, 버릇 고치기의 바람직한 방법과 바람직하지 못한 방법, 유아의 바람직하지 못한 버릇의 예와 지도 방법
5	• **창의성 교육:** 창의성의 개념, 창의성의 구성요소, 창의적 과정, 창의성 개발과 발달을 위한 부모의 지도 방법
6	• **유아기 정서발달과 스트레스:** 정서적으로 안정된 유아의 특징, 정서적으로 안정된 아이로 키우는 방법, 스트레스의 증상, 유아가 스트레스를 받는 원인과 상황, 유아의 스트레스를 극복하게 도와주는 방법 • **정서지능과 도덕지능** • **사회적 능력:** 또래관계가 유아의 삶에서 중요한 이유, 친구에게 환영받는 유아의 특징, 친구에게 환영받는 아이로 키우는 방법
기타	• **유아기의 성교육:** 유아기 성교육의 의미, 유아기 성교육의 필요성, 유아의 성개념 발달에 영향을 주는 요인, 성교육의 내용과 방법, 성교육에 관한 질의응답 • **미술교육:** 유아미술의 중요성, 유아발달과 미술교육, 유아미술의 이론, 유아그림의 발달단계, 유아그림의 특징, 자녀의 미술교육을 위한 부모역할

출처: 김정원(1999). **부모교육 프로그램의 개발과정에 관한 연구**, p. 43; 이은화 외(2001). **유아기 자녀를 위한 총체적 부모교육 프로그램**, p. 59, p. 82, p. 105, p. 151, p. 132, p. 176, p. 201, p. 243, p. 256, p. 283, p. 311.

3) 프로그램 실시 방법

총체적 부모교육 프로그램에 참여하는 부모는 3~5세의 자녀를 둔 부모지만 경우에 따라서는 영아기부터 초등학교 저학년 자녀를 둔 부모를 대상으로 실시할 수도 있다. 부모교육 프로그램에 참여하는 사람은 대부분 자발적으로 참여의사를 밝힌 부모이며 참여를 유도하도록 독려할 수 있다. 부모교육 프로그램을 진행하는 교육자는 전문적인 지식을 갖춘 전문가가 적절하다. 프로그램은 약 13개의 주제로 구성되며 1주에 1주제씩 다루게 되는데, 부모의 흥미에 따라 1주에 2주제 또는 2주에 1주제를 다룰 수도 있다. 실시 시간은 부모가 가장 많이 참여할 수 있는 시간을 선택하는 것이 중요하며, 주중의 낮 시간, 주말 또는 주중의 저녁 시간 어느 때라도 가능하다.

총체적 부모교육 프로그램의 교수학습활동은 12~15명으로 구성된 소집단으로 이루어진다. 교수학습 방법은 전문가의 강의, 집단토론, 역할놀이, 관련기관 방문 등을 활용한다. 그리하여 부모에게 오디오를 사용하여 녹음된 강의와 토론한 내용을 다시 듣게 하거나 비디오를 시청하게 한 후 토론으로 연계하기도 한다. 부모용 참고도서를 제공하거나 자녀의 작품을 활용하기도 하며, 다양한 시청각 자료를 활용한다. 부모에게 각 주별 내용에 대한 자료를 주어 진행할 교육 내용에 대해 알게 한다. 또한 부모는 자녀가 가장 좋아하는 장난감이나 동화책 가져오기, 최근 자녀와의 갈등 상황에 대하여 기록해 오기 등 작은 숙제를 해 온 후 이를 교육의 자료로 활용한다. 총체적 부모교육 프로그램의 교수-학습체계는 그림 8-8과 같다.

그 외에도 원활한 프로그램 진행을 위해 우호적이며 편안한 분위기 조성이 중요하며, 간단한 다과제공과 쾌적한 환경 등이 도움이 된다. 예산은 운영하는 기관이나 참여하는 부모 모두가 부담이 되지 않는 참가비를 책정하여 운영하는 것이 바람직하다.

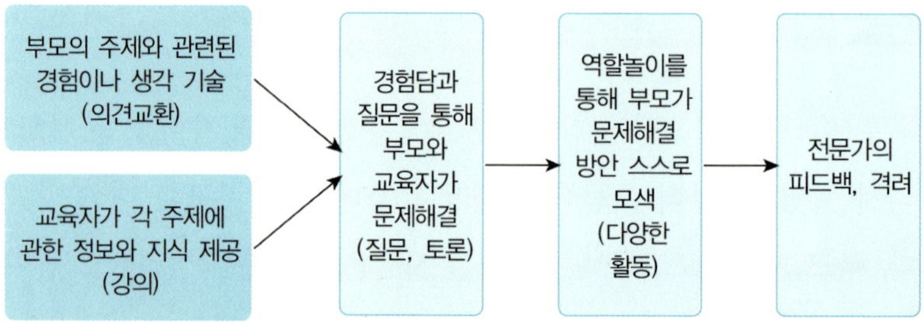

그림 8-8 총체적 부모교육 프로그램의 교수-학습체계

7. 감정코칭 프로그램

1) 프로그램 소개

'감정코칭(emotional coaching)'은 감정을 잘 표현하고 사용할 수 있도록 코치해 주는 것을 의미한다. 자녀가 감정을 표현할 수 있도록 하되 감정표현에 따른 행동에 대해서는 한계를 지어주어 책임있는 성인으로 성장할 수 있도록 지도하는 데 중점을 둔다. 감정코칭의 기본 철학은 Ginott의 철학에 기초를 두고 발전되어 왔다. 즉 자녀의 행동보다 감정을 먼저 이해하고, 아이의 감정을 무시하지 않도록 하며, 자녀의 문제행동에는 한계를 지어주되 인격을 꾸짖지는 말아야 한다는 기본철학을 가지고 있다. 이후 Gottman 박사는 감정코칭을 체계화 시키는 데 기여하였다. Ginott 박사의 교육 철학과 가치를 재발견하여 다양한 사례를 치료하는 과정에서 부모의 감정 대응을 4가지 유형으로 밝히고, 감정코칭 방법을 단계적으로 발전시켰다. 이후 조벽, 최성애 박사가 자녀의 문제 행동에 대한 실질적 대처법과 도구를 개발하기에 이르러 유아부터 아동, 청소년기 자녀를 둔 부모뿐 아니

라 교사에게 감정코칭 프로그램을 제공하고 있다. 또한 감정 코칭교육을 체계화하여 전문가 양성과 함께 감정코칭의 저변확대에 힘을 기울이고 있다.

2) 내용 구성

(1) 부모의 양육자 유형 이해

부모는 자녀가 감정을 표현할 때 반응하는 자신의 양육자 유형을 아는 것이 중요하다고 보고 이를 4가지 유형으로 제시하였다(표 8-20 참조).

표 8-20 자녀의 감정에 대한 부모의 4가지 반응유형

유형	축소전환형 : 별거 아니야	억압형 : 그럼 못써	방임형 : 뭐든 괜찮아	감정코칭형 : 함께 찾아보자
부모의 반응 특성	• 아이의 감정은 별로 중요하지 않다고 여김 • 감정을 무시, 간과함 • 부정적 감정이 사라지도록 격려함 • 감정을 놀리거나 농담으로 반응함 • 아이의 감정은 비이성적인 것이라 생각하고 믿지 못함 • 아이의 부정적인 감정에 마음이 편하지 않음	• 축소형보다 더 부정적으로 반응함 • 감정을 비난하거나 꾸짖음 • 올바른 행동을 해야 한다고 훈계함 • 부정적 감정을 꾸짖고, 벌주며 훈육함 • 부정적 감정을 억제, 자제시킴 • 부정적 감정은 나쁜 성격에서 비롯된다고 믿음 • 부정적 감정은 낭비나 사치라고 여김	• 애들은 다 그러면서 큰다고 믿음 • 나쁜 감정도 허용하고 격려함 • 지도하거나 대안을 찾아 주지 않음 • 감정에 대해 바른 지도 없음 • 한계설정 없는 허용 • 감정은 모두 분출해야 좋다고 믿음	• 감정허용 행동에는 한계 • 부정적인 감정은 교육의 기회 • 아이의 감정을 잘 들어주고 시간을 가지고 경청함 • 감정에 대해 훈계하지 않고 공감해 줌 • 문제 해결방안에 대해 안내해 줌 • 대안을 제시하거나 함께 모색함 • 문제해결 능력을 가르쳐주고 격려함

출처: 최성애, 조벽, 존 가트맨(2017). 내 아이를 위한 감정코칭 p. 102~111까지 정리함.

표 8-20에 제시된 바와 같이 부모가 자신의 자녀가 감정을 표현할 때 반응하는 행동을 4가지 유형인 축소전환형 부모, 억압형 부모, 방임형 부모, 감정코칭형 부모로 구분하고 이들 유형별 특성을 제시하고 있다(최성애 외, 2017. pp. 102-111).

첫째, 축소지향형 부모는 자녀의 감정을 대수롭지 않게 여기거나 무시하는 반응을 보인다. 자녀가 중요하다고 여기거나 심각한 상황에서도 이를 축소해버린다. 또한 감정에 대해 좋은 감정과 나쁜 감정을 구분하여 나쁜 감정은 빨리 없애주려고 한다. 부모가 이런 반응 유형을 보일 때 자녀는 감정을 느끼고 조절하는 방법을 제대로 배우지 못하여 감정조절이 미숙하게 된다. 아이는 자존감이 낮고, 음식 먹기, 쇼핑 등으로 기분을 풀거나 문제를 회피하는 행동을 나타낸다.

둘째, 억압형 부모는 축소전환형 부모와 유사하게 자녀의 부정적인 감정을 무시하며, 자녀의 감정을 엄하게 질책하는 경향을 보인다. 즉 자녀가 부정적인 감정을 보일 때 행동을 비난하며 야단치고 벌을 준다. 부모의 의도는 자녀가 부정적인 감정을 느끼지 않도록 하는 것이며, 이를 위해서는 바른 행동을 가르쳐야 한다고 생각한다. 이 경우 아이는 자아존중감이 매우 낮으며 우울해지거나 충동적, 공격적인 행동을 보이게 된다. 나아가 비행문제로 이어지는 궤적을 보이기도 한다.

셋째, 방임형 부모는 아이의 감정을 인정하기는 하나 바른 것과 그른 것에 대한 구분이 없는 특징을 지닌다. 이런 경우 자녀는 자신의 기분이 내키는 대로 감정을 표출하게 되며 자기중심적인 행동을 보인다. 아이는 자신의 행동이 적절한지 알지 못하므로 불안해하거나 대인관계에서 미숙하다.

넷째, 감정코칭형 부모로서 자녀의 감정을 인정하고 수용하되 부정적인 행동에 대해서는 한계설정을 해주는 경우이다. 한계설정의 원칙은 자신이나 타인에게 해가 되는 행동은 제한을 두는 것이다. 이런 부모에게서 성장한 자녀는 감정은 긍정적이든 부정적이든 자신의 삶의 일부라고 수용하며, 자아존중감과 자기효능감이 높은 특성을 보인다.

(2) 감정코칭 대화법

부모가 자녀와 대화를 할 경우 자녀의 마음을 여는 대화법 또는 마음의 문을 닫는 대화법을 사용한다. 마음의 문을 닫는 대화법으로는 비난하는 대화(예: 너는 왜 맨날), 경멸하는 대화(예: 네가 그렇지 뭐), 멀어지는 대화(예: 너한테 물어본 거 아냐), 방어하는 대화(예: 너 잘되라고 그러는 거야) 등이 있다. 그 외에도 죄책감을 조장하는 대화(예: 너 때문이야), 명령하고 훈계하는 대화(예: 당장 그만둬! 빨리 해!)가 마음의 문을 닫는 대화라고 할 수 있다.

참고 "무시하는 말"보다 더 문제인 "담쌓기행동"

담쌓기행동은 상대방을 투명인간처럼 대우하는 것으로 불러도 못들은 척 하기, 못본 척 하기, 눈을 마주치지 않기 등의 행동을 의미한다. 자녀가 떼를 쓰거나 문제행동을 보일 때 부모는 이러한 담쌓기를 사용하게 된다. 한때 행동주의 철학에 기초한 전문가들이 자녀의 바람직하지 못한 행동을 무시하는 것이 필요하다고 언급하였다. 그러나 감정마저도 무시하게 되면 안된다. 이런 경우 부모로부터 외면당하면서 자존감은 낮아지고 자녀의 문제행동에 대한 개선은 이루어지지 않는다.

출처: 최성애 외, 2017년 내 아이를 위한 감정코칭, p. 145에서 발췌.

반면에 서로 소통하며 다가가는 대화법으로는 경청하는 대화(예: 음! 그렇구나), 수용하는 대화(예: 많이 힘들었겠네), 아이의 속마음을 이해하는 대화가 있다. 또한 상처받은 아이의 마음을 풀어주는 대화를 위해서는 목소리 톤을 낮추고 부드럽게 이야기하고, 부모는 자신의 행동에 대해 방어에 급급하지 말고 일부는 인정하는 것이 필요하며 호감이나 존중의 말을 하는 것이 중요하다.

(3) 감정코칭의 5단계

부모가 자녀와 감정을 교감하며 감정을 코칭하는 과정을 5단계로 나누어 설명할 수 있다(최성애 외, 2017. pp. 172-229).

가. 감정코칭 1단계: 아이의 감정을 인식한다.

감정코칭의 1단계는 자녀의 감정을 인식하도록 관심을 가지고 바라보는 단계이다. 아이의 행동보다 감정을 먼저 읽어야 한다. 작은 '행동'에 초점을 두고 훈계하기보다 섬세한 '감정'이 보일 때 이를 알아차리는 것이 중요하다. 감정을 제 때 읽어주지 못하면 여러 감정이 혼합되고 증폭되어 이후에는 어떠한 감정인지 구분이 되지 않는다. 나중에는 전반적으로 아이가 성질을 부리는 것으로 오해하게 된다. 그러므로 부모는 자녀의 행동 뒤에 숨어 있는 감정을 살펴보고 감정에는 다양한 색깔이 있음을 이해하도록 한다.

나. 감정코칭 2단계: 감정적 순간을 좋은 기회로 삼는다

감정코칭의 2단계는 자녀가 감정을 증폭시킬 때를 오히려 배움의 기회로 활용하는 단계이다. 아이가 감정을 보일 때 부모는 짜증을 내거나 회피하려 하고 버릇을 고쳐주어야 한다고 생각하기 쉽다. 그러나 부모는 자녀의 감정을 코칭해줌으로써 자녀가 성숙해질 수 있도록 돕는 기회로 삼는 것이 필요하다. 이를 위해서는 아이가 감정을 나타낼 때 아이에게 관심을 보이고 아이와 긍정적인 관계를 형성할 수 있는 기회로 여기는 인식의 변화가 필요하다.

다. 감정코칭 3단계: 아이의 감정을 들어주고 공감하라

감정코칭의 3단계는 코칭의 기본인 소통을 위한 대화방법을 익히는 단계이다. 이 단계에 비로소 부모가 아이에게 능동적으로 개입하는데, 개입을 위한 방법은 소통이며, 소통의 핵심은 '경청'과 '공감'이다. 공감을 할 때는 긍정적이고 부정적인 감정 모두를 공감하도록 한다. 감정을 공감할 때는 진지한 태도를 유지하도록 하며, 섣불리 왜? 라는 질문을 하여 대화의 맥을 끊는 일을 피하도록 한다. 공감만 제대로 해주어도 아이가 다가오며 대화가 시작될 수 있다.

아이와 나누는 대화의 종류에는 다음과 같은 3가지가 있다.

① 서로 원수 되는 대화
상대가 말한 것에 대해서 즉각적으로 반박하거나 비웃기, 특히 비난과 경멸의 말을 한다.

② 서로 멀어지는 대화
상대의 말과 관련이 없는 다른 말로 화제를 바꾸거나 전혀 다른 말을 한다.

③ 서로 다가가는 대화
상대의 이야기를 잘 들어주고(경청) 그 감정을 받아준다(수용). 다가가는 대화는 상대로부터 다가가는 대화를 이끌어내고, 스트레스를 줄여주고, 서로 긍정적인 정서를 쌓도록 도움을 준다.

서로 다가가는 대화의 예
- 수용, 경청의 예: “그랬겠네,(고개를 끄덕끄덕)”
- 공감의 예: “정말 힘들었겠네”(화났겠네, 슬펐겠네, 억울했겠네, 창피했겠네)

라. 감정코칭 4단계: 감정을 표현하도록 도와주기

감정코칭 4단계에서는 감정에 이름을 붙여주고 아이 스스로 감정을 표현할 수 있도록 돕는 단계이다.

① 감정에 이름 붙여주기
불확실한 감정을 구체화하거나 명료화해서 이후로 논의가 가능하도록 감정에 이름을 붙인다. 어린 자녀가 감정을 지칭하는 단어(억울함, 상실감, 비애감 등)의 의

미를 완전히 이해하지 못하더라도 감정에 이름을 붙여주면 그 이후에 생긴 감정에 대하여 논의하기가 수월해진다. 이는 마치 감정이라는 문에 손잡이를 달아주는 것이라고 비유할 수 있다.

② 감정을 표현하는 것을 돕기

아직 어린 자녀 또는 감정코칭을 받지 못한 자녀는 감정에 대하여 말로 표현하는 능력이 미숙할 수 있다. 이런 경우 다양한 자신의 감정을 구분하여 표현하기보다 울거나 소리를 지르는 행동으로 표현한다. 그러나 감정에 이름(단어)을 붙여주어 자신이 느끼는 감정의 종류(색깔)를 알게 되면 그 감정에 대처하는 방법에 관심을 둘 수 있는 여유가 생기게 된다.

마. 감정코칭 5단계: 스스로 문제해결을 할 수 있도록 하기

바람직한 행동으로 감정을 표출하고 해소하도록 '돕는' 단계이다. 이 단계에서는 5가지로 감정코칭을 돕는 과정을 구분하여 설명할 수 있다.

① 먼저 공감하고 행동의 한계 설정하기

② 아이가 원하는 목표 확인하기

③ 해결책 찾아보기

④ 해결책 검토하기

⑤ 스스로 해결책을 선택하도록 돕기

생각해 봅시다

1. 부모교육 프로그램을 구성할 때 아동기 자녀를 둔 부모가 가장 중요하게 생각하는 양육관은 무엇인지 생각해 봅시다.
2. 아버지를 대상으로 실시하는 부모교육 프로그램을 진행할 때 고려할 점에 대해 생각해 봅시다.
3. 특별한 요구가 있는 가족의 부모(예: 다문화가족, 장애우가족, 조손가족 등)를 대상으로 부모교육 프로그램을 실시하려고 계획할 때 적합한 주제를 생각해 봅시다.

chapter 09

부모교육과 부모참여의 실제

01 부모교육과 부모참여의 계획 및 운영

02 기관에서의 부모교육 실제

03 기관에서의 부모참여 실제

CHAPTER 09

부모교육과 부모참여의 실제

학습목표

- 기관에서의 부모교육 실제에 대해 살펴본다.
- 기관에서의 부모참여 실제에 대해 살펴본다.
- 부모교육과 부모참여의 계획과 운영에 대해 알아본다.

최근 우리 사회는 여성의 활발한 사회참여와 정부의 보육정책으로 인해 부모 역할이 가정으로부터 사회와 국가의 책임으로 확대되는 경향을 보이고 있다. 출산휴가와 육아휴직제도를 활용함에도 불구하고 영아기부터 어린이집을 이용하는 비율이 높아지고 있고, 유치원의 종일반 운영도 많아지고 있다. 양질의 교육과 보육은 부모의 양육관과 양육태도에 밀접하게 관련되므로, 보육 및 교육기관은 가정과의 연계를 위해 다양한 부모교육과 부모참여 프로그램을 실시하고자 한다. 따라서 이 장에서는 유아교육 및 보육기관에서 부모를 대상으로 실시하고 있는 다양한 유형의 부모교육 및 부모참여 프로그램의 실제에 대해 알아보고자 한다.

1. 부모교육과 부모참여의 계획 및 운영

부모교육은 현재 부모이거나 앞으로 부모가 될 사람이 자녀를 더 잘 이해하고 좋은 양육환경을 마련할 수 있도록 지원하는 사회의 총체적 노력이다(조성연 외, 2013, p. 395). 과거에는 형식적이고 체계적인 교육이 없어도 세대 간 문화 전수와 친족 및 지역공동체를 통해 자연스럽게 부모되기를 준비하였다. 그러나 현대 사회의 부모는 핵가족화 되고 형태가 다양해진 가족 안에서 발생하는 수많은 요구로 인해 부모역할을 수행하는 것이 어렵고, 가족 안에서 다양한 지원을 기대하기가 어려워졌다. 과거에 비해 부모역할의 지원이 친인척뿐 아니라 국가와 여러 사회단체를 통해서 이루어진다(김춘경 외, 2002, p. 321, 제경숙, 2015, p. 41). 그러므로 기관에서 부모역할을 도와주고 교육하며, 부모의 참여를 격려하여 가정과 기관이 함께 질 높은 교육과 보육을 실천할 수 있도록 노력하는 것이 필요하다.

유아교육과 보육의 효과를 높이기 위해 기관에서 실시하는 부모교육은 부모참여로 시작한다(이원영 외, 2011, p. 327). 부모와 교직원이 동반자적인 관계를 형성함으로써 기관과 가정과의 일관성 있는 교육과 보육이 가능해져 부모가 자녀양육에 보다 적극적으로 참여하게 될 뿐만 아니라 자녀양육과 관련한 전문적 지식을 습득하여 바람직한 부모역할을 수행할 수 있기 때문이다. 따라서 기관에서의 부모교육은 부모됨과 부모역할에 대해 배우는 교육적 성격을 띤다. 부모교육의 궁극적 목표는 부모로 하여금 자녀의 발달특성을 이해하고 자녀를 양육하는 데에 필요한 지식이나 기술, 태도 등을 습득하도록 도와주는 것이다(정옥분 외, 2008, p. 54).

1) 부모교육과 부모참여에 대한 부모의 요구

대부분의 부모들은 자녀 교육에 대한 올바른 지식과 기술을 배우고 싶어한다.

이들은 부모교육을 통해 부모로서 자신의 성장과 자녀를 위해 성숙한 부모-자녀 관계를 갖기 원한다. 부모교육에 관한 연구 결과(임효선, 2010; 전우경, 2009)에서 기관에서의 부모교육을 통해 부모는 올바른 자녀교육관을 형성하게 되고, 자녀의 발달을 더 잘 이해하게 됨으로써 기관 운영에도 더 적극적으로 참여하는 것으로 나타났다. 또한 부모는 부모참여 수업과 수업참관, 강연회 및 워크숍, 가족 단위의 행사, 교사와의 면담, 기관과 가정이 주고받는 알림장(일일수첩)을 효율적인 부모교육 및 참여 활동으로 인식하였다(배지희, 조미영, 봉진영, 김은혜, 2011). 뿐만 아니라 부모는 부모와 유아가 함께 참여할 수 있는 부모교육, 다양한 가족형태를 고려하는 부모교육, 부모들 간의 친목과 교류가 이루어지는 부모교육, 일회성이 아니라 지속적으로 지원해주고 멘토링 형식으로 진행하는 부모교육 등을 기대한다.

오늘날 영유아기 자녀의 부모는 부모교육의 긍정적인 효과에 대해 인식하고 있고, 그에 대한 기대수준도 높다. 그러나 유아교육·보육기관에서 부모의 기대와 요구에 맞는 부모교육 및 부모참여 프로그램을 운영하는 것은 맞벌이 부부의 증가 등으로 현실적인 차원에서 어려움이 있다. 기관에서 교사들이 시간과 노력을 들여 계획하고 준비한 다양한 프로그램에 부모가 소극적으로 참여함으로써 프로그램이 축소되거나 일회적인 행사로 진행되는 경향이 있다. 뿐만 아니라 부모교육은 부모와 교사가 대등한 입장에서 상호 협력하며 보완적으로 이루어지는 것이 효과적이지만 교사는 부모를 피교육자로 생각하여 일방적으로 양육 방법에 대한 지식을 전달하려는 경향도 있다(서영희, 권미량, 김은주, 2006).

기관에서 부모교육 및 부모참여 프로그램을 실시할 때 맞벌이 가족, 한부모 가족, 조손 가족 등 다양한 가족 유형에 맞는 부모교육을 실시해야 한다(김옥경, 2010). 또한 부모교육의 제공자와 수혜자의 개인 특성도 다양하기 때문에 내용이나 방법 면에서 부모나 가족의 요구를 반영하여 실시하는 것이 효과적이다. 이에 유치원이나 어린이집에서 부모교육을 실시할 때는 사전에 프로그램에 대한 요구조사를 실시하고, 프로그램이 끝난 후에는 평가를 하여 이후 실시하는 부모교육의 기초자료로 활용하는 것이 필요하다.

다음은 기관에서 사용할 수 있는 부모교육에 대한 요구도 조사서와 조사 결과 및 평가서에 대한 예시이다. 부모교육에 대한 요구도 조사에는 요구도 조사의 실시 이유에 대한 안내와 함께 자녀 연령, 부모가 원하는 부모교육의 유형과 내용, 참여 의사, 참여 가능 시간, 부모교육에 대한 이해 정도, 향후 부모교육을 위한 의견 등의 내용을 포함시킨다.

예시 부모교육 요구도 조사

안녕하십니까?
본 기관에서는 보다 효율적이고 유익한 부모교육을 실시하기 위해 부모님께서 원하는 부모교육 내용과 방법이 무엇인지 알아보고자 합니다. 부모님의 의견은 본 기관의 프로그램을 계획하고 추진하는 데 귀중한 자료로 활용될 것입니다.
평소에 생각하시던 바를 솔직하게 답해주시기 바랍니다.

1. 자녀의 연령이 어떻게 됩니까?

① 1세 ② 2세 ③ 3세
④ 4세 ⑤ 5세

2. 본 기관에 자녀를 보내면서 기대하는 것은 무엇입니까?

① 가정과 같은 편안한 환경 및 정서적 지지
② 다양한 경험의 축적
③ 사회정서 발달
④ 교육 프로그램 제공에 의한 인지발달
⑤ 기본생활지도에 의한 일상생활 능력
⑥ 기타 ( )

3. 기관에서 실시하는 부모교육의 내용이나 방법에 대해 얼마나 알고 계십니까?

① 매우 잘 안다 ② 어느 정도 안다 ③ 약간 안다
④ 전혀 모른다 ⑤ 관심 없다

〈부모교육 내용의 예〉

대상 구분	내 용	유형
공통 (원내 교직원 주관)	• 부모면담(개별, 집단) • 가족운동회	면담, 간담회 참여행사
공통 (외부 전문가 초청)	• 부모됨과 부모의 역할 • 부모 양육스트레스 및 훈육방법 • 가족음악회	강연회 강연회 참여행사
연령별 교육 (1, 2세 영아 부모)	• 영아와 함께 볼 그림책 만들기 • 영아와 함께 그림책 보기	워크숍 워크숍
연령별 교육 (3세 유아 부모)	• 유아 자녀와 책읽기 워크숍 • 부모와 함께 퍼즐 동화 만들기	워크숍 참여수업
연령별 교육 (4세 유아 부모)	• 유아 자녀와 책읽기 • 부모와 함께 팝업책 만들기	워크숍 참여수업
연령별 교육 (5세 유아 부모)	• 유아 자녀와 책읽기 워크숍 • 부모와 함께 팝업책 만들기	워크숍 참여수업

4. 지난해에 실시한 부모교육 중 금년에도 실시하기를 바라는 내용은 무엇입니까?

① 개별 면담과 간담회 ② 강연회 ③ 가족참여행사
④ 연령별 부모 워크숍 및 참여수업

5. 부모교육을 통해 알고 싶은 것은 무엇입니까? (한 가지만 선택해 주십시오.)

① 올바른 부모역할 및 가정에서의 영유아 지도 방법
② 발달단계에 따른 영유아의 특성 및 인지발달 지도 방법
③ 자녀와의 효과적인 대화 방법 및 문제행동에 대한 대처 방법
④ 영유아의 스트레스와 정신건강 및 정서발달 지도 방법
⑤ 영유아 특기적성교육 및 조기교육
⑥ 기타 (   )

6. 원하는 부모교육 및 부모참여의 유형은 무엇입니까?

① 부모회 또는 부모운영위원회 ② 부모면담(개별, 집단) ③ 참여수업
④ 수업참관 ⑤ 강연회 ⑥ 워크숍
⑦ 가정통신문 ⑧ 일일교사 ⑨ 자원봉사
⑩ 기타 (   )

7. 부모교육에 참여할 의사가 있습니까?
① 예 ② 아니요

8. 부모교육에 참여할 수 있는 시간대는 언제입니까?
① 평일 오전 10~12시 ② 평일 오후 12~2시 ③ 평일 오후 2~4시
④ 평일 저녁 7~9시 ⑤ 토요일 오전 ⑥ 기타 ( )

9. 부모교육에 참석할 수 없다면 그 이유는 무엇입니까?
( )

10. 부모교육 프로그램에 대해 건의하고 싶은 내용이 있으면 자유롭게 적어 주세요.
( )

예시 부모교육 프로그램 부모 요구도 조사 결과

1. 부모교육 프로그램 실시 희망 요일

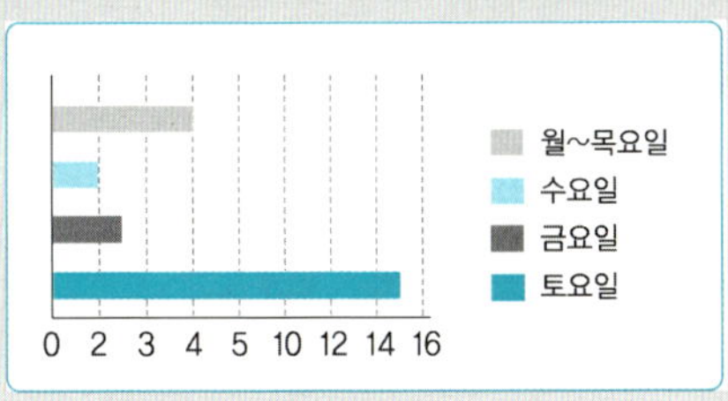

2. 부모교육 프로그램 실시 희망 시간

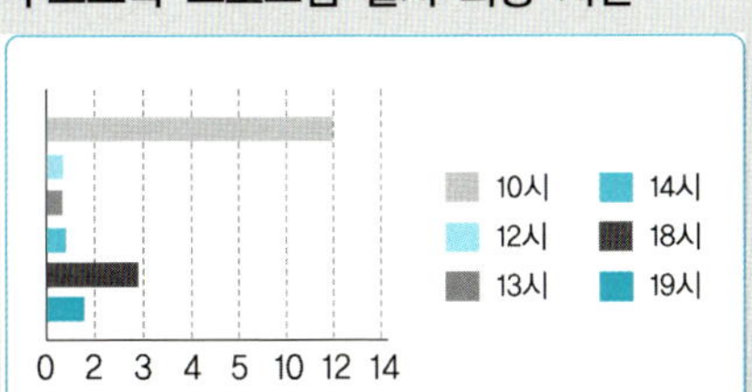

1번과 2번 응답 결과에 따라 부모교육은 가능한 한 토요일 오전 10시경에 진행하도록 하겠습니다.

2) 부모참여와 부모교육의 계획 및 실시

부모참여와 부모교육 프로그램은 연간 계획을 한 후 실시해야 한다(표 9-1, 9-2 참조). 유치원과 어린이집에서는 부모와 가족을 대상으로 다양한 유형의 부모교육과 부모참여를 계획하여 오리엔테이션 때 공지함으로써 향후 기관의 부모교육 프로그램에 부모가 적극적으로 참여할 수 있도록 유도한다. 연간 계획은 부모 요구도 조사의 결과나 전년도 부모교육 및 부모참여 프로그램의 평가를 바탕으로 부모교육 유형과 방법, 주제와 내용, 시기 등을 대략적으로 정하는 것이 좋다. 부모교육 프로그램을 실시하기 전에도 계획을 수정할 수는 있지만 최대한 기관에서 실행 가능한 계획을 세운다.

기관에서 실시하는 부모교육 및 부모참여 프로그램은 개별 부모의 요구나 필요성에서 서로 다를 수 있다. 어머니의 취업 여부, 부모의 사회경제적 지위나 직장 특성, 지역사회의 문화와 생활 패턴, 반일제와 종일제에 따른 기관운영 시간의 차이, 영아반 유무 등에 따라 부모에게 필요한 교육 내용이 달라지고 부모의 요구나 기대도 달라질 수 있다. 그러므로 기관에서는 획일적이고 반복적인 부모교육 프로그램보다는 집단의 특성과 요구를 충분히 반영하여 해마다 의미 있는 프로그램을 다양하게 계획하고 실시하도록 한다.

표 9-1 연간 부모교육 및 부모참여 프로그램의 예 1

시기	프로그램	유형	대상	내용
2월	신입 원아/재원아 부모 오리엔테이션	강연회	신입 원아/재원아 부모	기관 운영안내 – 교육과정, 기관의 운영지침, 교직원 소개와 환경 살펴보기
4월	부모 개별면담	면담	전체 부모	기관 적응과 영유아의 가정환경 파악을 위한 개별 면담
5월	부모 강연회	강연회	전체 부모	특정 주제에 대한 전문가 초청 강연
6월	아버지 참여수업	참여 수업	아버지 혹은 남자 가족이나 친척	아버지와 함께 하는 학급별 자유선택활동
7월	부모 집단면담	면담 간담회	전체 부모 혹은 신청자	1학기 기관 생활에 대한 공유 – 연령별, 학급별 집단 면담
10월	가족운동회	워크숍 참여행사	전체 부모 및 가족	가족이 참여하여 다양한 게임과 신체활동을 즐기며 친목도모
11월	취학 전 연령 학급의 부모 간담회	간담회	5세반 부모	초등학교 준비에 관한 초등교사 초청 간담회
12월~ 다음 해 1월	부모 개별면담	면담	전체 부모	영유아의 놀이와 활동, 기관 생활에 관한 관찰기록과 발달 검사를 토대로 한 개별 면담
2월	신입 원아/재원아 부모 오리엔테이션	강연회	신입 원아/재원아 부모	기관 운영안내 – 교육과정, 기관의 운영지침, 교직원 소개와 환경 살펴보기
2월	졸업식	참여행사	5세반 부모	5세 유아의 졸업식

표 9-2 연간 부모교육 및 부모참여 프로그램의 예 2

유형	시기 또는 횟수	내용 및 방법
알림장 (일일 수첩)	3월 시작/주 3~5회	가정과 기관의 개별 전달사항 기록 공유
	3월 시작/주 1회 혹은 월 1회	기관의 주요 행사 및 공지사항 안내
교사와 부모의 만남	2월 중/연 1회	부모 오리엔테이션
	4월, 11월/연 2회 연중 수시	부모 면담(개별 혹은 집단면담), 간담회(비정기 면담)
	3월 시작/필요시	귀가 시 혹은 유선으로 유아 정보를 공유
	4월 중/연 1회	부모교육 주제에 대한 요구도 조사
	5월/연 1회	강연회
	6월/연 1회	교구 제작 및 활용 워크숍
가족행사	4월 시작/월 1회	가정에서 가족과 함께 할 수 있는 활동 안내문, 또는 활동지 발송을 통해 가정과 기관의 교육 연계
	5월 중/연 1회	3~5세반 아버지 참여수업
	10월 중/연 1회	가족 참여 행사 예) 가족운동회, 민속놀이, 등반대회 등
	11월 중/연 1회	3~5세반 조부모 참여수업
가정-기관 소통	연중	도서 프로그램(책 읽기, 책 만들기, 동화책 대여, 독서 통장 활동 등)
	연중/매주	홈페이지와 통신문을 통해 기관에서의 교육 활동 및 놀이 사진과 설명글 제공
	연중/계간	기관 소식지 발간, 배부
부모참여	5월 중/연 1회	어린이날 행사의 부모 도우미 및 일일교사로 참여
	해당 주제 월/연 1회	부모 직장 견학, 일일 체험활동 강사로 참여 예) 동물병원 수의사, 차량정비소 기사 등

예시 부모교육 실시 후 자체평가의 예

계획			실시		
시기		유형	내용	자체 평가	참석률
2월	1일	신입 부모 오리엔테이션	어린이집(유치원) 전체 운영 안내	신입 원아 부모에게 전달해야 할 내용을 충실히 안내했음	38명/43명 (88.3%)
	9일	취학 전 학급 부모 간담회	초등학교 입학 안내	초등학교 생활에 대한 기본적인 안내와 그에 대한 다양한 질의응답이 있었음	39명/39명 (100%)
3월	2일	재원아 부모 오리엔테이션	어린이집(유치원) 운영 안내 (변화 사항 중심)	기관의 변화된 운영방침이나 중점 교육 프로그램 위주로 안내하였음	87명/135명 (64.4%)
	28일	영아반(**반) 간담회	영아의 학급 적응 및 부모역할	적응과정에서 유의할 점과 부모 역할에 대한 의사소통이 활발했음	10명/10명 (100%)
4월	18일	유아반(**반) 간담회	유아의 학급 적응 및 부모역할	유아반에서 이루어지는 다양한 교육활동을 지원하는 부모역할에 대한 논의가 활발했음	12명/23명 (52.1%)
	25일	영아반 강연회	애착과 놀이	애착과 놀이의 중요성에 대한 전문가의 강연에 대한 부모의 호응이 높았음	12명/30명 (40%)
	26일	유아반 강연회	또래관계	다양하고 복잡한 자녀의 또래 관계에 대한 부모의 우려가 강연을 통해 많이 해소되었다는 반응이 있었음	40명/104명 (38.4%)

2. 기관에서의 부모교육 실제

부모나 가족을 대상으로 하는 부모교육 프로그램은 자녀양육에 관한 지식과 정보, 기술과 태도를 습득할 수 있는 활동을 제공한다. 부모가 부모역할에 대해 인식하고 적절한 양육을 할 수 있도록 방법을 알려주거나 직접 실시해볼 수 있도록 한다. 부모교육 프로그램의 대표적인 실시방법으로 강연회와 워크숍을 들 수 있다.

1) 강연회

강연회는 주제를 정해 해당 분야의 전문가나 관련 인사를 초청하여 부모에게 당면한 사안이나 영유아발달 및 자녀양육과 관련한 기본적인 지식이나 정보를 알려주는 집단 모임이다. 강연회는 오래 전부터 많은 기관에서 활용하고 있는 전통적인 부모교육 방법으로 많은 부모에게 동시에 같은 내용을 전달할 수 있고 보다 전문적이고 정확한 지식과 정보를 제공해줄 수 있다는 장점이 있다. 그러나 강연회는 다른 부모교육 프로그램 유형에 비해 지식과 정보를 일방적으로 전달받기 때문에 부모가 소극적으로 참여할 수 있고, 교육의 효과나 만족도가 강사에 의해 크게 영향을 받는다는 단점이 있다. 그러므로 강연회에 대한 부모의 참여도와 교육의 효과를 높이기 위해서는 강연 주제와 강연 일시, 강사 등을 결정할 때 부모의 의견을 최대한 반영하는 것이 좋다. 강연의 내용도 해당 지역사회와 가정의 문화, 기관의 특성 등을 충분히 고려하는 것이 바람직하다. 뿐만 아니라 강연회의 주제가 아무리 유익하고 필요한 것이라 할지라도 부모가 이해하기 어렵고 흥미가 없으면 강연 내용을 충분히 전달하는 데 문제가 있으므로 강사의 강의 방식이나 자료 형태 등도 사전에 협의하도록 한다.

인터넷의 확산과 이의 활발한 이용으로 부모가 전문적인 지식과 정보를 접할 기회가 많아짐에 따라 양육에 대한 전문가의 강연을 듣기 위해 기관에서 개최하는 강연회에 참석하는 인원이 감소하는 경향이 있다. 특히 이론 위주의 어려운 강의 내용이나 지루한 강연은 부모로 하여금 부정적인 반응을 야기할 수 있으므로 기관에서는 이와 같은 요소를 충분히 고려하여 강연회를 준비한다.

기관에서는 강연회에 대한 집중도를 높이고 보다 적극적인 부모 참여를 유도하기 위해 부모가 편안하게 강연에 집중할 수 있는 장소와 최대한 많이 참석할 수 있는 요일과 시간을 정하여 부모가 궁금해 하거나 관심 있어 하는 주제와 내용에 따라 부모의 눈높이에 맞춘 재미있고 열정적인 강연이 되도록 환경을 조성한다. 또한 기관에서는 강연회의 궁극적인 목적과 부모의 기대를 반영하여 보다 의미 있는 강연회를 실시할 수 있도록 단계별로 꼼꼼히 준비한다.

강연회의 계획과 실시과정은 다음과 같다.

첫째, 부모 요구도 조사 결과를 참고로 주제를 선정한다.

둘째, 주제에 적합한 강사를 선정한다.

셋째, 강사에게 강의를 의뢰하고 강연회에 대해 협의한다. 이때 강사에게 대상 부모와 집단의 특성, 관심 주제와 기대하는 내용 등을 전달하고, 강사가 가능한 시간을 정한다.

넷째, 강연회 시간과 장소를 결정한다.

다섯째, 초대장이나 부모통신문을 발송한다.

여섯째, 지속적인 안내와 참여 인원을 파악한다.

일곱째, 강사와 강의안, 질의응답 시간, 자료 및 기타 준비사항 등과 관련한 강연회의 제반 사항에 대해 최종 확인한다.

여덟째, 강연회 당일에 사용할 강연 자료와 발표 기자재, 간식 등을 준비하고 필요하다면 현수막과 부모 이름표 등을 준비한다.

아홉째, 강연회를 실시한다.

열째, 강연회에 대해 부모 평가와 자체 평가를 실시한다.

강연회에 적합한 주제는 다음과 같다.

- 기관의 교육 철학과 교육 프로그램에 대한 이해
- 영유아의 건강과 영양
- 문제행동과 지도 방법
- 적절한 훈육
- 부모-자녀 상호작용과 부모 역할
- 자녀와 대화하는 방법
- 영유아기의 바람직한 학습지도와 생활지도
- 자녀의 또래관계와 사회성 발달

그림 9-1 어린이집(좌)과 부모 직장(우)에서의 부모강연회

2) 워크숍

워크숍은 여러 사람이 함께 생각하며 작업함으로써 부모의 전문적인 성장을 꾀하고, 교육 수행상의 제 문제를 해결하려는 두 가지의 목적으로 실시하는 부모교육 유형이다. 부모는 놀이를 위한 자료나 교구를 직접 만들어보고 그것을 활용하는 방법을 익혀 그 경험을 가정에서 유아와 함께 활용해 볼 수 있고, 영유아와 관

예시 **부모 강연회 평가 양식의 예**

부모 강연회 평가

안녕하세요?
바쁘신 가운데 참석해주신 부모님께 진심으로 감사드립니다.
오늘 실시한 강연회가 부모님께 도움이 되셨기를 바라며, 앞으로의 강연회를 계획하는 데 참고하기 위해 다음의 질문에 답해주시기 바랍니다.

1. 오늘 실시한 강연회의 일시와 요일은 적절하였나요?
① 예 ② 아니요(원하는 시간: , 원하는 요일:)

2. 강연회의 장소는 어떠셨나요?(외부에서 강연회를 실시했을 경우)
① 좋다 ② 불편하다

3. 강연회의 시간은 어떠셨나요?
① 적당하다 ② 짧다

3-1. 강연회의 시간이 짧았다면 어느 정도가 적당하다고 생각하십니까?
( )

4. 강연회의 내용은 어떠셨나요?
① 매우 유익하다 ② 약간 유익하다 ③ 그저 그렇다 ④ 유익하지 못하다

4-1. 4번 문항에서 유익하지 못했다면, 그 이유는 무엇입니까?
① 주제나 내용 ② 소요 시간 ③ 강사
④ 기타( )

5. 강연회에서 다루었으면 하는 주제가 있다면 적어 주십시오.

6. 강연회를 위해 개선해야 할 부분과 건의사항을 자유롭게 기술하여 주십시오.

련한 놀이 활동을 직접 경험해 봄으로써 기관에서의 교육 내용이나 방법을 보다 잘 이해할 수 있게 된다.

워크숍은 부모가 스스로 적극적으로 참여하여 교육의 실제를 익힐 수 있으므로 교육의 효과가 크고 만족도도 높으며, 자녀에게 보다 쉽게 활용할 수 있는 장점이 있다. 반면, 기관 내 담당교사나 외부 전문가가 소집단의 부모와 주기적으로 만나 일정 기간을 지속하는 프로그램이므로 시간과 노력이 많이 들고 소수의 부모에게만 기회가 주어진다는 단점이 있다.

(1) 교구 제작 및 활용 워크숍

교구 제작 및 활용 워크숍은 자녀의 연령과 발달에 적합한 놀잇감을 부모가 직접 만들어보고 그것을 이용하여 자녀와 놀이하는 방법을 배울 수 있을 뿐만 아니라, 기관에서 필요한 교구를 만듦으로써 교사의 업무를 도와줄 수 있다. 교구 워

그림 9-2 부모 교구 제작 및 활용 워크숍

크숍은 부모가 직접 교구를 만들어 보는 기회를 가짐으로써 유아교육과 보육에 대한 이해를 높일 수 있고, 자녀와 놀이하는 데 직접 활용할 수 있으므로 부모의 참여도나 교육 효과가 높다. 대부분은 어머니를 대상으로 실시하지만 아버지를 대상으로 실시할 수도 있다. 기관에서는 일회성 워크숍뿐만 아니라 주기적인 워크숍 일정을 진행하기도 한다. 교구 제작 및 활용 워크숍은 5~10명의 소모임이나 중 집단의 어머니와 아버지가 담당교사의 지도하에 자녀의 연령에 적합한 놀이용 교구를 만드는 데, 만드는 과정에서 부모와 교사가 서로 편안하게 대화를 나누며 경험을 공유한다. 교구를 제작한 이후에 부모는 완성한 놀잇감을 가지고 자녀와 놀이하는 방법, 적절한 대화와 상호작용 방법 등을 배우고 연습해 볼 수 있다.

예시 **교구 제작 및 활용 워크숍 신청서 의 예**

우크렐레를 배워보아요

우크렐레는 크기가 작고 음색이 좋아 가정에서 손쉽게 자녀와 음률 놀이를 할 수 있는 아이들이 좋아하는 악기입니다. 이번 워크숍에서는 부모님이 직접 우크렐레 연주법을 배우고, 자녀와 함께 할 수 있는 즐거운 음률 활동도 소개해 드리고자 합니다. 아래의 내용을 참고하셔서 5월 8일(수)까지 각반 담임교사에게 워크숍 신청서를 제출해주시기 바랍니다(악기 수량 준비 관계로 신청자에 한하여 참가하실 수 있습니다).

- ○월 ○일, 수요일 오후 6시30분~7시30분
- 장소: 햇님반 교실
- 내용

1주차 학습목표: 우크렐레와 친해지기
내용: • 우크렐레의 구조와 명칭, 현, 프랫에 대해 배우기
• 소트로크와 칼립소 주법 배우기
• C, F, G7 코드 배우기

2주차 학습목표: 우크렐레 연주하기
내용: • 코드와 주법 복습하기
• 동요 연주하기

(2) 인형극 또는 역할극 워크숍

인형극 워크숍은 인형을 가지고 부모-자녀 간의 양육문제를 다루는 연극을 하거나 직접 인형을 만들어 유아에게 친숙한 이야기를 극으로 꾸며 공연해 보는 것이다. 역할극 워크숍은 부모가 직접 역할을 맡아 연기를 하면서 자녀양육의 문제를 짚어 보는 심리극 형식의 워크숍이다. 인형극 워크숍에서 부모는 인형극에 필요한 인형을 직접 제작하여 선택한 극본이나 동화에 맞춰 인형극을 해 본다. 부모가 제작하고 연습하여 공연하는 인형극을 통해 유아는 새로운 느낌으로 동화를 접할 수 있고, 친구나 선생님과 함께 했던 동극과는 다른 재미를 느낄 수 있다. 역할극 워크숍에서 부모는 유아에게 극(Drama)의 형태로 전달하기에 적절한 동화를 선택하여 각색함으로써 극본을 만들고, 역할을 나누어 맡은 후 등장인물 인형이나 소품 등을 준비한다.

부모는 익숙해진 인형극이나 역할극을 유아에게 보여줌으로써 유아뿐만 아니라 부모에게 유익한 효과를 기대할 수 있다. 즉, 인형극 워크숍을 통해 부모는 성취감과 부모로서의 자존감을 높일 수 있다. 그리고 비슷한 또래의 자녀를 가진 다른 부모들과 교류함으로써 다양한 정보를 공유할 수 있다. 뿐만 아니라 자녀 연령층의 여러 부모와의 활동을 통해 소속감과 심리적인 충족감을 느낄 수 있다.

그림 9-3 부모가 공연하는 역할극

그러나 다수의 부모가 함께 모여 연습할 수 있는 시간을 맞추기가 어렵고 숙달하기 위해 반복연습이 필요하므로 시간이 많이 소요된다는 단점도 있다.

(3) 그림책 읽기 워크숍

그림책 읽기 워크숍은 부모가 유아 그림책 읽기의 교육적 가치를 인식하고, 자녀에게 그림책을 읽어주는 효과적인 방법을 배울 수 있는 교육적 활동이다. 부모는 워크숍을 통해 자녀가 어릴 때부터 책과 친숙해지고 책을 좋아하는 아이로 성장하도록 적합한 책을 선택하는 방법과, 영유아기 자녀가 책읽기를 통해 자신의 생각과 표현을 향상시킬 수 있도록 돕는 효과적인 상호작용 방법을 배우게 된다. 또한 유아는 부모와의 책읽기를 통해 언어적, 인지적 향상과 이후 지속적인 책읽기 습관 형성에 도움을 받게 된다. 그림책 읽기 워크숍은 가능하다면 2회 이상의 교육 시간으로 구성하여 책과 친해지는 단계, 책읽기를 즐기는 단계, 책읽기를 습관화하는 단계로 발전시켜 나가는 것이 좋다. 책읽기 워크숍은 10~15명의 소집단 부모를 대상으로 전문 강사가 담당하는 것이 효과적이며, 부모들끼리 그림책을 실제 읽어주고 들으며 적극적인 참여를 하도록 한다. 그리고 가정에서 자녀와 책 읽는 시간을 가지면서 워크숍에서 배운 내용을 실행해 보고, 실행한 내용과 소감을 공유하며 피드백을 주고받는 과정이 중요하다.

그림 9-4 부모 그림책 읽기 워크숍

3. 기관에서의 부모참여 실제

부모참여는 기관의 행사나 교육활동에 부모가 직접 참여하여 경험을 공유하는 것이다. 유치원이나 어린이집의 교육활동과 놀이 시간에 부모가 함께 자녀와 놀이를 함으로써 부모는 자녀의 활동 모습, 또래 관계, 놀이 성향 등을 전반적으로 파악할 수 있다. 또한 부모는 기관이나 학급에 대한 이해를 도모하고, 교사나 다른 부모와 자연스러운 대화와 교류를 통해 부모로서 자신의 현재 모습을 돌아보고 효과적인 상호작용 방법을 배울 수 있다. 가족이 함께 참여하는 프로그램에서는 부모-자녀 간, 가족구성원 간에 공유하는 경험을 통해 추억을 만들 수 있는 좋은 기회가 될 수 있다.

1) 가족참여 행사

기관에서 실시하는 가족참여 행사는 가족구성원 모두에게 친밀감을 증진시킬 수 있는 기회를 제공해 줄 뿐만 아니라 원내 부모들 간의 관계를 돈독하게 해줄 수 있는 프로그램이다. 가족참여 행사로는 어린이날이나 기관 창립기념일에 부모를 초대하거나 특별활동으로 부모, 가족과 함께 하는 갯벌체험, 등산, 기차여행, 운동회 등을 예로 들 수 있다. 일반적으로 유치원이나 어린이집에서는 이와 같은 활동을 가족행사, 가족나들이라는 이름으로 실시하며, 교육적인 경험과 더불어 유아와 부모, 가족과 교직원이 함께 즐기면서 친목을 도모하고 추억을 공유하고자 계획한다. 가족참여 행사는 해마다 같은 활동으로 실시하기보다는 2, 3년을 주기로 몇 가지 행사를 번갈아 진행하는 것이 효과적이다. 가족참여 행사는 강연회나 워크숍 등의 교육적 성격의 프로그램보다 참여율이나 만족도가 비교적 높은 편이다.

가족참여 행사는 영유아와 부모, 가족이 함께 참여하여 준비한 활동을 하면서 서로 자연스럽게 편안해지고 친숙해질 수 있다는 장점이 있다. 가족참여 행사는 즐거운 분위기에서 개별적인 교류를 할 수 있고 대화를 나누며 소통할 수 있다. 또한 행사에 참여하는 과정에서 부모와 가족, 교사는 서로를 좀 더 잘 파악할 수 있게 된다. 반면, 가족참여 행사는 행사를 준비하고 진행하기 위해 시간과 노력이 많이 들고, 경우에 따라 비용 부담이 커지며, 행사에 따라 외부 전문가의 지원을 받아야 하는 경우도 있고, 기관을 벗어나 멀리 이동할 때는 안전에 대한 문제도 부담이 될 수 있다는 단점이 있다.

친목을 위한 가족참여 행사는 시기, 계절과 자연환경, 부모와 영유아에게 제공해주는 경험의 의미 등을 고려하고, 기관의 교육과정에서 진행하는 생활 주제와 연계하여 해마다 다양하게 변화를 주며 실시할 수 있다. 기관에서 실시할 수 있는 가족참여 행사의 예는 다음과 같다.

그림 9-5 가족참여 행사: 가족나들이(상좌), 가족운동회(상우, 하좌), 작은음악회(하우)

- 아빠와 함께하는 원내 캠프
- 가족운동회, 가족 소풍
- 작은 음악회
- 가족 등반대회
- 입학식 및 졸업식, 부모 오리엔테이션

2) 참여수업

부모 참여수업은 많은 기관에서 실시하고 있는 대표적인 부모참여 유형으로서 아버지 참여, 어머니 참여, 조부모 참여, 가족 참여 등 다양한 대상을 포함하여 실시한다. 최근에는 어머니뿐만 아니라 아버지도 양육 참여와 교육에 대한 관심이 높아지면서 기관에서도 아버지의 역할을 지원하고 격려하는 아버지 참여 프로그램이 늘어나고 있다.

부모 참여수업은 유치원과 어린이집의 자유선택활동 시간에 부모가 자녀와 자유롭게 놀이하면서 부모는 자녀의 놀이 성향이나 관심 영역, 또래와의 관계 등을 파악하고, 놀이 시 상호작용하는 방법을 배우며, 다른 부모와 자연스럽게 대화하고 교류할 수 있는 기회를 가질 수도 있다. 부모는 교실의 여러 흥미 영역에 비치되어 있는 교구를 가지고 영유아가 원하는 놀이를 함께 할 수 있고, 교사가 사전에 계획하고 준비한 활동을 할 수도 있다. 최근 기관에서 실시하는 부모 참여수업은 자유선택 활동보다는 정해진 영역에서 정해진 활동을 소집단으로 진행하는 것이 일반적이다.

기관에서 부모와 자녀가 함께 활동하는 부모 참여수업은 몇 가지 장단점을 지닌다. 장점은 부모와 자녀 간의 긴밀한 유대관계를 형성할 수 있고, 부모가 자녀의 유치원이나 어린이집 생활을 보다 잘 이해할 수 있다는 것이다. 반면, 아버지, 어머니, 조부모 등 특정 대상을 정해 놓고 참여수업을 하기 때문에 그 대상이 부재하는 가족의 경우에 부득이 영유아가 수업에 참여하지 못하거나 다른 대리인이 참석함으로써 영유아에게 심리적인 위축과 가족에게 부담감을 줄 수도 있는 단점이 있다.

▌그림 9-6▐ 부모 참여수업: 신체활동(상좌), 요리활동(상우), 조부모 참여수업(중좌), 알뜰시장(중우), 직업탐색 – 의사 아빠(하좌), 치과의사 엄마(하우)

예시 **부모 참여수업 평가 양식의 예**

부모 참여수업 평가

안녕하세요?
바쁘신 가운데 참석해 주신 부모님께 감사드립니다. 자녀와 함께 한 오늘 활동이 즐겁고 행복한 시간이셨기를 바랍니다. 부모 참여수업에 대한 부모님의 의견을 듣고 앞으로의 참여수업을 계획하는 데 참고하고자 합니다. 오늘 부모 참여수업에서 느끼신 점과 제안점 등을 기록해주시기 바랍니다.

1. 참여하신 활동을 적어 주세요.

① 손수건 염색 ② 자동차 만들기 ③ 동극(걸리버 여행기) ④ 신체활동

2. 오늘 활동에 대해 평가해주세요. 해당란에 ✓표 해주세요.

활동명	매우 만족	약간 만족	그저 그렇다	불만족
손수건 염색				
자동차 만들기				
동극(걸리버 여행기)				
신체활동				

3. 부모 참여수업에 대한 느낌이나 소감을 적어주세요.

4. 앞으로의 부모 참여수업에 건의하고 싶은 점이 있으면 적어주세요.

부모 참여수업의 또 다른 유형으로 부모가 놀이실 내의 소집단 활동을 진행하는 교사 역할을 수행하는 것이다. 이것은 교사가 계획한 활동에 부모를 초대하여 자녀와 함께 수업에 참여하는 것이 아니라, 부모가 기관을 방문하여 교사처럼 직접 활동을 진행하는 것이다. 이런 활동의 예로는 여러 가지 직업에 대해 알아보거나 가족을 주제로 다루는 시기에 어머니나 아버지가 직접 자신의 직업에 대해 소

개하고 유아들과 함께 직업과 관련한 활동을 하는 것이다. 유아는 친구의 부모가 교실에 와서 특정 직업에 대해 알려주고, 그것과 관련된 활동을 함으로써 새로운 경험을 해 볼 수 있다. 특히 부모 참여수업에서 남자 요리사, 여자 경찰관, 여자 군인이나 남자 비행기 승무원 등과 같이 성역할 고정관념을 벗어난 직업에 종사하는 부모나 유아가 일상생활에서 흔히 만나기 어려운 비행기 조종사, 원양어선 승무원 등과 같은 직업을 가진 부모 혹은 유아가 관심 있어 하는 일에 종사하는 부모를 초대하여 참여수업을 진행하는 것도 유아와 부모 모두에게 새로운 경험을 제공해줄 수 있다.

3) 수업참관

수업참관은 부모에게 가정과는 다른 교육기관의 환경에서 자녀의 행동이나 발달을 객관적으로 관찰하고 평가할 수 있는 기회를 제공해준다. 수업참관은 교실 내에서 혹은 일방경이 설치된 관찰실에서 자녀의 놀이행동을 관찰하는 것이다. 기관에서는 부모에게 교실을 개방하거나 일방경을 통해 수시로 참관을 허용할 수 있으나 일반적으로 매일 교실을 개방할 수는 없기 때문에 참관을 원하는 부모를 대상으로 소집단을 구성해 계획된 시간에 실시한다.

부모 수업참관을 위해 기관에서는 사전에 부모에게 안내문을 발송하여 참관일을 알리고, 수업참관일에 수업을 참관하는 부모에게 관찰기록지를 배부하여 참관의 집중도를 높이고 부모가 직접 자녀의 현재 상태를 파악하고 이해할 수 있는 기회를 준다. 따라서 부모용 관찰기록지에는 관찰내용을 기록하게 하고, 관찰 후 소감이나 관찰하면서 갖게 된 의문사항이나 기타 질문을 기록하게 한다.

부모의 수업참관은 많은 기관에서 실시하고 있는데 이는 몇 가지 장단점이 있다. 장점으로는 기관에서 실시하는 자유선택 활동에 대한 부모의 이해를 높일 수 있고, 자녀의 놀이와 교육활동 참여 모습을 자연스런 상황에서 볼 수 있어 자녀에 대한 이해를 높일 수 있다는 것이다. 그러나 부모가 교실에 들어와 참관하는 경우에는 영유아의 놀이활동에 방해가 되거나 심리적으로 영향을 받는 영유아가 있을 수도 있다는 단점이 있다.

부모의 수업참관을 위해 기관에서는 참관을 허용하기에 적절한 시기나 인원, 환경을 고려한다. 수업참관 시 부모는 참관의 의미와 목적을 분명히 인식한 후 교실이나 관찰실에 들어가야 하며, 참관하고자 하는 내용을 중심으로 보다 객관적으로 자녀의 행동이나 활동을 관찰하도록 한다. 교사나 기관에서는 수업참관 전후에 부모와 의사소통함으로써 참관으로 인해 발생할 수 있는 주관적인 해석이나 오해가 없도록 보다 신중하게 준비한다.

4) 개별면담

유치원이나 어린이집에서 이루어지는 부모와 교사 간 개별면담은 교육 효과를 높이기 위해 협력하는 쌍방적 의사소통 방법이다. 그 형식과 실시 시기에 따라 기대하는 목표와 방법에 차이가 있다. 그리하여 면담은 대상에 따라 개별면담과 집단면담으로 나눌 수 있고, 실시 유형에 따라 형식적 면담과 비형식적 면담으로 나눌 수 있다. 개별면담은 영유아와 관련한 다양한 정보와 사안에 대해 교사와 부모가 개별적으로 만나 이야기를 나누는 것이고, 집단면담은 소수의 부모 혹은 소집단으로 부모와 교사가 함께 이야기를 나누는 것이다. 한편, 형식적 면담은 사전에 면담을 계획하여 일정한 형식에 따라 실시하는 것이고, 비형식적 면담은 계획 없이 원하는 경우에 수시로 면담하는 것이다.

부모 개별면담을 통해 교사는 부모에게 자녀의 성장과정과 발달 상태에 대한 정보를 제공해주고, 기관에서 제공하는 교육 프로그램을 설명하여 기관에서 생활하는 자녀의 모습을 알려준다. 한편 부모 개별면담을 통해 부모는 교사에게 영유아의 가정환경과 가정에서의 양육환경 및 방법에 대한 정보를 제공해준다. 부모

개별면담은 영유아와 관련한 문제 상황이나 양육에 대한 부모의 고민과 궁금한 점, 교사의 요구 등으로 실시하기도 한다.

기관에서는 연간 계획에 따라 형식적 면담도 이루어지지만 비형식적 면담도 자주 이루어진다. 기관에서의 형식적 면담은 개별면담과 집단면담의 형태로 이루어짐으로써 형식적 개별면담과 형식적 집단면담이 모두 가능하다. 형식적 개별면담은 영유아와 관련한 다양한 자료를 준비하여 계획된 일정에 따라 형식을 갖춰 실시하는 것이고, 이것이 집단면담의 형식으로 이루어진다면 형식적 집단면담이 된다. 비형식적 면담은 주로 개별면담이나 전화상담, 이메일상담 등을 통해 이루어진다. 특히 맞벌이 부부가 증가하면서 어머니와 아버지가 모두 직장을 다니는 경우에는 직접 기관을 방문하여 상담이나 면담을 하기 어렵기 때문에 전화나 이메일 혹은 홈페이지나 기타 SNS를 활용하여 상담할 수도 있다.

형식적 개별면담을 실시할 때 교사는 영유아의 포트폴리오, 사진, 관찰기록 등을 준비하여 면담을 실시한다. 부모가 자유롭게 이야기할 수 있도록 기회를 주며, 부모가 이야기하는 내용 중 영유아를 이해하고 돕는 데 필요한 사항은 메모하거나 면담일지, 혹은 면담기록지에 기록한다. 면담의 초점은 영유아의 발달적 변화, 성장 정도, 교사와 부모 간 협력 사항 등이며, 다른 영유아와 비교하거나 다른 가정의 이야기는 삼가야 한다.

형식적 개별면담은 대개 일 년에 2회 정도 실시하는데 학년 초와 학년 말에 하는 경우, 각각 중점을 두어야 할 내용에 차이가 있다. 학년 초에 실시하는 형식적 개별면담에서는 부모로부터 영유아에 대한 정보를 얻는 데 비중을 두지만, 학년 말에 실시할 때는 교사가 기관에서 관찰한 영유아의 성장과 발달 내용을 부모에게 알려주는 데 비중을 둔다. 이때 교사는 기관에서 실시한 발달검사 및 관찰기록, 교육활동의 결과물이나 다양한 유아의 작품 등을 토대로 영유아의 종합적인 변화과정을 설명한다. 형식적 개별면담을 준비하고 실시하는 과정을 요약하면 다음과 같다.

- 면담시기와 방법을 결정한다.
- 전체 부모에게 면담 실시에 대해 공지하고 안내한다.
- 면담 시간표를 작성하여 부모와 시간을 정한다.
- 누적된 관찰기록을 토대로 면담기록지를 준비한다(영유아의 발달 및 교육활동 참여, 대인관계, 교사의 질문과 부모의 예상 질문에 대한 답변 등의 내용을 포함).
- 면담 장소를 준비한다(조용하고 독립된 공간 확보, '면담 중' 표시판 게시).
- 약속한 시간표에 따라 면담을 실시한다.
- 면담 직후에 부모의 건의나 문의 등을 정리한다.
- 면담 결과를 평가한다.
- 필요한 경우 추가 면담을 실시하거나 문의나 건의사항에 대해 부모에게 피드백한다.
- 면담기록지는 개별 영유아 파일에 정리하여 보관, 관리한다.

그림 9-7 부모와 교사의 개별면담

형식적 개별면담을 실시할 때 교사가 유의해야 할 사항은 다음과 같다.

첫째, 독립적이고 조용한 공간에서 따뜻하고 편안한 분위기로 면담을 진행할 수 있는 환경을 마련한다. 교사와 부모가 평소 소통하고 지내왔다 할지라도 형식적인 개별면담에서는 상호 긴장감을 가질 수 있고 형식적인 자리에 불편함을 느낄 수도 있다. 그러므로 친숙한 공간에서 편안한 느낌을 주도록 물리적 환경을 준비하고 간단한 음료도 준비한다.

둘째, 전체 면담 시간은 약 20분 정도로 계획하고 30분을 넘기지 않도록 한다. 면담 시 처음 1~2분 정도는 일상생활과 관련한 가벼운 대화를 하여 면담의 분위기를 편안하게 만든다. 교사는 부모와 마주 앉아 바른 자세로 눈을 바라보며 경청하겠다는 태도를 취한다.

셋째, 교사는 부모의 입장을 이해하고 생각을 존중하면서 대화를 한다. 면담 시기나 영유아의 상황, 부모의 요구 등에 따라 면담의 내용은 달라질 수 있다. 그러나 교사는 부모의 의견이나 생각을 먼저 들어주고 부모의 어려움을 공감하며, 면담기록지에 기록하면서 어떤 내용도 수용하겠다는 자세를 보인다. 만일 부모가 문제점이나 심각한 사안에 대해 이야기를 한다면, 교사는 부모를 가르치거나 비판적으로 말하지 않도록 주의하고, 부모의 마음이 움직일 수 있도록 도와주면서 부모와 교사가 동반자임을 알려주고 함께 해결할 수 있도록 협조적인 자세를 취한다.

넷째, 영유아에 대해 말할 때는 되도록 긍정적인 표현을 사용한다. 모든 문제를 긍정적으로 표현할 수는 없지만 교사는 어휘를 선별하여 정확하게 전달하고, 부모에게 상처가 되거나 부정적인 느낌은 주지 않도록 노력한다. 교사는 정확하지만 부드러운 어조로 영유아의 문제를 알려주고 가정과 협력하고자 하는 의지를 전달하면서 부모에게 도움을 구하는 자세를 취한다.

다섯째, 면담 시간을 부모에게 전할 내용, 의논하거나 협력을 구해야 할 내용, 부모의 의견을 들어야 할 내용 등으로 세분화하여 각각의 내용을 충분히 언급하면서 부모와 교사 모두에게 유익한 시간이 되도록 한다. 면담의 초점을 영유아에게 집중하며, 주제에서 벗어나는 이야기가 지속될 때는 부모에게 정중하게 양해를 구하고 '시간이 부족한 듯하니 그 문제에 대해서는 따로 시간을 내어 이야기 나누시면 어떨까요?'라고 언급하면서 다른 주제로 넘어간다.

여섯째, 면담은 면담 시 나눈 대화에 대해 간단히 정리하고 부모가 좀 더 이야기 나누고 싶은 내용이나 다른 질문이 있는지를 확인함으로써 마무리한다. 또한 면담 이후 교사나 부모가 더 노력해야 하는 일이나 해결해야 할 부분이 있다면 그것에 대해서 언급하고 인사를 나누면서 마무리한다.

예시 **부모 개별면담 시 교사와 부모의 질문 예**

교사가 할 수 있는 질문

- ○○○가 유치원(어린이집)에 대해 어떻게 생각하나요?
- ○○○가 집에서 가족과 잘 지내나요?
- ○○○가 형제자매와 사이좋게 지내나요? 주로 무엇을 하며 지내나요?
- ○○○는 어떤 것에 특별히 관심이 있나요? 좋아하는 것이 무엇인가요?
- ○○○가 다른 친구들과 함께 하는 활동에 참여하기를 좋아하나요?
- ○○○는 어머니와 함께 어떤 활동이나 놀이하기를 좋아하나요?
- ○○○의 행동을 통제하려고 할 때 집에서는 어떻게 하시나요?
- ○○○가 유치원(어린이집)에서 무엇을 하기를 원하시나요?
- ○○○가 자라서 어떤 사람이 되기를 원하시나요?
- ○○○가 집에서 하는 것 중 유치원(어린이집)에서도 계속하기를 원하는 것이 있나요?
- ○○○가 주말에 주로 누구와 무엇을 하며 지내나요?
- ○○○는 몇 시에 자고 몇 시에 일어나나요? 잠잘 때는 누구와 자나요?

부모가 할 수 있는 질문

- 유치원(어린이집)에 입학하여 1주일 정도 잘 다니더니 이제 유치원(어린이집)에 안 가려고 떼를 씁니다. 어떻게 해야 할까요?
- 우리 아이는 사교성이 없어요. 친구와 잘 어울리지 못하고 집에 와서는 친구들이 자기를 놀이에 안 끼워준다고 불평을 해요. 어떻게 해야 할까요?
- 아침을 잘 먹지 않아요. 아침마다 유치원(어린이집)에 가기 전에 전쟁을 치룬답니다.
- 우리 아이는 그림을 그릴 때 어두운 색으로만 그려요. 무슨 문제가 있는 것은 아닌가요?
- 우리 아이는 너무 산만한 것 같아요. 계속 움직이고 뛰어다니고, 차분히 책을 보거나 앉아서 놀이를 하지 않아요. 괜찮은 걸까요?

예시 **부모 면담기록지 양식의 예**

<table>
<tr><td colspan="2">면담 일시</td><td>4월16일 14:00~14:30</td><td>면담교사</td><td>김○○/이○○</td></tr>
<tr><td colspan="2">영유아 이름</td><td>홍○○</td><td>생년월일</td><td>년 월 일(세)</td></tr>
<tr><td colspan="2">면담 참여자</td><td>홍○○(父)/박○○(母)</td><td>면담형태</td><td>방문( )/전화( )</td></tr>
<tr><td colspan="2">구분</td><td colspan="2">교사 의견</td><td>부모 의견</td></tr>
<tr><td rowspan="5">현재 상태</td><td>생활습관</td><td colspan="2">식습관, 낮잠, 개인위생, 건강관리, 질서, 예절, 정리정돈 등의 태도 및 습관</td><td>부모 및 가족의 생활패턴, 수면 및 휴식패턴, 식사관련 생활습관의 특징 등</td></tr>
<tr><td>대인관계 (어른, 형제, 또래)</td><td colspan="2">또래와 관계 맺기, 관계 유지, 갈등 해결 능력, 교사나 다른 성인에 대한 태도 및 관계 맺기, 도움 청하기 등</td><td>부모와의 관계, 조부모와의 관계, 형제관계의 특성, 부모 자신의 대인 관계 행동 특성</td></tr>
<tr><td>발달 (언어, 신체 등)</td><td colspan="2">교사 관찰에 따른 언어, 인지, 사회 정서, 신체 발달의 현재 수준</td><td>가정에서 부모가 인식하는 발달 상태 및 우려 사항</td></tr>
<tr><td>행동 특성</td><td colspan="2">놀이행동 특성, 일상생활에서의 행동 특성, 기질이나 성격에 따른 행동 특성</td><td>일상생활 중 가족구성원의 행동 특성, 영유아에게 영향을 미치는 가족구성원</td></tr>
<tr><td>기타</td><td colspan="2">교사가 관찰한 기타 내용</td><td>부모가 파악하고 있는 기타 내용</td></tr>
<tr><td colspan="2">면담하기를 원하는 내용과 질문</td><td colspan="2">• 자녀의 기관 생활에 대한 부모의 의견
• 부모의 양육관, 양육에서의 강조점</td><td>어린이집에서 보이는 행동 특성, 교육활동 참여 정도 등에 대한 교사의 의견</td></tr>
<tr><td colspan="2">종합의견</td><td colspan="3">• 영유아의 놀이 및 교육활동 참여의 실제
• 영유아의 현재 발달 수준을 감안한 기관의 교육과 가정의 일관된 협조에 대한 전반적 평가
• 부모의 요구와 기대, 영유아의 특성과 그것을 고려한 지도방안 등</td></tr>
<tr><td colspan="2">건의사항/제안</td><td colspan="3">• 부모의 건의사항, 문의사항
• 교사의 요청사항, 제안</td></tr>
</table>

일곱째, 형식적인 개별면담이 끝난 후, 교사는 영유아별, 부모별 면담기록지를 정리하여 추후 필요한 후속조치를 취하도록 한다. 부모의 건의나 문의사항에 대

해 교사회의를 통해 논의한 후 부모에게 피드백해주고, 교사의 건의사항이나 요청사항에 대한 부모의 후속 행동에 대해서도 피드백을 받는다.

5) 집단면담/간담회

부모 집단면담은 학급별, 연령별로 다수의 부모가 교사와 함께 영유아 집단과 관련된 다양한 주제에 대해 의견을 나누는 면담의 한 유형이다. 부모 집단면담은 대개 학기가 시작된 후, 부모와 영유아가 적응 시기를 거쳐 새로운 일과나 기관의 운영방침 등에 익숙해진 후에 실시한다. 부모 집단면담 시 교사는 학급 영유아에게서 발견한 놀이나 활동 모습, 행동 특성 등에 관한 자료를 제시하면서 주제와 관련된 자유로운 소통을 유도한다. 부모 집단면담은 다수의 부모가 소통하는 것이므로 최대한 공통의 관심사를 나눌 수 있도록 한다.

집단면담의 장점은 자녀양육에 대한 부모 간의 다양한 정보와 의견을 나눌 수 있는 좋은 기회가 되고, 학급의 일반적 정보와 기관과 교사의 교육철학, 연령별 교육 내용 및 방법 등을 부모에게 알리는 기회가 된다는 것이다. 공감대가 형성되는 분위기에서 부모가 편안하게 의견을 제시할 수 있고, 상호 묻고 답하는 과정에서 각자 가진 문제의 해결책을 찾을 수 있다는 것도 장점이다. 반면, 한두 명의 교사가 다수의 부모와 의견을 나누는 것이기 때문에 답하기 어려운 질문을 받거나 부모들 간 의견이 대립될 때 교사에게 심리적 부담이 될 수 있다. 특정 부모의 의견이 지나치게 부각되어 바람직하지 못한 방향으로 의견이 모아지거나, 한 개인이 주관적인 사안을 오랫동안 이야기하는 경우에 집단면담의 초점이 흐려질 수도 있다는 단점이 있다. 그러므로 교사는 집단면담을 할 때 다수가 참여하여 소통할 수 있도록 대화의 중심을 잡고 분위기를 이끌어야 한다.

부모 집단면담과 유사한 형태로 부모 간담회가 있다. 부모 간담회는 부모들이 소집단으로 이야기를 나누면서 자녀양육과 영유아 교육에 관한 주제뿐만 아니라 기관 운영에 대한 부모들의 생산적인 제안을 할 수 있다. 간담회 결과는 부모회나 운영위원회의 심의 안건과 연계하여 기관 운영에 반영한다. 부모 집단면담 혹은 부모 간담회에서 교사는 가능한 한 단정적이거나 편파적인 표현을 삼가고 부모의 다양한 생각이나 의견을 듣도록 한다.

부모 집단면담이나 부모 간담회에서 다룰 수 있는 주제의 예는 다음과 같다.

예시 **부모 집단면담 / 부모 간담회 주제의 예**

연령	연령별 주제	공통 주제
1세	• 영아기 정서, 부모-영아 애착 • 식습관 형성 • 배변훈련 • 고집부리기의 대처 방안 • 영역별 놀이가 발달에 미치는 영향 • 자녀와 함께 하는 주말 활동이나 놀이	• 기관의 교육철학 및 운영 방침에 대한 안내 및 논의 • 학급에 대한 기본 정보 및 학급 운영방침에 대한 다양한 논의 • 교육(보육)프로그램과 영유아의 경험 • 교육(보육)활동 및 놀이 상호작용 • 기관과 가정의 일관된 양육을 위한 동반자 관계
2세	• 자녀의 고집부리기에 대한 적절한 훈육 방법 • 영아의 욕구와 놀이(학습) 효과 • 2세 발달 특성과 기본생활습관 • 부모와 함께 읽는 그림책 • 상상놀이를 활성화시키는 부모와 자녀 간 상호작용	
3,4세	• 또래관계 형성의 중요성 • 부모와 자녀의 의사소통, 대화하기 • 놀이를 통한 언어, 수교육의 내용과 효과 • 사회극놀이의 교육적 효과 • 아빠와의 놀이가 유아에게 미치는 영향	
5세	• 취학 전 시기 교육활동 • 유치원(어린이집) 교육활동과 초등학교 교육과의 연계 • 초등학교 입학 준비 • 프로젝트 활동을 통한 학습	

▮그림 9-8▮ 부모 간담회

6) 자원봉사

부모자원봉사는 부모가 가진 자원을 활용하여 기관 운영에 도움을 주거나 교육 프로그램 운영을 지원해주는 것이다. 이를 위해 부모는 교육활동 운영 보조, 교구나 자료 제작, 환경조성, 각종 행사 지원, 간식 지원, 동화 읽어주기, 교통안전 지도, 귀가 지도 등의 활동에 자원봉사자로서 역할을 수행할 수 있다. 부모가 보상 없이 시간과 노력을 제공한다면 이는 기관 운영에 상당한 도움이 된다. 부모자원봉사 활동으로서 교육활동 운영 보조, 자료 제작, 동화 읽어주기 등은 교재교구 워크숍이나 부모 참여수업과 일부 중복되는 경향이 있으나 프로그램의 목적과 의미가 무엇인지에 따라 부모자원봉사가 될 수도 있고, 부모 참여수업이나 교재교구 워크숍이 될 수도 있다.

부모자원봉사는 부모의 자발적인 참여로 이루어지기 때문에 부모 오리엔테이션 때 신청을 받아 연중 필요할 때마다 도움을 받을 수 있다. 어머니뿐 아니라 아버지나 가족구성원 모두 가능한데, 특히 유치원이나 어린이집에 다니는 유아의 손위 형제자매가 동생들에게 도움을 줄 수 있는 봉사도 있다. 실제 기관에서는 초등학생 형이나 언니가 유아의 물놀이를 도와주는 보조교사나 악기연주를 들려주는 봉사활동을 하기도 한다.

한편, 부모자원봉사의 하나로 부모가 자신의 직장을 개방해 유아에게 새롭고 다양한 경험을 제공해줄 수 있다. 다양한 직업에 대해 알아보고 부모가 하는 일과 직장에 직접 찾아가 사회적 지식을 확장하는 이와 같은 부모자원봉사 활동은 부모의 도움을 받는 현장학습이 될 수 있고, 부모 참여수업의 일환으로 분류할 수도 있다. 기관에서는 부모의 다양한 자원을 적극 활용하여 교사가 제공해줄 수 있는 지식과 정보 및 경험의 범위를 확장시킬 수 있고, 부모에게는 유아교육기관의 교육 프로그램에 참여하는 기회를 제공해줌으로써 부모와 교사 간 동반자적인 관계와 소속감을 갖도록 할 수 있다. 이러한 활동과 관련하여 최근 어린이집에서는 부모 자원을 활용하여 기관의 질적 수준을 향상시키고 질 관리를 하기 위해 안심보육 모니터링단, 평가인증 자체점검위원 등의 이름으로 부모를 기관 운영에 참여시키고 있다. 이러한 활동은 부모가 기관의 환경, 교육 프로그램, 안전과 위생, 영양과 건강, 운영 관리에 대한 여러 가지 내용을 살펴보고 점검하는 것으로써 부모자원봉사의 일환으로 볼 수 있다.

부모자원봉사는 몇 가지 장단점이 있다. 봉사활동을 하는 부모는 기관에 대한 소속감과 자존감이 높아지는 기회가 되며, 그 부모의 자녀도 부모에 대한 자부심과 자긍심을 갖는다. 또한 부모의 다양한 봉사활동을 통해 기관 전체 영유아에게 보다 풍부하고 다양한 교육적 경험을 제공해줄 수 있으며, 부모가 제공하는 경험은 평소 교사가 제공하는 것보다 영유아에게 더 의미 있는 것으로 받아들여질 수도 있다. 결국 부모자원봉사 활동은 기관과 교사, 영유아와 부모 자신 모두에게 유익하고 필요한 활동이라고 할 수 있다. 그러나 부모자원봉사는 부모가 보상 없이 자발적으로 제공하는 활동이기 때문에 원래 계획대로 실시하지 못할 수 있고, 활동의 내용과 방법 측면에서 교사의 의도나 활동 목적에서 벗어날 경우에 수정을 요구하기가 어렵다.

▌그림 9-9▐ 부모자원봉사: 직장 개방(상좌), 보조교사(상우), 조리실 위생점검(하좌), 행사 환경구성(하우)

예시 부모자원봉사 참여 신청서의 예

부모자원봉사 참여 신청서

안녕하십니까?
우리 유치원은 효율적인 유아교육을 위해 부모자원봉사 프로그램을 운영하고 있습니다. 이 프로그램은 부모의 다양한 자원을 유아 교육활동에 활용함으로써 유아에게 보다 풍부한 교육적 경험을 제공하기 위한 것입니다.
부모님의 적극적인 관심과 참여를 부탁드립니다.

______________반 이름 : ______________ 자원봉사자 이름 : ________________

* 해당 사항에 ○표하여 주십시오.

1. 자원봉사 참여가 가능한 달에 표시해 주십시오.

3월_____ 4월_____ 5월_____ 6월_____ 7월_____

8월_____ 9월_____ 10월_____ 11월_____ 12월_____

필요하면 언제든지________________

- 참여가능 분야: 야외학습 일일 교사, 특별활동 교사, 요리활동 지원, 환경정리, 교재교구 제작, 행사지원 등

2. 부모님께서 제공해주실 수 있는 분야에 표시해 주십시오.

환경 정리 및 지원(청소, 교실 환경구성, 재봉, 화단 및 화분관리)	
전문분야 지원(의료검진, 치아검진, 예술공연 등)	
교재교구 제작	
일일교사 지원(보조교사, 현장학습 지원, 행사지원 등)	
동화(인형극, 구연동화, 책 읽어주기 등)	
음악(노래지도, 악기연주 등)	
미술(조형활동 지도 등)	
꽃꽂이나 텃밭 가꾸기	
간식 및 요리 준비	
등하원길 교통안전 지도	
기타(위 내용 이외에 가능한 분야를 자유롭게 적어 주세요.)	

7) 부모회/운영위원회

유치원이나 어린이집은 부모의 교육할 권리와 영유아의 교육받을 권리를 지원해야 할 의무가 있다. 이 의무를 수행하기 위해 기관은 부모의 협조가 필요한데 부모회는 이러한 의미에서 교직원과 부모가 서로 동일한 목적을 가지고 의사소통

할 수 있는 기구로서의 역할을 한다. 부모회 위원은 각 학급에서 대표 부모를 선출하고, 선출된 부모가 운영위원회의 구성원이 된다. 과거에는 기관에서 적절하다고 판단하는 부모에게 위원을 부탁하는 경향이 있었으나, 최근에는 부모가 선거를 통해 위원을 선출하거나 기관에서 위원 선정을 위한 공지를 내면 부모 중 자원자가 운영위원회 위원이 되기도 한다. 선출된 위원은 구성자격, 위원 선출방식, 임기, 역할 범위 등을 포함하는 부모회 회칙, 운영위원회 회칙에 따라 주기적으로 회의를 하고, 상호 교류를 통해 다른 전체 부모의 의견을 수렴하여 기관 운영에 반영한다.

예시 어린이집 운영위원회 설치 및 운영기준의 예

어린이집 운영위원회 설치 및 운영 기준

Ⅰ. 설치목적 및 근거

1. 설치목적

   어린이집 운영의 자율성과 투명성을 제고하고 지역사회와의 연계를 강화하여 지역실정과 특성에 맞는 보육이 가능하도록 어린이집 내에 운영위원회를 설치함

2. 설치근거
   - 영유아보육법 제25조 및 동법 시행령 제21조의 2
   - 영유아보육법 시행규칙 제26조

Ⅱ. 설치 기준

1. 영유아보육법 제25조 제2항 및 제3항의 규정에 의해 어린이집 운영위원회는 원장, 보육교사 대표, 학부모 대표 및 지역사회 인사(직장 어린이집의 경우 해당 직장 어린이집의 업무담당자)를 포함한 5인 이상 10인 이내의 범위 안에서 시설 규모 및 운영의 현실성 등을 고려하여 구성함
2. 영유아보육법 개정으로 국공립, 법인 등 취약보육 우선실시대상 시설 및 정원 40인 이상의 모든 어린이집은 어린이집 운영위원회를 의무적으로 설치하여야 함

Ⅲ. 주요기능(심의사항)

1. 어린이집 운영규정의 제정 또는 개정에 관한 사항

2. 어린이집 예산 및 결산의 보고에 관한 사항
3. 영유아의 건강·영양·안전에 관한 사항
4. 보육시간, 보육과정의 운영 방법 등 어린이집의 운영에 관한 사항
5. 보육직원의 근무환경 개선에 관한 사항
6. 영유아의 보육환경 개선에 관한 사항
7. 어린이집과 지역사회의 협력에 관한 사항
8. 보육료 외의 필요경비를 받는 경우 제38조에 따른 범위에서 그 수납액 결정에 관한 사항
9. 그 밖에 어린이집 운영에 대한 제안 및 건의사항

Ⅳ. 운영기준

1. 운영위원회 위원 구성

1) 위원의 임기 및 자격
- 위원의 임기는 원칙적으로 2년으로 하고 연임이 가능함
- 위원은 무보수 봉사직으로 함
- 특별한 경우가 아니고는 다른 시설의 운영위원 겸임 불가함
- 위원은 어린이집을 상대로 영업하는 자가 아니어야 함

2) 위원의 의무
- 위원은 위원으로서의 품위를 유지하여야 하며, 그 지위를 남용하여 재산상 권리나 이익을 취득하지 않아야 함
- 위원은 정치적, 종교적 중립을 유지하여야 함

3) 위원의 자격상실
- 보육교사 위원이 퇴직 등으로 소속을 달리할 때
- 학부모 위원이 자녀인 영유아가 졸업 또는 퇴원할 때
- 회의소집 통지를 받고도 특별한 사유 없이 3회 이상 불참한 때
- 위원이 제출한 신상에 관한 주요 내용에 허위 사실이 있는 것이 발견된 때

4) 위원 선출 방법 및 절차
- 위원장, 부위원장 각각 1인을 포함한 5인 이상 10인 이내로 구성하되, 어린이집 교직원 위원수가 학부모 위원수를 초과해서는 안 됨
- 원장은 당연직 위원이 되며, 보육교사 위원은 교사 전체 회의에서 선출함
- 학부모 위원은 전체 학부모회의에서 선출하는 것을 원칙으로 하며, 부득이한 경우에는 연령별 또는 반별 학부모 회의에서 선출함
- 지역위원은 선출된 학부모 위원 및 보육교사 위원의 추천을 받아 선출함
  단, 지역위원은 학식과 덕망 있는 보육관련 전문가나 해당시설 졸업생 부모 및 해당 시설과 관심 있는 지역주민 중에서 선출하되, 어린이집이 소재한 인근 지역

인사를 선출하는 것을 원칙으로 함
- 위원장은 어린이집 교직원 위원 이외의 위원 중에서 호선하여 선출함

※ 위원구성 예시

위원 수	위원구성 예시
5인	• 원장, 교사 1인, 학부모 2인, 지역 인사 1인
7인	• 원장, 교사 2인, 학부모 3인, 지역 인사 1인 • 원장, 교사 1인, 학부모 4인, 지역 인사 1인
9인	• 원장, 교사 3인, 학부모 4인, 지역 인사 1인 • 원장, 교사 2인, 학부모 5인, 지역 인사 1인
10인	• 원장, 교사 3인, 학부모 4인, 지역 인사 2인 • 원장, 교사 2인, 학부모 5인, 지역 인사 2인

2. 운영위원회 조직

1) 임원
- 위원장 및 부위원장은 각 1인을 둠

2) 소위원회
- 안건심사의 효율성을 기하기 위해 소위원회를 둘 수 있음

3) 간사
- 운영위원회 회의 기록 등 사무 처리를 위해 간사를 둠

3. 운영위원회 회의 운영

1) 회기
- 회의는 정기회와 임시회로 구분하며, 정기회는 분기별 각 1회 개최하고, 임시회는 원장 또는 재적위원 과반수의 요구가 있는 때 수시로 개최하며, 정기회와 임시회를 합하여 연간 4회 이상의 회의를 개최해야 함.

2) 의사・의결 정족수
- 재적위원 과반수 출석으로 개회하며, 출석위원 과반수 찬성으로 결정함

3) 회의 공개의 원칙
- 운영위원회 회의는 공개를 원칙으로 하며, 회의 일정을 가정통신문 등을 통해 안내함으로써 학부모, 교사 등이 참관할 수 있도록 해야 함
  단, 영유아와 교사 인권 보호를 위해 필요하다고 인정하는 때에는 비공개로 운영할 수 있음

4) 회의록의 작성

- 간사는 회의 결과에 대해 회의록을 작성·보관하여야 함
- 회의록은 어린이집에 비치하여 열람할 수 있도록 하되, 영유아 또는 보육교사 등의 인권보호를 위해 위원장이 필요하다고 인정하는 부분에 대해서는 비공개할 수 있음

5) 심의사항 시행

- 운영위원회 심의는 원장에 대한 구속력은 없으나 특별한 사유가 없는 한 운영위원회 심의대로 처리하도록 노력해야 함
- 위원회의 심의대로 처리하지 못할 사유가 있는 때에 원장은 운영위원회에 그 사유를 밝히고 동의를 구해야 함
- 심의사항 시행결과에 대해 차기 회의에서 보고해야 함

4. 운영위원회 구성 및 운영절차

위원 선출 공고	→	학부모위원 및 교사위원 선출	→	지역인사 위원선출	→	위원장 및 부위원장 선출	→	회의개최 (안건심의)	→	심의 사항 시행	→	회의록 비치 및 결과보고
원장		학부모회의 교사회의		학부모위원 교사위원 등		운영위원 (임시의장)		위원장 (위원회)		원장		위원장 원장

Ⅴ. **적용원칙**

1. 이 기준은 2018년 3월 이후부터 적용함. 단, 이미 설치·운영 중인 위원회는 이 기준에 따라 설치된 것으로 봄
2. 시·군·구청장은 위원 구성, 주요 기능 및 운영방식이 이 기준과 유사한 경우에는 그 위원회를 어린이집 운영위원회로 인정할 수 있음
3. 이 기준은 어린이집 운영위원회 설치·운영을 효율적으로 추진하기 위한 표준모델이므로 법, 시행령, 시행규칙에서 정한 이외의 사항은 어린이집의 상황에 따라 탄력적으로 적용할 수 있음

8) 오리엔테이션

기관에서의 부모 오리엔테이션은 자녀를 유치원이나 어린이집에 처음 보내는 부모를 대상으로 기관의 운영방침을 알려주고, 교육(보육)프로그램과 물리적, 인

적 환경을 소개해 줌으로써 새로운 환경에 적응을 도와주기 위해 실시하는 것이다. 오리엔테이션은 부모교육의 시작이라고 할 수 있으며, 부모가 참여하여 자녀의 기관에서의 생활을 안내받고, 부모로서 협조해야 할 내용을 숙지하며, 자녀양육에 대한 부모역할을 재인식하는 기회가 될 수 있다.

오리엔테이션은 3월 교육과정을 시작하기 직전에 실시하며, 대상에 따라 공지하거나 강조해야 할 내용이 다르기 때문에 재원아와 신입원아 부모를 구분하여 따로 실시하는 것이 효과적이다. 유치원이나 어린이집에서는 오전이나 오후, 혹은 날을 달리 하여 재원아 부모 오리엔테이션과 신입원아 부모 오리엔테이션을 실시한다. 오리엔테이션은 부모와 자녀가 함께 참석하여 물리적 환경을 둘러보고 교직원과 인사를 나누며, 어머니와 아버지 중 한 사람이 오리엔테이션 내용을 설명 듣는 동안 나머지 한 사람이 교실이나 실내놀이터 등 다른 공간에서 자녀와 자유로운 놀이 시간을 갖기도 한다.

오리엔테이션의 진행은 대부분 원장의 교육철학, 기관의 교육신념, 기본적 운영방침에 대한 소개 등을 먼저 하고, 그 후 학급별로 각 교실(보육실)에서 담임교사로부터 보다 구체적인 안내를 받는 절차로 진행한다. 오리엔테이션에 참석할 때 부모는 생활기록부를 비롯한 다양한 서류를 기록하여 제출하고, 영유아의 사진과 개인용품 등 기관 생활에 필요한 준비물을 챙겨 제출한다.

부모 오리엔테이션 행사의 진행과정은 다음과 같다.

첫째, 현관 입구에서 참석한 가족을 반갑게 맞이하며 학부모 이름표, 운영안내 자료를 배부한다.

둘째, 참여한 부모에게 인사를 하고 개회를 알린다.

셋째, 운영안내 책자나 유인물을 활용하여 기관의 교육이념과 교육목표, 교육프로그램, 운영방침 등을 상세하게 설명한다.

넷째, 연간 계획, 하루 일과 진행 등에 대한 동영상 자료가 준비되어 있으면 보여주고 없으면 책자나 유인물을 가지고 설명한다.

표 9-3 부모 오리엔테이션 준비 시 점검사항

	재원아 부모	신입 원아 부모
서류	• 비상연락망(영아, 유아) • 등하원 버스 이용안내서 • 보육료(교육비) 납부고지서 수령거절 신청서	• 운영방침동의서 • 응급처치동의서 • 입소신청서 • 홈페이지 사진게시 동의서 • 투약안내문 • 등하원 버스 이용안내서 • 보육료(교육비) 납부고지서 수령거절 신청서 • 취업여성지원 신청서 • 특별활동 동의서
안내 사항	• 담임교사 소개 • 학급소개 – 원아 인원 및 구성 – 보육실(놀이실) 환경, 흥미영역 구성 – 하루일과 – 보육(교육) 프로그램 • 준비물 • 등·하원 인수인계 – 일일수첩 설명: 예시자료 – 저녁식사 신청 방법 – 자녀인계 방법[통합보육(교육) 설명] • 홈페이지 안내 • 급간식 관련 안내, 생일축하 방법 안내 • 필요서류 안내 및 수거 • 개별 유아 정보 교류/질의응답 • 건강관리, 안전 관련 안내 (가정돌봄을 요하는 질병 안내) • 도서대여 프로그램 안내 • 기타 변화된 내용에 대한 안내	• 담임교사 소개 • 학급소개 – 원아 인원 및 구성 – 보육실(놀이실) 환경, 흥미영역 구성 – 하루일과 – 보육(교육)프로그램 • 적응 프로그램 안내 • 준비물 • 등·하원 인수인계 – 일일수첩 설명: 예시자료 – 저녁식사 신청 방법 – 자녀인계 방법[통합보육(교육) 설명] • 투약의뢰 및 확인 안내: 예시자료 • 홈페이지 안내 • 급간식 관련 안내, 생일축하 방법 안내 • 필요서류 안내 및 수거 • 개별 유아 정보 교류/질의응답 • 건강관리, 안전 관련 안내 (가정돌봄을 요하는 질병 안내) • 도서대여 프로그램 안내 • 기타 공지사항

다섯째, 교육비(보육료), 급간식비, 특별활동비, 기타 필요경비 등의 비용에 대한 정보를 알려주고, 응급처치동의서, 안전사고보고서, 차량운행, 급간식, 개인정보 활용동의서 등 관련 서류를 배부하여 그 내용을 숙지하도록 하고, 필요시 동의서에 부모가 서약하도록 한다.

여섯째, 입학 후 자녀의 적응에 대한 부탁과 협조의 말을 하면서 적응 프로그램 운영에 대해 설명한다.

일곱째, 교사와 기타 교직원을 소개하고 호칭과 역할에 대해 안내한다.

여덟째, 부모회나 운영위원회 등의 성격과 기능 및 조직 절차에 대해 알려준다. 그 밖에 부모와 교직원 간 다양한 소통 방법에 대해 상세히 설명한다.

아홉째, 오리엔테이션이 끝난 후, 각 반 교실로 가서 담임교사의 보다 구체적인 안내를 받는다. 교사와 부모 간 개별적인 소개와 인사, 각종 서류 작성과 제출, 신입원아 적응 프로그램에 대한 자세한 설명과 기타 질의응답 시간을 갖는다.

9) 기관–가정 간 일상적 의사소통

유치원과 어린이집 및 가정의 의사소통은 영유아를 돌보고 교육하는 데 매우 중요하고 필요한 일이다. 자녀를 유치원이나 어린이집에 보내는 부모는 기관과 자녀의 집단생활에 대해 궁금한 점이 많다. 기관에서도 부모의 자녀양육 방법과 부모의 기대와 요구 등을 알고 있을 때 영유아를 보다 정확히 파악하여 적절한 교육과 보육을 실행할 수 있다. 즉, 교사와 부모가 자주 소통하고 상호 협력적인 태도로 영유아를 대할 때 영유아에게 나타나는 긍정적 효과가 극대화된다.

기관과 가정의 일상적 의사소통 방법에는 면담과 전화상담, 가정통신문, 알림장, 홈페이지 등이 있다. 그 중 면담이나 상담에 대해서는 이미 설명하였으므로 이 부분에서는 알림장, 가정통신문, 홈페이지 등에 대해 알아보고자 한다.

(1) 알림장(원아수첩, 일일수첩)

알림장 혹은 원아수첩은 영유아가 기관에서 지내는 시간 동안 있었던 영유아의 놀이 내용, 친구와 지낸 생활, 급간식 관련 사항, 배변, 낮잠, 기타 전달사항 등을 교사가 간단히 수첩에 기록하여 가정으로 보낸 후, 부모가 다시 궁금한 사항이나 가정에서 있었던 특이사항을 기록하여 기관으로 보내는 등 가정과 기관 간에 이루어지는 의사소통 방법이다. 알림장은 어린이집이나 유치원에서 보편적으로 사용하는 방법이다. 특히 맞벌이부부가 기관에 자녀를 보낼 때 부모는 기관을 자주 방문할 수 없기 때문에 자녀가 기관에서 무엇을 하고, 어떻게 지냈는지 궁금하고 불안한 마음을 가질 수 있다.

알림장 혹은 원아수첩은 교사와 부모가 함께 작성하고 주고받을 때 의미가 있으며, 의사전달이 어려운 어린 영아나 시간 연장 보육을 하는 경우, 버스로 등·하원을 하여 부모가 유치원에 거의 방문하지 않는 경우에 효과적인 의사소통 방법이다. 알림장을 이용하는 경우에 교사의 기록은 날마다 이루어지는 편이지만 부모가 기록하는 부분은 생략되는 경우가 많다. 그러므로 교사는 영유아가 가정에서 보내는 시간이 많지 않더라도 가정에서 자녀에 대해 관찰하거나 함께 지내는 모습을 기록하는 것은 부모의 중요한 역할이라는 사실을 부모에게 강조할 필요가 있다.

알림장을 기관에서 사용하는 경우에는 몇 가지 장단점이 있다. 장점으로는 알림장에 기록하여 주고받는 과정에서 부모교육이 될 수 있으며, 교사도 보다 성실하게 개별 영유아의 생활을 관찰하고 세심한 기록을 하면서 교사 교육의 효과를 얻을 수 있다. 그러나 매일 모든 영유아의 알림장을 기록하는 과정에서 기록이 점차 피상적으로 흐를 수 있으며, 글로 주고받기 때문에 정확한 정보가 전달되지 못할 수도 있다.

예시 **신입원아 적응 프로그램 관련 가정통신문의 예**

적응 기간 동안 부모님께서 이렇게 도와주세요!

1. **첫날부터 영유아를 하루 종일 기관에 적응시키려 하지 마세요.**
   아무리 좋은 약이라도 처음부터 많이 복용하지 않듯이, 영유아의 심성에 무리가 가지 않도록 교사와 상의하여 점차 적응 시간을 조절해 나가야 합니다.
2. **부모와 함께 긴장을 풀면서 원에 대해 알아가게 해주세요.**
   "여기는 뭐 하는 곳일까? 재미있는 장난감도 많구나!"
   "여기 선생님이 계시네! 선생님, 안녕하세요? 친구야, 안녕?"
3. **등하원 시 꼭 인사를 해주세요. 아무런 말없이 몰래 가지 마세요.**
   "엄마 다녀올게. 지금은 회사에 가지만 저녁 때 데리러 올게. 안녕!"
   ○○야 (꼭 안아주면서) 엄마는 회사에서 열심히 일하고 왔어. 넌 잘 놀았니?"
4. **영유아가 가끔 화난 척하거나 무관심해 보여도 상심하지 마세요.**
   "○○가 엄마한테 많이 화났구나! 하지만 엄마도 ○○가 무척 보고 싶었단다."
5. **집으로 돌아가면서, 또는 집에 가서 스킨십을 나눌 수 있는 특별한 시간을 가지세요.**
   함께 목욕하거나 무릎에 앉혀 그림책을 읽어주는 것도 효과적입니다.
6. **담임교사를 비롯한 어린이집(유치원)의 모든 선생님께 영유아와 함께 인사해주세요.**
   부모와 함께 선생님의 얼굴을 익혀 나가면서 영유아는 어린이집(유치원)과 선생님이 자신에게 도움이 되는 존재라는 것을 차츰 느끼게 됩니다.
7. **영유아가 좋아하는 인형이나 가족사진 등을 보내주세요.**
   낯선 곳에서 생활하는 영유아에게는 위안이 됩니다.

✔ 적응을 위한 단축된 일과는 영유아의 연령과 개인의 적응 상태에 따라 조금씩 다를 수 있으며 최소 1주일을 기본으로 합니다. 적응기간 동안 이루어지는 내용은 아래와 같습니다.

대상	영아	유아
기간	2~3주	1주
내용	• 짧게 방문하기(2~3일간) • 부모와 잘 헤어지기(2~3일간) • 오전놀이, 점심(2~3일간) • 낮잠 자기(2~3일간) • 하루 종일 지내기(2~3일간)	• 실내 자유놀이(2일간) • 점심(1일간) • 낮잠 자기(2일간) • 하루 종일 지내기

(2) 가정통신문

가정통신문은 영유아의 지도와 교육의 효과를 높이기 위해 다양한 내용의 전달사항을 편지 형태로 가정에 보내는 것으로서 기관에서 가장 많이 활용하는 방법이다. 이는 기관의 교수-학습 내용, 행사의 계획이나 보고, 급·간식에 대한 안내, 기타 운영과정 중 필요한 사항을 알려주기 위해 안내문 형식으로 가정에 보내는 것이다. 주간교육계획안, 월간 식단, 현장학습이나 행사안내문 등은 비교적 주기적으로 배부하는 가정통신문의 내용이다. 가정통신문의 장점으로는 시간과 노력을 많이 들이지 않고 다양한 내용을 전달할 수 있고, 사용이 용이하다는 것이다. 단점으로는 전달한 내용에 대한 답을 요청하지 않는 경우, 부모의 반응이나 이해 정도를 파악할 수 없고, 중간에 분실되어 부모에게 전달되지 못하는 경우가 발생하는 등 전달 여부를 파악하기 어렵다는 것이다.

예시 부모 대상 인성교육 관련 가정통신문의 예

10월 존중

아이와 함께 책을 읽어요

자녀와 함께 친구와 관련된 책을 읽어 보면서 친구에 대한 생각을 함께 이야기 해 봅니다.

"만약 너라면 어떻게 할래?"
"친구와 놀이를 같이 하고 싶을 때는 어떻게 하면 좋을까?"

이런 책을 읽어 보세요.

- 나랑 놀아줘! (미래아이. 2008. 글/니코 도브렉 켈리어. 그림/로즈마리 드 보스)
- 내 짝꿍 에이미 (국민서관. 2002. 글.그림/스티븐 마이클 킹)
- 두두에게 친구가 생겼어요. (중앙출판사. 2001. 글.그림/안네테 스보보다)
- 사라와 둘이저씨 (행복한아이들. 2003. 글/프랑수아즈 주. 그림/프레데릭 주)
- 우리 같이 놀래? (비룡소. 2005. 글.그림/대니얼 그리포)
- 우리는 친구 (웅진주니어. 2008. 글.그림/앤서니 브라운)
- 우리는 단짝 친구 (푸른날개. 2009. 글.그림/데이비드 맥페일)
- 우리 친구하자 (한림출판사. 2001. 글/쓰쓰이 요리코. 그림/하야시 아키코)
- 친구가 되어줄게 (주니어랜덤. 2007. 글/우치다 린타로/ 그림/후리야 나나)
- 행복을 전하는 편지 (시공주니어. 2006. 글/안소니 프랑크. 그림/티파니 비키)

친구에게 편지쓰기

어떤 친구에게 편지를 쓰고 싶은지, 친구의 어떤 점이 좋은

예시 신입 원아 적응 절차에 대한 가정통신문의 예

신입 원아 적응 프로그램 안내

영유아는 처음 등원한 기관의 새로운 환경, 낯선 교사, 익숙하지 않은 또래와의 만남, 부모와의 분리 등으로 불안을 느끼기 쉽습니다. 부모와 가족도 영유아를 새로운 기관에 보내는데 심리적인 어려움이 있을 수 있습니다. 이에 본 기관에서는 신입원아와 부모가 새로운 상황에 잘 적응할 수 있도록 '신입 원아 적응 프로그램'을 실시하고 있습니다.

1. 목표

- 영유아가 부모와 헤어지는 것을 두려워하지 않고 기관을 안전하고 편안한 장소로 느낀다.
- 새로운 교사와 친구에 대해 친밀감을 느낀다.
- 적응기간을 통해 기관 생활에 적응한다.

2. 진행원칙

- 영유아와 부모가 함께 프로그램에 참여한다.
- 영유아의 적응에 필요한 기본적인 활동(예: 점심, 낮잠 등)을 경험하게 한다.
- 적응 프로그램은 1~2주 정도를 기본으로 하되, 영유아의 개인차를 고려하여 융통성 있게 진행한다.
- 적응기간 초기에는 약 2~3시간 정도 기관에서 보내지만 이후 점진적으로 늘려간다.
- 영유아의 연령, 기질, 발달, 애착, 적응상태, 기관 상황, 가정 상황 등에 따라 기간과 방법을 달리할 수 있다.
- 단기간에 적응시키는 것이 중요한 것이 아니라 영유아의 적응상태를 고려하여 천천히 진행한다.
- 적응이 늦다는 것은 문제가 있다는 것이 아니라 주변 상황이나 사물, 사람 등에 대해 민감할 수 있음을 말하며, 민감함은 때론 낯선 상황에 대한 판단과 지각 능력이 예민하다는 것을 의미할 수도 있음을 이해해야 한다.

3. 신입 원아의 초기 부적응행동의 예

- 기관에 가지 않겠다고 떼쓴다.
- 기관 현관에 들어서기만 하면 울기 시작한다.
- 또래와 어울리지 않고 시무룩하다.
- 교사와 상호작용하지 않으려 하며 반응이 없다.
- 기관에서는 간식이나 식사를 하지 않으려 한다.
- 기관에서는 낮잠을 자지 않으려 한다.

- 울음이 잦고 자주 칭얼댄다.
- 밤에 자지 않고 울면서 깬다.
- 신체적 증상이 없음에도 불구하고 아프다고 한다.
- 대소변을 가리던 영유아가 대소변을 가리지 못한다.
- 집에서 기관에 대한 좋지 못한 감정을 직접적으로 표현한다.

4. 진행단계 : 최초 1주일의 예

기간	내용	귀가
첫째 날	• 짧게 방문하기 • 부모와 함께 놀이하기 • 오전 간식 먹기	적 응: 10:00~12:00 귀가 부적응: 10:00~11:00 귀가
둘째 날	• 오전 놀이와 점심식사	적 응: 10:00~식사 후 13:00 귀가 부적응: 10:00~12시 이전 귀가
셋째 날	• 부모와 잘 헤어지기 • 선생님과 놀이하기	적 응: 10:00~식사 후 13:00 귀가 부적응: 10:00~12시 이전 귀가
넷째 날	• 부모와 웃으며 안녕하기 • 낮잠 자기	적 응: 09:30~낮잠 잔 후 15:30 귀가 부적응: 09:30~식사 후 13:00 귀가
다섯째 날	• 친구와 함께 놀이하기 • 편안한 마음으로 낮잠 자기	적 응: 09:30~낮잠 잔 후 17:00 귀가 부적응: 09:30~식사 후 14:00 귀가
여섯째 날	• 하루 종일 지내기	적 응: 09:30~낮잠 잔 후 18:00 귀가 부적응: 보호자와 상담 후 귀가 시간 조정

※ 적응아와 부적응아에 따라 귀가시간을 달리 조정할 수 있다.

5. 신입 원아 적응을 위한 배려

기관	부모
• 부모와 교사가 친밀한 관계임을 느끼도록 즐겁게 대화하기 • 교실 입구에 가족사진을 붙여두거나 흥미를 끌만한 놀이감이나 음식을 준비하기 • 신발장이나 개인 사물함에 사진과 이름을 붙여두어 소속감과 안정감을 갖게 하기 • 적응 초기에는 영유아가 탐색할 기회를 충분히 제공하고, 신체적 접촉을 서두르지 않기 • 가정에서 영유아가 좋아하는 베개나 인형, 장난감 등을 가져오게 하기	• 영유아에게 기관과 교사 소개하기 • 부모와 교사가 친밀한 관계임을 느끼도록 즐겁게 대화하기 • 적응 초기에는 교실에 들어가 함께 놀이하기 • 헤어질 때는 영유아에게 꼭 인사한 후 가고, 정해진 약속시간을 잘 지키기 • 잠들기 전 기관 생활에 대해 이야기를 나누어 영유아의 마음에 긴장을 풀어주기 • 지속적인 애정을 표현하기

(3) 홈페이지와 모바일앱

인터넷 사용 인구가 많아지면서 온라인(on-line) 의사소통이 보편화되었고, 그에 따라 홈페이지나 카페, 모바일 앱을 통한 가정과 기관과의 의사소통이 가능해졌다. 특히 온라인을 통한 부모와 교사 간의 의사소통은 정확한 사실과 상호 이해를 바탕으로 이루어져야 하므로 글과 말의 적절한 활용을 통해 성숙하게 이루어져야 한다. 이러한 온라인 부모교육이나 부모참여 방법은 몇 가지 장단점이 있다. 온라인은 상시 어디에서나 정보를 주고받을 수 있으며, 24시간 언제든지 신속하고 간편하게 의사소통이 가능하다는 장점이 있다. 반면, 개인적인 내용이 외부에 쉽게 공개될 수 있고, 개인의 활용 능력이나 숙달 정도에 따라 효과나 만족도가 달라지며, 컴퓨터나 스마트폰 등 매체와 기기가 있어야만 활용이 가능하다는 단점이 있다.

다음은 기관의 홈페이지와 모바일 앱을 통해 부모에게 제공하거나 부모와 소통할 수 있는 내용의 예이다.

예시 기관 모바일 앱의 예

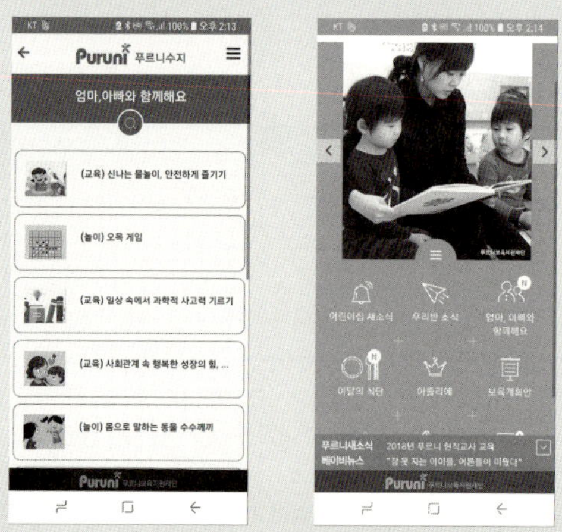

출처: 푸르니보육지원재단

예시 기관 홈페이지의 예

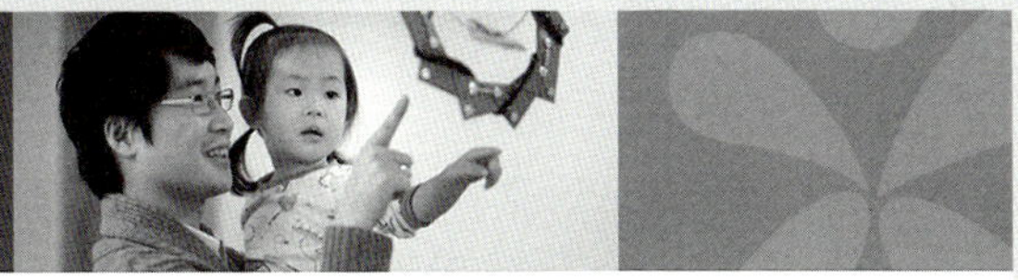

소중한 우리아이들의
꿈과 미래를
함께 키워갑니다

HOME · 영유아/가족 · 부모역할의중요성

영유아/가족

소중한 영유아기
좋은 부모되기
부모됨
부모역할
부모 양육태도
부모의 대화기술
부모교육
양육정보
참여마당

부모역할

소중한 우리 아이들의 꿈과 미래를 함께 키워갑니다

제너럴 일렉트릭(GE)의 최연소 CEO로서 20세기 최고의 경영자 중 한 사람으로 평가되는 잭 웰치(Jack Welch)는 어렸을 때 말을 더듬어 아이들에게 놀림거리의 대상이었다고 합니다. 잭의 어머니는 이러한 아들에게 "말을 더듬는 것은 네가 너무 똑똑하기 때문이란다. 너의 생각이 너무 빨라서 혀가 네 생각을 따라가지 못하기 때문이야."라고 설명해주었고 이로 인해 잭은 말을 더듬는 것은 자신의 생각이 입보다 빠르기 때문이라고 믿으며 이에 대해 걱정하지 않고 자신감을 가질 수 있었다고 회고합니다.

부모는 아이가 세상에 태어나서 가장 먼저 만나는 사회적 환경이며 인간의 성격, 행동, 학업, 자신과 타인에 대한 태도 및 가치관에 커다란 영향을 미치는 일차적인 요소입니다. 부모의 올바른 가치관과 양육태도는 자녀의 성장과 발달에 지속적으로 중요한 영향요인으로 작용하게 됩니다. 부모는 부모역할의 중요성을 인식하고 부모역할에 대한 올바른 가치와 태도를 갖고 효율적으로 이를 수행하여야 합니다.

○ 부모역할의 실제

부모역할은 한 아이를 낳아서 보호하고 성장시키고 교육하여 사회의 한 구성원으로 살아갈 수 있도록 하는 길고도 역동적인 역할입니다. 따라서 부모역할을 한 마디로 정의하거나 정답을 제시하기는 쉽지 않으며 자녀의 건강한 성장을 위해서 먹이고 입히는 기본적인 일부터 교육 및 훈육까지 다양한 역할을 포함합니다. 부모는 자녀의 요구에 따라 적절하게 일관성을 가지고 이러한 역할을 수행해야 합니다.

출처: 푸르니보육지원재단

표 9-4 기관 홈페이지를 통한 부모참여의 예

시기	메뉴	유형	대상	내용
상시 제공, 주기적 업데이트	교육상담	개별면담	해당 부모	• 자녀양육과 교육에 관한 개별적인 문제를 교사 및 원장과 상담 • 부모의 질문이나 제안, 담임교사의 답글 등 양방향의 대화와 상담 • 개별적이고 상시 활용 가능한 소통 코너
	새 소식	가정통신	전체 부모	• 기관의 교육 관련 행사 및 견학 • 건강·영양 영역이나 부모참여 관련 다양한 공지사항을 알림
	주간 교육·보육 계획안	가정통신	전체 부모	• 연령별, 학급별 주간 교육계획안을 간단한 설명글과 함께 제시
	식단	가정통신	전체 부모	• 기관의 급간식 식단 매달 공지
	나의 앨범	가정통신	전체 부모	• 기관 생활 중 촬영한 영유아의 모습, 나들이나 행사, 견학 등의 사진 자료 • 기관에서 실시한 교육활동이나 놀이 장면 등을 사진과 설명글을 곁들여 주기적으로 탑재(upload)
	육아 정보	정보 제공	전체 부모	• 자녀양육과 교육에 관한 다양한 정보 제공 예) 좋은 나들이 장소, 영유아와 부모를 위한 추천도서, 영유아를 위한 좋은 간식
	육아 칼럼	정보와 지식 제공	전체 부모	• 자녀양육과 영유아교육에 관한 전문가 칼럼
	운영위원회 게시판	가정통신	전체 부모	• 연중 주기적으로 개최되는 기관 운영위원회에 관한 공지사항 • 회의록을 탑재하여 모든 부모에게 알림
	영유아/가족	정보와 지식 제공	전체 부모	• 영유아기의 중요성, 영유아기의 발달과 놀이, 기관에 대한 이해 • 부모역할과 부모의 양육태도, 대화기술 등에 대한 기본적인 이론과 설명

출처: 푸르니보육지원재단

생각해 봅시다

1. 현재 유치원과 어린이집에서 실시 중인 부모교육과 부모참여 프로그램에는 어떤 것이 있는지 알아보고, 각각의 장단점에 대해 생각해 봅시다.
2. 기관에서 실시하고 있는 부모교육 및 부모참여 프로그램과 부모가 필요로 하는 프로그램을 비교해 보고 개선 방향에 대해 생각해 봅시다.
3. 다양한 부모참여 프로그램에서의 교사 역할에 대해 생각해 봅시다.

Parent Education

chapter 10

가족지원 프로그램

01 가족지원 프로그램의 필요성과 의미

02 가족지원 프로그램의 계획 및 실행

03 가족지원 프로그램의 실제

04 지역사회 연계 가족지원 프로그램

CHAPTER 10

가족지원 프로그램

학습목표

- 가족지원 프로그램의 개념에 대해 살펴본다.
- 가족지원 프로그램을 계획하고 실행하는 방법에 대해 살펴본다.
- 가족 유형별 및 지역사회 연계 프로그램에 대해 살펴본다.

가족지원 프로그램이란 기존 부모교육에서 주로 다루는 부모-자녀관계에서 대상을 확장하고, 생태학적 관점에서 가족의 기능을 강화하여 이를 통한 영유아의 성장을 도모하는 프로그램을 말한다. 즉 가족이 자녀에게 건강하고 안정된 환경을 제공하도록 돕는 것에 목적을 둔다. 이를 위해 부모를 포함한 가족에게 필요한 정보와 자원을 제공하고, 정서적 지원을 할 수 있도록 고안된 프로그램이다. 가족의 기능과 유형은 과거에 비해 매우 다양해졌으며 앞으로 더욱 그러할 것이다. 기관에서 이러한 추세를 반영한 가족지원 프로그램을 실시한다면, 가족과 생활하는 영유아의 건강한 성장에 큰 도움이 될 것이다. 또한 지역사회에서 운영하는 가족지원 프로그램에 대한 정보를 파악하고 활용할 수 있어야 한다. 따라서 이 장에서는 가족지원 프로그램의 필요성과 의미에 대해 알아보고, 대상 가족의 특성과 요구를 반영하여 가족지원 프로그램을 계획하고 실행하는 방법, 그리고 프로그램의 실제에 대해 살펴보고자 한다.

1. 가족지원 프로그램의 필요성과 의미

자녀의 건강한 발달을 위해 부모와 가족의 역할이 매우 중요하다는 사실에도 불구하고 핵가족화와 맞벌이부부의 증가 등으로 자녀가 기관에서 생활하는 시간이 점점 더 길어지고 있다. 이에 따라 부모와 가족의 역할이 점차 약화되는 경향이 있어, 자녀의 전인적인 발달에 미치는 영향을 고려할 때 앞으로 가족이 제 기능을 수행할 수 있도록 도와주는 것은 영유아의 발달과 교육을 위해서도 매우 중요하다. 이러한 점에서 기관이 부모교육을 계획할 때 가족의 역량 강화를 위한 내용을 반영하여야 한다.

가족은 자녀양육의 문제만이 아니라, 주거, 경제, 부부관계, 형제관계 등 다양하고 복합적인 문제를 가지고 있다. 또한 사회의 변화에 따라 맞벌이가족, 조손가족, 한부모가족 등 가족 유형도 다양해져 가족의 문제는 과거에 비해 훨씬 복잡해지고 있다. 다양한 유형의 가족이 지니는 복합적인 문제를 해결하기 위해서는 보육이나 유아교육과 같은 한 종류의 지원만으로는 충분하지 않기 때문에 기관, 지역사회, 정부나 지방자치단체 차원에서의 종합적인 접근이 필요하다. 가족의 문제가 해결되지 못할 경우에는 부모역할 수행의 문제를 초래하고, 이는 다시 자녀의 발달에 부정적인 영향을 미칠 수 있다. 따라서 자녀의 전인적인 발달을 위해서는 자녀교육에 초점을 맞춘 기존의 부모교육 프로그램에서 한 걸음 더 나아가 가족의 기능을 강화시킬 수 있는 가족지원 프로그램으로 확장해야 한다. 아무리 질적으로 우수한 유아교육·보육 프로그램이라 할지라도 부모나 가족 변인을 고려하지 않는다면, 자녀의 전인적인 발달은 충분히 이루어질 수 없다.

가족지원 프로그램이란 가족의 기능을 강화시키기 위해 대상 가족의 요구에 맞게 고안된 프로그램으로서 궁극적으로 자녀의 전인적인 발달을 도모하는 데 목적을 둔다. 따라서 가족지원 프로그램의 내용은 부모의 양육지원, 부부관계 향상,

부모와 가족의 전반적인 문제 해결 등 가족 내에서 발생할 수 있는 다양한 차원의 내용을 포함하여 구성할 수 있다. 프로그램의 대상이 자녀 또는 부모 외에 부부, 형제, 조부모 등 가족구성원 전체가 될 수 있으며, 프로그램 진행자도 교육전문가 외에 사회복지사, 상담사, 치료사, 의사와 간호사 등 다양한 분야의 전문가가 참여할 수 있다. 제공해주는 서비스도 다양하여 부모에게 자녀양육과 관련된 지원뿐만 아니라 직장, 친구, 부부관계 등과 관련한 서비스도 제공해줄 수 있다(김희진, 2005b, p. 12). 이처럼 가족지원 프로그램은 목적, 대상, 주관 기관 및 참여 전문가가 매우 다양한 포괄적 프로그램(comprehensive program)이라고 할 수 있으며, 생태학적 관점에서 자녀와 가족의 성장을 도모한다는 특징이 있다.

이러한 가족지원 프로그램을 실시할 때에는 기관 내에서 직접 대상을 선정하고 프로그램을 계획·실행할 수도 있고, 지역사회 자원과 연계하여 실시할 수도 있다. 여기서는 일반적인 가족지원 프로그램의 계획 및 실행을 먼저 설명하고, 지역사회와 연계한 기족지원 프로그램에 대해 살펴보고자 한다.

2. 가족지원 프로그램의 계획 및 실행

가족지원 프로그램을 계획하여 실시하기 위해서는 프로그램의 대상, 목적과 목표, 내용, 방법을 선정해야 한다(표 10-1 참조). 가족지원 프로그램이 다른 부모교육 프로그램과 차별화되는 점은 가족에 중심을 두고 가족역량을 강화시키는 데 주요 목적이 있다는 것이다. 따라서 기관의 상황이나 프로그램의 성격에 따라 순서는 다소 달라질 수 있으나, 프로그램에 참여할 대상을 선정하는 것이 제일 우선되어야 한다. 대상이 있다는 것은 프로그램 실행의 동기가 되기도 한다. 예를 들어, 올해 입학한 영유아 중 여러 명의 장애영유아가 있다면 장애영유아 가족을 위한 부모교육의 필요성을 인식하게 될 것이고, 이것이 출발점이 되어 장애영유아 가족지원 프로그램을 계획, 실행할 수 있다. 이처럼 기관의 상황이나 특성에 따라 필요한 대상을 선정하고 그 가족의 특성을 반영한 맞춤형 지원 프로그램을 계획하고 실행하는 것이 가족지원 프로그램의 큰 특징이다. 대상 가족의 요구가 반영된 맞춤형 부모교육 프로그램에 가족이 참여하게 되면 기관과 가족 간의 상호 이해와 신뢰가 생기고, 이를 통해 가족과 기관이 협력적인 동반자 관계로 나아갈 수 있다.

표 10-1 프로그램 계획 시 포함할 내용의 예

요소	내용
명칭	프로그램의 목표와 내용이 잘 드러나도록 정한다.
대상	프로그램에 참여할 대상을 제시한다.
목표	프로그램을 통해 부모가 어떤 도움을 받게 될지 구체적으로 서술한다.
내용	프로그램의 주요 내용을 서술한다. (예: 자녀의 문제행동 지도, 자녀의 기본생활습관 지도, 부부간 대화법 등)
참여인원 수	4~5명, 혹은 10여 명, 또는 1:1 등을 정한다.
길이, 빈도, 횟수	시작일과 종료일, 전체 모임 횟수, 요일 및 시간 등을 정한다.
방식	매회 어떤 방식으로 진행하는지에 대해 서술한다. (예: 강의, 토론, 질의응답, 자녀와 함께 하는 활동, 야외활동, 견학 등)
진행자	매회 담당자를 표기한다. (예: 기관장, 교사, 사회복지사 또는 외부 초청강사)
실시장소	매회 장소를 표기한다. (예: 각 반 교실, 유희실, 야외활동을 포함할 경우 해당 장소 등)
기타	부모의 참여를 촉진시키기 위해 제공하는 부가적인 지원 서비스의 여부를 제시한다. (예: 저녁식사 혹은 간식 제공, 자녀 돌봄 지원, 야외활동 시 차량 지원 등) 신청자가 참석인원 수보다 많거나 적을 때의 규정 등 진행에 필요한 제반사항에 대해 제시한다.

1) 가족지원 프로그램 계획

(1) 대상 선정

가족지원 프로그램을 계획하는 첫 단계는 어린이집이나 유치원 등의 기관에서 어떤 부모와 가족을 위한 프로그램이 필요한지를 결정하는 것이다. 대상을 선정해야 해당 가족의 요구와 특성이 보다 명확해지고, 프로그램의 목적과 목표를 수립할 수 있다.

가족지원 프로그램의 대상은 저소득층이나 한부모가족 등 취약계층 가족을 우선 대상으로 선정하는 경향이 있으나, 최근에는 가족 구조와 구성원이 매우 다양해지고 있기 때문에 특별한 문제가 없거나 사회경제적 수준이 높더라도 요구가 있는 가족이라면 프로그램의 대상이 될 수 있다. 예를 들어, 직장이나 학업 문제로 부부가 따로 떨어져 사는 분거가족이거나 부모의 야간근무 등으로 실제 자녀를 만나지 못하는 경우에 이러한 가족에 대한 가족지원의 요구가 있을 수 있다. 따라서 대상을 선정할 때에는 기관 내에서 공통적인 요구와 특성이 있는 가족에 초점을 맞추는 것이 좋다.

기관에서는 꾸준한 관찰과 면담을 통해 가족지원 프로그램이 필요한 대상자를 선정한다. 예를 들면, 영유아의 문제행동은 관찰되지만 부모가 인식하지 못하거나 방임·회피하는 경우, 부모의 양육태도가 일치하지 않거나 가족구성원의 협조가 이루어지지 않는 경우, 부모가 경제적·신체적·정신적 어려움에 직면하거나 양육 스트레스로 소진된 경우, 조손가족 등 가족구성이 취약한 경우 등은 가족 기능 강화를 위한 지원이 필요한 경우이다. 또한 가족지원 프로그램의 대상을 선정할 때는 학급 교사 외 영양사, 간호사 등 영유아와 부모를 접촉하는 모든 교직원과의 회의를 거쳐 정보를 공유하고 토의하는 것이 필요하다.

표 10-2 가족지원 프로그램 계획서 양식의 예

담당	원장

가족지원 프로그램 계획서

1. 필요성
2. 목적 및 목표
3. 프로그램 개요

대 상	
실시기간	
장 소	
강 사	
담 당 자	

4. 세부추진계획

기간	내용	담당자	비고

5. 세부내용

회기	일시	준비물	내용	비고

6. 예산비용

(단위: 원)

항목	예산	산출근거
계		

7. 기대효과

(2) 대상의 특성 파악 및 정보 수집

가족지원 프로그램에 참여할 대상을 결정하면 대상의 특성과 요구에 대한 정보를 수집해야 한다. 대상의 특성과 요구를 정확하게 알고 있어야 그에 적합한 프로그램의 목적과 목표를 세울 수 있고, 궁극적으로 프로그램이 추구하는 목표를 달성할 수 있다. 가장 일반적으로 대상의 요구를 파악하는 방법은 면담, 전화상담 등을 통해 자녀의 어린이집 혹은 유치원 생활과 부모의 이야기를 듣는 것이며, 필요시 설문지를 작성하여 배부할 수도 있다. 면담은 대상 부모를 잘 알거나 가족지원 프로그램을 실시해 본 경험이 있는 교사나 기관장이 실시하는 것이 좋고, 기관 내의 사회복지사가 실시할 수도 있다. 면담 결과에 따라 부모가 프로그램의 참석 여부를 결정할 수 있으므로 사전 준비를 철저히 해야 한다. 대상의 특성을 파악하기 위해 수집해야 할 정보는 표 10-3의 내용을 포함하지만 모든 정보를 수집하는 것이 아니라 대상을 이해하고 프로그램을 계획하는 데 필요한 정보만 수집해야 한다. 또한 대상의 일반적인 특성을 이해하기 위해 프로그램을 계획하는 사람은 관련 서적이나 연구물 등을 찾아 대상에 대한 이해를 도모할 수 있는 지식을 습득할 필요도 있다.

표 10-3 대상의 특성을 파악하기 위해 수집해야 할 정보의 예

정보원	정보내용
가정의 일반적 배경 및 요구	• 대상의 성, 연령 • 기관에 재원 중인 자녀의 성, 연령, 학급 • 가족구성원과 특성: 수, 성, 연령, 학력, 직업, 장애 정도(장애가 있는 경우) • 가족의 수입 • 주거형태 및 생활환경 • 가족이 경험하고 있는 어려움의 종류 및 심각성의 정도 • 가족이 지원을 요청할 수 있는 인적 · 행정적 자원 여부

자녀에 대한 부모의 인식 및 행동	• 자녀의 발달에 대한 전반적인 인식 및 평가 • 자녀의 기본적 요구에 대한 이해 • 자녀의 신체, 인지, 언어, 사회, 정서발달 상황 및 문제라고 인식하는 분야 • 자녀양육에 영향을 미치는 부모의 가치, 신념, 행동 • 자녀의 교육 및 특기교육에 관한 요구 • 자녀양육의 주 담당자 • 자녀양육 시 어려움의 종류 및 우선순위 • 자녀와 함께 하고 싶은 활동(예: 가족여행, 문화활동, 체험활동 등) • 자녀양육을 위해 교사, 기관장, 이웃, 친지 등과의 협력 여부
부모 자신에 대한 요구	• 부모가 경험하는 어려움, 문제 또는 관심과 흥미 있는 분야 • 부모가 가진 장점 또는 자원 • 자녀 또는 부모를 위해 기관에서 지원받기를 원하는 서비스의 종류 및 우선순위 • 부모지원 프로그램의 참여 경험 여부 • 지원을 받아야 할 경우에 마음이 편한 상담의 대상 • 부모지원 프로그램에서 다루어야 하는 내용 및 우선순위
프로그램의 운영방식에 대한 요구	• 희망하는 가족지원 프로그램의 형식 • 참여 희망 여부 • 가장 편리한 요일과 시간 및 장소 • 가장 효율적인 연락 방법 • 선호하는 강사의 유형(예: 원장, 교사, 교수 등) 및 특성(친절함, 지식이 많음, 편안함, 유머 있음 등) • 선호하는 시청각 자료의 유형 • 선호하는 프로그램의 진행방식(예: 강의, 토론, 실습 등) • 필요한 부가적 서비스(예: 교통편, 식사, 수화통역사 등)

출처: 김희진(2005a). **포괄적 보육서비스-부모지원프로그램 진행자 매뉴얼**, pp. 40-41.

(3) 목적과 목표 설정

가족지원 프로그램은 다양한 기관이나 전문가가 여러 가지 특성을 가진 가족 문제를 해결한다는 포괄적인 특성을 가지고 있기 때문에 명확한 목적과 목표를 설정하는 것이 중요하다. 목표 설정이 잘 되어야 내용을 선정할 수 있고, 진행방식과 평가방법을 결정하는 등의 이후 과정이 용이해져 효율적으로 프로그램을 운영할 수 있다.

가족지원 프로그램의 목적과 목표를 설정할 때 고려할 점은 다음과 같다.

첫째, 대상의 특성을 반영한다. 예를 들어, 대상 가족의 아버지가 자녀양육에 무관심하다는 공통점이 있다면 프로그램의 목적은 '아버지 역할의 중요성을 알려준다', '아버지의 자존감을 향상시킨다'가 될 수 있고, 부부간에 의사소통이 잘 되지 않아 기관에서 전달한 내용이 제대로 전달되지 않고 교육관의 차이로 자녀양육에 어려움을 겪는다면 '부부관계를 강화시킨다', '가족 간의 결속력을 다진다'를 목표로 설정할 수 있다.

둘째, 부모의 다양한 요구 중 핵심적이고 공통적인 문제에 초점을 두고 목적과 목표를 설정한다. 가족 문제는 다양할 수밖에 없어 목표가 방대해지고 산만해질 수 있다. 따라서 면담 등을 통해 프로그램의 대상으로 선정한 가족의 요구를 세밀하게 살피고, 공통적인 관심사와 문제점을 잘 간추려 목표를 설정해야 한다.

셋째, 목적과 목표는 실현 가능한 수준에서 설정한다. 가족의 모든 문제를 가족지원 프로그램으로 해결하는 것은 불가능하므로 프로그램에서 가장 효과적으로 지원할 수 있는 문제를 선정하여 목표로 설정해야 한다.

(4) 내용과 방법 결정

가족지원 프로그램의 목적과 목표가 설정되면 프로그램의 내용을 일관성 있게 선정하고, 이를 어떻게 진행할 것인지에 대한 진행 방법을 계획한다. 내용 구성과 진행 방법은 서로 연관되어 있기 때문에 어떤 내용을 몇 회기에 걸쳐 어떤 형식으로, 누가 진행할 것인지를 함께 계획해야 한다.

프로그램의 내용과 방법을 계획할 때는 프로그램 진행자를 결정해야 한다. 가족지원 프로그램은 다양성과 포괄성이 특징이므로 진행자도 다양한 전문가가 참여한다. 그러나 어린이집과 유치원 등의 인력은 유아교육이나 보육 관련 전공자가 대부분이어서 내부 인력만으로는 한계가 있을 수 있으므로 외부 자원을 개발하여 기관 내로 끌어들이거나 밖으로 나가서 외부 자원을 활용하는 방법을 모색하는 것이 필요하다. 기관의 예산으로만 강사를 초청하는 것은 자원의 한계가 있으므로 지역사회 연계 방안을 모색하여 더욱 다양한 내용의 가족지원 프로그램을 계획할 수 있다. 예를 들어, 지역사회의 복지관이나 건강가정지원센터 혹은 다문화가족지원센터 등에서 실시하고 있는 프로그램과 연계하는 방법을 알아볼 수 있고, 상담전문가・치료사 등의 자원봉사자를 발굴하여 초청강사로 활용하는 방법도 적극 모색해 볼 수 있다. 이를 위해서는 지역사회에 어떤 센터나 기관이 있는지, 그곳에서는 어떤 프로그램을 하고 있는지 등에 대한 사전조사가 필수적이다. 그리고 외부자원을 활용할 때는 프로그램의 목적과 목표에 부합하는지를 반드시 검토해야 한다.

2) 가족지원 프로그램 실행

가족지원 프로그램의 대상과 내용을 결정하면 이를 실행하기 위한 세부사항을 정리하고 검토한다.

(1) 일시

가족지원 프로그램을 실시할 시간은 참여 가족의 특성에 따라 조정한다. 예를 들어, 맞벌이가족의 부모를 대상으로 한다면 저녁시간으로 계획하고, 장애아가족의 부모가 대상이라면 자녀의 치료시간을 고려하여 조정한다. 실시 시간도 2시간을 넘지 않도록 하여 참여자와 자녀가 지치지 않도록 배려한다.

(2) 장소

참석인원에 따라 프로그램을 실시할 적절한 장소를 결정한다. 일반적으로 가족지원 프로그램은 어린이집이나 유치원 등 기관 내에서 실시하지만, 프로그램 내용에 따라 외부 장소를 이용할 수도 있으므로 그런 경우에는 이동 방법 및 거리 등을 고려하여 계획하고 실행한다. 또한 기자재가 필요한 경우에는 설치 여부를 확인하고, 프로그램 진행에 적합한 환경 구성과 편안한 분위기를 조성할 수 있는 음악, 부모 자신의 이름이 적힌 이름표 등의 소품도 준비한다.

(3) 외부강사 응대

외부기관의 강사를 연계하여 실시할 경우에는 외부강사에게 프로그램 참여자의 특성을 사전에 알려주어 프로그램이 적절하게 진행될 수 있도록 준비한다. 또한 프로그램 목적, 대상 부모와 가족에게 지원이 필요한 이유, 목적 달성을 위해 강사가 해야 할 역할 등에 대해서도 서로 공감할 수 있도록 프로그램 진행자는 사전에 강사와 충분한 대화 시간을 통해 정보를 공유할 필요가 있다.

(4) 프로그램 참여 촉진

부모와 가족의 자발적이고 지속적인 참여가 프로그램의 성패에 결정적인 영향을 미친다. 가족지원 프로그램은 여러 회기에 걸쳐 진행하는 경우가 많아 처음에 참여하기로 결정한 대상자가 끝까지 참석하는 것이 매우 중요하다. 대부분의 참여자는 지켜보고 경계하는 소극적 단계에서 서서히 신뢰하는 적극적 단계로 전환하게 되므로 이를 유도할 수 있는 기관이나 진행자의 노력과 전략이 필요하다. 어떤 경우든지 진행자는 프로그램의 목적이 가족을 지원하기 위한 것임을 기억하고, 참여자와 신뢰관계를 형성할 수 있도록 노력해야 한다.

참고 가족의 참여를 촉진하는 전략

- 가족의 요구를 반영한 프로그램 계획
- 가족의 경험을 인정하고 존중하는 분위기 조성
- 프로그램 종료 후 자녀와 함께 귀가할 수 있도록 시간 계획
- 참여 독려 방법의 계획 및 실행
  예) 전날 혹은 당일 문자 보내기, 유아에게 모임이 있음을 알리고 부모에게 전달하기 등
- 가족이 직접, 적극적으로 참여할 수 있는 활동 계획
- 지속적으로 참여해야 순차적으로 완성할 수 있는 활동 계획
- 자녀와 함께 하는 활동 기회 제공
- 지역사회 기관과 연계한 활동 계획
- 간단한 상품 제공 등 지각하지 않고 참여한 부모만이 할 수 있는 게임 계획
- 부모 참여를 촉진하는 부가적 서비스 제공
  예) 어린 동생 돌봄 제공, 간식 및 다과 제공, 야외활동 시 차량 제공 등
- 프로그램 종료 시 지각이나 결석을 하지 않은 부모에 대한 보상 계획

출처: 삼성복지재단(2010). 삼성어린이집 사회복지사 매뉴얼, p. 45.

3) 가족지원 프로그램 평가

프로그램을 계획하고 실행하였으면 반드시 평가를 실시해야 한다. 평가는 프로그램의 목표가 달성되었는지를 파악하여 향후 프로그램을 개선하는 데 도움이 되며, 이 과정을 통해 진행자의 역량을 향상시킬 수 있다. 평가는 프로그램의 목표 달성 여부와 참석률, 강사, 장소, 예산 등 진행 과정 전반에 대해 실시하고, 다음 프로그램 계획을 위해 평가결과와 관련 자료를 보관해둔다. 프로그램의 평가는 진행자뿐 아니라 참석 대상에게도 실시할 수 있는데, 프로그램 중반이나 종료 후에 간단한 설문조사 등을 통해 결과를 수집하고 다음 프로그램에 반영한다.

3. 가족지원 프로그램의 실제

앞에서 설명한 프로그램 계획과 실행 방법에 따라 실제 진행된 프로그램 사례를 살펴보고자 한다. 계획의 첫 단계는 대상을 선정하는 것이므로 여기서는 대상에 따른 프로그램을 소개하고자 한다. 맞벌이가족, 한부모가족, 조손가족, 장애아가족을 대상으로 하는 프로그램의 전체 회기를 소개하되, 세부 내용은 일부 회기만 제시하였다. 각 프로그램은 대상이 다르긴 하나 일정한 패턴이 있으며, 이를 참고하여 다른 가족 유형이나 대상에 적용해 볼 수 있다.

1) 맞벌이가족 지원프로그램: "엄마랑, 아빠랑"

(1) 대상: 맞벌이가족 부모

(2) 목적

맞벌이가족의 부모역할 수행 시의 어려움과 스트레스를 감소시키며 문제해결능력과 의사소통능력을 향상시켜 궁극적으로 건강한 가족구성원으로 성장할 수 있도록 돕는다.

(3) 프로그램 구성

표 10-4 "엄마랑, 아빠랑" 프로그램의 단계별 구성

구분		내용
1단계	시작	• 초기상담 및 개별상담, 강점관리 • 프로그램의 목적과 과정 이해 및 참여 동기 부여 • 각종 정보제공 및 연결

2단계	진행	• 인생 이야기, 역할극, 자녀양육 역할분담 프로그램, 교육, 갈등 해결하기, 의사소통 훈련, 친밀감 표현하기, 문제해결 기술 등
3단계	사후관리 (자조모임 · 문화체험활동)	• 자조모임 형성, 지역사회 자원의 확인 및 접근

(4) 프로그램의 실제

■ 1단계 – 상담(친밀감 형성하기)

■ 2단계 – 부모교육 프로그램

– 시간 : 2시간씩 총 5회기

– 대상 : 소그룹 맞벌이가족 부모(5~7명 내외)

– 내용 : 강의, 실습(역할극 및 교재연습), 토론

① 강의

② 시청각 자료, 교재, 역할극 등의 다양한 방법으로 사례 제시

③ 가족의 전반적인 어려움, 자녀양육 문제 등에 대한 고민의 예시를 통한 토론의 활성화

④ 과제 제시 및 실생활 적용

• 프로그램에서 배운 의사소통기술을 활용하여 실생활에서 자녀와 대화한다.

• 발표하고 피드백을 해준다.

표 10-5 "엄마랑, 아빠랑" 프로그램의 회기별 내용

회기	제목	목표	내용
1	'숨겨진 나'를 탐색하기	맞벌이가족이 겪는 어려움을 털어내고 신뢰로운 인간관계를 형성할 수 있다.	• 별칭 짓기 • 친밀감 형성을 위한 게임 - '나의 역사' 체크리스트 - '숨겨진 나'를 탐색하는 연습문제 • 맞벌이가족의 어려움과 극복 방안
2	양성평등한 부부관계 이해하기	맞벌이가족이 경험하는 양육 역할 갈등과 스트레스를 해소할 수 있도록 한다.	• 자신과 상대방에 대한 태도 점검하기 • 연상단어 찾기 • 나, 너, 우리의 관심 체크리스트 • 젠더 체크리스트
3	자녀와 행복한 관계 맺기	자녀의 장단점에 대한 이해를 바탕으로 자녀를 이해하는 기회를 마련한다.	• '당신은 어떤 부모입니까?' 설문지 • 갈등 해결하기 • 갈등을 해결하기 위한 방법 • 효과적으로 칭찬하는 방법 • 내 자녀 칭찬하기
4	엄마 아빠, 이렇게 이야기해 주세요	부모-자녀관계에서 의사소통의 중요성을 인식하고 올바른 의사소통 기술을 습득한다.	• 의사소통의 걸림돌과 디딤돌 • 대화스타일 선택하기 • 의사소통의 유형 • 바람직한 부모역할
5	신나는 우리 가족	맞벌이부부의 양육 스트레스와 역할 갈등을 해소시키며 자조집단 활동을 유도한다.	• 긍정적인 우리 가족 리모델링 • 친밀감을 증진시키는 표현법 • 친밀감 표현 연습 • 맞벌이가족을 위한 다양한 정책과 관련 사이트 알리기 • 자조집단에 대한 이야기 나누기 • 자조집단의 개념과 필요성

(5) 프로그램 세부내용 예시

■ 1회기 : "숨겨진 나"를 탐색하기

목표	1. 전체 프로그램에 대해 이해하고 필요성을 인식한다. 2. 프로그램 진행자와 참여자 간에 친밀감을 형성한다. 3. 맞벌이가족이 겪는 어려움을 털어내고 자기 자신을 탐색해 봄으로써 타인과 믿을 수 있는 인간관계를 형성한다.

전개	내용	시간	준비물
도입	• 사전평가 • 프로그램 내용과 교육자 소개, 동의서 작성 • 별칭 짓기 (이름, 별칭, 참여 동기, 기대효과 등 소개하기) • 게임을 통한 참여자 간의 친밀감 형성 – '사인을 받아오세요', '내겐 비밀이 있어요' 게임	30분	이름표 필기도구
강의 및 활동	• 강의 1-1: '숨겨진 나'를 탐색하는 연습 • 활동 1-1: '숨겨진 나, 나의 그림자 탐색하기' • '나의 역사' – 체크리스트를 이용하여 양육스트레스 알아보기	80분	활동지 사전평가지 잔잔한 음악의 CD
과제 및 종결	• 과제: '매사를 긍정적으로' 생활 속 실천 방법 3~4가지 생각해오기 • 종결: 첫 번째 모임의 내용에 대한 간략한 정리와 오늘 모임의 목표 재확인 • 다음 모임의 지속적 참여 부탁	10분	

■ 3회기: 자녀와 행복한 관계 맺기

목표 1. 자녀와 갈등을 해결하는 방법을 안다.
2. 자녀의 장점을 발견하여 칭찬할 줄 안다.

전개	내용	시간	준비물
도입	• 지난 주 강의내용 정리와 이번 주 강의내용 소개 • '당신은 어떤 부모입니까?' 설문지	20분	이름표, 워크북, 설문지
강의 및 활동	• 강의 3-1: • 갈등 해결하기 - 갈등을 해결하기 위한 방법 (현재의 문제해결 방법 체크리스트) - 갈등을 그림으로 그려보기 • 강의 3-2: 효과적으로 칭찬하는 방법 • 활동 3-1: 내 자녀 칭찬하기	80분	이름표, 워크북 거울, 필기도구, 도화지, 색연필, 화이트보드와 보드마커, 잔잔한 음악 CD나 테이프
과제 및 종결	• 과제: 활동지 3-1을 가져가서 집안의 잘보이는 곳에 붙여 두고, 적절한 칭찬을 할 때는 꽃스티커, 적절하지 않은 칭찬을 할 때는 돌스티커 붙이기 • 종결: • 모임의 내용에 대한 간략한 정리와 목표 재확인 • 다음 모임의 지속적 참여 부탁	20분	스티커, 활동지

2) 한부모가족 지원프로그램: "따로 따로 행복하게"

(1) 대상: 한부모가족 부모

(2) 목적

한부모가족구성원의 자아존중감을 향상시키고, 문제해결능력과 의사소통능력을 향상시켜 궁극적으로는 건강한 가족구성원으로 성장할 수 있도록 돕는다.

(3) 프로그램 구성

표 10-6 "따로 따로 행복하게" 프로그램의 단계별 내용

구분		내용
1단계	시작	• 초기상담(강점사정) 및 개별상담 • 프로그램 목적과 과정 이해 및 참여 동기 부여 • 각종 정보제공 및 연결
2단계	진행	• 인생이야기, 역할극, 자아존중감 향상 프로그램, 자기주장 훈련, 가족조각기법, 문제해결기술 등
3단계	사후관리 (자조모임, 문화체험활동)	• 자조모임 형성 • 지역사회 자원의 확인 및 접근방법 소개

(4) 프로그램의 실제

- 1단계 – 상담(친밀감 형성하기)
- 2단계 – 부모교육 프로그램 실시
  - 시간 : 2시간씩 총 6회기
  - 대상 : 소그룹 한부모가족 부모(3~5명 내외)
  - 내용 : 강의, 실습(역할극 및 교재연습), 토론

① 강의

② 시청각 자료, 교재, 역할극 등의 다양한 방법을 통한 사례 제시

③ 가족의 전반적인 어려움, 자녀양육 문제 등에 대한 고민의 예시를 통한 토론의 활성화

④ 과제 제시 및 실생활 적용

- 프로그램에서 배운 의사소통기술을 활용하여 실생활에서 자녀와 대화한다.
- 발표하고 피드백을 해준다.

표 10-7 "따로 따로 행복하게" 프로그램의 회기별 내용

회기	제목	목표	내용
1	새롭게 태어난 나	한부모가 겪는 어려움을 공유하고 털어냄으로써 위로하고 지지해준다.	• 별칭 짓기 • 친밀감 형성을 위한 게임 • 다양한 가족 알아보기(사회변화, 다양한 가족 등) • 콜라주-'나를 소개합니다.' • 한부모(여성한부모, 남성한부모)가족의 어려움과 극복 방안
2	우리 가족 이해하기	자녀양육의 어려움을 공유하면서 우리 가족을 이해하는 시간을 가진다.	• 친밀감 형성을 위한 게임 • 한부모가족의 특성 이해 • 자녀양육의 어려움 나누기
3	소중한 나	자신에 대한 올바른 이해를 통해 단점을 수용하고 강점을 강화하여 자아존중감을 회복한다.	• '자아존중감 척도' 검사 • 자아존중감의 의미와 구축 과정 • 나의 장단점 찾기(30개 이상 등) • 자아존중감의 중요성과 활성화 방법
4	자녀를 사랑하는 나 I	자녀에 대한 장단점을 이해함으로써 자녀를 이해하는 기회를 마련한다.	• 우리 아이 마음 읽기 • 한부모가족 자녀의 이해 • '난 이만큼 힘들어요….' • 자녀의 장단점 이해하기(10개 이상 등) • 가족 속에서의 소중한 자녀 발견
5	자녀를 사랑하는 나 II	자녀에 대한 올바른 이해를 바탕으로 한부모로서의 적절한 부모역할을 수행할 수 있는 능력을 향상시킨다.	• '소중한 내 아이를 찾아서' • 부모역할의 중요성 인식하기 • 가족 속에서의 상황 실례 나누기 • 이혼 단계에 따른 바람직한 부모역할 • 자녀 연령별 바람직한 부모역할 • 부모의 이혼에 대한 자녀의 적응 방법 실제
6	내 가족의 행복을 지키는 나	자신의 긍정적 미래를 설계할 수 있도록 다양한 정보를 습득하고, 자조집단 활동을 유도한다.	• '긍정적인 우리 가족 리모델링' • 내 삶의 주인은 나 • 한부모를 위한 다양한 정책과 관련 사이트 소개 • 자조집단에 대한 이야기 나누기 • 자조집단의 개념과 필요성

(5) 프로그램 세부내용 예시

■ 2회기 : 우리 가족 이해하기

목표 1. 한부모가족의 특성을 이해한다.
2. 자녀양육의 어려움에 대해 공감한다.

전개	내용	시간	준비물
도입	자녀양육의 어려움을 함께 공유한다.	10분	워크북
강의 및 활동	• 강의 2-1: 한부모가족의 자녀양육 방법 • 활동 2-1: '나를 힘들게 하는 것' 그림 그리기 • 활동 2-2: • '우리 가족의 희망 찾기' (함께 나누는 공감 이야기) • 나의 스트레스 원인은?	100분	워크북 잔잔한 음악의 CD 또는 테이프 등
과제 및 종결	• 과제: '나만의 장점'을 5가지 이상 생각해오기 • 종결: • 모임의 내용에 대한 간략한 정리와 목표 재확인 • 다음 모임의 지속적 참여 부탁	10분	워크북

■ 6회기 : 내 가족의 행복을 지키는 나

목표 1. 미래의 꿈을 구체화하고, 이를 달성하기 위한 구체적인 계획을 세울 수 있다.
2. 실제적인 도움을 얻을 수 있는 정책과 법, 각종 사이트 등에 대한 정보를 안다.

전개	내용	시간	준비물
도입	삶에서 꿈(목표)의 의미를 생각해본다.	20분	워크북
강의 및 활동	• 강의 6-1: 긍정적인 우리 가족 리모델링 • 활동 6-1: 우리 가족 명가(名家) 만들기 나/가족의 장·단기 계획 세우기 • 강의 6-2: 한부모를 위한 다양한 정책과 관련 사이트 소개 • 활동 6-2: 자조집단에 대한 이야기 나누기 • 강의 6-3: 자조집단의 개념과 필요성	80분	워크북 잔잔한 음악의 CD 또는 테이프 사후평가지
종결	• 종결: • 지속적인 활동 참여에 대한 격려와 지지 • 프로그램의 목표 재확인 • 프로그램 평가 실시 • 수료식: '우리 엄마 장한 상' 등 수여	20분	워크북

3) 조손가족 지원프로그램: "나의 손자, 손녀를 소개합니다"

(1) 대상 : 조부모가 손자녀를 양육하는 가족

(2) 목적

조손가족구성원의 자아존중감을 향상시키고, 문제해결능력과 의사소통능력을 향상시켜 궁극적으로는 건강한 가족구성원으로 성장할 수 있도록 돕는다.

(3) 프로그램 구성

표 10-8 "나의 손자, 손녀를 소개합니다" 프로그램의 단계별 내용

구분		내용
1단계	시작	• 초기상담(강점사정) 및 개별상담 • 프로그램 목적과 과정 이해 및 참여 동기 부여 • 각종 정보 제공 및 연결
2단계	진행	인생이야기, 자아존중감 향상 프로그램 등
3단계	사후관리 (자조모임, 문화체험 활동)	• 자조모임 형성 • 지역사회 자원 확인 및 접근 방법 소개

(4) 프로그램의 실제

- 1단계 – 상담(친밀감 형성하기)
- 2단계 – 부모교육 프로그램 실시
  - 시간 : 2시간씩 총 6회기
  - 대상 : 조손가정 조부모(3~5명 내외 소그룹)
  - 내용 : 강의, 실습(역할극 및 교재연습), 토론

    ① 강의

    ② 시청각자료, 교재, 역할극 등의 다양한 방법을 통한 사례 제시

③ 가족의 전반적인 어려움, 자녀양육 문제 등에 대한 고민의 예시를 통한 토론의 활성화

④ 과제 제시 및 실생활 적용

- 프로그램에서 배운 의사소통기술을 활용하여 실생활에서 손자녀와 대화한다.
- 발표하고 피드백을 해준다.

표 10-9 "나의 손자, 손녀를 소개합니다" 프로그램의 회기별 내용

회기	제목	목표	내용
1	새롭게 태어난 나	다양한 가족의 양육자가 겪는 어려움을 털어냄으로써 서로 공유하고 위로와 지지를 해준다.	• 친밀감 형성을 위한 게임 • 다양한 가족 알아보기 (사회 변화, 다양한 가족 등) • 콜라주(나를 소개합니다) • 조손가족의 어려움과 극복 방안
2	우리 가족 이해하기	양육의 어려움을 공유하면서 우리 가족을 이해하는 시간을 갖는다.	• '노인의 생활만족도 척도' 검사 • 조손가족의 특성 이해 • 손자녀양육의 어려움 나누기
3	소중한 나	자신에 대한 올바른 이해를 통해 단점을 수용하고 강점을 강화하여 자아존중감을 회복한다.	• '자존감 척도' 검사 • 자아존중감의 의미와 구축 과정 • 나의 장단점 찾기 • 자아존중감의 중요성 및 활성화 방법
4	손자녀를 사랑하는 나 I	손자녀에 대한 장단점을 파악함으로써 우리 손자녀를 이해하는 기회를 마련한다.	• '우리 아이 마음 읽기' (조손가족 손자녀의 이해) • 손자녀 장단점, 특기 이해하기 • 발달 이해
5	손자녀를 사랑하는 나 II	손자녀에 대한 올바른 이해를 바탕으로 주양육자로서 적절한 부모역할을 수행할 수 있는 능력을 향상시킨다.	• 올바른 대화 방법 배우기 • 강점관점으로 칭찬법 알기 • 양육자 역할의 중요성 인식하기 • 반영적 기법 • 가족 속에서의 상황 실례 나누기

6	내 가족의 행복을 지키는 나	자신의 긍정적 미래를 설계할 수 있도록 다양한 정보를 습득하고, 자조집단 활동을 유도한다.	• '긍정적인 우리 가족 리모델링' • 정보교환 • 자조집단에 대한 이야기 나누기 • 자조집단의 개념과 필요성

(5) 프로그램 세부내용 예시

■ 2회기 : 우리 가족 이해하기

목표 1. 조손가족의 특성을 이해한다.
2. 손자녀양육의 어려움을 공유한다.

전개	내용	시간	준비물
도입	손자녀양육의 어려움을 함께 공유해 본다.	10분	워크북
강의 및 활동	• 강의 2-1: 조손가족의 특성 이해 • 활동 2-1: '나를 힘들게 하는 것들' 이야기 나누기 • 활동 2-2: • '우리 가족의 희망 찾기' (함께 나누는 공감 이야기) • '노인의 생활만족도 척도' 검사 • 나의 스트레스 원인은?	100분	워크북, 척도지, 잔잔한 음악의 CD 또는 테이프 등
과제 및 종결	• 과제: '나만의 장점'을 5가지 이상 생각해 오기 • 종결: • 모임의 내용에 대한 간략한 정리와 목표 재확인 • 다음 모임의 지속적 참여 부탁	10분	워크북

■ 5회기 : 손자녀를 사랑하는 나 Ⅱ

목표	1. 조부모-손자녀관계에서의 의사소통에 대한 중요성을 인식한다. 2. 의사소통기술을 습득한다. 3. 조부모의 역할수행에 대한 자신감을 기른다.		
전개	**내용**	**시간**	**준비물**
도입	• 현재 손자녀와의 관계를 생각해보게 한다. • 활동 5-1: 소중한 내 아이를 찾아서(상호존중)	10분	워크북
강의 및 활동	• 강의 5-1: 의사소통기술 알기 • 활동 5-2: • 정해진 한계 내에서의 자유 • 조부모를 위한 문제해결방식 • 활동 5-3: • 협력으로 가는 거리(의사소통의 활용) • 네가 있어 난 행복해(애정표현)	100분	워크북 잔잔한 음악의 CD 또는 테이프 사후 평가지
과제 및 종결	• 과제: 의사소통기술을 활용하여 손자녀와 이야기하기 • 종결: • 조부모-손자녀관계에서 의사소통의 중요성 강조 • 마지막 모임의 참여 부탁	10분	워크북

4) 장애아가족 지원프로그램: "닮은꼴 우리 가족"

(1) 대상 : 장애자녀를 둔 가족의 부모

(2) 목적

장애자녀를 둔 가족 내 부모의 사회·심리적 스트레스를 완화시켜 건강한 가족기능을 수행할 수 있도록 지원한다.

(3) 프로그램 구성

표 10-10 "닮은꼴 우리 가족" 프로그램의 단계별 내용

구분		내용
1단계	시작	• 초기상담(강점사정) 및 개별상담 • 프로그램 목적과 과정 이해 및 참여 동기 부여 • 각종 정보 제공 및 연결
2단계	진행	• 스트레스 해소, 역할극, 자아존중감 향상 프로그램, 자기주장 훈련, 문제해결기술 등
3단계	사후관리 (자조모임 · 문화체험활동)	• 자조모임 형성 • 지역사회 자원 확인 및 접근방법 소개

(4) 프로그램의 실제

- 1단계 – 상담(친밀감 형성하기)
- 2단계 – 부모교육 프로그램 실시

  – 시간 : 1시간씩 총 6회기

  – 대상 : 장애아가족 부모(소그룹 3~5명 내외)

  – 내용 : 강의, 실습(역할극, 스트레스 대처훈련 및 교재연습), 토론

  ① 강의

  ② 시청각자료, 교재, 역할극 등의 다양한 방법을 통한 사례 제시

  ③ 장애자녀양육에 대한 가족구성원의 어려움, 자녀양육 문제 등에 대한 고민의 예시를 통한 토론의 활성화

  ④ 과제 제시 및 실생활 적용

  • 프로그램에서 배운 통제 기술 등을 활용하여 실제 생활에서 자녀양육 및 교육에 적용한다.

  • 발표하고 피드백을 해준다.

표 10-11 "닮은꼴 우리 가족" 프로그램의 회기별 내용

회기	제목	목표	내용
1	새롭게 태어난 나	장애아가족 부모가 겪는 어려움을 이야기하고 공유함으로써 지지해준다.	• 별칭 짓기 • 친밀감 형성을 위한 프로그램 소개
2	우리 가족 이해하기	자녀양육의 어려움을 공유하면서 우리 가족을 이해하는 시간을 갖는다.	• 장애아 부모의 심리적 반응단계 이해 • 장애아가족의 특성 이해 • 자녀양육의 어려움 나누기 • 스트레스 대처기술 이해
3	소중한 나	자신에 대한 올바른 이해를 통해 단점을 수용하고 강점을 강화하여 스트레스를 감소한다.	• 스트레스 검사 • 스트레스 일기 쓰는 법 익히기 • 나의 장단점 찾기(20개 이상 등) • 스트레스 날려버리기: 이완수축운동
4	자녀를 사랑하는 나 I	자녀에 대한 장단점을 파악함으로써 우리 아이를 이해하는 기회를 마련한다.	• 장애자녀에 대한 이해 및 책임감 증진 • 자녀의 장단점 이해하기 • 가족 속에서의 소중한 자녀 발견
5	자녀를 사랑하는 나 II	자녀에 대한 올바른 이해를 통해 적절한 부모역할을 수행할 수 있는 능력을 향상시킨다.	• 부모역할의 중요성 인식하기 • 가족 속에서의 상황 실례 나누기 – 영유아 발단단계에 따른 부모역할 – 장애 유형에 따른 바람직한 부모역할 – 비장애자녀를 대하는 방법 • 자녀의 행동에 대한 가족구성원의 자기통제력 강화
6	내 가족의 행복을 지키는 나	건강한 가족을 위해 할 수 있는 역할을 알아보고 활동을 유도한다.	• '생각의 차이'에 대한 느낌 나누기: 비장애-장애 통합에 대한 다양한 이야기 나누기 • 장애관련 정책 사이트 소개 • 자조집단모임에 대한 설명과 소개 • 운영 중인 장애인 부모회에 관한 정보 제공 • 지역사회 내 이용기관 소개

(5) 프로그램 세부내용 예시

■ 4회기: 자녀를 사랑하는 나 I

목표
1. 장애자녀의 특성을 이해한다.
2. 장애아가족에서의 가족구성원의 역할을 이해한다.
3. 부모역할 수행에 대한 자신감을 기른다.

전개	내용	시간	준비물
도입	• 현재 우리 가족의 역할 및 행동을 생각해본다. • 자신의 신념에 대해 생각해본다.	10분	워크북
강의 및 활동	• 활동 4-1 : 장애자녀에 대한 장단점 발견하기 • 활동 4-2 : 스트레스 관리기법-근육이완과 호흡운동	40분	워크북 잔잔한 음악의 CD 또는 테이프 등
과제 및 종결	• 과제 : 비장애자녀의 입장에서 어렵고 힘든 점 5가지 생각해오기 • 종결 : • 장애자녀 이해를 통한 가족분위기의 조성 이해 • 다음 모임의 참여 부탁	10분	워크북

■ 6회기 : 내 가족의 행복을 지키는 나

목표
1. 건강한 가족을 만들기 위한 나의 역할을 안다.
2. 실생활에 도움이 되는 정책과 법, 각종 사이트 등에 대한 정보를 안다.

전개	내용	시간	준비물
도입	삶에 있어 나의 신념이 무엇인지 고민해본다.	10분	워크북
강의 및 활동	• 강의 6-1: 비장애-장애통합에 대한 이해 및 인식의 차이 • 활동 6-1: 생각의 차이에 대한 느낌 나누기 • 강의 6-2: 장애관련 정책과 관련 정보 소개 (지역사회 내 기관, 장애인 부모회, 관련 사이트 등)	40분	워크북, 음악 CD
종결	• 종결: • 지속적인 활동참여에 대한 격려와 지지 • 사후평가지 작성	10분	사후평가지, 워크북

4. 지역사회 연계 가족지원 프로그램

지역사회 연계 가족지원 프로그램은 영유아의 삶에 직접적으로 영향을 미치는 부모 혹은 가족구성원들이 적절한 역할 및 기능을 할 수 있도록 지역사회와 연계하여 가족을 지원하는 프로그램이다. 지역사회는 문화적으로 유사하고 지리적으로 가까워 접근성이 좋다는 장점이 있다. 따라서 지역사회의 유관기관이 주최하는 가족지원 프로그램을 활용하면 가족에게는 양질의 프로그램에 참여할 수 있는 기회를 제공하게 되고, 유치원이나 어린이집에서는 외부 전문가의 도움을 받아 프로그램을 실행할 수 있다. 지역사회의 자원을 적극 활용하여 가족의 양육기능을 강화하는 프로그램을 제공한다면, 기관에 재원하는 영유아 및 가족의 행복과 건강한 성장에 기여할 수 있을 것이다.

1) 지역사회 연계 프로그램 운영

(1) 사전조사

프로그램 운영을 위해서는 기관이 소재한 지역사회에 있는 유관기관에 대한 사전조사가 필수적이다. 어떤 유관기관이 있고, 각 기관은 어떤 부모교육 프로그램을 실시하고 있는지, 신청 자격이나 방법, 비용은 어떠한지 홈페이지 등을 통해 조사해본다. 주로 육아종합지원센터, 건강가정지원센터, 보건소, 사회복지관 등에서 실시하는 프로그램을 활용할 가능성이 높다. 전국의 유관기관 프로그램은 매우 다양하고 대상이나 일정도 상이하므로, 반드시 각 지역사회의 유관기관과 프로그램을 직접 조사해 보도록 하자.

표 10-12 기관 및 프로그램 예시

기관	부모교육 주제
육아종합지원센터	• 바른 식생활 교육 • 클로버 부모교육 • 우리 아이 어린이집 생활 이해하기 • 어린이집과 협력적인 관계 형성하기
건강가정·다문화 가족지원센터	• "내 아이의 미래" – 민감기 자녀의 발달을 위한 상호작용방법 • 아버지 학교: 좋은 아빠되기 프로젝트 • 다문화 인식개선 교육 • 스마트폰 중독예방을 위한 부모교육
장애인복지관	• 우리 아이의 감각을 깨워주는 엄마가 될래요
굿네이버스	• 한부모가족을 위한 행아맘(행복한 아이와 맘)
보건소	• 자녀 구강관리 부모교육

(2) 대상 선정

앞에서 가족지원 프로그램은 대상 선정이 제일 중요하고 가장 먼저 해야 한다고 하였는데, 지역사회 연계프로그램 또한 동일하다. 지역사회 센터에서 하는 부모교육 프로그램이 좋은 것 같아서 우리 기관에서도 해볼까 하는 막연한 생각으로는 부모들의 참여를 이끌어내기 어렵다. 우리 기관에는 어떤 유형의 가족 혹은 부모가 많고, 어떤 주제의 부모교육이 필요한지 그 특성을 잘 파악하는 것이 필수적이다. 일반적인 부모-자녀 간 상호작용 주제가 필요할 수도 있고, 취약계층 혹은 특별한 요구가 있는 가족을 위한 프로그램이 필요할 수 있다. 이처럼 대상이 결정되면 적절한 교육주제와 관련 기관을 선정하기가 쉬워진다.

(3) 프로그램 선정 및 실행

대상과 적절한 교육 주제 및 프로그램이 결정되면 이를 실시하는 기관에 대상 프로그램과 신청 자격 및 방법, 소요 비용 등 세부내용을 확인한다. 유아교육기관에 강사를 파견하는 방문교육의 형태로 진행하는 프로그램도 있고, 부모가 해당 기관을 찾아가서 수강해야 하는 경우도 있는데, 각각의 장단점이 있으니 적합한 방법을 선택한다. 유아교육기관에서는 프로그램의 취지와 관련 내용 및 정보를 부모에게 충분히 안내하고 프로그램을 실행한다.

2) 지역사회 연계 프로그램 사례

(1) 건강가정지원센터와 연계한 프로그램

건강가정지원센터는 여성가족부가 시행하는 가족정책의 주요 전달체계로서 다양한 가족지원 정책을 제안 및 실행하기 위해 설립된 기관이다. 2018년 현재 시군구별 187개의 센터가 있다. 가족교육, 가족상담, 취약위기가족 지원 등 다양한 사업을 진행하고 있으며 이 중 가족교육 사업으로는 생애주기별 가족생활 교육, 남성대상 교육, 가족성장 아카데미 등을 운영하고 있다.

참고 **건강가정지원센터 프로그램 예시**

2018년 "찾아가는 아버지교실"

■ 대상
- OO시 소재 어린이집, 유치원에 다니는 영유아의 아버지와 자녀

■ 기간
- 2018년 03월~11월 중

■ 접수일자
- 3월 12일(월) 9:00~9월 28일(금) 18:00 선착순 마감

■ 신청 및 방법
- 총 6기관 모집, 참가신청서 이메일 및 팩스 접수

■ 세부내용

차시	교육명
1차시 (90~120분)	– 아빠의 자기돌봄과 스트레스 관리
2차시 (90~120분)	– 부모의 네 가지 유형과 아이와의 갈등 해소 방법
3차시 (90~120분)	– 코치형 아버지 되기
4차시 (90~120분)	– 자녀와의 친밀감과 안정적 애착관계
5차시 (90~120분)	– 효과적인 훈육: 부모의 도덕성은 자녀 마음의 거울
6차시 (90~120분)	– 아이의 자존감을 높이는 양육
체험활동 (60분)	– 아빠와 자녀가 함께 하는 신체활동 놀이

※ 참여기관 선정기준 ※

1. 아버지 참여자 최소 15명 이상 가능한 기관
2. 체험활동이 가능한 활동실 공간 마련 여부
3. 평일 저녁 프로그램 운영 가능 기관 우선선정

출처: ○○구 건강가정지원센터

(2) 육아종합지원센터와 연계한 프로그램

육아종합지원센터는 보육 및 양육에 관한 정보의 수집・제공 및 보육교직원・부모상담 등을 제공하기 위하여 영유아보육법에 근거하여 보건복지부장관과 지방자치단체의 장이 설치・운영하는 육아지원 기관이다. 지역사회 내 육아지원을 위한 거점기관으로서 보육컨설팅, 교직원 상담 및 교육 등 어린이집 지원 기능과 부모에 대한 상담 및 교육, 일시보육 서비스 등 가정양육 지원 기능의 지역 내 One-stop 육아지원서비스를 제공하고 있다. 2018년 현재 중앙 및 시・도 육아종합지원센터는 19개, 시・군・구별 육아종합지원센터는 80개로 총 99개의 센터가 있다. 육아종합지원센터에서는 가정양육지원을 위한 맞춤형 부모교육을 실행하고 있으므로 어린이집에서는 이를 활용한 부모교육을 계획하여 진행하면 도움이 된다.

참고 **육아종합지원센터 프로그램 예시**

<table>
<tr><th>교육명</th><th colspan="5">교육 소개</th></tr>
<tr><td>자녀권리존중
부모교육</td><td colspan="5">육아종합지원센터에서 공통적으로 실시하는 부모교육. 영유아 부모에게 자녀의 권리존중에 대한 인식을 고취하고, 육아의 어려움을 나타내는 사례들을 다루어 가정 내 영유아학대 예방과 부모로서의 역할 수행 지원</td></tr>
<tr><td rowspan="4">클로버
부모교육</td><td colspan="5">다양한 가족 환경의 변화 속에 영유아 가정에게 긍정적 부모역할을 증진하기 위한 부모교육으로 시군구 육아종합지원센터에서 신청을 받아 강사를 어린이집으로 파견하여 진행되는 육아종합지원센터 공통 부모교육. 각 육아종합지원센터의 클로버 부모교육 계획 및 내용이 상이하니 해당 지역의 육아종합지원센터 문의 필수

[교육 내용]</td></tr>
<tr><td>구분</td><td>나</td><td>아이</td><td>가족</td><td>이웃</td></tr>
<tr><td>제목</td><td>소중한 나</td><td>멋진 아이</td><td>긍정의 가족</td><td>아름다운 이웃</td></tr>
<tr><td>내용
특성</td><td>성격유형검사를 통해 '나'에 대한 강점을 발견하고, 긍정적 가치 향상에 초점</td><td>아이의 자아존중감 향상을 위한 대화법, 양육 효능감 향상에 초점</td><td>가족 신뢰를 바탕으로 건강한 성장을 위한 교육에 초점</td><td>이웃과 함께 하는 리더십 역량강화, 함께 성장하는 자세에 초점</td></tr>
<tr><td>센터별 자체
부모교육</td><td colspan="5">아빠, 놀아주세요
엄마아빠가 챙겨주는 성 이야기
부모 양육태도 등</td></tr>
</table>

(3) 장애인복지관과 연계한 프로그램

장애통합 프로그램을 실시하거나 장애영유아가 재원하는 기관이라면 지역 내 장애인복지관과 연계하면 장애영유아에 대한 지원뿐 아니라 부모를 위한 다양한 프로그램을 지원받을 수 있다. 강사가 기관에 방문하는 프로그램, 부모가 해당 기관을 방문하여 지원받을 수 있는 프로그램 등 다양한 프로그램이 있으므로 기관에서는 관련 내용 및 정보를 잘 파악하여 부모에게 안내하는 것이 필요하다.

참고 **장애인 복지관 프로그램 예시**

"우리 아이의 감각을 깨워주는 엄마가 될래요"

■ 대상
- 장애영유아를 자녀로 둔 부모

■ 장소
- 어린이집 유희실

■ 교육 진행자
- OO장애인복지관 감각치료사

■ 세부내용

일정	시간	준비물	담당자
인사 나누기 및 강사 소개	10:00~10:10	이름표, 일정	원장
감각통합 개념 및 감각주머니 만들기 감각마사지 배우기	10:10~11:00	PPT, 광목천, 구슬, 끈	감각통합치료사
촉촉이 모래 탐색 및 모래놀이	11:00~11:50	촉촉이모래놀이 세트	감각통합치료사
질의응답 및 마무리 인사	11:50~12:00	-	특수교사

생각해 봅시다

1. 가족지원 프로그램이 필요하다고 생각하는 대상을 선정하여 그 가족의 특성과 요구가 무엇인지 알아보고, 선정한 가족에 적합한 가족지원 프로그램의 목적과 목표, 내용에 대해 생각해 봅시다.
2. 가족지원 프로그램과 연계할 수 있는 지역사회의 자원에는 무엇이 있는지 찾아봅시다.
3. 가족지원 프로그램을 실행할 때의 유의점과 평가 방법에 대해 생각해 봅시다.

chapter 11

부모교육에 임하는 교사의 자세와 역할

01 교사가 갖는 어려움

02 부모-교사 관계 형성을 위해 필요한 요인

03 성공적인 부모교육을 위한 교사의 자세와 역할

CHAPTER 11

부모교육에 임하는 교사의 자세와 역할

학습목표
- 부모교육을 실시하는 교사가 가지는 어려움의 원인을 살펴본다.
- 부모-교사 간 긍정적 관계 형성을 위해 필요한 요인을 이해한다.
- 성공적인 부모교육을 실시하기 위한 교사의 자세와 역할에 대해 알아본다.

부모교육은 부모의 요청으로 혹은 교사를 포함한 기관의 요청으로 이루어진다. 성공적인 부모교육을 위해 기관과 교사의 역할은 매우 중요하며, 특히 부모면담과 같이 교사가 직접 실시하는 부모교육을 성공적으로 실시하기 위해서는 이를 준비하고 실시하는 교사의 태도와 역할이 매우 중요하다. 많은 교사가 부모와 관련된 활동을 어려워하며, 초임교사는 더 부담스러워한다. 따라서 이 장에서는 부모교육을 실시하는 교사가 가지는 어려움의 원인을 파악하고, 성공적인 부모-교사 관계 형성을 위해 필요한 요인에 대해 살펴보고자 한다. 이를 토대로 부모교육을 실시하는 교사에게 필요한 의사소통기술 및 태도, 면담 시 교사의 준비와 자세, 어려움을 토로하는 부모에 대한 교사의 자세와 역할 등에 대해 알아보고자 한다.

1. 교사가 갖는 어려움

유아교육・보육기관에서 양질의 부모교육에 대한 요구는 점점 많아지고 있으며, 이는 좋은 기관을 선택하는 하나의 기준이 된다(조은진, 1998). 하지만 교사는 영유아와의 상호작용보다 부모와 같은 성인과의 상호작용을 더 부담스러워하여 부모교육을 실시하는 데 어려움이 있다. 교사가 부모와의 상호작용을 어려워하는 이유는 여러 가지가 있겠지만 대표적으로 부모-교사 관계의 특징, 교사의 전문성에 대한 부모의 태도, 부모역할 변화에 따른 교사에 대한 부모의 기대 변화 등을 들 수 있다.

1) 부모-교사 관계의 특징

부모와 교사의 관계는 자녀가 기관에 다님으로써 시작되는데 이에는 몇 가지 특징이 있다.

(1) 간접적・이차적 관계

부모와 교사는 직접 관계를 맺은 사이가 아니라 부모가 그 기관을 선택함으로써 영유아를 사이에 두고 맺은 간접적・이차적인 관계이다. 부모는 자녀를 통해 기관에 대한 정보를 얻게 되고, 교사도 영유아의 말이나 행동 등을 통해 부모에 대한 정보를 얻는다. 그러나 영유아는 스스로의 생각을 논리적으로 전달할 수 있는 인지적, 언어적 능력이 미숙하기 때문에 영유아를 사이에 둔 부모와 교사 간 의사소통은 쉽지 않으며 동시에 영유아의 미숙한 메시지 전달은 부모와 교사와의 관계를 더 어렵게 할 수 있다.

(2) 비자발적 선택 관계

교사와 부모는 서로 원해서 선택적으로 맺어지기보다는 기관의 학급 편성에 따라 맺어지는 비자발적인 선택 관계이다. 자녀를 맡아 보호하고 교육해주는 교사를 영유아나 부모가 선택하는 데는 한계가 있고, 교사도 자신이 담임을 맡을 영유아를 선택하는 것이 어렵다. 이처럼 부모와 교사 간의 비자발적이고 복합적인 관계 형성으로 인해 부모와 교사는 서로 다른 기대를 할 수 있으므로 더 나은 영유아의 교육·보육을 위해 부모와 교사는 서로 긴밀하게 협조하고 지원해야 한다.

(3) 한시적인 관계

부모와 교사의 관계는 영유아가 그 기관에 재원하는 동안에만 유지되는 한시적인 관계이다. 교사는 영유아를 교육·보육하는 동안에 최선을 다하기도 하지만, 한편으로는 적당히 시간을 보내려는 태도로 안주할 위험성도 지닐 수 있다. 때로 영유아에게 문제가 있거나 부모가 까다로운 경우에 교사는 맡은 기간만 무사히 넘기면 된다는 생각에 영유아의 문제나 부모의 의견에 무관심할 수도 있다. 또한 부모도 교사가 믿음이 가지 않거나 까다롭다고 생각하면 교사의 말에 귀를 기울이려고 하지 않거나 방관자적인 입장에서 행동하여 교사를 어렵게 할 수도 있다. 그러므로 부모-교사 관계가 시간이 분명하게 정해진 한시적인 관계라 할지라도 영유아의 발달을 위해 서로 최선을 다하려는 태도가 필요하다.

(4) 공식적인 관계

기관에서 부모와 교사는 유아교육법과 영유아보육법에 따라 관계를 맺는 공식적인 관계이다. 부모와 교사는 개인적인 모든 부분을 공유하는 것이 아니라 영유아의 교육·보육에 관련되는 일에만 관계하는 부분적인 관계이며, 기본적으로 교육·보육의 수요자와 공급자의 관계이다. 이는 부모나 교사 모두 공적인 관계를 유지해야 한다는 의미이기도 하다. 이런 점에서 부모와 교사가 친밀한 관계를 넘어 사적인 관계를 맺는 것은 바람직하지 않다. 따라서 부모가 정도를 벗어나는 요구를 하거나 무례하게 행동하지 않도록 기관의 원장이나 교사는 기관의 운영방침이나 교사의 철학을 부모에게 분명하게 전달할 필요가 있다. 부모와 가족은 교사에 대해, 교사는 영유아와 부모에 대해 예의바른 태도를 취하면서 상호 간의 개인적 정보를 보호할 수 있어야 한다.

2) 교사의 전문성에 대한 부모의 태도

영유아를 대상으로 보육과 교육을 실시하는 교사는 유아교육과 보육에 대한 전문가이다. 그러나 영유아에 대한 돌봄을 단지 영유아를 대신 보호하고 보살핀다는 '탁아'의 개념으로만 이해하는 경우에 영유아에 대한 돌봄은 누구나 할 수 있는 일이라고 판단하여 교사를 전문가로 인식하지 않는 경우도 있다. 더욱이 '교육에 관한 한 온 국민이 전문가'라는 말이 나올 정도로 교육에 관심이 많은 우리나라는 부모 스스로 전문가임을 자처하면서 교사의 전문성을 크게 인정하지 않는 경향이 있었다. 부모가 교사의 전문성을 인정하지 않는다면 부모와 교사는 협력적 관계를 형성하기 어렵다.

특히, 최근 만혼의 경향으로 첫 출산이 늦어지면서 부모의 연령이 높아짐에 따라 부모인 자신보다 연령이 적은 교사에 대해 그 전문성을 인정하지 않으려는 태도를 종종 발견하곤 한다. 이러한 태도는 미혼인 초임교사로 하여금 부모면담, 부모와의 의사소통을 어렵게 하는 원인이 될 수 있다. 배지희, 방혜경과 권미혜(2012)의 연구에서 초임교사의 부모 경험에 대해 분석한 결과, 많은 유아교사, 특히 초임교사는 미혼이고 자녀양육의 경험이 없기 때문에 구체적인 교육과 양육관련 도움을 필요로 하는 부모의 요구에 대해 부담감을 느꼈다. 이 외에도 부모가 교사와 관련된 다른 어떤 변인보다 나이를 더 중요하게 여긴다는 연구결과(Galinsky, 1990)를 고려할 때, 나이 든 경력교사보다 젊은 초임교사가 부모와의 의사소통을 더 어려워할 수 있다. 이처럼 부모가 교사의 전문성을 인정하기 어렵게 하는 몇 가지 장애요인이 있다.

첫째, 부모에 비해 교사는 연령이 적고, 미혼인 교사가 많으며, 직접 자녀양육을 해 본 경험이 부족하다.

둘째, 잦은 이직으로 교사가 한 기관에 오래 머물지 않을 수 있다.

셋째, 교사가 영유아와 효과적으로 상호작용하기 위해 사용하는 의사소통의 특징이 부모가 생각하는 전문가의 모습과 차이가 있다. 영유아와 상호작용하는 교사는 다음과 같은 의사소통 특징이 있다.

- 짧게 말하고 반복적으로 이야기하는 경향
- 확인하는 어투와 높은 목소리 톤으로 말하는 경향
- 얼굴표정, 손짓, 몸짓 등의 비언어적 의사소통 수단을 자주 사용하는 경향
- 아이와 같은 방식으로 말하는 경향

부모는 자신보다 나이 어린 교사에 대해 자녀양육의 직접적인 경험이 없다거나 영유아와의 상호작용 습관으로 인해 나타나는 교사의 자기표현 방식 및 의사소통 특징 등으로 교사를 전문가로 인식하지 않으려는 경향이 있다. 부모는 교사가 믿어달라고 말한다고 해서 교사를 신뢰하지는 않는다. 부모의 입장에서 자녀를 교육·보육하는 교사에 대해 염려하고 믿지 못하는 것은 자연스러운 일일 수도 있다. 따라서 교사는 부모로부터 협조를 얻고 전문성을 인정받기 위해 다각적인 노력을 기울여야 한다.

3) 교사에 대한 부모의 기대 변화

기관에 자녀를 보내는 부모의 유형에는 여러 가지가 있다. 즉, 더 좋은 기관을 찾아 이곳저곳을 옮겨 다니는 '떠돌이형', 기관에 끊임없이 무엇인가를 요구하는

'요구형', 평소에는 무관심하다가 하나의 사건을 통해 폭발하는 '사건형', 자녀의 교육과 보육을 전적으로 기관에 의존하는 '순종형' 등이다(권미량, 최애경, 2005). 이러한 부모 유형은 자녀양육에 부담과 불안감을 가지고 있는 이 시대의 부모를 잘 대변하고 있으며, 동시에 다양한 유형의 부모와 상호작용하는 교사의 어려움을 잘 드러내 주기도 한다.

현대 사회의 영유아기 자녀를 둔 부모는 다양한 특징을 지닌다. 이는 교사에 대한 부모의 기대를 변화시켜 교사로 하여금 부모와의 상호작용을 더욱 긴밀하고 복잡하게 하는 원인이 되기도 한다.

첫째, 대부분 핵가족이다. 부부와 미혼자녀 중심의 핵가족은 조부모 등의 다른 가족구성원이 자녀양육을 지원해 주는 것과 달리, 자녀양육을 보완해줄 가족지원 체계가 부족하다. 이는 부모로 하여금 자녀양육에 대한 불안감, 부모역할에 대한 자신감 부족 등을 야기할 가능성이 높아 자녀양육 문제에 대한 사회적 도움, 즉 교사와 기관의 세심한 도움을 요구한다.

둘째, 외동아인 경우가 많다. 자녀양육비와 교육비의 증가 등으로 자녀를 한 명만 낳는 부모가 많다. 이는 부모가 자녀에 대해 가지는 기대가 그만큼 크다는 것을 나타냄으로써 교사에게 보다 많은 것을 요구할 수 있다는 것을 의미한다.

셋째, 맞벌이가족이 증가하고 있다. 여성의 경제활동참여율이 높아지면서 기혼여성의 취업이 증가하고 있다. 이는 영유아가 기관에 머무는 시간이 그만큼 많아지고 재원연령도 하향화되고 있다는 것을 의미하며, 동시에 기관에 기대하는 것도 과거와 달라졌다는 것을 의미한다. 다시 말해서, 과거에 기관에 기대하는 것은 조기교육의 의미가 컸지만 지금은 영유아에 대한 교육뿐만 아니라 급·간식, 낮잠과 같은 기본생활지도 등도 기관에서 해주기를 바람으로써 자녀양육에 대한 기관의 의존도가 높아졌다.

넷째, 가족 유형이 다양하다. 이는 과거에 비해 가정에서 교사에게 보다 다양하고 많은 것을 요구할 수 있다는 것을 의미한다. 대부분의 영유아는 양부모 밑에서 자라지만, 일부는 한부모가족이나 조손가족, 혹은 다문화가족 등에서 자란다. 이에 다양한 가족 유형에서 드러나는 특징과 어려움에 올바르게 대처할 수 있도록 교사는 관련 지식에 대한 이해가 필요하다. 따라서 교사는 부모교육과 관련된 활동을 선택하고 부모의 활동 참여수준 등을 결정할 때 다양한 가족 유형을 고려해야 한다.

2. 부모-교사 관계 형성을 위해 필요한 요인

성공적인 부모교육을 위해서는 무엇보다 부모와 교사 간에 바람직한 관계를 형성하는 것이 필요하다. 영유아에게 최적의 환경을 제공하기 위해 부모나 교사 중 그 어느 누구도 일방적이 되어서는 안 된다(박은혜, 2009, pp. 236-237).

1) 신뢰 형성

모든 관계는 신뢰를 바탕으로 시작해야 한다. 교사는 부모가 영유아에 대해 가장 잘 아는 사람이고, 누구보다 자녀가 잘 되기를 바라는 사람이라는 것을 인정해야만 한다. 부모는 자녀의 학습을 위해 교사가 가장 전문가라는 것을 인정하는 것에서부터 관계를 시작해야 한다. 이러한 상호 간의 역할에 대한 인정과 기대는 부모와 교사의 관계를 성공적으로 형성하고 유지할 수 있게 해준다.

2) 상호협력 체제 구축

교사와 부모는 영유아를 사이에 두고 상호 경쟁하는 관계가 아니라 영유아의 보호와 교육에 대해 서로 책임이 있는 사람이라는 것을 인정해야 한다. 부모는 가정에서의 경험과 기관의 프로그램을 연결시켜줄 수 있으며, 교사는 부모에게 자녀양육에 필요한 여러 가지 관련 지식을 제공해줄 수 있다. 교사와 부모가 영유아의 교육에 대해 동일한 목표를 지닐 때 가장 효과적으로 교육이 이루어질 수 있다.

3) 효과적인 의사소통

부모에게 자녀가 받는 교육과 보육에 대한 충분한 정보를 제공해주면 부모는 기관이나 교사의 교육방침에 대해 더욱 적극적으로 협조할 수 있으므로 교사는 편지, 이메일, 게시판, 전화, 홈페이지, 키즈노트 등의 다양한 통신매체를 활용하여 양방향 의사소통이 될 수 있도록 노력해야 한다. 의사소통은 매일, 매주일, 매달, 그리고 매학기 이루어져야 한다. 부모도 의사소통의 책임이 전적으로 기관에 있다고 말하기보다는 좀 더 적극적이고 진솔하게 자녀와 관련된 문제를 교사와 의사소통할 필요가 있다. 이러한 개방적이고 솔직한 양방향 의사소통은 부모와 교사 사이에 발생할 수 있는 많은 갈등을 사전에 예방해줄 수 있다.

그림 11-1 부모-교사 간 양방향 대화는 의사소통을 원활하게 해준다.

4) 상호 존중하는 태도

부모와 교사는 서로의 지식과 기술을 존중하고 각자가 가지고 있는 어려움을 이해할 필요가 있다. 장지원과 홍용희(2005)는 교사가 자신을 대하는 부모의 태도를 기준으로 편안한 의사소통 대상과 불편한 의사소통 대상으로 나누며, 이에 따라 부모와의 의사소통 수준과 정도가 다르다고 하였다. 교사가 자신이나 기관에 호의적인 부모에게만 의사소통을 시도할 경우 그렇지 않은 부모와의 관계는 더 악화되며, 학급운영을 더 어렵게 할 수 있다. 교사는 모든 부모와 고르게 의사소통할 수 있도록 구체적인 계획을 세우고 실천하여야 하며, 이러한 과정을 통해 부모를 교육공동체로 참여시켜 상호존중을 통한 신뢰로운 관계를 형성해 나가야 할 것이다. 교사는 부모가 가지고 있는 자녀양육에 대한 두려움과 기대, 사회적인 압력에 대한 부담 등을 이해해야 하고, 부모는 교사의 과도한 책임과 역할을 이해하면서 서로 존중하는 태도를 가질 필요가 있다.

3. 성공적인 부모교육을 위한 교사의 자세와 역할

기관에서 부모와 관련된 활동, 즉 부모교육은 교사와 부모 및 영유아의 상호 이해와 협력적인 관계를 형성하기 위한 좋은 기회가 된다. 부모는 교사와의 면담을 통해 자녀에 대한 전반적인 발달과 기관의 적응상태, 또래관계 등을 파악할 수 있다. 또한 교사는 부모의 특성을 파악할 수 있을 뿐만 아니라 부모의 신뢰감과 협조, 영유아에 대한 이해를 증진시킬 수 있는 기회가 된다.

부모와의 면담 시 교사는 자신의 의사를 명확하고 정중하게 전달해야 하며, 상대방에게 전달하려는 내용의 의미를 이해시킬 수 있는 대화능력이 필요하다. 그러나 교사는 영유아를 대하는 것만큼 부모를 대하는 데 익숙하지 못하며, 더욱이 의사소통기술을 익히지 않은 상태에서 이루어지는 면담은 적절하지 못한 상호작용으로 이어져 오히려 부정적인 영향을 미칠 수도 있다(Moles, 1982). 효과적인 의사소통은 다음의 세 가지 요인에 의해 방해받는다. 먼저 의사소통의 목표가 결여되거나 기술 부족 등의 말하는 사람 요인, 선입견, 선택적 경청과 같은 듣는 사람 요인, 평소 기관 내 의사소통의 풍토, 시간적 압박, 언어와 비언어적 메시지의 불일치 등의 상황 요인 등 다양한 요인에 의해 방해받는다. 이러한 측면에서 볼 때 부모와의 면담 시 말하는 사람으로서 교사가 부모와의 의사소통의 목표를 구체화하고 적절한 의사소통기술을 발달시켜야 할 것이다.

부모는 이전부터 가져온 의사소통 방법, 자녀와의 관계 등의 원인으로 자녀문제에 대한 교사와의 면담 시 다양한 반응 유형을 보여준다. 이에 교사는 부모가 보이는 다양한 반응 유형을 고려하여 적절한 목표를 세우고 전문가다운 의사소통 방법으로 부모교육을 해야 한다. 이 외에도 교사는 부모교육을 실시하기 위해 여러 가지 사항을 준비하고 계획하는 것이 필요하다.

1) 교사가 갖추어야 할 자세와 역할

영유아의 가족과 동반자가 되어 부모교육을 실시하는 것은 부모와 교사 간의 의사소통에 달려 있을 정도로 교사의 의사소통기술은 중요하다. 교사에게 필요한 의사소통기술을 포함하여 부모교육 시 일반적으로 교사가 갖추어야 할 자세와 역할을 교육과학기술부(2012), 김진영, 김정원과 전선옥(2009, pp. 279-293)의 제안을 중심으로 살펴보고자 한다.

(1) 교사 자신의 부모교육에 대한 가치 점검하기

교사는 부모와 가족과의 의사소통 및 참여에 대해 긍정적으로 인식하는 것이 중요하다. 즉, 교사는 부모참여에 의한 협력적 파트너십을 이루는 것이 자녀의 교육·보육에 필수적임을 인식해야 한다. 교사가 면담과 의사소통기술을 익혔다 할지라도 교사가 부모를 간섭하는 존재로 여기거나 부모교육을 반드시 해야만 하는 부담스러운 행사 중 하나로 여기는 태도는 부모와의 의사소통에 부정적인 영향을 준다.

(2) 긍정적이고 따뜻한 말로 시작하기

부모는 교사의 말이나 표정에서 자녀에 대한 관심과 사랑을 느낄 수 있어야 개방적으로 대화하려고 한다. 교사가 시작부터 영유아에 대해 부정적인 이야기를 한다면 부모는 감정을 상하여 교사에 대해 방어적인 태도를 취하게 된다. 부모와 대화할 때 교사는 자녀에 대한 막연하고 일상적인 칭찬보다 "윤희가 아기 이야기를 많이 해요. 새로 태어난 동생이 아주 예쁜가 봐요.", "현진이는 만들기를 잘하고 좋아해요. 오늘 아침에도 블록으로 만든 자동차를 저에게 보여주며 어떻게 움직이는지 자세히 설명해 주더라구요." 등과 같이 구체적인 일화나 사례를 들어 이야기하는 것이 적절하다.

(3) 상대방의 마음 읽기

첫째, 교사는 부모가 궁금해 하는 것을 직접 확인할 수 있도록 해주거나 알려주는 것이 바람직하다. 예를 들어, 교사는 기관의 시설 및 주변 환경, 교육방침과 목표, 행사를 비롯한 특별활동 내용 등 부모가 궁금해 하는 것에 대해 구체적으로 알려준다.

둘째, 교사는 면담에 임하는 부모의 정서와 입장을 이해해야 한다. 부모가 면담에 임할 때는 영유아의 기관적응, 또래관계, 발달상태, 문제행동 등을 교사와 상의하기를 원하며, 이에 대한 정확한 정보와 문제행동에 대한 해결책을 기대한다. 또한 부모는 교사와의 면담 시 자녀에 대한 기대와 불안감, 이러한 정서를 담임교사에게 확인받고 싶은 심정, 자신의 생각이나 양육태도, 자녀를 인정받고 싶은 마음, 그리고 담임교사의 전문성과 역량을 확인하고 싶은 마음 등이 있다.

셋째, 교사는 부모가 자녀의 문제를 어느 정도 인식하여 걱정하지만, 또 한편으로는 자녀의 문제를 인정하고 싶지 않은 이중적인 마음이 있다는 것을 이해한다. 부모가 반응이 없거나 교사가 보내는 암시를 거부하는 느낌이 든다면 교사는 부모에게 강요하기보다 한발 물러서는 것이 좋다. 아무리 좋은 조언이라도 부모가 받아들일 준비가 되어 있지 않다면 서로의 관계만 해칠 수 있음을 유념해야 한다. 따라서 교사는 성급한 해결책 제시나 '~해야 한다'는 식의 충고는 피하는 것이 좋다.

넷째, 교사는 부모마다 성격이 다르고 기관에 대한 기대도 다르기 때문에 부모의 특성을 파악하여 대처할 방안을 마련할 필요가 있다.

다섯째, 한부모가족, 재혼가족, 조손가족, 다문화가족 등 다양한 가족 유형이 생겨남에 따라 각 가족 처한 상황과 요구가 다를 수 있으므로 교사는 부모와의 의사소통 시 이러한 점을 고려하여 적절한 대안과 해결방안을 모색한다.

(4) 친밀감 형성하기

교사가 부모와 친밀한 관계를 형성하기 위해서는 편안한 마음과 성심껏 임하는 태도가 중요하다. 교사와 부모는 동반자라는 인식으로 영유아에 대해 이해하고 원활한 소통을 할 수 있어야 한다. 교사는 부모로부터 인정받고 신뢰감을 형성할 수 있도록 진실해야 하고, 그러한 이미지를 만들기 위해 노력한다.

(5) 비언어적 대화(자세)에 주의하기

아무리 진지한 내용이라도 교사는 앉아 있고 부모는 서서 듣는다든지, 교사가 다리를 꼰 자세로 앉아 팔짱을 끼고 이야기한다면 부모와 교사 간의 의사소통에 문제가 발생할 수 있다. 교사는 부모와의 면담 시 상대방의 눈을 응시하고 이야기를 나눔으로써 관심을 표현할 수 있다. 그러나 교사가 면담 중에 지나치게 지속적으로 눈을 응시하고 이야기하는 것은 부모에게 위협적으로 느껴질 수도 있으므로 융통성 있는 자세가 필요하다.

(6) 수용적으로 존중하기

교사는 부모의 생각이나 의견에 동조할 수 없더라도 긍정적이고 수용적인 태도로 직접 거부하기보다는 서로가 다른 생각을 가지고 있음을 부드럽게 표현하는 것이 바람직하다. 그러므로 교사는 언어적, 비언어적 방법으로 부모의 표현을 존중하면서 반응해 주는 것이 좋다(예: 그렇군요!, 그러실 수 있겠어요, 고개 끄덕이기 등의 몸짓).

(7) 적극적 경청하기

교사는 부모의 언어적, 비언어적 메시지를 통해 부모 및 유아에 대한 정보를 용이하게 수집할 수 있을 뿐만 아니라, 부모의 기대와 욕구, 문제 상황 등을 보다 명료하게 이해할 수 있다. 또한 교사는 부모와 영유아의 정보를 받아들일 때 자신의 사회문화적 배경과 교육 및 훈련배경이 편견으로 작용하거나 건강상태, 개인적 가치관 및 신념의 차이 등으로 영향을 받지 않도록 주의한다.

(8) 공감적 이해하기

교사는 부모와 의사소통할 때마다 자녀의 문제를 함께 걱정하는 동반자라는 모습을 부모에게 보여준다. 부모와 공감하기 위해 교사는 부모가 이야기를 하는 동안 여유를 가지고 부모가 표현한 감정, 기대, 욕구가 무엇인지, 부모가 지금 말하려 하는 것이 무엇인지에 대해 생각해본다.

부모의 정서를 반영하여 공감한 내용을 부모에게 다시 전달할 경우에 교사는 부모가 말한 내용의 핵심을 파악하여 짧고, 정확하게 전달한다. 실제로 부모가 이야기하는 것이 중복되거나 의미를 이해하기 어려울 때가 있으므로 교사는 틈틈이 부모와 교사가 서로 잘 이해하고 있는지에 대해 정리할 필요가 있다. 또한 교사는 부모의 말에 공감하여 이해하고 있다는 표현을 할 때에는 부모에게 일관된 언어, 태도, 행동을 나타내야 한다.

(9) 효과적으로 질문하기

부모와 편안하게 대화하기 위해 교사는 다음과 같은 점을 고려하여 질문하는 것이 좋다.

- 가능한 한 개방적인 질문을 하여 부모가 좀 더 포괄적인 의견, 사고, 감정, 관점 등을 이야기할 수 있도록 돕는다.
- 직접적 질문보다 간접적으로 질문하여 부모가 더 편안함을 느끼도록 해준다.
- 한꺼번에 질문하기보다는 한 번에 한 가지씩 질문한다.
- "왜"라는 질문은 질책을 당하는 느낌을 줄 수 있으므로 가능한 한 사용하지 않는다. 대신 "어떻게"라는 질문을 사용한다.
- 부모의 질문에 대해 단정적이고 결정적인 답변은 하지 않는 것이 좋다.
- 교육 전문용어는 필요할 때 사용할 수도 있으나, 가능한 한 많이 사용하지 않는다.

(10) 부정적인 평가나 용어 사용에 유의하기

부모와의 의사소통 시 자녀에 대한 부정적인 평가는 피하는 것이 좋다. 교사가 자녀에 대해 부정적이거나 비판적인 평가를 할 경우에는 부모 자신의 자아존중감을 낮출 수 있어 부모와 교사 간의 의사소통이 어려워질 수도 있다. 그러므로 다음에 제시한 것과 같은 평가적 용어는 피하는 것이 바람직하다.

- 문제: "현진이가 순서를 잘 지키지 못하는 문제가 있다는 것은 아시지요?"
- 뒤떨어짐: "해진이는 다른 친구들보다 언어적인 면에서 뒤떨어지는 편이에요."
- 늦음 혹은 부진함: "유미는 새로운 것을 배우는 데 늦은 편이지요."

• 절대 ~할 수 없다: "영석이는 절대 스스로 밥을 먹으려 하지 않아요."
• 증상에 대한 특정 용어 사용하기: "용수는 '과활동성' 아이인 것 같아요."

(11) 교사와 부모의 협력적 관계 형성하기

영유아의 전인적인 발달을 위해서나 영유아에게 문제가 발생하여 이를 해결하기 위해 부모와 협력할 때 교사는 영유아에게 최대의 그리고 최적의 도움을 제공해줄 수 있어야 한다. 또한 교사는 최선을 다하는 부모의 노력을 칭찬하고 인정해주어야 한다. 뿐만 아니라 교사는 부모에게 영유아의 발달과 교육을 위해 부모의 협조가 반드시 필요하며, 부모가 중요한 역할을 한다는 것도 알려주어야 한다. 부모와 교사 간의 협력적 관계를 형성하기 위해 교사는 부모에게 수시로 자녀양육에 필요한 정보를 제공하고, 영유아에게 도움이 될 수 있는 놀이방법 등을 알려준다. 또한 교사는 부모의 도움이 필요할 때 요청할 것이며, 부모가 도움을 요청할 때에도 반드시 도와줄 것이라는 점을 알려주어 부모가 교사를 믿고 의지할 수 있는 환경과 분위기를 만드는 것이 중요하다.

(12) 영유아의 발달과 교육에 대해 이해하고 교류하기

부모는 자녀가 기관에서 어떻게 생활하고 있는지에 대해 알고 싶어하므로 교사는 부모와의 면담이나 이야기를 나눌 때 관찰일지, 행동발달기록부, 포트폴리오, 활동사진, 검사결과서, 생활기록부, 자유선택활동 놀이계획표 등 자녀와 관련된 다양한 자료를 준비하여 부모에게 보여줄 뿐만 아니라 자녀의 발달에 유익한 정보를 함께 공유한다. 교사는 부모의 교육철학, 생활지도 방법 등에 대해 알아보고 기관과의 협력방안, 기관의 지도 방법과의 유사점과 차이점에 대해 의견을 나눈다.

(13) 전문가다운 태도로 의사소통하기

부모가 교사의 전문성을 인정하지 않을 경우에 교사와 부모는 협력하기 어렵다. 그러므로 교사는 부모가 교사를 전문가로 인식하도록 전문가다운 말과 행동을 하고, 옷차림에도 신경을 쓸 필요가 있다. 뿐만 아니라 부모와 이야기를 나눌 때 교사는 영유아와 의사소통하던 것과 달리 성인과의 상호작용에 적절한 목소리 톤, 어휘를 사용하고, 지나치게 큰 손동작이나 몸짓 등은 삼가며, 옷차림은 평소 영유아와 함께 있을 때의 편안하고 예쁜 복장보다는 단정한 복장을 갖추도록 한다. 부모와 대화 시 교사는 언어나 복장 등과 관련한 것 외에 다음과 같은 점에도 유의하여야 한다.

첫째, 면담할 때 다른 부모나 영유아에 대한 이야기를 하지 않으며, 동시에 면담 과정에서 나눈 대화를 다른 부모에게 해서는 안 된다는 점도 부모에게 주지시킨다.

둘째, 지나치게 사적인 이야기와 태도는 삼간다.

셋째, 기관에서 영유아나 부모와 관련된 사건이나 이야기, 사진 등을 교사 개인의 블로그나 SNS 등에 올리는 등 사생활을 침해하지 않도록 유의한다.

2) 부모의 반응에 따른 의사소통 전략

부모됨은 부모로 성장하는 과정이자 자녀를 양육하며 지도하는 과정이라고 할 수 있다. 부모가 자녀를 유아교육기관에 맡기고 난 뒤 많은 부모가 교사나 기관을 신뢰하고 협조하지만, 그렇지 않고 무관심하고 비협조적이거나 지나치게 과민하게 반응하거나 매사 불안해하는 등 교사가 대하기 어려운 성향을 보이기도 한다. 부모가 교육기관이나 교사에 대하여 가지는 태도에 따라 교육·보육현장에서 부모는 협조적인 교과서형, 경험과 정보가 많은 박학다식형, 부모들과의 관계가 돈독한 네트워크형, 부정적이고 적대적인 다짜고짜형, 자기 자녀만 봐달라는 내새끼형, 불안해하는 노심초사형, 표현을 잘 하지 않는 침묵형, 불만이 많은 방패형, 손자녀를 책임지는 슈퍼할빠·할마형 등의 유형으로 나눠볼 수 있다(한국보육진흥원, 2017). 이들 부모의 유형에 따라 교육기관과 교사에 대한 기대와 그 특성이 다르므로 교사는 이들 부모의 유형에 맞추어 적절한 의사소통 전략을 세우고 상호작용하여야 할 것이다.

참고 부모 유형에 따른 의사소통 전략

■ 협조적인 교과서형 부모
- 특징
  - 교육기관과 교사의 이야기에 귀 기울임
  - 아이에 대해 교사와 지속적으로 상호작용하는 부모
  - 교사를 신뢰하여 원활한 관계를 형성할 수 있으며, 기관에 대한 협조가 원활함
- 대처 및 의사소통
  - 부모에게 교육기관과 학급의 특성, 운영사항을 구체적으로 잘 전달함
  - 교사와 돈독한 신뢰관계를 형성할 수 있도록 다양한 의사소통 방법을 고안하고, 부모의 이야기를 경청하며 서로의 의견을 조절해야 함

■ 경험과 정보가 많은 박학다식형 부모
- 특징
  - 유아교육, 보육과 육아에 박식하고 모든 것을 안다는 식으로 행동함
  - 대중 매체에서 접한 내용과 아는 것을 거리낌 없이 자주 이야기함
  - 부모가 교사인 경우도 있음
- 대처 및 의사소통
  - 말이 길어져도 끊지 말고 경청함
  - 교사도 이미 알고 있다는 식의 자세는 취하지 않도록 함
  - 부정적인 언행에 대해 방어적이거나 감정적으로 대응하지 않도록 함
  - 부모의 양육에 대한 의지와 열의를 적절히 존중하면서 자녀에게 나타난 점과 부모의 정보 등이 가지고 있는 긍정적인 면을 부각시킴
  - 최신 정보에 대한 이야기를 나눔으로써 공감대를 형성함
  - 면담 전에 영유아에 대한 자료를 철저히 준비함
  - 모든 대화에 뒷받침이 되는 자료를 제시함(전문적인 용어 적절히 사용)

■ 부모들 간의 관계가 돈독한 네트워크형
- 특징
  - 같은 교육기관이나 같은 반 부모들끼리 자발적인 모임 결성
  - SNS 대화, 오프라인 모임 등을 결성하여 친목도모, 육아-보육-기관에 대한 정보를 공유

- 대처 및 의사소통
  - 부모들끼리 원만한 관계 형성에 대해 긍정적으로 생각하기
  - 잘못된 정보가 교환되지 않도록 공식적, 비공식적인 소통의 장을 마련함
  - 기관에 부모들이 연계되어 참여하거나 협조할 수 있도록 관계 형성
  - 부모들의 요구를 고려하여 운영하되, 교육기관의 원칙은 지킴

■ **부정적, 적대적인 다짜고짜형**

- 특징
  - 교사나 교육기관을 신뢰하지 못하여 매사에 의심함
  - 작은 일도 교사에게 책임을 묻거나 항의하는 모습을 나타낼 수 있음
  - 융통성 부족, 자기 논리대로 문제를 해결하고자 하는 자기주장이 강함
  - 교사와 대화 중에 감정이 격해져서 갑자기 욕설을 하기도 함
  - 교사나 기관에 상처를 받아서 적대적으로 대하는 경우도 있음
  - 문제가 발생하였을 때 변명으로 일관하기도 함
  - 아이에 대한 부정적인 이야기를 하면 회피를 하거나 핑계를 대거나 화를 내곤 함
- 대처 및 의사소통
  - 부정적인 언행에 대해 방어적이거나 감정적으로 대응하지 않도록 함
  - 어떠한 경우라도 부모와 언쟁을 해서는 안 됨
  - 앞으로의 일에 대해 부정적인 예측하지 않기
  - 아무리 좋은 방법이 있더라도 부모가 수용할 준비가 되었다고 생각될 때까지 권하지 않고, 부모 자신이 진정으로 바라는 바를 깨닫도록 도움
  - 부모가 하고자 하는 말을 충분히 듣고 의미를 분명히 파악한 후, 문제해결을 위해 함께 대안을 찾는 협력적 자세를 보임
  - 부모가 원하는 의미를 분명히 파악하기 위해 이야기한 내용을 다시 한 번 확인함으로써 오해의 소지를 없앰(예, 어머니, ~하다는 말씀이신지요?)
  - 부모가 투정하면 차분하면서도 위축되지 않은 모습으로 설명하도록 함
  - 부모가 어떻게 하기를 원하는지에 대해 들어보고 교사가 실행 가능한 방안을 제안. 필요한 경우 원장 등과 의논하도록 하겠다고 제안

■ **자기 자녀에게만 집중하기를 바라는 내새끼형**

- 특징
  - 다른 아이나 교사, 교육기관에 대한 이해나 배려 없이 내 아이 중심적으로 생각함
  - 다른 부모나 아이에 대한 상황은 고려하지 않고 자기중심적 사고와 입장에서만 이야기함
  - 부모의 무리한 요구도 당연시 여기며 요구사항을 끝까지 관철시키고자 하는 모습을 나타낼 수 있음

- 대처 및 의사소통
  - 말이 길어져도 끊지 말고 경청함
  - 기관에서의 역할과 가정에서의 역할에 대한 안내를 사전에 철저하게 함
  - 한쪽 입장에 치우쳐서 이야기하지 않고 객관적인 상황과 해결방안을 이야기함
  - 부모의 마음을 충분히 읽어주고 공감하되, 할 수 있는 것, 되는 것과 안 되는 것에 대해서 분명하게 이야기함

■ **믿고 맡기기 불안한 노심초사형**

- 특징
  - 교육기관이나 교사를 믿지 못하고 불안해함
  - 사소한 일에도 예민하고, 문제나 현상에 대해 부정적으로 사고하는 경향이 강함
  - 작은 일에도 크게 생각하는 경향이 있음
- 대처 및 의사소통
  - 교육기관과 교사에 대한 신뢰감을 형성할 수 있도록 관계 형성에 만전을 기함
  - 교사의 전문성을 보여주며 주도면밀하게 대처하는 모습이 필요함
  - 가능한 정확하고 객관적인 정보를 제공하는 것이 필요함
  - 부모를 안심시키고 협력자적 관계를 형성하기(부모와 친밀한 관계 형성하기, 부모의 불안요인을 해결하고자 노력하는 태도 보이기 등)
  - 부모가 변화가 없을 경우 원장에게 도움을 청함

■ **의사표현을 잘 하지 않는 침묵형**

- 특징
  - 양육에 무관심한 듯 보이는 부모
  - 교사가 다가가도 별 반응을 보이지 않고 평소에 말이 없음
  - 양육에 대한 의욕이 없거나, 우울감이 있거나, 소극적인 부모의 성향, 혹은 마음은 있으나 바쁜 직장생활 등으로 인하여 관심을 쏟지 못하는 경우가 있음
- 대처 및 의사소통
  - 조급하게 생각하지 말고 시간을 두고 이야기하는 것이 필요함
  - 칭찬과 격려로 부모들의 장점을 부각시키고 자주 접촉을 하여 교사와 친밀감을 형성하기
  - 처음부터 부모의 의견을 묻기보다는 서로 공감할 수 있는 일상적인 이야기(자녀의 일화, 자녀가 즐기는 것, 기관에서 보이는 자녀의 관심사, 놀이 등)와 같은 가벼운 주제로 편하게 대화를 시작하도록 함
  - 말이 없으므로 질문을 하되, 대답하기 쉬운 질문을 하여 의사소통을 시작함
  - 극도로 소극적인 경우 대화보다는 알림장/문자 등을 통해 의사소통을 시도할 수도 있음
  - 부모가 반응이 없는 듯 보이지만 신중하거나 즉각적으로 응답하지 않거나, 주관적인 생각이 많거나 강할 수 있으므로 반응이 없다고 의사소통을 소홀히해서는 안 됨

■ **불만을 토로하는 방패형**

- 특징
  - 이래도 불만 저래도 불만
  - 원장이나 다른 부모 또는 외부에까지 불만을 말하기도 함
  - 교육기관이나 교사의 의견에 대해 공감하거나 수용하기보다는 반대 의견을 표시하거나 방어적인 태도를 취하는 부모
  - 지적이 옳은 경우도 있으며, 부모의 이야기를 경청하여 잘 들어주는 것만으로도 불만이 줄어들기도 함
- 대처 및 의사소통
  - 부모의 이야기를 막지 말고 토로하는 불만을 끝까지 경청하고, 그 이후에 의견을 말함
  - 상대방이 하고자 하는 말의 의미를 분명하게 파악하기
  - 여러 주제를 다루기보다 주제를 한정하여 이야기하기
  - 사실만을 이야기하고, 이야기한 내용을 다시 확인함으로써 오해의 소지를 없애도록 함
  - 가정에서 도와주어야 할 부분에 대해 도움을 구하는 자세로 부탁하기

■ **손자녀를 책임지고 돌보는 슈퍼 할빠, 할마형**

- 특징
  - 부모와 교사의 의견을 무시한 채 양육의 주도권을 갖고 있음
  - 조부모의 양육방식을 고집하여 교육기관과 교사에게도 자신의 방식을 요구하는 모습을 보일 수 있음
  - 나이 어린 교사를 손녀에게 대해 듯 반말을 하거나 "애도 안 낳아봤는데 어떻게 알겠어."라는 식의 이야기를 할 수도 있음
- 대처 및 의사소통
  - 조부모님의 이야기를 존중하고 끝까지 경청함
  - 교사로서의 전문성을 인정받기 위해 태도, 지식, 용모, 언어적 기술 등을 갖추도록 함
  - 반복적인 이야기를 해도 해결되지 않을 경우 원장 및 부모에게 도움을 요청함

출처. 한국보육진흥원(2017). 부모와의 관계형성 및 부모상담. 2017 공공형 어린이집 원장연수 심화과정 pp. 26~29.

3) 부모면담 시 교사의 계획과 태도

교사는 부모와 직접 상호작용해야 하는 활동을 가장 어려워한다. 특히 교사는 부모와의 면담을 어려워하는 경향이 있다. 따라서 교사가 부모와의 면담을 진행하는 과정에서 중점을 두어야 할 계획과 태도에 대해 교육과학기술부(2012), 김금

주와 유은영(2005), 김영옥(2007, pp. 333-379), 한국보육진흥원(2017) 등에서 제시한 내용을 중심으로 살펴보고자 한다.

(1) 효율적인 면담을 위한 사전 계획

가. 시간 계획

① 기관에서 계획되어 있는 정기면담 일정은 부모가 일정을 조정할 수 있도록 신학기 오리엔테이션 시 예정 기간을 안내하도록 한다. 가정통신문 등을 통해 부모에게 면담일정과 계획을 알린 뒤, 부모와 교사에게 편리한 날짜와 시간으로 면담시간을 정한다. 이를 위해 교사는 전화나 등·하원 시간을 이용하여 부모가 면담에 참여하기에 편리한 시간을 알아본다. 교사는 부모에게 면담에 참여할 수 있는 다양한 시간대(낮잠시간, 오후, 저녁), 요일, 날짜 등을 제시하여 부모가 선택할 수 있도록 한다.

② 면담시간을 계획할 때 부모와의 충분한 대화 시간을 확보하고 다음 면담 대상 부모와 겹치지 않도록 면담 계획 간 적절한 간격을 둔다. 예를 들어 중간에 면담 시간이 지연되는 것을 예방하기 위해 질문이 많을 것 같은 부모는 뒷시간으로 배정하여 다음 면담으로 인해 촉박하거나 쫓기지 않도록 한다.

③ 수업시간 중에 면담을 할 수밖에 없는 상황이라면 교사는 다른 교사나 보조교사의 스케줄을 확인하여 수업시간 중에 면담할 수 있는 시간을 알아보고 결정한다. 또한 맞벌이가족 등과 같이 특정한 시간에만 면담할 수 있는 경우에는 부모의 상황을 고려하여 융통성 있게 면담을 할 수 있도록 준비한다. 부모, 조부모 등 자녀양육에 참여하는 사람이라면 누구나 면담에 참여할 수 있도록 격려한다.

④ 개인 당 면담 소요시간은 20~30분 내외로 너무 길지 않도록 하고, 사전에 부모에게 안내하여 양해를 구하도록 한다. 교사가 끝나지 않은 면담을 종료

하고 난 후 다음 면담 준비할 여유가 있도록 면담과 면담 사이에 10분 정도의 시간을 둔다.

나. 장소 계획

① 조용하고 편안한 분위기에서 이야기할 수 있도록 소음이 적고 환기가 잘 되는 밝은 장소를 마련한다.

② 기관에서는 면담을 실시하는 기간이 대체로 정해져 있기 때문에 면담기간 내 교실, 교사실, 원장실 등 면담이 가능한 장소를 사용하기 위해 교사 간 조정을 한다.

③ 상담실이 별도 없는 기관의 경우 놀이실을 교실을 이용하게 되므로 교실의 환경구성 및 청결상태에 대해 유의한다.

④ 면담을 하기 위해 기관을 방문한 부모가 자녀의 일상적인 기관생활, 교육활동 등을 알 수 있도록 영유아의 활동작품 등을 게시판에 전시하는 등 물리적 환경을 조성한다. 특히 일찍 도착하여 기다리는 부모를 위해 대기하는 장소를 마련하여 두도록 한다.

그림 11-2 원활한 면담 실시를 위해 장소, 시간 등에 대해 동료교사와 협의한다.

다. 면담 자료의 계획

① 영유아와 관련된 개별 자료를 준비한다. 예를 들어, 관찰일지, 행동발달기록부, 포트폴리오, 활동사진, 검사결과지, 자유선택활동 놀이계획표 등을 준비한다.

② 부모의 기대와 요구에 부응하는 효과적인 면담을 위해 영유아 발달에 대한 부모 의견, 나누고 싶은 이야기, 부모 건의사항(어린이집과 학급 운영, 영유아 지도) 등에 관한 조사문항이 담긴 부모 면담 사전조사서를 면담 일정 3~4주 전에 면담 안내문과 함께 발송한다. 가정에서 해당 사항에 대해 부모로 하여금 응답하게 함으로써 면담하기 전에 회수하여 이를 면담에 활용하는 것도 좋다.

③ 생활기록부에 나타난 부모의 연령, 직업과 가정환경조사서에 나타난 부모의 교육적 관점, 양육태도 등을 살펴보고 이러한 정보를 어떻게 활용할 수 있을지 생각해 본다.

④ 실시 기간에 따라 면담의 목적과 계획이 달라질 수 있다.

- 학기 초: 학기 초에 부모와 면담하는 경우는 부모의 양육관, 영유아의 성장배경과 특성, 부모기대와 부모요구 등에 대해 파악하는 시간이 되도록 한다. 가능한 한 부모로부터 많은 정보를 얻고 부모 특성, 가정환경 등에 대해 파악하는 시간이 되도록 한다.
- 학기 중 또는 학기 말: 영유아 관찰기록, 포트폴리오, 검사결과지, 면담일지 등을 토대로 영유아의 기관생활적응, 영유아의 발달 및 학습 수준, 또래관계, 진급 등에 대해 이야기를 나눈다.

⑤ 효과적인 면담을 위해 다음과 같은 방법으로 동료 코칭을 활용할 수 있다.

- 상담 상황 역할극: 경력교사가 부모가 되고, 초임교사가 면담 교사가 되어 상담 역할극을 진행한다. 과정 중 표정, 말투, 몸짓, 예상 질문에 대한 대답 등의 측면에서 피드백을 제공한 후 수정하여 다시 해본다.

참고 **면담 시 상황에 따른 교사의 대처 반응의 예**

■ 아이의 단점을 말하는 경우

어머니, ○○이의 칭찬거리도 이야기해주세요. **반에서는 그런 행동을 안 보이던데요. 아마 유치원(어린이집)에서는 친구들에게 의젓하게 보이고 싶었나 봐요.

■ 엄마가 너무 걱정을 하는 경우

걱정이 많이 되셨겠어요. 그렇게 많이 걱정되시는데 진작 전화주시지 그러셨어요? 저도 어머니 말씀을 들으니 마음이 아프네요. 너무 걱정 마세요. (너무 걱정하는 경우) 원장선생님께 말씀드려서 상담 시간을 만들어 드릴게요. 그리고 저도 ○○에게 도움이 되도록 노력할게요. 앞으로 너무 걱정되시거나 급하게 도움이 필요하실 때 수업 끝난 후에 전화주세요. ○○에 대해 많이 이야기해 주시면 제가 ○○와 상호작용할 때 도움이 됩니다.

■ 친구를 못 사귄다고 하는 경우

학기 초에는 아이들이 '우리 반에 어떤 친구가 있나? 누굴 친구로 할까?' 탐색하는 기간이에요. 우리 반에서 누가 좋다고 어머니께 말하던가요? 유치원(어린이집)에 다닌 지 얼마 되지 않아서 친구 이름을 말하기 어려운 점도 있을 겁니다. 제가 보기에는 **에게 관심을 보이던데.... 제가 더 세심하게 관찰하여 ○○가 어떤 친구를 좋아하는지 보고, 친구 사귀는 데 도움을 주도록 할게요. 혹시 아이가 어머니께 어떤 친구가 좋다고 이야기하면 제게도 이야기해 주세요.

■ 유치원(어린이집)에서 지낸 이야기를 안 하는 경우

(3, 4세 경우) 7살 아이들도 집에서 엄마가 물어보면 '재미있어. 응' 그렇게 이야기하는 경우가 많아요. 아직 발달적으로 스스로 하루 종일 어린이집에서 지낸 일을 자세히 이야기하기가 어려울 수 있습니다. 가능하면 유치원(어린이집)에서 하원하면 바로 물어보시거나 '누구랑 놀았어? 어떤 활동이 가장 재미있었어?' 등 구체적으로 물어보시면 대답을 더 잘 할 수 있을 겁니다. 저도 ○○이랑 이야기를 나눠볼게요.

■ 뜻밖에 이야기를 들었을 경우

그래요? 어머! ○○가 유치원(어린이집)에서 그렇게 지냈다고 해요? 유치원(어린이집)에서 생활할 때보면 특이한 사항은 없었는데, 혹시 아이가 왜 그렇다고도 이야기하던가요? 혹시 다른 선생님께서 보신 것이 있는지 여쭤볼게요. 내일 오면 저도 ○○와 이야기해 볼게요.

출처: 한국보육진흥원(2017). 부모와의 관계형성 및 부모상담. 2017 공공형 어린이집 원장연수 심화과정, p. 57.

참고 **면담 준비 사항 체크리스트**

- 시간 계획
- 면담 장소
- 관찰일지, 포트폴리오, 행동발달기록부, 활동사진 등
- 부모에게 나누어줄 수 있는 자료
- 예상 질문 항목
- 면담 주제에 대한 개괄적인 준비
- 면담일지
- 게시판 등 교실환경 점검
- 선임교사 또는 동료교사와의 모의면담 계획 및 실시
- 환경준비: 음료수, 필기도구, 티슈, '면담 진행 중'을 알리는 표지판 등

- 신입교사의 경력교사반 면담 참관: 초임 교사는 면담을 하기 전 선배 교사가 면담하는 것을 몇 번 참관한 후 실제로 부모와 면담을 진행한다. 이때 처음 부모를 맞이할 때 밝은 목소리, 유아에 대한 이야기를 할 때 전문가다운 확신 있는 목소리, 걱정하는 부모에게 그 부모의 고민을 함께 공감하는 목소리 톤과 표정 등 부모를 대하는 법에 초점을 두어 참관하도록 한다.

(2) 면담 당일의 준비와 계획

① 입구에 면담 장소 안내판 및 면담 일정표를 붙인다.

② 면담 전에 부모가 기다릴 수 있는 장소와 기다리는 동안 먹을 수 있는 간단한 다과나 읽을 책, 기관 안내책자 등을 준비한다.

③ 면담 시 부모와 교사는 효율적인 대화를 위해 약 70cm 정도의 간격을 두고 앉는 것이 좋다.

④ 면담은 정면을 바라보는 것이 이상적이지만 공간이 부족한 경우에는 90도 정도의 방향으로 앉아서 이야기한다.

⑤ 사전에 면담 참석인원을 파악하여 참여 인원수보다 1개 정도 더 많은 수의

의자를 준비하여 부모가 앉고 싶은 자리에 여유롭게 앉을 수 있도록 준비한다. 그 외 면담일지, 메모지, 필기도구, 테이블, 면담 진행 중임을 알리는 표지판, 티슈 등을 준비한다.

⑥ 교실이나 강당 등에서 면담이 이루어질 경우에는 공간이 넓어 시선이 분산될 우려가 있으므로 칸막이 등을 준비하여 부모가 면담에 집중할 수 있도록 준비한다. 면담에 대한 집중력을 높이기 위해 교사는 창밖이나 복도가 보이는 자리에 앉고, 부모는 반대편에 앉을 수 있도록 자리를 배치한다.

⑦ 자녀와 관련된 자료 등을 보여줄 수 있도록 준비하고, 관련 자료가 많을 경우에는 펼쳐놓고 볼 수 있는 책상 등을 준비한다.

⑧ 깨끗한 테이블보와 화분, 꽃병 등의 소품과 가볍게 마실 수 있는 몇 가지 차와 컵을 준비하여 편안한 분위기를 조성한다. 벽에 걸린 조그만 그림이나 작은 소품도 분위기를 따뜻하게 만들고 대화를 풀어나가는 데 중요한 역할을 한다. 부드러운 음악을 잔잔하게 틀어 놓아 편안한 분위기를 조성한다.

⑨ 교사용 개인면담 기록지와 펜, 학부모를 위한 메모지와 펜을 준비한다.

가. 면담의 시작

부모는 교사와 면담을 함으로써 다음과 같은 점을 기대한다.

참고 **교사와 면담하는 부모의 마음**

- 자녀에 대한 부정적인 내용을 듣게 될까봐 걱정하는 초조감과 불안감
- 자녀의 발달상황, 개별 특성 등을 교사가 잘 알고 있는지 확인하고 싶은 마음
- 교사로부터 자녀를 잘 키웠다는 인정을 받고 싶은 심정
- 자녀를 양육하면서 경험하는 어려움을 토로하고, 어려움을 교사에게 인정받고 싶은 마음
- 자녀를 맡은 교사의 능력이나 전문성이 어느 정도인지 확인하고 싶은 마음
- 교사의 교육 및 생활지도 방법이 무엇인지 알고 싶은 마음
- 자녀가 기관에 적응하는 상태, 또래 관계 등을 교사에게 확인하고 싶은 마음
  - 자녀가 친하게 지내는 또래

- 자녀가 좋아하는 놀이/활동
- 자녀가 활동에 잘 참여하는지, 급・간식은 잘 먹는지 등의 일과 중 생활모습
- 자녀를 또래와 비교하여 알고 싶은 마음

교사가 기관을 방문한 부모와 성공적으로 면담하기 위해서는 우선 부모와 영유아에 대한 자신의 감정을 생각해 보아야 한다. 예를 들면, '나는 이 부모에 대하여 어떤 느낌을 가지고 있나?', '영유아의 행동 때문에 이 부모를 부정적으로 생각하거나 비난하지는 않는가?' 등과 같이 부모와 영유아에 대한 자신의 감정이나 선입견, 편견을 정리하는 태도가 필요하다.

첫째, 부모와 면담을 시작하기 전에 날씨에 관한 이야기나 당일 자녀의 기분상태 등에 대한 이야기를 꺼냄으로써 긴장하거나 서먹한 분위기를 완화시켜 편안한 분위기를 조성한다. 특히, 초임교사의 경우에는 어떻게 말을 시작할지, 시선을 어디에 두어야 할지 등이 고민스러울 수 있다. 이런 경우에는 날씨에 대한 인사(화창함, 비, 추위, 더위 등), 유치원과 어린이집의 환경변화(꽃밭, 현관, 환경판 등), 기관의 특색 및 중점사항(교구교재, 새로운 동화구입, 원과 시설의 특성 및 강조점 등), 오고가는 교통편 등에 대한 주제로 이야기를 시작할 수 있다. 이러한 대화는 기관에 대한 정보와 함께 부모에게 편안한 마음을 줄 수 있다.

둘째, 부모와의 친밀감 형성을 위해 교사는 밝은 표정으로 "진호와 함께 생활하게 되어 기쁩니다."와 같이 표현한다.

셋째, 부모와 인사한 후 무슨 말을 꺼낼지 생각해 둔다. 익숙해지면 자연스럽게 할 수 있게 된다.

넷째, 면담 내용은 가능한 한 바로 기록하며, 상세한 기록이 어려운 경우에는 메모를 해 두었다가 면담 후에 즉시 내용을 정리한다.

다섯째, 면담 일정표에 따라 사전에 준비한 자료(관찰일지, 행동발달기록부, 포트폴리오, 활동사진, 검사결과지, 생활기록부, 자유선택활동 놀이계획표 등)를 가지고 면담

을 실시한다.

여섯째, 간혹 어떤 부모는 교사의 전문성과 역량을 확인하려고 하므로 필요에 따라 근거자료(예: 국가나 기관의 정책, 누리과정 내용 등)를 제시하며 설명할 필요도 있다.

나. 면담 진행

첫째, 자녀의 문제행동에 대해 면담할 경우에는 해당 주제에 대해 이야기하기 전에 먼저 바람직한 행동이나 좋은 점에 대해 말한다.

둘째, 자녀의 문제행동에 대한 부모의 질문이나 궁금한 점에 대해 성급하게 답하지 않도록 주의한다. 예를 들어, "아이가 툭하면 화를 내서 걱정이에요."라는 부모의 말에 대해 교사가 "괜찮을 거예요. 원에서는 안 그런데요."라고 대답하는 것이다. 따라서 이런 경우에는 주로 언제, 어디서, 그러한 행동을 보이는지에 대해 자세히 물어봄으로써 부모로 하여금 더 개방적으로 이야기를 할 수 있는 분위기를 조성하도록 한다.

셋째, 교사가 '공격적', '산만함' 등과 같은 부정적인 단어를 사용하여 자녀를 설명한다면 부모는 극단적으로 판단하여 문제시할 수 있다. 따라서 부정적인 표현을 대체할 수 있는 표현을 찾아 부모와 함께 문제를 해결할 수 있는 방안을 모색한다. 예를 들어, '공격적'이라는 말 대신 "갑자기 예민하게 반응할 때가 있어요." '산만하다'라는 말 대신 "활동 중에 다른 곳을 보거나 관심을 여러 곳에 두고 있어요." 등으로 표현한다.

넷째, 면담 중 주제에서 벗어나는 이야기를 할 경우에는 부모의 마음이 상하지 않도록 주의하며 충분히 공감한 다음, 유연하게 방향을 바꾸도록 한다.

다섯째, 권위적인 태도나 자세(예: 손이나 다리를 꼬거나 턱을 고이거나 팔짱을 끼는 등의 자세)는 삼간다.

여섯째, '왜'는 질문은 캐묻는다는 느낌을 줄 수 있으므로 '어떻게'로 바꾸어 질문한다.

일곱째, 부모와 눈을 마주치면서 부모의 의견에 공감한다는 의미로 종종 고개를 끄덕이거나 미소를 짓는 등의 비언어적인 표현을 한다.

여덟째, 밝고 부드러운 표정으로 대화하며, 부모가 생각을 정리할 수 있도록 말의 속도를 적절히 조절한다. 다음과 같은 표현은 사용하지 않도록 조심한다.

- 부모보다 앞서서 자녀의 행동을 예견하는 메시지(예: 미희가 원래 그래요. 저는 그럴 줄 알았어요.)
- 자녀의 문제를 단언하는 메시지(예: 철수는 산만해요. 매번 그렇더라구요.)
- 부모의 의견을 존중하기보다 교사의 의견을 전달하는 메시지(예: 그렇게 생각하시는 건 아닌 것 같습니다. 제 생각은 어머니와 다릅니다). 자녀에 대한 중요한 결정은 부모의 몫임을 명심하고 부모보다 앞선 결정을 내리지 않도록 한다.

다. 면담의 마무리

면담을 마무리할 때에는 부모에게 서두른다는 인상을 주지 않으면서 적당한 시간(약 30분 정도) 후에 종료하는 것이 바람직하다.

첫째, 면담 종료 전 부모가 이야기했던 생각과 기대를 간결하게 정리하여 말한다.

둘째, 면담을 마무리할 때는 부모에게 발전적이고 지지적인 메시지를 전함으로써 언제든지 면담을 할 수 있다는 메시지를 전한다. 예를 들어, 교사는 부모에게 "앞으로 지수가 원에서도 차례를 잘 지키는지 눈여겨볼게요." 등의 메시지를 전함으로써 지속적으로 부모와 소통할 것이라는 믿음과 신뢰를 전달해준다.

셋째, 교사가 여러 명의 부모와 면담할지라도 개별 부모가 여러 명 중의 하나라는 느낌을 받지 않도록 정성을 다한다.

넷째, 면담이 끝날 무렵 물건을 치우거나 주변을 정리하는 등의 행동을 하지 않는다.

라. 면담 종료 후

첫째, 면담이 끝난 즉시 면담내용을 면담일지에 기록하여 보관한다. 시간이 지난 뒤에 정리하면 기억이 잘 나지 않고 여러 부모의 면담내용이 섞여 정확한 기록을 남기기가 어렵다.

둘째, 개별 면담내용을 분석하여 다음 면담의 기초자료로 활용한다.

셋째, 면담은 정해진 날짜나 시간에만 이루어지는 것이 아니라 필요에 따라 수시로 이루어질 수 있으므로 전화, 이메일, 수첩, 통신문, 홈페이지 등을 활용할 수 있다는 것을 부모에게 알려준다.

참고 **면담 후 교사의 자기 평가(Berger, 2004)**

- 영유아의 가정 배경에 대해 미리 숙지했는가?
- 학기 초부터 말까지 다양한 방법을 사용하여 영유아에 대한 여러 가지 정보를 수집했는가?
- 기다리는 동안 부모가 볼 수 있도록 영유아의 작품이나 학습의 결과물 등을 전시해 두었는가?
- 기다리는 동안 부모가 먹을 음료나 볼 책을 준비해 두었는가?
- 학급을 영유아의 작품과 결과물 등으로 꾸며 놓았는가?
- 부모를 따뜻하게 맞이했는가?
- 긍정적인 말로 시작했는가?
- 부모의 요구와 이해 수준에 맞추어 면담을 조정했는가?
- 면담의 목표가 분명했는가?
- 어려운 말이나 전문 용어를 부모가 이해할 수 있는 용어로 풀어서 사용했는가?
- 반영적으로 경청했는가?
- 의사소통이 오가도록 했는가?
- 다른 부모나 영유아와 비교하지 않았는가?
- 부모가 힘들어하는 부분을 도와주려고 노력했는가?
- 면담의 내용을 요약했는가?
- 팔로우 업(follow up)을 했는가?
- 제시간에 시작하고 마쳤는가?

출처: 김희진(2006). **유아교육기관에서의 부모교육과 지원**, p. 286 재인용.

4) 어려움을 토로하는 부모에 대한 교사의 자세와 역할

교사는 의사소통기술과 면담 방법을 익혀 영유아의 가족에게 상담자와 지지자의 역할을 할 수 있다. 그러나 부모나 가족이 늘 교사에게 협조적이고 좋은 이야기만 하는 것은 아니다. 즉, 자녀가 다른 또래와 다투거나 관계가 좋지 못할 때는 어려움을 이야기하고, 자녀에 대한 교사의 관심이 소홀하다고 생각하거나 기관의 운영방침이 만족스럽지 않을 때는 불만을 이야기한다. 이처럼 교사에게 어려움이나 불만을 토로하는 부모와 상호작용할 때 교사가 취해야 할 자세와 역할에 대하여 신혜원, 민성혜, 김의향, 신윤승(2016, pp. 251-272), 손순복(2008)이 제시한 내용을 중심으로 살펴보고자 한다.

(1) 자녀가 다른 또래로 인해 어려움이 있다고 토로하는 부모

자녀가 기관에서 다른 또래와 잘 놀지 못하거나 특정 또래가 자녀를 괴롭힌다고 생각하는 경우에 부모는 교사에게 전화하거나 방문하여 어려움을 이야기할 수 있다. 이런 경우에 모든 영유아를 책임지고 있는 교사는 역할 간의 갈등을 경험할 수 있다.

첫째, 부모가 말하는 상황에 대해 모르고 있다면 교사의 학급관리에 문제가 있는 것이다. 이런 경우에는 솔직한 태도를 가지고, 문제를 파악하기 위해 신속하게 대처해야 한다. 하지만 어떤 경우에는 부모가 다소 과민하게 반응하는 경우도 있으므로 교사는 학급 내에서 발생하는 모든 상황을 파악하고 있어야 한다. 학급 내 교사가 두 명 이상인 경우에는 교사 간 원활한 의사소통을 통해 학급 내에서 발생한 상황을 모두 파악하고 있어야 한다.

둘째, 부모가 이야기하는 상황에 대해 교사는 객관적으로 이야기함으로써 특정 영유아에게 불이익이 가지 않도록 주의한다. 교사는 부모에게 영유아의 행동에 대해 연령(발달)적 특성으로(예: 2세는 아직 언어적으로 미숙하여 또래 간의 갈등이 있을 때 신체적 공격성을 보일 수 있습니다) 혹은 상황에 기초하여 이야기할 수 있다(예: 준비한 재료가 충분하지 못했던 것 같습니다). 이러한 경우 교사는 특정 영유아를 지목하여 부모에게 말하는 것은 피해야 한다. 예를 들면, “그러게요. 윤정이가 특히 지영이를 힘들게 하네요.”와 같이 말하지 않도록 주의한다. 또한 교사는 불만을 가지고 있는 대상 영유아의 연락처를 허락 없이 다른 부모에게 알려주는 행동은 삼가야 한다. 연락처를 원하는 부모에 대해 교사는 상황을 알아본 후 다시 연락하겠다는 메시지를 전하면서 상황에 대한 즉각적인 반응을 유보한다.

셋째, 간혹 자신의 자녀를 불편하게 한다고 생각하는 영유아에게 부모가 직접 훈계하거나 야단치는 경우가 있다. 이는 교사의 권한을 침범하는 것이다. 그러므로 교사는 부모에게 영유아를 보호하고 교육할 책임이 교사에게 있음을 정중하게 이야기한다. 교사가 이런 상황을 적절하게 대처하지 못하면 관련되는 부모 모두 교사나 기관을 불신할 수 있다.

넷째, 어려움을 토로하는 부모와 의사소통한 후에 교사는 자신의 학급 관리에 대해 생각해 볼 필요가 있다. 또한 교사는 어려움을 토로한 부모와 자주 접할 수 있는 기회를 만들어 영유아에 대한 정보를 공유하는 것이 바람직하다.

(2) 교사의 관리가 소홀하다고 불평하는 부모

부모는 한두 명의 자녀를 돌보기 때문에 자녀에 대한 교사의 관리가 부족하다고 불만을 나타내는 경우가 있다. 부모의 이러한 불만에 대해 교사는 부모의 자녀에 대한 애정으로 이해하고 교사에 대한 비난이나 불만으로 받아들이지 않도록 한다. 이를 교사 자신에 대한 불만으로 받아들이게 되면 이후의 교사와 유아 간 관계에 부정적인 영향을 줄 수 있다. 따라서 교사는 기관의 방침을 설명하면서 영유아와의 상호작용에 더 많은 노력을 기울이겠다고 답한다.

또한 자녀를 더 잘 보살펴달라고 요구한다면 기관 특성을 설명해 준다. 예를 들어, 부모가 3세반 자녀에게 밥을 먹여 달라고 요구하면 교사는 기본생활습관 지도의 필요성과 기관의 방침이나 규칙 등에 대해 설명해준다.

한편, 기관에서는 안전사고가 발생할 수 있는데 간혹 교사의 관리 소홀을 문제 삼는 부모가 있다. 그러므로 부모가 영유아의 말만 듣고 추측하여 상황을 확대하지 않도록 교사가 먼저 부모에게 상황을 설명해주어 교사의 부적절한 대처로 부모와의 관계가 어색해지는 일이 발생하지 않도록 한다.

(3) 기관의 운영방침에 대한 불만을 이야기하는 부모

부모가 기관의 운영방침에 대해 불만이 있어 교사에게 이야기하는 경우에 교사는 사실에 기초하여 기관의 입장을 설명해준다. 그러나 여전히 부모가 불만을 표현하면 부모의 의견이 무시당한다는 느낌을 받지 않도록 부모의 의견을 원장에게 전하겠다고 이야기하고 그 결과를 원장이나 교사가 부모에게 전해주어야 한다. 부모가 불만을 나타내는 대표적인 예로 급간식 문제를 들 수 있다. 이런 경우에는 부모에게 기관의 메뉴를 어떻게 정하며, 조리는 어떻게 하는지, 식자재 구입은 어떠한 절차를 통해 이루어지는지 등에 대해 자세히 설명해주고, 그래도 불만이 해소되지 않는 경우에는 원장에게 의견을 전하겠다고 말할 수 있다.

참고 **사례를 통한 교사의 어려움과 그에 대한 교사의 적절한 태도와 역할**

민수와 현우는 서로 친한 친구이다. 대집단 활동, 자유놀이시간 등 두 아이는 늘 함께 어울린다. 두 아이 모두 다소 성급하고 혼자 자랐기 때문에 다른 사람에 대한 배려나 참고 기다리는 것에 익숙하지 않다. 어느 날 쌓기 영역에서 소방차 장난감을 가지고 놀던 현우에게 민수가 장난감을 달라고 하자 현우는 모른 척하였다. 그러자 민수는 현우의 장난감을 빼앗았고, 화가 난 현우는 민수의 얼굴을 할퀴어서 손톱자국이 났다. 교사는 두 아이와 함께 이야기하여 서로 잘못한 부분에 대해 사과하고 민수에게는 약을 발라주고 귀가시켰다. 귀가 지도가 끝난 후, 교사는 민수 어머니께 전화로 상황을 설명하였다. 민수 어머니는 현우를 직접 야단쳐야 한다고 흥분하였다. 민수가 일부러 그런 것은 아니지만, 놀이에서 싸움의 원인제공자인데, 이런 경우에 어떻게 부모님과 이야기해야 할지 모르겠다.

■ 교사가 경험하는 부모와의 어려움

- 교사는 유아의 행동 특성에 대한 부모의 이해 부족에서 비롯되는 어려움이 있다.
- 교사는 유아의 다툼에 대한 교사의 지도 방법을 부모에게 이해시키는 것이 어렵다.
- 교사는 자신에 대한 부모의 간접적인 불만을 느끼고 있다.

■ 부모에 대한 교사의 적절한 태도와 역할

- 부모에게 미리 전화하기: 유아에게 상황 설명을 들으면 오해의 소지가 있으므로 유아가 집에 도착하기 전에 교사가 먼저 직접 부모에게 연락한다.
- 부모에게 공감하기: 부모에게 감정이입하여 공감대를 형성한다.
- 부모의 불만 해소하기: 교사로서의 책임을 인식하고 정중하게 사과한다.
- 부모에게 상황 설명하기: 부모에게 객관적으로 상황을 설명한다.
- 부모에게 유아의 특성 설명하기: 부모에게 유아의 일반적 특성(자기중심적, 자기조절 미숙)과 유아의 친구관계 및 행동 특성을 설명한다.
- 부모와 신뢰감 형성하기: 교사의 문제해결 방안을 제시한다.

출처: 교육인적자원부(2001). **유치원 교사프로그램**, pp. 73-76.

어려움을 토로하는 부모와 의사소통하는 것은 교사에게 더 많은 인내와 의사소통기술을 필요로 한다. 전문가로서 교사는 부모의 이야기를 경청하고, 공감하며, 존중하고, 선입견이 없는 태도로 부모와 이야기를 나누면서 협력적인 관계를 형성하도록 노력해야 한다.

생각해 봅시다

1. 초임교사가 부모와 의사소통하는 것을 어려워하는 이유에 대해 생각해 봅시다.
2. 부모면담을 진행하는 교사의 계획과 역할에 대해 생각해 봅시다.
3. 아이의 문제를 별 것 아니라며 축소하며 면담을 회피하는 부모에게 교사는 어떻게 반응해야 하는지에 대해 생각해 봅시다.
4. 교사가 영유아의 활동사진, 기관에서 있었던 이야기 등을 SNS에 올리는 것에 대해 생각해 봅시다.

Parent Education

chapter 12

부모교육의 과제

01 부모교육의 문제

02 부모교육의 과제

03 부모교육의 활성화 방안

CHAPTER 12

부모교육의 과제

학습목표
- 부모교육의 당면 과제와 미래 과제에 대해 살펴본다.
- 부모교육의 활성화 방안에 대해 살펴본다.

1960년대 이후 서구에서는 부모교육의 중요성과 필요성을 인식하기 시작하였다. 미국 등 선진국은 부모교육 이론과 실제에 근거하여 대상과 연령층을 달리하여 다양한 부모교육 프로그램을 개발하여 실시하였다. 우리나라에서도 개별 연구자뿐만 아니라 한국청소년상담복지개발원 등의 연구원이나 기업 등이 외국의 부모교육 프로그램을 적용하거나 자체적으로 부모교육 프로그램을 개발하여 실시하고 있다. 그리하여 부모교육의 대상도 다양화하여 현재 우리나라에서 적용하고 있는 부모교육 프로그램은 영유아부모뿐만 아니라 청소년, 장년이나 노년층까지도 그 대상으로 하여 실시하고 있다. 그러나 여전히 우리나라의 부모교육은 유럽이나 미국에 비해 그 역사가 짧아 해결해야 할 과제가 많고, 그 방향성도 다각적인 차원에서 모색해 보아야만 한다. 따라서 이 장에서는 부모교육을 실시할 때의 문제점, 고려해야 할 내용과 과제, 부모교육의 활성화 방안 등에 대해 살펴보고자 한다.

1. 부모교육의 문제

사회가 다변화하면서 다양한 가족 유형이 생겨나고 그로 인해 부모로서 알아야 할 양육에 관련된 지식이나 정보 및 그 역할이 다양해지고 있다. 4차 산업혁명과 인공지능(artificial intelligence: AI) 등 새로운 지식과 정보가 넘쳐나면서 자녀뿐만 아니라 부모도 이에 빠르게 대처해야만 한다. 특히 빠르게 변하는 사회 속에서 과거의 가치관에 익숙한 부모는 자녀의 다양한 가치관이나 태도에 적응하기 쉽지 않다. 그리하여 부모와 자녀 간에 갈등이 존재하고 이를 얼마나 효과적으로 해결하는가가 원만한 부모-자녀관계의 핵심이라고 해도 과언이 아니다.

여성의 경제활동 참여가 증가함에 따라 부모가 되기를 선택하는 경우가 증가하고 있다. 또한 출산에 의하지 않고 부모가 되어 부모역할을 수행하는 경우도 증가하고 있다. 따라서 부모교육을 실시할 때 이에 대한 사회적 지원과 고려가 필요하게 되었다. 이러한 측면 외에도 저출산이 국가의 중요한 문제가 되면서 원만한 부모-자녀관계는 국가의 미래를 위해서도 중요한 과제가 되었다. 따라서 부모-자녀관계의 문제는 더 이상 개인적인 차원의 문제가 아니다. 그리하여 국가적 차원이나 기관 등에서는 다양한 부모교육 프로그램을 개발하여 실시하고 있다.

원만한 부모-자녀관계를 위한 준비는 부모가 되기 전에 실시되어야만 한다. 오래 전부터 관련 분야 전문가나 학계에서는 중・고등학생을 대상으로 부모교육 교과목을 개발하여 실시해야 한다고 주장해왔다. 이는 부모가 된 이후보다 부모가 되기 이전에 부모역할에 대한 인식과 철학을 갖도록 해주는 것이 원만한 부모-자녀관계를 형성하는데 더 용이하기 때문이다. 특히 과거에 비해 청소년의 혼전 성관계가 증가하고 있는 상황에서 미혼부모가 되는 것을 예방하는 차원에서도 부모교육은 매우 중요하고 또 필요하다. 그러므로 연령이나 대상에 적합한 부모교육 프로그램을 개발해야 한다. 그러나 다양한 연령이나 대상에게 적합한 부모교육 내용을 선정하는 것은 쉽지 않다. 그 목표와 내용, 방법 등을 어떻게 선정하는 것이 타당하고 효과적인지를 알기가 어려울 뿐만 아니라 부모교육에 대한 사회적 인식 수준도 그리 높지 않다. 즉, 과거 유교적 전통에 의한 엄부자모의 부모역할이나 가치관이 상존하고 있는 상황에서 빠르게 변화하는 시대에 적합한 올바른 부모역할에 대한 목표와 내용 선정이 쉽지 않다.

오래 전부터 기관이나 단체, 방송매체 등에서는 외국의 다양한 부모교육 프로그램을 도입하여 우리나라 상황에 맞게 수정하여 실시하고 있다. 대표적으로 부모효율성훈련 프로그램(PET), 체계적인 부모효율성훈련 프로그램(STEP) 등을 들 수 있다. 또한 석·박사학위논문을 위해 다양한 특성과 대상에 따른 부모교육 프로그램을 연구용으로 개발하여 실시하고 있다. 이와 같은 다수의 부모교육 프로그램을 실시한 결과는 대체로 효과가 있는 것으로 드러나고 있다. 그러나 부모교육에 대한 사회적 관심은 그리 많지 않고, 가정통신문이나 강연 등의 전통적인 방법에 의한 부모교육과 방송매체를 통한 부모교육만이 주를 이루고 있다. 이에 김경중 외(2012, pp. 288-290)는 부모가 프로그램에 참여할 시간이 없어 기관에서 실시하는 부모교육 프로그램의 실시율 저조, 원장의 부모교육 프로그램의 필요성에 대한 인식 부족과 부모의 욕구를 충족시켜 줄 수 있는 다양한 부모교육 프로그램 부족, 소극적이고 일방적인 형태의 부모교육 프로그램 진행에 따른 부모교육 프로그램의 낮은 만족도 등의 문제점을 제시하였다. 이러한 이유로 지금까지 비교적 활발하게 부모교육을 실시해왔던 기관이나 학교조차도 부모교육을 실시하는데 상당한 어려움이 있다. 이처럼 부모교육을 실시하는 데 어려움을 야기하고 있는 것에 대해 정옥분과 정순화(2010, pp. 400-406)가 제시한 부모교육의 문제점을 중심으로 살펴보면 다음과 같다.

첫째, 부모교육에 대한 인식 부족의 문제이다. 부모교육의 필요성에 대한 인식도 부족하지만 근본적으로 부모교육이 자녀의 발달에 얼마나 많은 영향을 미치는가에 대한 인식이 부족하다. 자녀를 양육하기 위해 배워야 할 것이 있다고 생각하는 부모가 과거에 비해 증가하였지만, 여전히 굳이 부모교육을 받지 않더라도 자녀를 양육하면서 자연스럽게 배우게 된다고 생각하는 사람이 많다. 그리고 배워야 할 것이 있다고 생각하는 부모조차도 그 방향은 잘못된 경우가 많다. 특히 현대사회와 같이 변화의 속도가 빠르고 가치관이 급격히 변화하는 사회에서 부모의 배우려는 노력 없이 올바른 자녀양육은 불가능하다. 부모의 효과적인 개입은 자녀의 미래 성장에 중요한 요인이라는 인식이 필요하다.

둘째, 부모교육의 대상에 대한 문제이다. 현재 부모교육은 어머니 중심이고, 어머니 중에서도 학교나 기관의 활동에 관심이 많은 어머니만을 대상으로 하여 주로 중·상류층에 초점을 두는 경향이 있다. 그 결과, 부모교육 대상에서 아버지, 자녀, 조부모나 교사 혹은 다문화가정의 부모 등 다양한 자녀양육의 주체가 소외되어 있다. 특히 예비부모를 위한 교육이 도외시되어 예방 차원에서의 부모교육도 미흡하다. 뿐만 아니라 부모교육 대상의 연령층이나 집단 특성에 따른 구분이 세분화되어 있지도 않다.

셋째, 부모교육의 내용에 대한 문제이다. 부모교육의 내용이 대상별로 세분화되어 있지 않고 편파적인 면이 있다. 우리나라의 부모교육은 1980년대 이후 서구의 다양한 부모교육 프로그램을 들여와 실시하고 있는 바, 이러한 프로그램이 우리의 정서나 자녀양육 문화와 조화를 이루지 못하고 있고, 더 나아가 문화적 정체성 상실이라는 문제를 초래하기도 한다. 이는 부모교육 프로그램 내용의 편파성으로 이어질 수도 있다. 부모와 자녀 간의 갈등을 해결하는 방법을 알려주는 것도 중요하지만 특정한 기법 중심의 접근에서 벗어나 의식 변화를 유도하는 근원적이고 거시적인 관점에서 부모교육이 이루어져야 한다. 현재 우리나라에서 실시하고 있는 다수의 부모교육 프로그램이 미국 백인 중산층의 부모에게 초점을 맞춘 것이 많아 문화적 태도나 가치관의 차이, 빈곤과 관련한 복잡한 문제를 고려하지 못한 채 모든 문화나 사회계층에 동일하게 적용하고 있기 때문에 부모교육 내용의 부적절성이 문제가 될 수 있다. 더욱이 자녀의 연령이나 특성별로 세분화한 내용의 부모교육이 부족하다. 즉, 많은 부모교육 프로그램이 자녀의 연령이나 성, 지역특성 등을 고려하지 않은 채 실시되고 있다.

넷째, 부모교육의 운영에 대한 문제이다. 부모교육의 운영 방법이 일방적으로 가르치는 교육 중심의 강연회를 통한 강의식 방법이 주축을 이루어 부모의 소극적 참여를 유도하였다. 그러나 소집단 모임을 통한 워크숍 형태의 부모교육이 조금씩 늘어나고 있는 현상은 매우 고무적이다. 한편, 부모교육의 성과는 상당 부분 교사의 자질에 좌우되므로 부모교육 전문요원의 확보도 시급히 해결해야만 하는 문제이다.

지금까지 부모교육은 주로 부모가 된 사람들, 특히 어머니를 주요 대상으로 실시하였다. 하지만 오늘날은 아버지도 어머니와 같은 부모역할을 하고자 한다. 그러나 우리나라 사회에서 아버지는 부모역할하기에 대해 교육을 받을 기회가 극히 제한되어 있어 아버지로서 자녀양육을 어떻게 해야 하는지에 대한 정보가 부족하여 혼란스러워 하는 경우가 많다. 특히 이혼이 증가하는 상황에서 남성한부모는 자녀양육 문제가 가장 어렵다고 지적하고 있으므로 아버지를 위한 체계적인 부모교육이 필요하다. 따라서 앞으로는 어머니 중심의 부모교육에서 벗어나 자녀양육에 참여하는 모든 사람에게 각각의 수준과 요구에 적합한 부모교육의 혜택이 주어질 수 있어야 한다. 뿐만 아니라 대부분 부모가 될 수 있고, 부모가 되려는 결정은 자녀와의 삶에 대한 실제적인 기대, 즉 자녀양육을 하는 데 있어서의 부담, 자신보다 누군가의 욕구를 우위에 두는 능력과 의지에 있으므로(Jaffe, 2000, p. 17). 아직 부모가 되지 않은 사람에게도 효과적인 부모역할이나 부모-자녀관계 형성을 위한 노력을 경주할 수 있는 내용을 포함하여 부모교육을 실시해야 한다.

2. 부모교육의 과제

과거 부모교육은 주로 유아교육・보육기관을 통해 실시하였으나 최근에는 일반 대중과 미래 부모가 될 사람을 대상으로 대중교육 차원에서도 중요하게 인식되고 있다. 부모교육은 현재 부모거나 미래 부모가 될 사람의 자발적인 참여 없이 결코 성공을 거둘 수 없다. 특히 영유아기의 자녀를 둔 부모가 자녀의 양육과 교육에 무관심하고 잘못된 교육관과 양육철학 등을 가지고 있을 경우에 자녀는 타고난 잠재력을 최대한 발휘하지 못한 채 발달할 수밖에 없다. 따라서 부모교육은 자녀의 잠재력을 최대한 개발해줌으로써 자녀가 전인적인 발달을 이룰 수 있도록 부모를 조력해주어야만 한다. 이를 위해 부모교육 시 고려해 보아야 할 내용은 다음과 같다 (유안진, 김연진, 2003, pp. 73-74; 정옥분, 정순화, 2012, pp. 80-81; 조성연, 2008, p. 35).

첫째, 우리나라의 문화적 상황에 적절한 부모교육 프로그램을 개발해야 한다. 우리나라에서 개발한 부모교육 프로그램도 소수 있으나 현장에서 실시하고 있는 대부분의 부모교육 프로그램은 중산층 부모를 대상으로 수평적인 부모-자녀관계에 초점을 맞춘 서양, 특히 미국식 프로그램이다. 부모교육은 단순히 지식의 전달만을 목적으로 실시하는 것이 아니므로 우리나라의 전통적인 부모양육방식과 관련하여 현대의 시대적 조류를 접목할 필요가 있다. 따라서 새롭게 개발하는 부모교육 프로그램은 부모로 하여금 변화하는 사회에서의 자녀관을 시대의 조류에 맞게 인식시켜 주고, 부모로서의 가치관을 정립해줄 수 있어야 할 것이다. 뿐만 아니라 부모교육을 통해 유아교육・보육기관과 가정이 일관된 아동관과 교육관으로 부모역할을 수행할 수 있도록 기관이나 개인은 부모의 태도와 가치관의 변화를 유도할 수 있는 부모교육 내용을 개발해야 한다.

둘째, 부모교육은 자녀 발달에 관한 기초지식을 습득하도록 도와주어야 한다. 발달에 관한 기본 원리와 연령별 발달단계에 따른 발달상의 특징에 대한 지식은 부모와 자녀 간의 애착관계나 신뢰관계를 수립하는 데 도움을 줄 수 있다.

셋째, 사회가 다원화됨에 따라 새롭게 등장하는 다양한 가족 유형의 특성에 적합한 부모교육을 실시해야 한다. 이를 위해 다양한 가족 유형이 지니고 있는 부모-자녀 간의 문제와 그에 따른 어려움을 해결할 수 있는 내용을 포함하는 가족 유형별 맞춤형 부모교육 프로그램을 개발해야 할 것이다. 또한 주로 어머니를 대상으로 실시하던 부모교육에서 탈피하여 아버지와 조부모 등의 다양한 양육자를 포함하는 부모교육 프로그램의 개발 및 실시 방안도 모색해야만 한다.

넷째, 저출산이 사회의 중요한 문제가 되고 있는 상황에서 아동학대가 가정에서 가장 많이 발생하고, 학대 유발자도 친부모가 가장 많으므로 이를 예방하기 위한 부모교육이 필요하다. 또한 아동학대 중 정서학대가 급격하게 증가하고 있고, 어린 연령의 자녀에 대한 학대 발생률도 매우 높으므로 이를 예방하기 위한 부모교육도 필요하다. 이를 위해 부모 자신의 스트레스 해결방법, 부모양육 기술이나 방법의 개발 및 실시를 위한 국가 차원의 노력도 필요하다.

다섯째, 자녀의 특성이나 연령, 성, 지역적 특성, 문화 등을 고려하여 부모교육을 실시할 수 있도록 부모교육 내용을 차별화할 필요가 있다. 현대사회가 남녀평등이라 할지라도 여전히 많은 부모들은 남아와 여아의 양육방식을 달리 하는 경향이 있다. 따라서 미래 부모교육에서는 자녀의 연령뿐만 아니라 성, 자녀의 개인적 특성 혹은 기질에 맞춰 보다 세분화한 부모교육 내용을 개발해야 할 것이다.

여섯째, 빠르게 변화하는 사회에 맞춰 부모도 변화해야 한다. 따라서 다가오는 시대의 부모교육은 기존의 부모교육을 바탕으로 변화하는 사회에 부모 자신과 자녀가 상황에 적절하게 대처하고 적응할 수 있도록 도와주는 내용을 포함해야 할 것이다. 이를 위해 미래 부모교육에서는 부모가 개방적이고 융통성 있는 태도를 가지고 자녀와 부모 모두 지적, 감성적, 창의적 능력을 길러주는 것에 역점을 두어 내용을 선정해야 할 것이다. 뿐만 아니라 기혼 여성 취업률의 증가와 한자녀가족의 증가, 인터넷이나 게임을 통한 혼자놀이의 비중이 증가하면서 아동의 사회성 발달에 대한 문제가 사회적 이슈가 되고 있으므로 부모교육에서도 자녀의 사회적 능력을 향상시키고 부모와 자녀 간의 관계를 공고히 하며, 공동체 의식을 함양시킬 수 있는 것에 초점을 맞춰 관련 내용을 개발해야 할 것이다. 특히 초연결과 초지능을 특징으로 하는 4차 산업혁명시대가 도래함에 따라 부모들은 발빠르게 시대에 부응할 수 있어야만 자녀세대와 원활히 소통할 수 있을 것이므로 빠르게 변화하는 시대에 적합한 부모역할 교육이 필요하다.

일곱째, 부모의 적극적인 참여 없이 유아교육·보육의 효과를 극대화시킬 수 없다. 따라서 부모교육을 통해 부모와 원장, 교사가 상호 밀접한 유대관계를 갖고 유아교육·보육의 중요성을 인식하여 기관과 가정이 일관된 교육 방법을 실행할 수 있도록 공동의 노력을 기울일 수 있는 방안을 모색해야 할 것이다. 이를 위해 부모교육의 내용은 가정을 중요한 학습 경험의 장으로 구성하는 방법과 아동에게 적합한 환경을 조성하는 데 필요한 지식을 제공하는 것 등이 포함되어야 할 것이다.

미래의 부모교육은 부모도 문제해결력을 지닌 양육전문가가 될 것을 요구하고 있다. Popkin(1995)은 부모역할을 제대로 수행하기 위해서는 많은 에너지를 필요로 하며 부모가 된다는 것은 활동적인 전문 직업을 갖는 일과도 같다고 설명하였다. 이는 부모역할을 제대로 수행하기 위해서는 충분한 문제해결능력을 갖추어야 한다는 것을 의미한다. 이와 함께 부모는 자신이 아는 많은 지식과 기술을 자녀를 잘 기르기 위해 어떻게 사용하는지를 아는 사람이 되어야 한다. 21세기 사회에서는 바로 이런 능력을 가진 부모를 필요로 하므로 유아교육·보육기관에서는 사회의 이런 변화와 요구에 대응할 수 있는 부모교육을 실시해야 한다(김현주, 손은경, 신혜영, 2013, p. 43). 한편, 미래 부모교육의 과제로 정계숙 외(2012, pp. 317-323)는 개별화된 부모교육, 가족에 대한 접근으로서의 부모교육, 보편주의에 입각한 부모교육, 지역사회와의 연계를 통한 부모교육, 전문적 관계를 통한 부모교육, 효과성 연구를 통한 부모교육을 제시한 바 있다.

3. 부모교육의 활성화 방안

부모교육을 활성화하기 위해서는 개별 부모의 욕구를 충족시켜 줄 수 있어야 한다. 무엇보다 부모 각자가 당면하고 있는 문제를 보다 효과적이고 직접적으로 해결해줄 수 있는 부모교육 프로그램을 개발해야 할 것이다. 그러나 각 가정에서 부모가 자녀와 상호작용하면서 직면하는 문제는 각 가정의 경제적 상황이나 문화, 부모와 자녀의 성격이나 기질, 가치관 등에 따라 다양하여 그에 따른 부모교육 내용의 개발과 실시는 쉽지 않다. 유안진과 김연진(2003, pp. 83-86)은 부모교육을 활성화하기 위해 포함시킬 수 있는 내용으로 부모의 자녀양육에 대한 올바른 가치관 확립, 부모교육자의 태도나 인식의 변화, 부모교육의 대상 확대, 자녀의 특성에 따른 세분화된 부모교육 프로그램의 개발, 부모의 의식 변화 등을 지적하였다.

부모교육을 활성화시키기 위해서는 부모교육에 대한 국가적 차원의 홍보를 통해 부모교육에 대한 전 국민의 인식 전환이 필요하다. 또한 현대사회의 문화적 특성에 따라 개별 부모가 원하는 맞춤형 교육 내용을 개발하여 실시할 뿐만 아니라, 홈페이지와 각종 정보통신 매체를 활용한 부모교육을 실시할 필요가 있다. 더욱이 10대 부모와 미혼모가 증가하고 있는 상황에서 부모가 되기 이전의 청소년을 대상으로 부모로서 갖춰야 할 자질이나 지식, 기술 등도 중・고등학교 시기에 교육할 수 있어야 한다.

부모교육의 내용은 자녀의 연령과 특성, 부모와 자녀가 지니고 있는 문제점, 부모 자신이 처한 상황 등을 다각적으로 고려하여 선정해야 한다. 즉, 맞벌이부부, 다문화가족, 한부모가족, 조손가족, 장애아가족, 미혼 한부모가족, 귀국청소년을 둔 가족, 자녀수가 너무 많은 가족이거나 자녀가 없어 자녀를 입양한 가족 등 다양한 가족 특성에 적합한 부모교육 프로그램의 개발과 내용의 선정이 필요하다.

또한 부모교육을 일회성이 아니라 장기적이고 지속적으로 실시할 수 있는 방안의 마련도 필요하다. 이런 관점에서 고선주(2010, pp. 48-49)는 일반 부모를 대상으로 부모교육을 실시함에 있어서의 사회적 지원 확대를 위한 몇 가지 사항을 제안하였다. 이 중 유아교육·보육과정에서의 부모교육과 예비부모교육과 관련한 제안은 다음과 같다.

첫째, 부모교육을 상시 운영한다. 국가는 자녀의 연령별, 요구별 '부모학교'를 운영하여 체계적인 교육을 지원한다. 이를 위해 부모교육에서는 자녀의 연령에 맞게 놀아줄 수 있는 부모, 자녀와 함께 시간을 보내는 부모, 자녀와 소통하는 부모, 자녀의 발달을 이해하는 부모를 위해 이론과 실천적인 전략에 대한 지식과 정보를 제공해준다.

둘째, 부모교육이 긴급하게 필요한 대상뿐만 아니라 필요한 대상을 발굴하여 의무적으로 부모교육을 받도록 한다.

셋째, 가족친화기업 부모교육을 지원한다. 이를 위해 아버지 교육 및 가족친화기업의 확대를 위해 기업으로 찾아가서 아버지 교육 및 부모교육을 실시한다.

넷째, 체계적인 부모교육과정을 개발하고, 이를 표준화할 수 있는 방안을 마련한다.

다섯째, 부모교육의 전문성 및 효율적인 부모교육 실시를 위해 부모교육 전문강사를 양성한다.

여섯째, 범국민적으로 부모교육의 중요성과 필요성에 대한 공감대를 형성하여 부모교육에의 참여를 독려하기 위한 캠페인과 다양한 홍보활동을 전개한다. 이를 위해 '좋은 부모 되기' 핸드북과 브로슈어 등을 개발하여 발간한다.

일곱째, 지역사회와 연계한 부모교육 프로그램의 개발을 통해 어머니뿐만 아니라 아버지를 대상으로 하는 교육으로 확대해야 한다. 이를 위해 온라인과 오프라인을 병행한 부모교육 프로그램을 실시할 수 있어야 한다.

이 외에도 대부분의 부모교육이 이미 부모가 된 사람을 대상으로 이루어지고 있는 바, 미래 부모-자녀관계에서 발생할 수 있는 문제를 예방하기 위해서는 중·고등학교의 교과목으로 실시되어야만 한다. 또한 대학교에서도 교양교과목의 형태로 대학생들이 부모교육 교과목을 이수할 수 있는 방안의 마련도 필요하다.

부모교육에 대한 사회적 공감대는 과거에 비해 많이 형성된 편이지만 여전히 많은 사람은 결혼하여 자녀를 출산하면 자연스럽게 부모가 된다고 생각한다. 그러나 부모는 자녀를 양육함에 있어서 다양한 유형의 지식과 기술이 필요하고, 일관된 부모역할을 수행하기 위해 부모가 되기 전에 부모로서의 뚜렷한 가치관도 정립해야만 한다. 또한 부모교육을 전담할 수 있는 전문강사와 같은 인적자원의 개발도 필요하다. 이를 위해서는 부모교육을 전담할 수 있는 기구의 설립과 이에 대한 법적 근거의 마련을 통해 부모의 역량 강화를 위한 전문강사를 배출할 수 있어야 한다. 뿐만 아니라 지역사회 내의 유관기관과의 협력체계 구축을 통해 부모와 자녀 간 문제나 부모 자신의 문제 등으로 즉시 도움이 필요한 경우에는 언제든 도움을 받을 수 있는 시스템을 구축하고, 부모교육과 관련한 전문채널을 확보하여 방송을 통해 늘 부모교육을 받을 수 있는 방안도 고려해 보아야 한다.

생각해 봅시다

1. 미래 유아교사로서 부모교육을 실시할 때 발생할 수 있는 어려움에 대해 생각해 봅시다.
2. 유치원과 어린이집에서 부모교육을 실시하고자 할 때 생길 수 있는 어려움에 대해 생각해 봅시다.
3. 유아교육기관과 어린이집에서 부모교육을 활성화시키고자 할 때 고려해야 할 점에 대해 생각해 봅시다.

참고문헌

고선주(2010). 바람직한 부모됨을 위한 사회적 지원: 건강가정지원센터 가족정책사업을 중심으로. 2010년 제2차 육아선진화 포럼 세미나 자료 2010-05, 22-58.

교육과학기술부(2012). 유아인성교육을 위한 교사용 부모상담 가이드북. 서울: 교육과학기술부·육아정책연구소.

교육인적자원부(2001). 유치원 교사교육 프로그램. 서울: 교육인적자원부.

권미량, 최애경(2005). 보육시설에서 부모의 갈등과 적응 유형에 대한 사례 연구. 생태유아교육연구, 4(1), 1-21.

권민균, 문혁준, 권희경, 성미영, 신유림, 안선희(2012). 아동발달. 서울: 창지사.

금명자, 지승희, 이호준, 이지은(2002). 자녀의 힘을 북돋우는 부모 프로그램 개발연구, 2002. 서울: 한국청소년상담원.

김갑성(2006). 한국내 다문화가정의 자녀교육 실태 조사. 서울교육대학교 대학원 석사학위논문.

김경중, 고선옥, 박미희, 신리행, 유현숙, 이미정 외(2012). 부모교육. 고양: 공동체.

김난도, 전미영, 이향은, 이준영, 김서영, 최지혜(2013). 트렌드 코리아 2014. 서울: 미래의 창.

김명희(1996). 현대사회의 부모교육. 서울: 학문사.

김수연(2009). 4-5세 자녀를 둔 어머니의 양육신념과 양육행동의 관계. 한국생활과학회지, 18(2), 313-324.

김슬기, 최형재 (2016). 분거가 배우자와의 관계만족도에 미치는 영향. 한국인구학, 33(2), 97-124.

김승희(2016). 사회적 자본의 관점에서 본 조손가족 조부모의 양육문제 해결방안. 육아정책연구, 10(1), 1-30.

김영옥(2007). 부모교육. 고양: 공동체.

김옥경(2010). 어린이집 부모교육 실태와 어머니 및 보육교사의 부모교육에 대한 인식.

명지대학교 사회복지대학원 석사학위논문.

김정원(1999). 부모교육 프로그램의 개발 과정에 관한 연구. 이화여자대학교 대학원 박사학위논문.

김지현, 정지나, 조윤주, 한준아(2015). 부모교육. 파주: 양서원.

김지혜(2012). 아동기 시절 부-자 간 친밀감 경험과 부모됨의 동기 및 아버지 역할 자신감에 관한 연구. 한양대학교 대학원 석사학위논문.

김진영, 김정원, 전선옥(2009). (개정)유아·부모·교사를 위한 부모교육. 서울: 창지사.

김진영, 김정원, 전선옥(2011). 부모교육. 서울: 창지사.

김춘경, 문혁준, 신유림, 심미경, 옥경희, 위영희 외(2002). 아동학개론. 서울: 학지사.

김한곤(2014). 무자녀율 변화 추세 및 변화에 영향을 미치는 사회·경제적 요인에 관한 연구: 1990~2010. 한국콘텐츠학회논문지, 14(12), 959-972.

김현주, 손은경, 신혜영(2013). 부모교육. 고양: 공동체.

김희진(2005a). 삼성영유아프로그램Ⅱ. 포괄적 보육서비스-부모지원프로그램 진행자 매뉴얼. 서울: 다음세대.

김희진(2005b). 현대부모 및 가족지원 프로그램: 포괄적 관점. 서울: 창지사.

김희진(2006). 유아교육기관에서의 부모교육과 지원. 서울: 파란마음.

문무경, 조숙인, 김정민(2016). 한국인의 부모됨 인식과 자녀양육관 연구. 서울: 육아정책연구소.

민정원, 권미경, 윤지연(2014). 영유아 부모의 육아정보 이용실태 및 활용지원 방안. 서울: 육아정책연구소.

박성연, 김상희, 김지산, 박응임, 전춘애, 임희수(2014). 자녀와의 진정한 만남을 위한 부모교육. 서울: 교육과학사.

박영주, 나종혜(2010). 육아정보 제공 인터넷사이트의 콘텐츠 및 세부내용. 사회과학연구, 19(1), 63-85.

박은혜(2009). 유아교사론. 서울: 창지사.

배지희, 방혜경, 권미혜(2012). 유치원 초임교사의 부모참여 경험 분석. 아동교육, 21(3), 49-66.

배지희, 조미영, 봉진영, 김은혜(2011). 유아교육기관에서의 부모교육 및 참여에 대한 부모들의 경험과 기대. 유아교육연구, 31(3), 279-304.

백은경, 이응택, 이은경(2018). 잠재성장모형을 활용한 청소년기의 부모진로지도가 주관적 학업성취와 진로스트레스에 미치는 효과. 청소년문화포럼, 53, 5-31.

변수정, 김혜영, 백승흠, 오정아, 기재량(2016). 다양한 가족의 출산 및 양육실태와 정책과제. 세종: 한국보건사회연구원.

보건복지부(2016). 2016년 전국아동학대현황보고서. 서울: 보건복지부.

브레인기자(2013). 단동십훈, 한민족 전통육아의 비밀, 브레인, 38, http://kr.brainworld.com/Brain Education/11074에서 2013년 7월 8일 인출.

삼성복지재단(2010). 삼성어린이집 사회복지사 매뉴얼: 부모개입 서비스. 미간행.

서문희, 양미선, 김은설, 초윤경, 유해미, 손창균 외(2013). 2012년 전국보육실태조사: 가구조사 보고. 서울: 보건복지부.

서영희, 권미량, 김은주(2006). 유아교육기관의 부모참여 인식과 요구에 대한 질적 연구. 유아교육연구, 26(6), 33-57.

서울대학교 교육연구소(1995). 교육학용어사전. 서울: 하우동설.

성미애(2016). 분거가족의 실태와 특성. 통계청(편). 한국의 사회동향 2016. 대전: 통계청.

손순복(2008). 학부모와 상호신뢰를 쌓는 교사되기. 2008년도 한국영유아교원교육학회 추계학술대회 및 양천구 보육교사 연수: 효율적인 학급운영을 위한 인간관계 맺기, 27-55.

송민정(2010). 어머니의 신경증적 특징과 양육스트레스 및 유아의 스트레스가 문제행동에 미치는 영향. 충북대학교 대학원 석사학위논문.

송혜림, 고선강, 박정윤, 권혜진, 김유경, 진미정(2010). 가족친화환경 측면에서 본 남성의 아버지역할 수행 실태. 한국가족자원경영학회지, 14(4), 341-361.

송희자(2012). 교류분석개론. 서울: 시그마프레스.

스기다 미네야스(1992). 교류분석. 김현수 역(2007). 서울: 민지사.

신용주, 김혜수(2002). 새로운 부모교육. 서울: 형설출판사.

신용주, 김혜수(2017). 부모교육. 서울: 학지사.

신혜원, 민성혜, 김의향, 신윤승(2016). 보육교사론. 파주: 양서원.

안용성(2018. 2. 28). '결혼·출산 안 한다, 못 한다. 저출산 재앙 현실화', http://m.news.naver.com/read.nhn?mode=LSD&sid1=102&sid2=257&oid=022&aid=0003253630에서 2018년 5월 6일 인출.

안인희(1990). 루소의 교육론: 에밀. 파주: 양서원.

양옥승(1986). 부모교육 프로그램의 유형. 한국유아교육학회(편). 부모교육 프로그램 탐색 (pp. 53-72). 서울: 창지사.

양진희(2012). 유아기 자녀를 둔 재혼가정 어머니의 재혼가족생활 경험에 대한 연구. 유아교육연구, 32(4), 5-34.

여성가족부(2010). 조손가족 실태조사. 서울: 여성가족부.

여성가족부(2015). 2015 한부모가족실태조사. 서울: 여성가족부.

여성가족부(2016). 제3차 건강가정기본계획. 서울: 여성가족부.

여성가족부(2017). 2017 한부모가족지원사업. 서울: 여성가족부.

여성가족부(2018a). 제3차 다문화가족정책 기본계획(2018~2022). 서울: 여성가족부.

여성가족부(2018b). 다문화가족 관련 통계 현황. 서울: 여성가족부.

유계숙, 정현숙(2002). 부모됨의 의미와 동기에 대한 청년의 인식. 한국가정관리학회지, 20(3), 39-47.

유안진, 김연진(2003). 부모교육의 이론과 실제. 서울: 동문사.

유안진, 신양재(1993). 대학생의 부모됨의 동기와 부모역할 개념에 관한 연구. 대한가정학회지, 31(4), 141-155.

유영주, 김순옥, 김경신(2002). 가족관계학. 서울: 교문사.

유윤영(2010). 부모교육. 파주: 정민사.

유은정, 김혜연, 박혜정, 신현정, 이찬숙, 황현주(2012). 부모교육. 파주: 양서원

유효순, 지성애(2005). 부모교육. 서울: 정민사.

윤혜림(2013). 기독교신앙 유무에 따른 부모역할 책임의식 및 만족도 비교 결과의 부모교육적 함의. 고신대학교 대학원 박사학위논문.

이남순(2015). 재혼모의 양육스트레스 척도 개발 및 타당화 연구. 중앙대학교 대학원 박사학위논문.

이민아(2012). 계획적 무자녀 가족: 한국 사회에서 아이 갖기의 의미와 가족주의의 역설. 한국사회학회 2012 사회학대회 논문집, 571-591.

이상금(1995). 해방전 한국의 유치원. 파주: 양서원.

이선정(2009). 대학생의 가족건강성 및 관련 변인이 부모됨의 인식에 미치는 영향. 한국가족관계학회지, 14(1), 243-266.

이숙종(1996). 코메니우스의 교육사상. 서울: 교육과학사.

이숙희, 고인숙(2006). 아동의 전인적 발달을 위한 현대부모교육. 서울: 교육아카데미.

이순형, 민하영, 권혜진, 정윤주, 한유진, 최윤경 외(2012). 부모교육. 서울: 학지사.

이승헌(2005. 6. 7). 국학이야기: 단동십훈과 전통육아교육. 주간경향 뉴스메이커 627호. http://weekly.khan.co.kr/khnm.html?mode=view&artid=9850&code=116에서 2013년 7월 8일 인출.

이연섭, 강문희(2001). 부모교육. 파주: 정민사.

이영, 이미란, 홍희영, 한성희, 민성혜, 박신진 외(2015). 영아발달. 서울: 학지사.

이영, 이정희, 김온기, 이미란, 조성연, 이정림 외(2009). 영유아발달. 서울: 학지사.

이영석 편역(1993). 유아교육 사상사. 서울: 교육과학사.

이원영, 이태영, 강정원(2011). 영유아교사를 위한 부모교육. 서울: 학지사.

이유리(2009). 아버지의 원가족 분위기가 부-자 간 친밀감에 미치는 영향. 이화여자대학교 대학원 석사학위논문.

이윤정(2015). 대학생의 부모됨의 동기, 부모됨의 인식, 부모역할 자신감에 관한 연구. 한국영유아보육학, 92, 1-18.

이윤주(2015. 6. 12). 비혼 가족 이미 자연스러운 현상 인식… 가족 내 평등한 노동 분배까지 화두로, http://www.hankookilbo.com/v/15612a1e47c3439ba6c0dec1897597cc에서 2018년 5월 3일 인출

이은해, 이미리(1996). 어머니의 자녀양육에 대한 사회적 관계망과 양육곤란도 지각과의 관계. 아동학회지, 17(2), 61-78.

이은화, 김영옥(1999). 유아를 위한 부모교육. 서울: 동문사.

이은화, 이경우, 이기숙, 홍용희, 박은혜, 김희진(2001). 유아기 자녀를 위한 총체적 부모교육 프로그램. 서울: 창지사.

이재연, 김경희(2000). 부모교육. 파주: 양서원.

이정화, 최원규(2012). 사회적 지지가 농촌 조손가족 조모의 심리적 복지에 미치는 영향. 한국지역사회생활과학회지, 23(4), 419-439.

이주한(2007). 교육의 역사와 철학의 탐구. 서울: 창지사.

이주한(2007). 교육의 역사와 철학의 탐구. 서울: 창지사.

임정미, 이명조(2000). 한국 및 일본 유치원 학부모의 자녀양육: 한국의 Y유치원, 일본의 K유치원을 중심으로. 미래유아교육학회지, 7(1), 137-159.

임효선(2010). 가정 연계를 위한 유아교육기관의 부모참여 실태 및 인식 요구도. 아주대학교 교육대학원 석사학위논문.

장지연(2005). 여성의 경제활동과 저출산. 보건복지포럼, 102, 45-56.

장지원, 홍용희(2005). 부모-교사의 협력적 관계형성 및 상호이해를 위한 부모참여활동. 교육과학연구, 35(3), 47-64.

전남련, 김의석, 김혜금, 김재환, 시옥진, 권경미(2008). 부모교육론. 파주: 양서원.

전우경(2009). 경기도 지역 유치원의 부모교육 실태 및 학부모와 원장의 인식연구. 경기대학교 교육대학원 석사학위논문.

정계숙, 김명애, 김혜금, 문혁준, 심희옥, 안효진 외(2007). 부모교육. 서울: 창지사.

정계숙, 문혁준, 김명애, 김혜금, 심희옥, 안효진 외(2012). 개정 부모교육. 서울: 창지사.

정문자, 제경숙, 이혜란, 신숙재, 박진아(2011). 아동심리상담. 파주: 양서원.

정옥분(2007). 영유아발달의 이해. 서울: 학지사.

정옥분, 정순화(2008). 부모교육. 서울: 학지사.

정옥분, 정순화(2010). 부모교육. 서울: 학지사.

정옥분, 정순화(2012). 부모교육. 서울: 학지사.

정옥분, 정순화(2016). 부모교육. 서울: 학지사.

정은지(2012). 조손가정에 대한 생애사 연구: 도시거주 저소득층 가정을 중심으로. 중앙대학교 대학원 석사학위논문.

정한나(2012). 아버지의 근무환경 및 역할 신념이 양육참여에 미치는 영향. 이화여자대학교 대학원 석사학위논문.

정현숙, 유계숙, 어주경, 전혜정, 박주희(2007). 부모학. 서울: 신정.

제경숙(2015). 현대사회의 부모와 자녀: 자녀와 함께 성장하는 부모들의 이야기. 고양: 파워북.

조무남, 피정만, 김기수(1996). 교육사 교육철학 강의. 서울: 동문사.

조문희, 최예린(2018. 3. 8). '"저출산이 왜 문제냐". '인구절벽' 위기 공감 못하는 청년들', http://www.sisapress.com/journal/article/174195에서 2018년 5월 8일 인출.

조성연(2008). 예비부모교육. 서울: 학지사.

조성연, 이정희, 김온기, 제경숙, 김영심, 황혜정 외(2013). 보육학개론. 서울: 학지사.

조성연, 이정희, 천희영, 심미경, 황혜정, 나종혜(2010). 아동발달. 서울: 신정.

조은진(1998). 유아기관을 선택하는 학부모로서 목적과 기관 선택기준. 한국영유아보육학,

15, 191-208.

천성문, 박명숙, 반숙득, 박원모, 이영순, 전은주 외(2006). 상담심리학의 이론과 실제. 서울: 학지사.

최성애, 조벽, 존 가트맨(2017). 내 아이를 위한 감정코칭. 서울: 한국경제신문.

최양미(2001). 한국 전통사회의 유교적 인간관과 아동교육관. 유아교육학 탐구(pp. 21-35). 서울: 학지사.

최양숙(2008). 자녀의 조기유학으로 인한 분거가족에서 나타나는 사회심리적 기제. 한국가족관계학회지, 13(3), 67-97.

최윤정, 김수희(2011). 부모교육. 고양: 공동체.

최정혜(2004). 주말부부의 가족스트레스, 대처전략 및 가족건강성 연구. 한국가정관리학회지, 22(2), 49-60.

통계청(2011). 2011년 사회조사 결과(복지・사회참여・문화와 여가・소득과 소비・노동). 대전: 통계청.

통계청(2012). 2012년 사회조사 결과. 대전: 통계청.

통계청(2013a). 2013년 사회조사 결과(복지・사회참여・문화와 여가・소득과 소비・노동). 대전: 통계청.

통계청(2013b). 2013년 우리나라의 이혼 재혼 현황. 대전: 통계청.

통계청(2015). 2015년 사회조사 결과(복지・사회참여・문화와 여가・소득과 소비・노동). 대전: 통계청.

통계청(2016a). 2016년 사회조사 결과(가족・교육・보건・안전・환경). 대전: 통계청.

통계청(2016b). 2016 일・가정양립지표. 대전: 통계청.

통계청(2017a). 2016년 다문화 인구동태 통계. 대전: 통계청.

통계청(2017b). 2017 일・가정양립지표. 대전: 통계청.

통계청(2017c). 2017 통계로 보는 여성의 삶. 대전: 통계청.

통계청(2017d). 2017년 사회조사 결과(복지・사회참여・문화와 여가・소득과 소비・노동). 대전: 통계청.

통계청(2017e). 생애주기별 주요 특성 분석. 대전: 통계청.

통계청(2018a). 2017 한국의 사회지표. 대전: 통계청.

통계청(2018b). 2017년 출생・사망 통계 잠정 결과. 대전: 통계청.

통계청(2018c). 2017년 혼인·이혼 통계. 대전: 통계청.

통계청(2018d). 인구총조사. 대전: 통계청

한국보육진흥원(2017). 부모와의 관계형성 및 부모상담. 2017년 공공형어린이집 원장연수 심화과정. 서울: 한국보육진흥원.

한국사전연구사(1997). 유아교육사전. 서울: 한국사전연구사.

한국유아교육학회(2000). 유아교육백서. 파주: 양서원.

한국유아교육학회(2005). 유아교육학의 이해. 파주: 양서원.

한국정보화진흥원(2018). 스마트폰 과의존(중독), 스마트쉼(R·E·S·T) 가이드로 예방하세요!(보도자료). 대구: 한국정보화진흥원.

홍기형, 박혜정, 권경안, 권기욱(1984). 부모교육 프로그램 모형 개발연구: 취학전 자녀의 부모를 대상으로(연구보고 RR 84-20). 서울: 한국교육개발원.

홍달아기(1993). 율곡의 가정교육관 연구. 성신여자대학교 대학원 박사학위논문.

황선영, 고재욱(2013). 다문화가족 아동의 학교생활적응실태 연구. 한국케어매니지먼트연구, 8, 97-117.

Barnett, R. C., Marshall, N. L., & Pleck, J. H. (1992). Adult son-parent relationships and their associations with son's psychological distress. *Journal of Family Issues*, *13*, 505-525.

Baumrind, D. (1966). Effects of authoritative parental control on child behavior. *Child Development*, *37*, 887-907.

Baumrind, D. (1967). Child care practices anteceding three patterns of preschool behavior. *Genetic Psychology Monographs*, *75*, 43-88.

Belsky, J. (1984). The determinants of parenting: A process model. *Child Development*, *55*(1), 83-96.

Bigner, J. (2006). 부모-자녀관계. 박성연, 성숙자, 김상희, 김지신, 박응임, 전춘애 외 역(2007). 파주: 교문사.

Bukowski, W. M., & Hoza, B. (1989). Popularity and friendship: Issues in theory, measurement, and outcome. In T. J. Berndt & G. W. Ladd (Eds.), *Peer relationships in child development* (pp. 71-74). New York: Wiley.

Butron, L. M., & Devries, C. (1992). Challenges and rewards: African American grandparents as surrogate parents. *Generations*, *16*(3), 51–55.

Calkins, S. D., Hungerford, A., & Delmon, S. E. (2004). Mother's interactions with temperamentally frustrated infants. *Infant Mental Health Journal*, *23*(3), 219–239.

Conger, R., McCarty, J., Yang, R. K., Lahey, B. L., & Kropp, J. P. (1984). Perception of child, child-rearing values, and emotional distress as mediating links between environmental stressors and observed maternal behavior. *Child Development*, *55*(6), 2234–2247.

Crouter, A. C., & Manke, B. (1994). The changing American workplace: Implications for individuals and families. *Family Relations*, *43*, 117–124.

Dinkmeyer, D. C. Sr., & McKay, G. D. (1976). 당신도 유능한 부모가 될 수 있다. 이경우, 이인용 역(2010). 서울: 창지사.

Dinkmeyer, D. C. Sr., & McKay, G. D. (1990). *Parenting teenagers*. Circle Pines, MN: American Guidance Service.

Dinkmeyer, D. C. Sr., McKay, G. D., & Dinkmeyer, D. D. Jr. (2007). *The Parent's handbook*: Systematic Training for Effective Parenting, Fredericksburg, VA: STEP.

Dinkmeyer, D. C. Sr., McKay, G. D., Dinkmeyer, J. S., & Dinkmeyer, D. Jr., (1998). 청소년의 부모 STEP. 황옥자, 이지연 역(2012a). 서울: 창지사.

Dinkmeyer, D. C. Sr., McKay, G. D., Dinkmeyer, J. S., Dinkmeyer, D. D. Jr., & McKay, J. L. (2008). *Parenting young children*. Circle Pines, MN: American Guidance Service.

Dinkmeyer, D. C. Sr., McKay, G. D., Dinkmeyer, J., Dinkmeyer, D., Jr., & McKay, J. L. (1997). 영유아의 부모 STEP, 당신은 좋은 부모입니다. 황옥자, 이지연 역(2012b). 서울: 창지사.

Dinkmeyer, D. C. Sr., McKay, G. D., McKay, J. L., & Dinkmeyer, J. S., (1997). 아동의 부모 STEP. 황옥자, 이지연 역(2012c). 서울: 창지사.

Dinkmeyer, D. C., & McKay, G. D. (1976). 당신도 유능한 부모가 될 수 있다. 이경우 역

(1985). 서울: 창지사.

Duvall, E. (1977). *Marriage and family development* (5th ed). Philadelphia, PA: J. B. Lippincott.

Elkind, D. (1967). Egocentrism in adolescence. *Child Development*, *38*, 1025-1034.

Fine, M. A., Donnelly, W. B., & Voydanoff, P. (1986). Adjustment and satisfaction of parents: A comparison on intact, single-parents, and step-parent families. *Journal of Family Issues*, *7*(3), 391-404.

Furman, W., & Buhrmester, D. (1992). Age and sex differences in perceptions of networks of personal relationships. *Child Development*, *63*(1), 103-115.

Galinsky, E. (1990). Why are some parent/teacher partnerships clouded with difficulties? *Young Children*, *45*, 38-39.

Goldstein, L. H., Diener, M. L., & Mangelsdorf, S. C. (1996). Maternal characteristics and social support across the transition to motherhood: Associations with maternal behavior. *Journal of Family Psychology, 10,* 60-71.

Goodfellow, J., & Laverty, J. (2003). Grandparents supporting working families. *Family Matter*, *66*, 14-19.

Gordon, T. (1988). 효과적인 부모역할 훈련 work book. 김인자 역(1998). 서울: 한국심리상담연구소.

Gretchen, A. G., & Melissa, L. H. (2003). 유아기 정서 및 행동장애. 방명애, 이효신 역(2007). 서울: 시그마프레스.

Harris, T. A. (1969). *I'm OK-You're OK*. New York: HarperCollins.

Heckman, J. J. (2008). Schools, skills, and synapses. *Economic Inquiry*, *46*(3), 289-324.

Heikel, N., Liefbroer, A. C., & Poortman, A-R. (2014). Understanding diversity in the meaning of cohabitation across Europe. *European Journal of Population*, *30*(4), 391-410.

Hetherington, E. M. (1992). Coping with marital transition: A family systems perspective. *Monograph of the Society for Research in Child Development*, *57*(2), 114. http://www.csun.edu/~snk1966/T.%20Parsons%20The%20American%20Family.pdf에서 8월 6일

인출.

Jaffe, M. L. (1997). *부모교육*. 공인숙, 권영옥, 김영주, 문무경, 이강이, 이경화 외 역(2000). 서울: 창지사.

Lawrence, E., Rothman, A. D, Cobb, R. J., Rothman, M. T., & Bradbury, T. N. (2008). Marital satisfaction across the transition to parenthood. *Journal of Family Psychology*, *22*(1), 41-50.

Luster, T., & Okagaki, L. (1993). *부모-자녀관계: 생태학적 접근*. 박성연, 도현심, 정승원 역(1996). 서울: 학지사.

Maccoby, E. E., & Martin, J. A. (1983). Socialization in the context of the family: Parent-child interaction. In P. H. Mussen & E. M. Hetherington (Eds.), *Handbook of child psychology: Vol. 4. Socialization, personality, and social development* (pp. 1-101). New York: Wiley.

Miller, S. A. (1988). Parents' beliefs about children's cognitive development. *Child Development*, *59* (2), 259-285.

Moles, O. C. (1982). Synthesis of recent research on parent participation in children's education. *Educational Leadership*, *40* (2), 44-47.

Noller, P. (1980). Cross-gender effect in the two-child families. *Developmental Psychology*, *15* (2), 157-160.

Parke, R. D. (1981). *아버지만이 줄 수 있는 것이 따로 있다*. 김성봉 역(2005). 서울: 샘터.

Parsons, T., & Bales, R. F. (1955). *Family socialization and interaction process*. New York: The Free Press.

Pestalozzi, J. H. (1965). *페스탈로치가 어머니들에게 보내는 편지*. 김정환 역(1989). 파주: 양서원.

Popkin, M. H. (1983). *현대의 적극적 부모역할 훈련*. 홍경자 역(1995). 서울: 중앙적성출판사.

Popkin, M. H. (2002a). *부모코칭 프로그램 적극적인 부모역할: 만 5~12세 자녀의 부모를 위하여(부모용 지침서)*. 홍경자, 노안영, 차영희, 최태산 역(2008a). 서울: 학지사.

Popkin, M. H. (2002b). *부모코칭 프로그램 적극적인 부모역할: 만 5~12세 자녀의 부모를 위하여(지도자용 지침서)*. 홍경자, 노안영, 차영희, 최태산 역(2008b). 서울: 학지사.

Rossi, A. (1968). Transition to parenthood. *Journal of Marriage and the Family*, *30*,

26-39.

Schaefer, E. S. (1959). A circumplex model for maternal behavior. *Journal of Abnormal and Social Psychology*, *59*, 226-235.

Skinner, B. F. (1976). *Walden two*. New York: Macmillan.

Sorkhabi, N. (2010). Sources of parent-adolescent conflict: Content and form of parenting. *Social Behavior and Personality*, *38*(6), 761-782.

Symonds, P. M. (1939). *The psychology of parent-child relationships*. New York: Appleton Century Crofts.

Veevers, J. E. (1973). The social meanings of parenthood. *Psychiatry*, *36*, 291-310.

Watson, J. B. (1928). *Psychological care of infant and child*. New York: W.W.Norton.

〈참고사이트〉

건강가정지원센터 www.familynet.or.kr

국제고든훈련센터 www.gordontraining.com/who-we-are/gti-historical-timeline

대안가정본부 www.daeanhome.org

육아종합지원센터 central.childcare.go.kr

푸르니보육지원재단 www.puruni.com

한국 AP본부 www.apkorea.net

찾아보기

• 저자 소개 •

조성연	호서대학교 유아교육과 교수 (Ph. D.)
이미란	동양대학교 유아교육과 교수 (Ph. D.)
최혜영	창원대학교 가족복지학과 교수 (Ph. D.)
박진재	푸르니보육지원재단 이사 (Ph. D.)
송혜린	삼성아동교육문화센터 수석연구원 (Ph. D.)
권연희	부경대학교 유아교육과 교수 (Ph. D.)
박진아	경기대학교 상담학과 초빙교수 (Ph. D.)

부모교육(2판)

2014년 2월 20일 1판 1쇄 인쇄
2014년 2월 25일 1판 1쇄 발행
2018년 9월 10일 2판 1쇄 발행
2019년 9월 10일 2판 2쇄 발행

지 은 이 조성연, 이미란, 최혜영, 박진재, 송혜린, 권연희, 박진아
펴 낸 이 최용구
펴 낸 곳 도서출판 신정

주 소 (04316) 서울시 용산구 원효로 89길 19 (원효로1가)
전 화 02-3211-4782 · 0266(영업부), 3211-4783(편집부), 3211-4784(팩스)
이 메 일 shinjeong72@naver.com
홈페이지 www.sjbook.co.kr
등 록 2001년 5월 11일 제13-702호

기획마케팅 최용구 장만동 송대용 최충구
책임편집 석기은 황가연
표 지 SDY

ISBN 978-89-5912-475-6 93370

정가 20,000원